◎浙江省文化工程重大项目『浙江千年古城古镇系列研究』
◎浙江省社科重点研究基地江南文化研究中心重点项目
◎浙江师范大学自主设立项目
◎浙江省永康市芝英镇人民政府委托项目

南[illegible]城 浙中名镇

[illegible]英的历史与文化

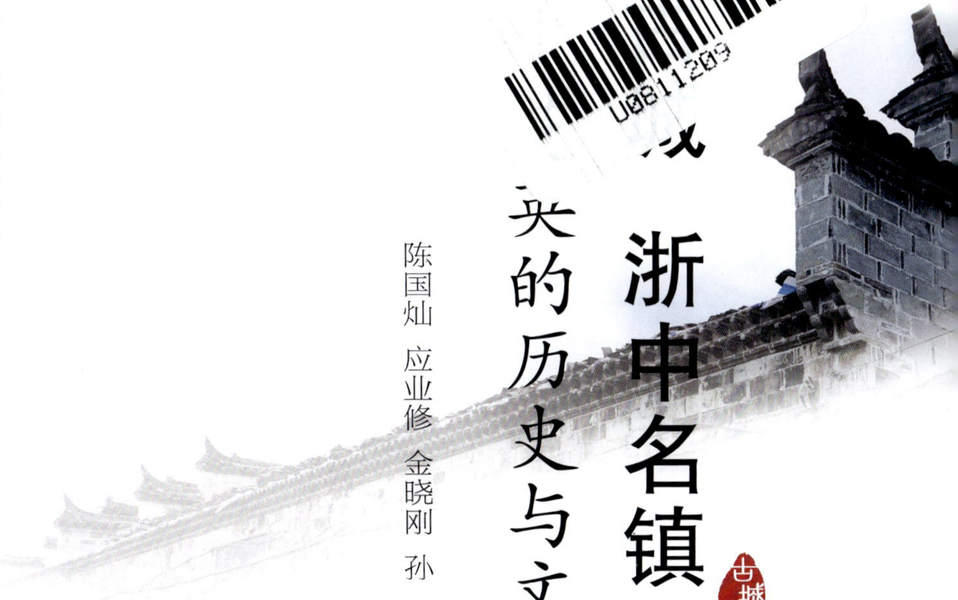

陈国灿 应业修 金晓刚 孙杰 著

北京燕山出版社

▶左：芝英标识
▶右：芝英总图
▼芝英全景

芝英总览

▲ 古城镇鸟瞰
▼ 古城镇街区

缙州古城遗迹

▲ 缙州古城

◀ 缙州古城鸿羽门遗迹

▼ 南朝官里园遗址

◀ 缙州古城门遗迹

▲ 上：缙州古城鸿羽桥

▲ 下：龙漩井（东晋应玄庄院遗迹）

▼ 紫霄观（始建于南朝）

古街坊巷

古街

坊巷

懋勋坊

传统祠宇

▲陈大宗祠（国家重点文物保护单位）

▼思文公祠

▲澹泉公祠
▼仕濂公祠

▲左：天成公祠

▲右：端恭公祠

◀慕颜公祠

▼左：月邱公祠

▼中：锡鸿公祠

▼右：福之公祠

传统民居

起鳳
萬事如意步步高
一帆風順年年好

▲ 五金技艺（锡艺）

▼ 应祖锡故居

▲ 胡风丹故居

▼ 灵溪桥（始建于南朝）

▲ 民俗表演（舞龙灯）
▼ 民俗表演（打罗汉）

内容提要

从南朝缙州古城，到浙中著名商镇，经历1700年风雨历程的芝英，积淀了深厚的文明底蕴，承载了昌达的史迹文脉，凝聚了丰硕的人文内涵，形成了独特的文化传统。官里田庄的古城文化、五金制作的技艺文化、四方汇聚的商贸文化、名家望族的百祠文化、千年紫霄的道教文化、风流相继的名人文化、淳朴潇洒的民俗文化，使芝英超越古城古镇的一般意义，成为浙江千年古城古镇文化古韵和人文传承的典范。

目录

第二章　人文荟萃谱诗篇

第三章　业工营商成特色

第四章　望族之乡百祠兴

第七章　丰厚遗传述沧桑

绪 言

灵秀之地育古城

位于浙江永康市中部的芝英，既是南朝时期缙州古城的所在地，也是浙中地区著名的传统商贸重镇，堪称浙江千年古城古镇的典型代表。

历史上，芝英素有“灵秀福地”之称，地理环境独特，自然条件优越。明代学者芝英人应奎对家乡的地形气势颇为赞赏，在所撰《重修芝英应氏孝墓记》一文中，他生动地描述说：“自石翁发迹，逾岘岭，历黄岗，下峻畈，沿及陇亩。挟溪流北行，或隐或现，迤逦四五里，底大田而止。盘旋平衍，左昂右伏。三宝列嶂于前，古娄绵亘于后。临方塘而负岘涧，大道交贯于中。”[①]确实，处于山水平野之间的芝英，其地理环境自成一体，别具气势。从地形总势来看，外有群山环抱，秀峰对峙，呈聚盆之形，具龙跃之胜；内有沃野平铺，溪流萦绕，清丽而不失庄严，灵动而蕴含凝重。从地理空间结构来看，众多山峰丘陵系列相接，构成由外而内三重环线。其中，第一重环线由分布于外围区域的公婆岩（石翁山）、峰岘岭（岘峰岭）、王光岭、三宝峰等山岭构成，从东部迤逦向南，呈半圆形环抱之状。第二重从东部岘口发端，分衍两支低山丘陵带向西延伸：一支由后寮山、铜岭头、牛背山、古娄山、延长山、后姑塘山、贾山、后庄山等山丘构成，另一支由王仙山、大松树山、顺长山、铁打山头、前山头、油车山、铁店山、塘头山、上杜山、竹山、长蛇山、黄古山、骑龙山等山丘构成。两支山丘带呈“U”形环绕核心区域，其蜿蜒

① 应奎:《重修芝英应氏孝墓记》,《芝英应氏宗谱》卷一，民国十二年重修本。

之态犹如苍龙跃动之势，故当地人谓之“骑龙”。第三重由报铺山分衍两支丘陵带，蜿蜒绕行，至方塘之浒复合二为一，形成内重椭圆形环线。因其形如盘踞之龙，当地人谓之“盘龙”。三重山丘环线之间，既有灵溪等诸多溪流萦绕相连，又有陆路通道内外贯穿，形成既独立又开放、分层次而成一体的地域架构。按照传统堪舆学的意象之说，芝英的这种地形特征与地理结构蕴含了“龙盘虎踞”之势和“文运昌达”之气，因而被当地人视为家族之兴、人文之盛的灵秀胜地。清代芝英人应封有诗赞云：“石翁气脉自台来，渐到岘尖殿帐开。迢递西山平坂走，蜿蜒报铺大田限。宝峰古麓重重抱，龟阜鱼沙队队回。我祖卜居绵庆泽，其祥长发世光恢。”①

正是基于独特和优越的自然地理环境，芝英不仅成为浙中区域文明孕育和兴起的重要地区，也是永康地方社会开发和发展的引领区域。早在史前时代，芝英及周边地区就已兴起发达的石器文明。秦汉以降，芝英一带的社会开发日趋活跃。两晋之际，北方大乱，兵戈相接，战火四起，由此引发大规模的“北人南徙”浪潮。地理条件优越、文明底蕴深厚的芝英地区，成为部分北方大族南迁寓居的理想之地。东晋明帝太宁三年（325），来自河南汝南郡门阀大族的应詹率领部分族人和部曲来到芝英地区，拓垦屯田，安定社会，由是开启了应氏南宗的发展历史，芝英地区的社会开发和发展进入全新阶段。到南朝时期，应氏家族建立的官里园田庄日益兴盛，芝英地区经济、社会和文化发展也显得十分活跃。在此基础上，萧梁末年，在浙中地区增设缙州，出任缙州刺史的地方豪强留异遂依托官里园田庄修筑州城。据芝英应氏传统家族文献记载，梁太平元年（556），“置缙州，造州治于官里园”②。虽然缙州的设置仅延续数年，陈朝初年，随着留异的败亡，缙州即被罢撤，但缙州古城所在的芝英地区以联结四方的地理枢纽和发达的工商经济与人文文化，在地方政治和社会发展过程中扮演了重要角色。特别是两宋以降，芝英进一步发展成为地方人文活动中心和区域商贸重镇，其间虽数遭战乱兵燹，却总能很快重新兴起，更显繁盛。

作为千年古城古镇，芝英经历了持续发展的漫长历程，由此积淀了

① 应封：《芝英里村》，收入应宝容编著：《芝英诗词集》，光明日报出版社，2018年。

② 佚名：《农耕匠坊记》，收入《缙州古城资料汇编》，永康市芝英历史文化研究会编印，2021年。

深厚的文明底蕴，承载了昌达的史迹文脉，凝聚了丰硕的人文内涵，形成了独特的文化传统。

古城文化是芝英人文传统的基础和核心。南朝梁末设置的缙州城是在官里园应氏家族田庄的基础上修筑的，不仅是当时浙中地区的政治中心，也是地方宗族的活动中心，由此奠定了芝英古城的宗族特性和历史传承性。唐宋以降，芝英古城的具体形态虽不断发生变化，但其社会和文化的地域特性一直得以延续和发展。可以说，独特的古城文化，使芝英超越古城古镇的一般意义，成为浙中文化古韵和人文传承的典范。

宗族文化是芝英社会文化的传统活动形态。自东晋南朝全面兴起之时，芝英就是大族汇聚之地，是浙中地区著名的望族之乡。以应氏南宗为代表，诸多姓氏宗族长期和睦相处，彼此合作，共同开发，不仅全面推动地方社会的持续发展和兴盛，而且以灵活多样的家族形态，系统完备的家族规训，讲信修睦的家族垂范，务实勤朴的家族准则，重教兴学的家族传统，文以化育的家族风气，构建起颇具特色的地域人文体系和文化生态，芝英也由此成为浙中地区宗族文化传承与发展的活态样本。

百祠文化是芝英地方文化的特色标志。芝英地区宗族繁多，修祠之风长盛不衰。自南朝时期官里园应氏家族立祠祀祖，各宗族建祠活动历代延续不断，其祠宇类型之多样、数量之繁盛、分布之密集、传承之稳定，为其他地区所少见，迄今保存下来的尚有近百所，芝英也由此成为浙中地区著名的“百祠之都”。这些祠宇多具朴实风格，重在思宗追祖，凝聚家族力量，推动家族兴旺，传承先贤风范，促进家族和睦，从而推动各家族走上世代相传、孝友和睦、持续发展的道路。

五金文化是芝英传统技艺文化的典型代表。芝英是永康五金技艺的发源地，是名副其实的五金之乡。早在南朝时期，芝英地区的官里园应氏家族就以发达的五金技艺名闻乡里，声传四方。明清以降，芝英的五金技艺进一步走向兴盛。至晚清民国初年，芝英地区的众多五金技艺者走出永康，赴各地经营，活动足迹遍布浙中乃至江南各地。特别是号称“芝英三宝”的打铜、锡艺和钉秤，不仅成为永康传统五金技艺的典型代表，也是五金文化遗产的主要标志。

商贸文化是芝英传统经济思想和经营活动的历史精华。自东晋南朝以来，凭借良好的营商环境和深厚的产业基础，芝英从一个普通的农业聚落逐步发展为深具影响力的区域商贸中心，吸引了众多的行商坐贾在此竞逐商利。特别是宋代以降，浓郁的商业氛围孕育出重农重商的风气，“农商相籍”的思想为民众所普遍接受。芝英各家族多强调农商并举，积极鼓励和支持族人经营商贸，拓展本业，形成了开放包容、灵活务实的商业理念和经营体系，成为浙中地区“行担经济”的缩影。

学术文化是芝英人文传统的精神内核。芝英素有崇儒兴学、讲经论道的文化传统，历代名儒乡贤纷涌，会讲之风不衰。南宋时期，芝英为诸家学派交流之地，理学大家朱熹、“东南三贤”之一的吕学代表吕祖谦、以讲求“实事实功”著称的永康学派代表陈亮、事功思潮理论总结者叶适等大家名流，均来此交流讲学。明代中后期，芝英成为阳明心学在浙中的重要活动与传播中心，涌现了一批颇具影响的心学传人和知名学者。如进士出身的应典积极倡扬阳明心学，成为浙中地区阳明学的思想领袖；阳明入室高弟卢可久深谙师说精髓，被誉为“有光师门”；少有学名的应兼游学于心学诸大家，对“圣贤之学”尤为深契；五峰书院名士周桐、周莹、周佑德等心学传人，或讲经论道，或提携后学。在众多芝英心学名士的积极推动下，阳明心学在浙中的传播蔚然成风。晚清民国时期，以胡凤丹、胡宗楙父子为代表的芝英学者孜孜于地方文献的整理，所编纂的《金华丛书》和《续金华丛书》，开地方性文献丛书之先河。

慈善文化是芝英传统社会和生活文化的重要组成部分。芝英地区素有义泽乡里、乐善好施的社会风气，有着深厚的慈善文化传统。其突出特点一是传承性，诸宗族热心公益，重视救助，各种慈善活动代代相承，长盛不衰；二是组织性，以家族为单位，建立起不同形式的组织，如应氏宗族在南朝时就积极开展社会援助和救济活动，明清时期又先后创设大宗义会、大宗常平仓、大宗义庄等慈善组织，以解困救穷、助学襄祀、赈灾备荒；三是广泛性，不仅不同社会群体广泛参与慈善活动，而且慈善活动也涉及诸多救助领域。

红色文化是芝英民众积极投身革命运动的反映。芝英是永康中共党组织的诞生地，也是浙中地区红色革命的重要活动中心。1927年5月，永康第一个中共党组织“培英小学支部”在芝英成立。同年10月，来自永康各地的30多名党代表在当时作为练结小学的芝英章氏宗祠内召开会议，选举产生了中共永康首届正式县委，从此掀开了永康革命新的一页。在党组织的领导下，芝英人民历经土地革命战争、抗日战争和解放战争的漫长斗争，谱写了红色文化的绚丽篇章。

古城文化以及在此基础上发展起来的宗族文化、百祠文化、技艺文化、商贸文化、学术文化、慈善文化，以及由千年紫霄观代表的道教文化、风流纷呈的诗路文化、淳朴潇洒的民俗文化，加上民主革命时期中国共产党发动与主导的红色文化，构成了芝英博大完备而颇具特色的文化体系，塑造了芝英社会积极进取、和谐发展的人文性格和求真务实、积极奋斗、开拓创新、探索前行的文化精神。

第一章　古城悠悠传千载

芝英历史悠久，而且延绵不绝。从东晋初年平南将军应詹率军来此屯田开始，至今已有近1700年的历史。南朝时在此设置缙州治所，古城迎来繁盛。此后历经更迭，芝英地区先后设里、建乡、置镇。千百年来，芝英历经风雨兴衰，既焕发出盛世繁华，也遭遇过兵燹战乱，有时发展迅速，有时陷入徘徊。进入民国，芝英的政治、经济、文化、教育诸方面成功实现了从传统向现代的转型，为今日芝英的发达辉煌奠定了坚实的基础。古城千载历史，也深深镌刻在浙中这片人文厚重的大地上，绽放出自己的飒爽英姿。

第一节　历史开篇

一、文明缘起

芝英所在的永康市是浙江中部金衢盆地的重要城市，历史悠久，人文璀璨。虽然永康建县在三国孙吴赤乌八年（245），但其历史可以追溯到更远。早在远古时期，就有先民在此活动，并创造出较高的灿烂文化。据现有考古成果，永康是上山文化遗址分布最为集中的地区之一，目前已经发现的相关文化遗址，较重要的就有湖西、太婆山、庵山、长城里、长田、庙山等6处。

从发掘的陶、石器的类型特征看，庙山遗址时间最早，其绝对年代，距今约11000年。出土陶器以夹炭陶为主，典型器为大口盆和双耳罐。

石器兼具打制和磨制两种工艺，砺石、石球、石片、石核、锤砸器等打制石器和磨盘、磨棒类石器使用较为普遍，有少量石斧、石凿等磨制石器，明显属于上山文化早期阶段。①而境内发现的新石器时代后期的河南村老胡爷山嘴遗址，出土有花岗岩磨制的肩石斧、穿孔石钺等。尤其是红陶钵，手工制作的指印十分明显。一些石器、石质、陶器的质量，与同期的河姆渡文化相比毫不逊色。

这些远古文化遗址的发现，说明早在一万年前的旧石器时代，就有先民在永康地区耕种渔猎，繁衍生息。②而大量珍美器物的出土，又进一步证实远古时期永康境内的先民已经创造出较高水平的文化。这些遗址虽不属现今的芝英镇范围，但与芝英镇近在咫尺。从考古学范畴来说，现今芝英镇域毫无疑问也在上山文化及后来新石器文化的重要文化圈内。

春秋时期，永康地域属越国，战国后期又为楚国属地。秦王政二十五年（前222年），设乌伤县，永康属乌伤县范围，汉袭秦制。秦汉时期，永康地域的开发程度，较先秦时期有了明显的提升。

这一时期，永康、南溪一带的越人聚落主要分布在今永康江干线，及主要支流华溪、南溪两岸。这表明，当时人们尚没有抵御干流洪涝灾害的能力，农业的开垦局限于支流的天然冲积地带。③两汉时期，吴越地区相对稳定，不少北方移民因中原战乱等原因陆续南下，带来当时较先进的农耕生产技术，江南地域得到了初步的开发，人口逐渐增多，地广人稀的状况开始改变。据《汉书·地理志》记载，西汉极盛时，会稽郡有22.3万户，人口103.26万，辖26个县。乌伤为其属县。按平均计算，乌伤县（相当于今金华地区）人口约4万人，上浦乡（今永康市）也有5000人之多。而出土古墓的建筑风格及殉葬品，一定程度反映了永康在汉代的发展状况。

2003年，在永康东城街道曹园村发现了一座拱券保存完整的东汉古墓。墓制雕饰精美，且有完善的排水沟。墓中出土的文物有“四乳四螭镜”残片，钱币有“大钺五十”“货泉”等。2004年，在大坟山沿村发掘出一座东汉晚期的砖室墓，距今已近1800年。墓砖的正反两面都布满米

---

① 浙江省文物考古研究所、永康博物馆：《浙江永康庙山遗址试掘简报》，《东南文化》2018年第5期。

② 永康市地方志编纂委员会编：《永康市志》第6册，上海人民出版社，2017年，第2429页。

③ 王志邦：《浙江通史》第3卷《秦汉六朝卷》，浙江人民出版社，2005年，第93页。

字形纹饰，横立面单边和砖两头刻印双鱼横条直条花纹。印纹清晰，砌置规整，体现出当时建造工匠的精湛手艺。又在耳室内2米深土层里，发现了许多破碎的瓷片和陶片，还有5枚已严重氧化的汉代五铢钱。经专家考证，这是一座浙江省域内少见的前堂后室带耳室的券顶砖室墓。2007年，又在夏溪村坟山发现一座东汉古墓，内有瓷钟、瓷罐、象腿瓶等。①这些古墓的结构完善、物件精美以及钱币的流通，说明在永康建县以前，这片黄土丘陵上的农耕文化已达到相当高的水平，并居住着不少官宦富商等殷实大户。据《永康徐氏总谱》记载，东汉末年，吴兴太守徐琪，游江浙，悦古丽山溪之美，定居今永康一地，为华溪截角徐氏始祖。②这说明，汉末永康已成为吸引北方士人前来定居的重要区域。

孙吴立国江东之后，为加强对地方的管理，在原来汉朝统治相对薄弱的丘陵山区，相继增置新县。随着丘陵山区的进一步开发，人口日益增长，设置新县也是为了适应地方社会发展的需要。三国吴赤乌八年（245），分乌伤县南部的上浦乡置永康县，即是孙吴增强对浙中区域的管理和本地域社会经济发展的必然结果。据《永康徐氏总谱》记载，永康置县时，衙址欠方，徐琪曾孙徐绰“仗义舍居址以凑方”，朝廷嘉其义，赐匾额“截角世家”，以示褒奖。徐氏逐渐成为永康一大望族。③而从考古发掘的聚落遗址（存）分布来看，先秦时期的越人是通过东阳的南马盆地向永康盆地——武义北部盆地迁徙发展的。孙吴在乌伤南部设县，也延续了这一开发路线。另据《后汉书·方术列传》记载，东汉时，赵炳被章安县令杀害后，“人为立祠堂于永康”。在此立赵侯殿，说明此地当时是处于永康盆地通往金衢盆地东部乌伤溪流域至北方的交通要道上。④芝英位于永康盆地东北部，也大体在这一交通线附近。而且芝英又处于永康盆地与南部丘陵的分界线上，地理位置十分优越，随着永康设县，芝英一带也得到了进一步的开发，为日后的繁荣奠定了坚实的基础。

---

① 永康市地方志编纂委员会编：《永康市志》第6册，上海人民出版社，2017年，第2431页。

② 赵良：《截角徐氏源流谱序》，《永康徐氏总谱》卷二，2019年重修本，第40页。

③ 赵良：《截角徐氏源流谱序》，《永康徐氏总谱》卷二，2019年重修本，第40页。

④ 王志邦：《浙江通史》第3卷《秦汉六朝卷》，浙江人民出版社，2005年，第93页。

二、东晋肇基

西晋末年的永嘉之乱，导致北方黄河流域陷入分裂割据状态，战事频繁，大批中原士族纷纷南迁，为东南各地输入了大量人口，并带来先进的生产技术。东晋定都建康（今南京）后，江南地位不断提升，给社会发展带来了历史性的机遇。仅从行政区划的设置来看，当时今江浙境域自南而北，各大流域均设置了郡级行政机构。位于金衢盆地的东阳郡，相较三国吴宝鼎元年（266）初设时的规模，人口、经济、聚落等方面均有大幅度扩增。东晋初年，随着大将军应詹定居永康华溪东南的大田里（今永康市芝英一带），子孙繁衍，渐成聚落。芝英迎来了第一次肇兴，从而掀开了历史的新篇章。

据《晋书·应詹传》记载，应詹（274—326），字思远，原籍河南汝南南顿，曾参与平定王敦之乱，后出任使持节、都督江州诸军事、平南将军、江州刺史。[①]东晋初年，正值北方流民大量拥入江南，与此同时，南方土著因遭受灾荒、兵燹而形成巨大的流民潮，地方并不稳定，各地流民之乱此起彼伏。应詹在致好友荆州刺史陶侃的信中，就说当时“神州未夷，四方多难”[②]。尽快地平息南方动乱、稳定人心，成为东晋政权和地方治理者的当务之急。

当时在江西、浙江一带，数量庞大的游民难民群体从江西一直迁延到浙中、浙南以至于福建地区。作为平南将军、江州刺史的应詹，使持节、都督江州诸军事，位高权重，可以直接代表皇帝行使地方军政权力，也沿此路线南下。太宁三年（325），应詹携长子应玄来到浙中动乱的重灾区永康县（次子应诞留驻江西宜黄），率领部曲进行屯田，一边治乱，一边开发，由是定居下来，逐渐形成一片官方拥有的田地，其地被后人称为“官田”。明人应奎在《芝英应氏宗谱后语》中称：“至晋祚既东，詹以大将军镇南，而族遂著于婺，始家永康。”

应詹之后，其子应玄传承父亲基业。据《梅林应氏大宗谱》载，应玄继承其父应詹观阳县侯爵，后官至散骑常侍，因功得皇帝恩赐“食邑

① 房玄龄等：《晋书》卷七〇《应詹传》，中华书局，1974年，第1857-1859页。

② 房玄龄等：《晋书》卷七〇《应詹传》，中华书局，1974年，第1861页。

五百户”，世禄封地于永康官田。应詹卒后，首葬永康前山杨庙坛，后移葬杭州赤水乡。应玄卒后也葬在住宅之东的桥陵（今芝英八村上菜园巷智房厅东南侧粘土山）。由是子孙占籍永康，并陆续析居各地。从此，汝南应氏形成南、北两宗，应詹被南方应氏尊为南宗鼻祖。目前，从芝英析出的应氏子孙已繁衍六十余代，范围遍及浙江、江西、安徽、上海、江苏、福建、湖北、广东、湖南、四川、广西、山东、海南、台湾等地。其中以浙江省最多，其析居市县主要有：永康、缙云、台州、仙居、温州、宁海、宁波、丽水、杭州、金华婺城区、衢州、黄岩、遂昌、奉化、东阳、诸暨、绍兴、永嘉、苍南、乐清、青田、瑞安、鄞州、义乌、德清、江山、兰溪、慈溪等地。在县级市中以永康为最，达3.4万余人。①

应氏父子在古芝英一带实行大规模屯田，对当地发展有着重要的历史意义，主要表现在以下几方面：

一是开垦大面积的荒地、荒山，促进了当地的经济开发，为子孙后代创造了生存繁衍之基。东晋初年，永康县辖区较大。据原永康市市志办陈渭清先生整理的《永康古代人口》推测：“西晋，太康十年（289）前后，永康（包括今武义、缙云大部、磐安部分）有1330户，5320丁，加上妇女、儿童、病残者，总数有1万多人。”虽然永嘉之乱后，伴随北方南迁人群的流入，永康人口有所上升，但仍属于地广人稀的荒凉之地。

应詹父子通过详细巡察，发现古芝英一带是不可多得的屯田区域。这里地处广阔肥沃的华溪流域平原，可为士兵提供必要的粮食供给。同时，古芝英地理位置得天独厚，东西可控台、括、婺，南可扼温、闽，周围有深长袤远的山区丘陵，可有效提高安全保障。而且，周围还有丰富的矿藏资源，民众有一定的冶炼基础，可为军屯提供必要的金属支撑。应詹父子在此实行屯田，开始为官兵的军屯，后来还组织流民进行民屯，将“不亲农桑而游食者”也纳入屯田行列，不仅可扩大生产规模，也有效解决了地方治安的隐患。由于应詹部属中本有不少异姓官兵，芝英当地历来流传“公婆岩前十八家”和“芝英十八姓”之说。②这些众多异姓很可能是来此屯田的官兵和流民的子孙。

二是营造较为完善的基础设施，为日后芝英升为州城奠定了基础。

① 应业修：《千年应氏望族地》，中国文史出版社，2014年，第5–6页。

② 应业修：《千年应氏望族地》，中国文史出版社，2014年，第25页。

由于实行屯田兵制，应詹父子随军带有家属，以及技术较好的手工业工匠。所以在垦荒整田的同时，为安置大量的士兵及随军人员，应氏父子大力加强基础设施的建设，如建宅造仓、治溪筑塘、开沟通渠、修桥铺路、挖井引泉等；同时，又建置处理行政军事事务的刺史行辕。而作为应氏父子居住的庄园，其规模宏大，范围大致东至龙漩井巷，南至廿间头大院南墙和方塘里壁巷，西至方口塘，北至紫霄路，核心则在今前明堂大院。

作为身负文武重责的要臣，在修建民用设施的同时，应詹父子在芝英一带也兴建了相应的战备安全、后勤保障和交通通信设施。诸如建小城堡和兵营，构筑城防工事，修筑驿道、驿站等等，俨然一座庞大的军事重镇。这些建筑，至今在芝英仍留有不少印记。如作为刺史行辕和官仓的“城头”，遗址在今紫霄观和中常祠堂。当年官田地段用鹅卵石铺砌，连接东阳郡和临海郡。官田通往各地的众多古驿道，至今遗迹尚存。[①]

在应詹父子之后，应氏子孙簪缨不断。他们继承了先祖的志业，进一步扩大对古芝英的建设规模。如果以应詹为永康应氏第一代，应玄为第二代，后面的每一世皆有著名人物。如第三代有应运（承父职散骑常侍，后为寻阳郡柴桑县令）、应闵（朝奉大夫），第四代有应聪（开封佥判）。到了第五代应袭，为徙居官里园始祖，历任东晋、刘宋两朝，官至殿中尚书。

据元嘉二十二年（445）前新安太守张镜所撰《殿中尚书应袭》介绍，应袭为应詹五世孙，生于东晋太元十二年（387），性敏好学，博通经史，颇习武艺。义熙七年（411）举孝廉，起为太学博士，历任散骑常侍、豫州刺史等职。刘宋代晋，袭转仕宋朝，累迁殿中尚书。当时，“朝仪典章，咸未周备，袭留心考定，号为称职”。宋文帝为嘉奖应袭，特赐其“东阳郡官田五百户，于杜宅之阳，名曰官里园”。元嘉二十年（443），应袭辞去朝职，“偕子览胜于东阳郡里园而居”，[②]成为官里园应氏第一世。由此可见，应袭的官里园规模一开始就有官田五百户之多，开启官里园应氏家族的发展史。官田也成为古芝英的早期地名。

① 应业修：《千年应氏望族地》，中国文史出版社，2014年，第26–27页。

② 张镜：《殿中尚书应袭》，收入《缙州古城资料汇编》，永康市芝英历史文化研究会编印，2021年。

第二节　南朝州城

一、官里田庄

自应袭定居官里园后，应氏家族很快发展成为当地名门望族，所谓："自矜地望，枝叶相承，世笃忠贞，而称名族。树德而厚蓄，储其风气，渊深龙聚，地灵人杰。"古芝英一带从而得到进一步开发。应袭之后，应氏子孙各有卓绩。南朝陈天嘉二年（561）、六年（565），曾任东阳郡太守的沈巡与中书郎赵齐旦分别撰有应亨龄、应厘的传记，里面记载了南朝官里园应氏子孙簪缨相继的盛况。应氏子孙较为著名的有卫尉应昭光、朝散郎应昭德、中书侍郎应昭用、吴郡内史应昭建、宣城太守应灋、监军事应厘、建安将军应亨龄等。这两篇传文还记载了南朝应氏子孙屡次扩建官里园的事迹，其扩建的内容，可以分为两大类：

一类是营建屋宅，兴修桥梁水渠。如应亨龄曾祖应昭用兄弟七人"聚力凿水开渠，灌稼洗漱，植桃理宅，时有灵虹隐现，名谓灵溪"。应厘"与族兄弟侄，拓家园至方圆五里"，"宅东建桥，时群鹤上树，鸣于宅，声闻于野，名曰鹤鸣。至孙辈，一门百余口，敦睦如一"。[①]这些屋宅和水利设施的建设，说明当时应氏家族人丁不断繁衍，农业生产规模日益扩大，古芝英得到了进一步开发。

一类是设置祠庙、学校、道观等文化机构。鉴于应詹的丰功伟绩，南朝齐永明五年（487），应詹七世孙中书侍郎应昭用在官里园建应詹祖塔碑，"宅东建塔一所，八角棱，高六层八丈"，希冀通过纪念应詹，祈求祖先英灵庇护，"守此福田"。[②]梁承圣三年（554），应氏子孙上书朝廷，请求建祠祭祀应詹。这一请求得以获准，梁元帝"诏具太牢，令拜祠上冢，以奉常祀"，并让东阳郡守主持祭祀仪式，"文武甚盛，乡里荣之"。在平时的家祭时，则"前设坛墠"。[③]为延续文化传承，应氏家族还

---

① 赵齐旦：《应厘传》，收入《缙州古城资料汇编》，永康市芝英历史文化研究会编印，2021年。

② 应昭用：《官里园上祖塔碑石刻》，收入《缙州古城资料汇编》，永康市芝英历史文化研究会编印，2021年。

③ 赵齐旦：《应厘传》，收入《缙州古城资料汇编》，永康市芝英历史文化研究会编印，2021年。

专设家塾，教育子弟。如应昭用兄弟七人“建家学，训子孙”，应厘“就庠序，集门生弟子，说释经义”[①]。与当时众多豪门士族由尚武转崇文的趋势一致，应氏子孙在南朝时已是“子孙学业，各授一经。孝礼兼持，郡称为最”[②]，逐渐形成以诗礼传家的家族传统。除了教育机构，应氏家族还修筑道观等宗教场所。如应亨龄祖父应项好黄老之术，曾登缙云山学道，返回后，见“宅之东，隐隐于霄，紫云无际。乃建道观，名谓紫霄”。应颚“置太上老君先师庙于里园中，塑太上老君像，左置山神，右置土地”[③]。

正是由于应氏家族秉承礼义治家，所以当时出现“六代共炊，家甚隆盛，长幼有序，仕宦耕作，内外安位，嫌隙不生”的现象，一时享誉于世，甚至引起梁简文帝的关注。有关历史文献记载：“梁帝巡台，过里园，入紫霄月余。”萧梁末年，都督会稽、东阳、临海、永嘉诸军的余孝顷也曾慕名而来，“巡里园，步灵溪，览紫霄，赞家园有序，礼教之盛”。

六朝时期，世族、豪强地主多采用田庄经济，不仅拥有大量的肥田沃土，而且拥有大量的部曲武装，因而获得了支配农业劳动者的权力。同时，从东晋初直到南朝梁、陈，大规模的北方流民不断南下，或依附于侨居士族，或为南方当地豪强所荫庇。《梁书·贺琛传》就记载当时会稽贺氏家族收容了众多流民：“百姓不能堪命，各事流移，或依于大姓，或聚于屯封，盖不获已而窜亡，非乐之也。”[④]很显然，这些依附于或被荫庇的流民都是在豪强士族所建立的田庄内进行劳作。与之相配套的是，田庄本身有世族、豪强地主的住宅及生产者的居住中心，随着田庄内部经济结构的调整，特别是手工业、商业经济的发展壮大，田庄向城镇的转变就成为一种历史趋势。六朝时期的田庄规模大小不一，其名称各异，如园、墅、宅、坞、庄等。而有些田庄形态的坞、壁、里本身就是一个个小城镇。可以说，田庄是政治经济的综合实体，具有城市的某些特征。[⑤]

---

① 赵齐旦：《应厘传》，收入《缙州古城资料汇编》，永康市芝英历史文化研究会编印，2021年。

② 赵齐旦：《应厘传》，收入《缙州古城资料汇编》，永康市芝英历史文化研究会编印，2021年。

③ 佚名：《农耕匠坊记》，收入《缙州古城资料汇编》，永康市芝英历史文化研究会编印，2021年。

④ 姚思廉：《梁书》卷三八《贺琛传》，中华书局，1974年，第543页。

⑤ 傅兆君：《六朝江南封建地主庄园向城镇的转变》，《历史教学问题》1991年第2期。

从生产模式和规模来看，应氏家族的官里园显然也是采用田庄式居住和经营制度，并构筑城堡为核心聚落和家族保护据点。官里园内部除经营农业以外，还从事规模较大的工商业，这为后来缙州城州治设于芝英奠定了重要的前提条件。

二、缙州建城

缙州的设置，是古芝英地区最重要的历史事件之一。从现有文献来看，最早出现缙州记载的是《陈书·留异传》。该传称："绍泰二年，以应接之功，除持节、通直散骑常侍、信武将军、缙州刺史，领东阳太守，封永兴县侯，邑五百户。"由此可推测，在南朝梁绍泰二年（556）已设置缙州。《陈书·高祖纪（下）》载永定三年（559），陈武帝颁布《振恤吴州缙州诏》，里面提及"吴州、缙州去岁蝗旱"，说明缙州当时属于地方行政单位实体，非虚设机构。又据雍正《浙江通志》载："（天嘉三年）四月，赦东阳郡，废缙州之省，即于是年。"可知天嘉三年（562）缙州被废，此后一直未恢复。缙州存在时间从绍泰二年（556）至天嘉三年（562），前后仅七年左右，而缙州的设置与废撤，与东阳郡地方豪强留异家族有直接的关系。

据《陈书·留异传》记载，留异为东阳郡长山县（今金华）人，"世为郡著姓"，"为乡里雄豪"，梁时曾任蟹浦戍主，晋安、安固二县令。侯景之乱时，他回到乡里，招募士卒，建立军队。太守沈巡入京平叛，将东阳郡让与留异。留异令侄子留超担任，自己领兵随沈巡到都城。留氏家族由此掌握了东阳郡的权力。

后来不管是侯景还是王僧辨当权，鉴于留异在当地的实力，他们都任命留异为东阳太守。梁朝末年，陈霸先当政，命其侄陈蒨平定会稽，由于留异输运粮草劳军有功，被授予持节、通直散骑常侍、信武将军、缙州刺史，领东阳太守，封永兴县侯，邑五百户。同年，又迁散骑常侍、信威将军，增邑三百户，并以陈蒨长女丰安公主配留异第三子留贞臣为妻。永定三年（559）六月，陈武帝死，陈蒨继位，是为陈文帝，改授留异都督缙州诸军事、安南将军、缙州刺史，领东阳太守。当时南方各地统治，以地方豪强为核心。各豪强之间通过地缘和血缘关系结成了共同体。据《陈书·萧乾传》载："是时熊昙朗在豫章，周迪在临州，留异在东阳，陈宝应在建、晋，共相联结，闽中豪帅，往往立砦以自保。"[1]留异还将女儿嫁给陈宝应为妻，以加强相互间的联合。

不久，王琳反叛，留异与王琳有谋逆来往。王琳败后，陈文帝派沈恪"代异为郡，实以兵袭之"。留异兵出下淮（今建德、兰溪一带）抗御，沈恪战败，退还钱塘。此后，"异亦知朝廷终讨于己，乃使兵戍下淮及建德，以备江路"[2]。天嘉二年（561）十二月，陈文帝派重臣侯安都讨伐留异。"异本谓台军由钱塘江而上，安都乃步由会稽之诸暨，出于永康。"[3]留异猝不及防，率军逃奔永康桃枝岭（今缙云县），在砦口立栅自固。侯安都沿着山势，筑堰建坝。次年三月，侯安都借汛期大水，"引船入堰，起楼舰与异城等，放拍碎其楼雉"。留异驻防被攻破，与次子忠臣逃往女婿陈宝应割据的福建晋安郡。侯安都"虏其妻子，尽收其人马甲仗，振旅而归"[4]。天嘉五年（564）十一月，章昭达击败陈宝应，留异也一同被擒，押送建康处死，其子侄及同党无论年少年长，皆伏诛。唯第三子留贞臣以驸马身份免死。

天嘉三年（562），留异势力被平定后，陈文帝立即任命陆才山为东阳太守。六月，以会稽、东阳、临海、永嘉、新安、新宁、晋安、建安八郡重置东扬州，以扬州刺史刘伯茂为镇东将军、东扬州刺史，以韩子高替代陆山才为东阳郡太守。缙州及信安郡被废除。

由于缙州存在时间短，文献记载寥寥，所以历代关于缙州州治到底在何处，一直众说纷纭。有说在东阳郡的所在地长山县（今金华），有说在永康县城，有主张在今永康芝英，也有认为在永康石柱镇里溪寨村，或者永康前仓一带。[5]在各种说法中，有关学者从历史文献、遗迹遗物、地理交通、财富资源、古城格局等多角度详细考证缙州州治在今永康芝英，[6]论证充分，因此笔者更倾向于永康芝英说。其中尤具说服力的是从

---

① 姚思廉：《陈书》卷二一《萧乾传》，中华书局，1972年，第278页。

② 姚思廉：《陈书》卷三五《留异传》，中华书局，1972年，第485页。

③ 姚思廉：《陈书》卷八《侯安都传》，中华书局，1972年，第146页。

④ 姚思廉：《陈书》卷八《侯安都传》，中华书局，1972年，第147页。

⑤ 参见潘树棠：《郡志考》，《永康市志》第6册，上海人民出版社，2017年，第2445页。

⑥ 参见应业修、应忠良：《南朝缙州古城在永康芝英考略》，陈渭清：《再探缙州故址》，均收入《缙州古城资料汇编》，永康市芝英历史文化研究会编印，2021年。

应氏家谱中发现的一篇《农耕匠坊记》。文中有数条关键史料，直接点明了缙州州治就设在芝英：

> 绍泰丙子置缙州，留异曾言州购工坊，改置锻兵器、铸钱坊，置州治官里园。……太平丙子岁，咸鹾赡溢，职赋殷繁，置缙州，造州治于官里园……置官衙于盘龙山。……陈蒨、周文育、沈巡、留异，曾巡官里园，异求制兵器，委婉辞绝。时置州治于官里园，幹运缙民之力，强征丁壮，广纳税赋，窃以当州即制邑也。太平丙子岁仲春二月庚戌，莫不天文焕举，光数百载之镃基，奉设缙州，然城高可防贼，尽是缙民膏血，积金汤之固，非所恃！……不见州官盛德犹如天，刺史不谋与民，岂非逆行倒施！前后三年，弃城而逃。

由这些记载可知，缙州置于绍泰二年（556），州治设在应氏家族的聚居地官里园，官衙在盘龙山。而且，南朝历史上的许多重要人物陈蒨、周文育、沈巡、留异等均曾巡视官里园。留异甚至还想官里园应氏家族制造兵器，被应氏族人应羽龙婉言谢绝。从该文的表述措词来看，留异在缙州强征暴敛，倒行逆施，统治不得民心。末句“前后三年，弃城而逃”，与留异弃城逃奔桃枝岭的史实可以相互印证。

除涉及缙州的设置历史外，《农耕匠坊记》还记载了缙州城的城池建造、人口规模和工商业状况。当时的缙州城一改以土筑城的方法，而是采用“就地取土成砖，冠以年纪钱纹为记”，并且“垒石筑墙，高五丈，厚八尺”，同时还配置了相应的军事工事，“上起观望台高楼，以射道内通暗道，安屈胜梯，人上便卷收，中设幕，置弩手，以增壮贯”。可见，缙州城不仅城池坚固，内部设施也甚为完善，有较强的军事防御能力。选址在盘龙山上的缙州州衙气势恢宏，“仰望而叠排雉翼，瑞气朝笼；俯窥而细甃龙鳞，祥烟暮集”。在缙州设置之后，随着政治地位的提升，城内房宅的数量和规模不断扩大，“选置之日，争行先后，盛修第宅。仰视堂，酣酒嗜音，峻宇雕墙，犹集乡闾”。城内人口也显著增加，“州所一时殷盛，户口甚蕃。贵势之家，竞为侈靡。百工造作，务尽奇巧”，以至于缙州被人称为当时的“乐土”。

在工商业方面，缙州城也表现出一派兴旺盛景。尤其是冶炼铸造业，可谓蒸蒸日上。应昭德（444—502）在齐明帝时曾任武库令，后辞官归里，发挥其所长，开造工坊，铸皿锻器。其子应沔（468—524）、应涣（470—531）继承父业，在锻铸工艺上精益求精。从应沔、应涣的子侄辈开始，匠坊的规模越来越大，族兄弟逐渐将祖上开设的匠坊“铸锻分立”。其中，应颢“创官里园东北三里，造建铜铸坊”。应颉（493—557）经营的工坊，则是“门庭若市，富甲一方，族中大事，全赖工坊之财，宗党咸敬之”。应颚（501—558）“打理匠坊，召徒近百，日产匠具数百。”应顿（？—553）负责的匠坊，“远近富户商贾官员慕名而来，制作玩物，求其精微”。到梁朝后期，应晨龙（522—？）经营的匠坊规模更为宏大，以至于当时缙州刺史留异曾要求将匠坊“改置锻兵器、铸钱坊”。由于锻铸业的兴盛，应氏家族在陈朝时期已经是“东阳郡巨贾”，其商业经营范围已不仅限于浙江中部，而是“通商入越吴郡”。当时东南一带的商贾富户，均纷纷“至官里园上门言商”[①]。南朝官里园应氏家族发达的金属铸造和制作业，由此可见一斑。

在隋朝初定江南时，芝英地区遭受到较大的损失。当时婺州地方豪强汪文进、蔡道人曾自立为天子，但芝英应氏家族并未依附二人，而是“聚族保里，自易应帜，聚勇三千”。应氏家谱中还记载，当时隋军统帅“史万岁密访官里园”。或许是在史万岁的劝说下，应氏族人积极响应隋朝的统一政策，加入平叛大军，而且在作战中表现勇猛，“自郡栝瓯追堵斩寇，残余遁闽”。但应氏为此也付出了巨大牺牲，其中“智忠、智言、智仁、智彦阵亡栝州桃枝岭寨原；智义、智明、智光、智善、智节阵亡栝州腊口；智育、智飞、智雁、智鸿、智望阵亡永嘉前仓”，“义勇损殒过千，族男俱亡近五十，众孤儿寡母举族哀丧，泣声不绝”。鉴于应氏族人的赫赫功绩，统帅史万岁上书请求敕赐抚恤，隋文帝于开皇十三年（593）五月，亲自手书“一门忠义”，并拨钱五万，遣内使侍郎薛道衡慰藉抚恤，敕建“义烈祠”于官里园之东，以供祭祀。不少应氏族人因功受封，如“智玑授司户参军，智举赠昭武校尉，智孝赠游击将军，智照赠翊麾校尉”[②]。陈末隋初的战争和兵燹，不仅使芝英一带人口锐减，城镇和经济发展也受到沉重打击。或许是官里园应氏族长应智玑对战局未作

---

① 佚名:《农耕匠坊记》，收入《缙州古城资料汇编》，永康市芝英历史文化研究会编印，2021年。

② 王正容:《汝南郡大唐高士应凝之》，收入《缙州古城资料汇编》，永康市芝英历史文化研究会编印，2021年。

深思熟虑的计划，让族中壮丁全部上阵，以致最后大部分战死，几遭灭族，其他姓氏族人也损失惨重。智玑很可能无颜面对族中寡妇幼儿，遂做出“由县城（官田）卜居可投”①的决定，成为可投应氏的始祖，从另一侧面折射出芝英地区遭受战乱之惨重。

第三节　唐宋发展

一、唐代延续

隋朝统一全国后，历经战乱的芝英地区有了一定的恢复，但无法与南朝时期的辉煌相比。进入唐朝，随着社会稳定，经济发展，国力强盛，南方得到更大范围的开发，其经济地位越发重要。唐武德四年（621），永康擢升为丽州，武德八年（625）废丽州，复称县。武周天授二年（691），析永康县西部，置武义县。万岁登封元年（696），又析县之东部、南部，置缙云县。武义、缙云两县均从永康县分置，说明是当地经济发展、人口增衍的结果。《唐会要》记载，开元四年（716）二月二十六日，永康升为“望县”。②作为永康重要的区域，古芝英也再次迎来复兴期，并改名为诸应。当时应氏人丁兴旺，“裔孙士农工商，百工技艺，进士贡生，不胜枚举”。尤其是手工业表现出繁荣而有活力的景象，“市墟铜铁匠器殷盛，聚天下之货，奇巧百色物件致于民”。经济的发达也给诸应民众带来富足的生活。《应凝之传》载，贞观年间，“宗党豪盛，每至春秋二社，尝集凝之所，必高会极欢，无不沉醉喧乱”。后来应凝之以一人之力，救助饥民，“为之糜粥，赖以全活。收埋骸骨，所见无遗”。凝之妻杜氏也“散粟五百石，以赈穷乏”③。这些记载虽重在强调应凝之的德行，但也从一个侧面反映出当时应氏宗族的丰资饶财。

唐代芝英地区还发生较大规模的人口外迁。尤其是应氏子孙迁居各地，逐渐向外发展。北宋大中祥符元年（1008），翰林院侍讲天台人王敬

① 《应登瀛履历表》，收入《缙州古城资料汇编》，永康市芝英历史文化研究会编印，2021年。

② 王溥：《唐会要》卷七〇，中华书局，1960年，第1240页。

③ 王敬：《应氏宗谱序》，收入《缙州古城资料汇编》，永康市芝英历史文化研究会编印，2021年。

撰写的《应氏宗谱序》云：

建公避税至信州贵溪大源园。河东抚慰大使毓藩公，因法受座，长子避居五云。藻公仕台州司士参军，居临海延寿。溥公仕永嘉尉，居前仓源。天益公殷富，买山地于五云，居苍丘，名曰应山。休裕公仕处州通判，以功升刺史，阵亡于桃枝寨源。其长子赴五云应山族兄地而居。余三子居丽水西门。旮公仕吴宁巡茶检校使，居茶场。徊公迁居剡县龙山。衍公迁居宁海。至宰辈，诸应裔孙一千八百六十。

可见，唐代时应氏子孙因各种原因外迁浙江的台州、温州、丽水、绍兴以及江西等地。到北宋前期王敬撰序时，留在古芝英的应氏子孙有一千余人，说明唐代应氏人口颇为可观。从孝子应先的案例，也一定程度可窥视唐代芝英的地位。《册府元龟·帝王部·旌表第三》记载唐天宝年间，“东阳郡人应先，父亡，庐于墓侧，有芝草连理树生，并旌表门闾，以昭孝行”[①]。《新唐书·孝友传》也有记载，称：“唐受命二百八十八年，以孝悌名通朝廷者，多闾巷刺草之民，皆得书于史官。……东阳应先、唐君祐……天子皆旌表门闾，赐粟帛，州县存问，复赋税，有授以官者。”[②]应先事迹得以列入国史，一方面说明其孝行声闻遐迩，另一方面也说明芝英地区在当时的影响力。而朝廷诏令建旌表牌坊，又造祭祀孝祠[③]，进一步提升了古芝英在全国的地位。

二、两宋兴盛

两宋尤其是南宋时期的浙江地区，社会经济空前兴盛，州县市镇全面繁荣，城市工商业和市场活动不断渗入广大农村地区，农村经济也十分活跃，由此形成了城乡一体的多层次区域市场网络。[④]据《宋史·地

① 王钦若等:《册府元龟》卷一三九《帝王部·旌表第三》，中华书局，1960年，第1550页。

② 欧阳修、宋祁等:《新唐书》卷一九五《孝友传》，中华书局，1975年，第5576–5577页。

③ 永康文史研究者认为，现今芝英八村的前厅即为应先孝祠，始建于唐代天宝年间，后经多次修缮。明、清两代的修缮较大。民国时期，经叶国柳师傅之手更换过一根梁。新中国成立后因洪水冲塌，一部分墙壁也做过整修。

④ 陈国灿、奚建华:《浙江古代城镇史》（修订本），安徽大学出版社，2003年，第174页。

理志》载，永康在宋代是“紧县”，地位比唐代的“望县”略为下降，但芝英地区在宋代的发展并不逊色于唐代。家谱称应氏“盛大，又分东十里”，说明随着家族规模越来越庞大，古代芝英及其附近形成由诸多应氏组成的大村庄，其繁荣程度可从以下方面得到体现：

一是驿道驿站的繁华。

北宋永康名臣胡则的《紫霄观》诗和南宋永康状元陈亮的《青玉案》词，均涉及对芝英古驿道的记述。

绮霞重叠武陵溪，鹫岭相将路不迷。
白石洞中人乍到，碧桃花下马频嘶。

（胡则《紫霄观》）

武陵溪上桃花路。见征骑，匆匆去。嘶入斜阳芳草渡。

（陈亮《青玉案》）

诗词中的“武陵溪”就是现在芝英紫霄观前的灵溪，“桃花路”是指途经芝英的驿道[①]，可见当时人马往来不息。陈亮的《紫霄观重建记》清晰描述紫霄观一带“川野平衍，居民错杂，又近在驿道之旁”，已然与道观本应有的“窈深不可寻究者”相违背。当时来此问道的游众，身处其间，“终日忘其为驿道居民之可厌也”，反向透露出紫霄观一带驿道的繁华和喧闹。陈亮与好友应孟明（1138—1195）的信中称：“万一便上道，恐宅眷既众，必不免从诸应取道龙窟，过我为一夕之款否？”应孟明家在现在的可投应村，陈亮邀请他到桥下旁边的龙窟家中做客。陈亮估计应氏家眷众多，建议走诸应到龙窟的宽敞大路，也印证诸应是当时重要的驿站所在地。[②]《胡堰街胡氏宗谱》还记载，南宋庆元元年，福宁路知州胡畴（字子瑞）回永康后，携子孙徙居古里，朝廷特颁诏令表彰胡畴“以诗书礼乐传家，居仁由义睦邻”，鉴于当时胡氏所建屋舍“业已基成

---

① 据江西省德兴市万村乡应家村《应氏家谱》载：“詹长子玄，字道颖，散骑常侍。公性好林泉，游桃岩，子孙广植桃树。”此后古芝英的桃景代代相传。看来胡、陈二人诗词中的“桃花路”非虚指，而是当时的真实写照。

② 芝英现在还留有两处古驿道的遗迹。一处在芝英八村泉塘底，有一条卵石大路，路线是过七姑塘，越皇光岭，往缙云；另一处在骑龙山冷塘水库底，也有一段卵石大路，路线是通往古山、桥下等地。因古代在桥下一带，驿道可通婺州、东阳、义乌。此外，在芝英八村上报铺一地，还留有古驿站的遗迹。

梁甃，规模大俱”，“特准诏敕即里置街”[①]，驿道贯通南北，人称皇降里名胡堰街。

二是工商业的兴盛。

与前代相比，赵宋政权很大程度上放松了对工商业的抑制，实行相对宽松的经济政策，工商业受到了官方的肯定和保护。士人对从商的观念也得到了转变，出现了“吾商则何罪，君子耻为邻”，“士农工商，同是国家一等齐民”之类的呼声。政策的支持和观念的改变，极大地促进了宋朝商品经济的发展。诸应地区适时发挥当地传统五金制造业的优势和潜力，手工业生产迅速扩大，商品交易日趋繁荣。由于诸应处在繁华的驿道线上，政府又十分重视完善驿站建设，诸应很快成为名闻四方的商贸重镇。

陈亮《紫霄观重建记》还提及当时芝英一带工商业者的规模。陈亮曰：“予观世人末驰于耳目口腹之说，而颠倒于是非、得丧、利害、荣辱，已涂大之焉。”[②]说明在诸应一带有大批影响颇大的“世人末”，即“末民”，也就是工商业者。故在“洞天福地”问题上能形成左右舆论的力量。这也从另一侧面印证了当年诸应工商业兴旺的历史事实。

三是科举登第者连绵。

唐代芝英地区虽有一些仕宦，但从出身来看，多为恩荫之官，且文献记载多语焉不详。进入宋代，芝英地区涌现出大批显宦，而且多为进士出身。这固然与宋代科举录取名额增多有关，但也反映出芝英一带经济、教育、文化的繁荣。

据《雍正浙江通志》载，宋代金华府共有进士约600名，其中东阳131人、金华106人、义乌91人、兰溪50人、武义33人、浦江29人，而永康约160名，高居八婺榜首。又据有关学者的统计，两宋时期芝英籍应氏进士就有28名之多。[③]从应氏登第的时间段来看，北宋仅有1人，剩下的27人全是南宋登第者，这与南宋定都临安，包括芝英在内的浙中地区跃升为京畿重地的政治格局密切相关。从仕途升迁来看，在这些进士中，担任中央部级官员的，有吏部侍郎应孟明、兵部侍郎应纯

① 《敕前署福宁路知州朝奉大夫胡子瑞诏》，《胡堰街胡氏宗谱》，2016年重修本，第71页。

② 陈亮：《紫霄观重建记》石碑，现存芝英八村紫霄观内。

③ 应业修：《千年应氏望族地》，中国文史出版社，2014年，第59—60页。

之（1175—1224）父子，担任省级行政长官的，有广西提点刑狱应谦之（1156—1227）、统制四川成都大茶马使应懋之（1168—1235）等。在地方任职知州、县令的，就多达十余人。科举的成功和仕宦的显赫，也说明芝英地区在宋代所表现出强劲的经济和文化竞争力。

随着区域繁荣带来的强大吸引力，南宋后期，有不少应氏子孙从外地回迁芝英地区。元末明初金华著名文士苏伯衡撰写的《处士应德厚墓碣铭》记载，应阜（1323—1391）“其先本仙居人，中徙缙云，宋季讳某者，出赘永康大田窦氏，因家焉”[①]。嘉靖四十五年（1566），永康人王崇撰的《芝英应氏重修家谱序》记载更为详细：“宋至道间，有讳傅岩者，自大田徙台之仙居，又自仙居徙括之缙云。嘉熙间，曰九二府君者，乃自缙云还诸应家焉。”[②]结合这些叙述可知，北宋至道年间，应傅岩自大田徙到仙居，后来有子孙徙居缙云。南宋嘉熙年间，应九二府君自缙云入赘大田窦氏，在此定居繁衍。所以应氏族人奉九二府君为晚近历史的“吾家始迁祖”。

除了应氏，也有不少其他姓氏在南宋后期从外地迁入。如柳前塘村的柳姓约在南宋建炎初年（1127）由义乌迁永康，后析居于此。北宋永康知县胡志宁之弟胡镇南，约于绍兴十二年（1142）从永康城内由义坊迁居胡堰街村，成为胡姓始祖。前山杨上村和前山杨下村的杨姓始祖杨万明于南宋淳祐年间（1241—1252）从永康西隅迁此。上时村的金姓始祖金兑约于南宋宝祐年间（1253—1258）从金华迁此。石塔下村的李姓始祖李景龙于南宋宝祐年间（1253—1258）从福建迁此，陈姓始祖为陈希庆从前陈迁此。柿后村的陈姓始祖为陈荣，字克秀，南宋咸淳年间（1265—1274）从东阳官桥回迁于此。八口塘村何姓始祖何子举，于南宋德祐元年（1275）从永康清渭街析居于此。[③]大量人口的拥入，一方面说明南宋芝英地区所具有的自然和社会优势；另一方面，又进一步推动了古芝英的兴盛。

① 苏伯衡:《处士应德厚墓碣铭》,《芝英应氏宗谱》卷二，民国十二年重修本。

② 王崇:《芝英应氏重修家谱序》,《芝英应氏宗谱》卷首，民国十二年重修本。

③《永康市志》，上海人民出版社，2017年，第2414-2419页。

三、元代兵燹

在经历了宋代持续快速的发展之后，到了元代，古芝英经历了一个相对低落的时期。这主要是元朝初期和后期，在芝英地区发生多次毁灭性的战乱，不仅使社会发展停滞甚至一度倒退，还导致应氏“初谱放逸”，家族文献支离破碎，造成明代以前古芝英历史的严重断档。

至元十六年（1279），元军占领浙江，攻入永康，杀掠吏民。此时，永康新归附，元军诸将强迫民众为奴，并将部分县民掳往北方，县内人口顿减。至元二十三年（1286）八月，永康县民陈巽四等起事，聚众于古竹畈村普济寺内，造衣甲、军器，铸印玺，号称“天降大王”。后联合缙云章炎、洪平一等人据灵山八盘岭，先占方岩，再攻破青山，夜遭浙东宣慰使翰罗思密袭击并杀害。余部章炎等又结寨李溪，仍被县尹徐德廉率兵镇压。[①]至元二十七年（1290）五月，永康、东阳、缙云爆发吕重二、杨元六两次农民起义，为浙东宣慰使史弼俘杀。

由于陈巽四等聚众起事的大量活动都在诸应属地，方岩山一带是双方残酷战斗的主战场，因而方岩山附近的芝英地区或因被怀疑同情、支持义军而惨遭战争蹂躏，房舍遭兵燹，村民遭兵屠，村庄皆毁于一旦。

元代后期，古芝英一带再次陷入战乱。至正十五年（1355）十二月，青田牧溪吴英七、缙云箬奥（今大洋）杜仲光率起义军攻克永康县城，达鲁花赤和县尹逃往方岩。江浙行省命婺州派兵镇压，义军退守石柱、李溪一带，后受朝廷招安。至正十七年（1357）二月，义军号召饥民复起，乘胜再攻永康县城，达鲁花赤野速达被擒。[②]三月，元廷派江东廉访司迈里古思率军数万人，会合永康主簿吕部数千人，在净心（今舟山镇陆宅一带）攻破吴英七、杜仲光义军防线。[③]义军大败，向胡陈（今缙云壶镇）方向回撤。元兵乘胜追击，自方岩至胡陈三十余里，尸横满路，血流成河，

① 童文贤：《永康古代史事略》；陈渭清：《永康古代两次农民起义》，均收入《缙州古城资料汇编》，永康市芝英历史文化研究会编印，2021年。

② 野速达被擒后，关押于缙云县水口村（原名小日村，是应姓村），说明水口村是反元的一个据点。按血缘关系来说，水口村应氏与芝英应氏确有渊源，是南朝梁代芝英应让的后裔。水口村宗谱前三世行辈与芝英同时期的行辈相同。所以，水口村应氏反元，也许是对元军血洗古芝英的一个报复。

③ 《永康市志》，上海人民出版社，2017年，第16页。

惨不忍睹。五月初六，迈里古思又统军数万到胡陈屠杀，并祸及胡陈外围的左库、山溪、净心等村庄。元兵在烧杀抢掠十天后，于五月二十九日班师。经此一役，缙云胡陈、永康净心（以陆宅为中心）一带，人口亡绝，村庄焚毁，田地荒芜，直至明朝立国后，极少数幸存者才从四面八方回乡，朝廷又大量移民于胡陈和净心。①诸应正处在战场范围，兵乱不断，苏伯衡《处士应德厚墓碣铭》记载："元末所在骚驿蒿目，桑梓之蒙鼎沸也，遂不能以安枕。"②其损失惨重程度，自然不难想象。胡堰街也是屡遭兵燹，"至正十年，簃溪盗起，至正十五年，盗复起"，十二世祖胡岩"奉敕服贼，与敌奋战，胡堰街一带尸横遍野。家罹兵燹，房舍火焚"③。总体而言，由于频繁而浩劫式的战乱，严重阻碍了芝英地区社会经济的正常发展，也使得南宋以来日趋兴盛的趋势受到很大影响，逐渐失去了迅猛发展的势头，甚至一度呈现衰落迹象。

在元代，还发生了古芝英历史上一重要事件——改名芝英。以往多认为芝英改成今名，时间在明初洪武或永乐年间。④其实，改名芝英的历史，可以上溯至元代初期。明代嘉靖年间，与芝英应氏往来密切的显宦杜廉、赵懋德、应良（仙居人），以及芝英应廷育撰有多篇应氏族人的行状或墓志，里面均涉及芝英改名的事迹。杜廉的《应氏世德传》称："宋季自括之缙云，迁永康之大田里。传三世，而孝感芝生墓，更名其里芝英云。"⑤赵懋德的《应公尚端墓志铭》指出："按应之远祖仙居人，中迁缙云，宋季出赘永康大田里窦氏，因家焉。阅三传，以灵芝之瑞，更里名芝英云。五传德厚府君者，公之高祖父也，其事行见太史苏平仲所撰墓碣。"⑥应良《赠兵部主事应府君封安人李氏合葬志铭》也提道："其后自仙居徙缙云，再徙永康之大田。居七世，地盛产灵芝，因号芝英，以族属

① 陈德禹：《胡陈的没落与溪头的崛起》，缙云新闻网，2010年5月28日。

② 苏伯衡：《处士应德厚墓碣铭》，《芝英应氏宗谱》卷二，民国十二年重修本。

③ 《胡堰街胡氏宗谱》，2016年重修本，第343页。

④ 主张洪武说的，见应正禄《应氏先型录》卷一《芝英原始》（黄灵庚、陶诚华主编《重修金华丛书》第95册，2014年，第4页）、应业修编著《千年应氏望族地》（中国文史出版社，2014年，第2页）；主张永乐说的，见应忠良：《人文永康　对话芝英　重走达夫先生之路》，浙江新闻，2016年11月12日。

⑤ 杜廉：《应氏世德传（为行素翁暨子赠承德公作）》，《芝英应氏宗谱特传总编》，民国十二年重修本。

⑥ 赵懋德：《应公尚端墓志铭》，《芝英应氏宗谱特传总编》，民国十二年重修本。

盛也，亦曰诸应。府君高祖讳德厚，即苏太史伯衡为撰墓碣者。”[①]应廷育给应典撰写的行状云：“其先台人，中徙缙云，宋季有讳归孙者，又徙永康大田，家焉。再世以孝感芝产墓，遂更里名曰芝英。越七世，有讳昙者。”[②]

如以南宋末年迁居永康大田者为第一世，杜廉、赵懋德、应廷育认为在“传三世”或“再世”时改名芝英，只有应良认为“居七世”改为芝英。事实上，到了明代的应昙（字仕濂，1391—1460）祯字辈才是第七世，而当时芝英早已改为今名，所以应良一文中的“七世”恐“三世”之误。不过，双方都认为改名芝英一事系在应德厚之前，说明一致认同改名芝英的时间早于应德厚的生活年代。据苏伯衡所撰应德厚墓志，应德厚生于元至治癸亥（1323），卒于明洪武辛未（1391），[③]其生活年代大致为元中后期至明初。此外，诸记载均认为在应氏三世孙时，“以灵芝之瑞，更名芝英”。据应氏家谱，应德厚为五世孙，三世孙只记载一人，为“巽三府君，讳胜孙，万三府君归孙子，……生宋景定辛酉九月一日戌时，卒元至治辛酉九月一日戌时，享年适周六甲”[④]，可知应胜孙的生卒年为1261—1320年。家谱中还有元末明初文学家宋濂对应胜孙的赞：“心和而惠，又确以诚。寤寐先哲，古道攸行。孝孚闾里，义笃乡邻”[⑤]，与“以孝感芝产墓”的记载颇为吻合。所以晚清时期应振绪（1832—1914）明确地说：“先是，里名大田，以三世祖孝感墓产灵芝，更今名。”[⑥]由此可判断，改名芝英发生在元朝初年，而非明初。但无论如何，芝英是因为“墓产灵芝”这一祥瑞而得名。因这一地名寓孝义和吉祥之美，芝英之名一直沿用至今。

---

① 应良：《赠兵部主事应府君封安人李氏合葬志铭》，《芝英应氏宗谱特传总编》，民国十二年重修本。

② 应廷育：《石门先生行状》，《芝英应氏宗谱特传总编》，民国十二年重修本。应廷育称宋季徙永康大田者“讳归孙”，实误。按《芝英应氏宗谱》，徙居大田者为九二府君，“生卒失传，独以行显”，归孙为九二府君之子。

③ 苏伯衡：《处士应德厚墓碣铭》，《芝英应氏宗谱》卷二，民国十二年重修本。

④《芝英应氏宗谱·行传一》，民国十二年重修本。

⑤《芝英应氏宗谱·行传一》，民国十二年重修本。

⑥ 应振绪：《先考爱吾府君暨先妣胡氏恭人行述》，《芝英应氏宗谱特传总编》，民国十二年重修本。

第四节 明清商镇

一、商贸兴镇

明清两代县级以下基层社会体制实行都图制，芝英属于永康县游仙乡，下辖八个都十五个图。芝英全面走向兴盛是从明代中期开始的。此前，由于元末明初的大规模战乱，百姓流散，社会凋敝。明朝统一全国后，采取了一系列稳定政局、恢复生产、发展经济的措施，使芝英社会重新走上正轨，社会经济逐步得以恢复和发展。及至明中叶，伴随着农村社会经济的高涨和经济结构的变化、工商业的活跃，芝英普遍呈现出前所未有的繁荣。据记载，隆庆初年，芝英“族属繁衍，合其指殆不啻万余，富连阡陌”[①]，说明芝英在明中期不仅完全恢复，繁盛程度甚至超过了南宋时期。

古芝英在宋元时因为“大道交贯于中，邻比辏集，旧成乡镇”[②]，商业贸易往来频繁，市集初步兴起。明代时，芝英已发展成为重要的商业集市，形成了相当庞大的包括五金、禽畜、农副产品等在内的专业市场体系。明洪武至永乐年间，胡堰街就因为“地当要冲，行旅多出其途，乃为市廛以通之”[③]。胡氏族人农商并举，善经营理财，置有田产万秧、坊店多处者已有十数家。如十二世祖庸一公同子永义、永广四世同居，已拥有田产十万、坊店十多家，享有“胡十万”之盛名，列永康出东门首富。[④]当时流传有歌谣：“胡堰街大大又大，东门首富胡十万。胡堰街长长又长，家财万贯称平常。”[⑤]说明胡堰街在明初经济恢复迅速。

明代宗景泰年间（1450—1457），芝英仕濂公应昙助田作为市基，兴办义市。除附近村民络绎上市外，邻近各县商贩逢市日也云集于此。应

---

① 应廷育等:《庆朝升翁八十寿序》,《芝英应氏宗谱特传总编》，民国十二年重修本。

② 应奎:《重修芝英应氏孝墓记》,《芝英应氏宗谱特传总编》，民国十二年重修本。

③ 叶恩:《环溪书堂记》,《胡堰街胡氏宗谱》，2016年重修本，第89页。

④《胡堰街胡氏宗谱》，2016年重修本，第392页。

⑤《胡堰街胡氏宗谱》，2016年重修本，第194页。

县被芝英人称为“三八公”，为纪念他兴办义市的功德，则以每逢农历三、八为集市日。《正德永康县志》记载当时永康著名的集市，其中就有芝英市，位于“县东三十里，在三十一都”①。除了市基广场外，当时芝英地区的交易市场还有后宅厅的米市和禽畜市、现在六村地段的柴市、羊塘滩的锡市等。附近还有相距不远的可投市、岩下市等等，各市之间贸易互相往来，更加促进了永康东部区域的经济繁荣。

到了清代，芝英的集市规模更为宏大，在康熙年间已属于永康最大的五个集市之一（其余四个为城内、桐琴、象珠、古山）。康熙《永康县志》记载：“芝英市，县东三十里，每逢三、八开市，肩贩云集。”②每逢三、八开市之日，来自周边乡村，包括邻县的百姓，摩肩接踵拥向芝英，熙熙攘攘。随着商业的发展，芝英应氏族人还适时主动地取消地租税，更进一步助推集市的繁盛。

芝英集市所在地属于应氏祠堂祀产，原由当地牙行负责征税，每年收租十二金。但牙行征收过于苛重，租税每年多达百余两，商贩苦不堪言。康熙三十四年（1695），应氏诸家长目睹牙行的劣行，“乃纠众义助，以四十金付祠易产，罢所征税十二两，永为义市，由是商贾便之，皆感激应氏世义云”③。所以芝英市基广场，至今还有“义市”之称。道光年间，芝英人口密集，三、八市集殊为繁盛，但“每有游手聚赌、椎埋、剽盗”，商贩也是困苦不堪，却又无可奈何，应思超（1797—1885）就与当地耆老“出祠规禁缉之，刁徒敛迹”，④有效地维护了市集的正常秩序。

芝英集市的繁华，无疑给当地居民带来了富裕生活，也一定程度改变了芝英地方士人的择业观念。地方诸生或胥吏不再以科举仕途的成功，作为人生的唯一出路。如明代前期的应昌（1375—1447）乡试屡次不中，尽管后来“循例从事藩司赞政，有声”，但仍弃儒归乡，从事商业活动，

---

①〔明〕正德《永康县志》卷一，黄灵庚、陶诚华主编：《重修金华丛书》第77册，上海古籍出版社，2014年。

②〔清〕康熙《永康县志》卷三《市集》，黄灵庚、陶诚华主编：《重修金华丛书》第77册，上海古籍出版社，2014年。

③〔明〕正德《永康县志》卷一《市》，黄灵庚、陶诚华主编：《重修金华丛书》第77册，上海古籍出版社，2014年。

④ 应振绪：《先考爱吾府君暨先妣胡氏恭人行述》，《芝英应氏宗谱特传总编》，民国十二年重修本。

“遂以富甲一时”[①]。明末清初的诸生应昌焕（1625—1690），“连不得志于棘闱。遂弃去帖括家言，专以治生课子为务”[②]。晚清应宝时也主张四业平等，称“仕者读者、耕者织者，与夫工商佣赁者之各有业也”[③]，鼓励族人自食其力，从事工商实业。这些例子说明当地经商的成功，刺激了当地产业结构的转变，从另一个侧面折射出芝英商业氛围的浓厚。

二、空间拓展

从明中期开始，随着人口的急剧增长和财富的快速积累，芝英应氏族人不断建造公私建筑，大大拓展了原来的区域空间，这从《芝英应氏宗谱》中可以得到相应的印证。如永乐至天顺时期，应昙“捐千金以葺学校，置公田以助里役，筑桥赈饥，修复佛寺。……建祠立家规，代输乡民租税”[④]。在应昙之后，其子侄辈继续“建厅事，立家塾，拓置田园”[⑤]。应杰弟应棣在“旧居逼隘，方议改拓”之时，“独任其劳”，而且“凡建祠葺庵，修明伦堂及诸桥道，惟兄所画，咸乐义赞成之”[⑥]。应杰族弟应枋通过自己的勤劳节俭，积攒了丰厚家资，“拓田筑室”，规模“倍于父时”。[⑦]应枋还热衷地方公益事业，独自修葺坍圮数十年的紫霄观三门。嘉靖年间，应奎率族人建大宗祠时，应枋也“独捐四十金相其役”[⑧]。应奎堂弟应典“率诸兄朋捐赀，建中堂七间，已又捐田十余亩，以助祭祀”[⑨]。应勋（1471—1525）建徵德堂，“间架甫定而卒”，其子应璨（1502—1551）继承父亲遗志，“任费任劳，不日而落，于是祠宇焕然鼎新”[⑩]。在营造家园的浪潮中，应氏家族的女性也积极参与其中，发挥了重要作用。

---

① 胡著：《应公宗盛墓志铭》，《芝英应氏宗谱》，民国十二年重修本。

② 应炜：《庠士敦六百廿二府君暨马氏杨氏二安人墓志铭》，《芝英应氏宗谱特传总编》，民国十二年重修本。

③ 应宝时：《义庄田记》，《芝英应氏宗谱特传总编》，民国十二年重修本。

④ 朱谨：《仕濂公县志人物传》，《芝英应氏宗谱特传总编》，民国十二年重修本。

⑤ 应廷育：《贤母吕氏传》，《芝英应氏宗谱特传总编》，民国十二年重修本。

⑥ 赵懋德：《应翁尚本传》，《芝英应氏宗谱特传总编》，民国十二年重修本。

⑦ 黄绾：《尚端翁偕配李氏墓表》，《芝英应氏宗谱特传总编》，民国十二年重修本。

⑧ 应廷育：《尚才翁传》，《芝英应氏宗谱特传总编》，民国十二年重修本。

⑨ 应廷育：《石门先生行状》，《芝英应氏宗谱特传总编》，民国十二年重修本。

⑩ 吕钦：《纯之处士应公墓志铭》，《芝英应氏宗谱特传总编》，民国十二年重修本。

如应杰兄弟营建祠厅，费用多达千金，其母吕氏“辄以女红所成，助酬直焉”[①]。

嘉靖以后，芝英的区域空间进一步扩大，从营建祠堂的数量即可见一斑。嘉靖十五年（1536），礼部尚书夏言上《令臣民得祭始祖立家庙疏》，嘉靖皇帝下诏“许民间皆得联宗立庙”。此后，全国各地兴起建造祠堂之浪潮。芝英祠堂也不再限于零星、个别状态，而是如雨后春笋般大量涌现，其间虽有损毁、拆除、重建，但其数量保持持续增长，并在清中叶达到顶峰。其中，应氏仕濂公派下子孙人丁繁衍，关系脉络清晰，建立祠堂30余座，标志着芝英应氏祠堂建筑发展达到鼎盛时期。现如今所遗存的应氏祠堂群落中，大多数是在这一阶段内形成的。[②]据研究，芝英现存祠堂的建造年代，除前厅可能建于唐代外，其余均集中建于1470年至1939年间。有4座系明代所建造，约占总数的6％，其中仕濂公祠建于明成化六年（1470）、应氏宗祠建于明嘉靖年间、思文公祠建于明天启年间；约50座为清代建造，约占祠堂总数的80％，例如建于乾隆三十年（1765）的绿泉公祠、建于道光八年（1828）的天常褒功祠、建于光绪七年（1881）的完人公祠和约斋公祠、建于光绪十一年（1885）的聘珍公祠等；其余为民国及以后所建，约占祠堂总数的14％，例如建于民国初年的宪辅公祠和慕颜公祠、建于1939年的天相公祠、建于1948年的东塘公祠等。其中，东塘公祠的建造标志着传统祠堂修建活动的结束。

除了祠堂数量激增与规模宏大之外，私人宅屋的规模也甚为宽阔。明清之际，应本恕在芝英最繁华的廊街北面造房，南面“两进共十余间，楼上前后高厅二座，周回护之”，整个建筑“匠心独运，宏敞魁杰，约费数千余金”。[③]祠堂数量的大幅增加和房屋规模的宏伟，一方面说明芝英人口的快速繁衍，据应正禄、应振绪的记载，芝英在清代中期年间，人口已“里居千余户”[④]，“子姓群聚而居以万计”[⑤]；另一方面，也显示出应氏族人财力的雄厚。

① 应廷育：《贤母吕氏传》，《芝英应氏宗谱特传总编》，民国十二年重修本。

② 宿也：《芝英古镇应氏祠堂建筑遗存的形态特征研究》，浙江大学硕士论文，2014年，第14页。

③ 应延裕：《祖考如心府君配席记》，《芝英应氏宗谱特传总编》，民国十二年重修本。

④ 应振绪：《先考爱吾府君暨先妣胡氏恭人行述》，《芝英应氏宗谱特传总编》，民国十二年重修本。

⑤ 应正禄：《汉彩君传》，《芝英应氏宗谱特传总编》，民国十二年重修本。

三、社会救助

社会救助体系是否完善，尤其是民间救助力量的强弱，是衡量社会经济盛衰的重要标准之一。明清时期，芝英地区逐步建立起较为完善的民间救助体系，有效弥补了政府社会救助能力之不足，同时也成为组织和维持地方公共生活的一支重要力量。就其救助形式而言，明清芝英的民间救助主要有大宗义会、常平仓、义庄、恤嫠田等。

晚明时期，芝英应氏大宗祠堂开始筹办大宗义仓，对孤寡老人实行供养，每月发放口粮。距大宗祠堂不远的应氏希范公祠，也是一个慈善机构，主要为死后无力安葬的应氏后人提供白皮棺材及安葬费用。

首先来看常平仓。

常平仓位于今芝英正街55号对面，始创于清乾隆十七年（1752）。当时，全国各地州县实行朱熹的社仓法，筑仓储存稻谷，以救济灾民。永康在东、南、西、北设立四大仓，其中东社仓就在芝英。[①]但建仓费用并非全由朝廷拨款，而是部分由地方筹资。芝英应材被知县举荐为社长，率先捐稻谷五十石，“由是而乡之人踊跃乐捐，共襄厥美”。粮食问题得以解决，但社仓地址又无着落，一开始计划造于紫霄观，因考虑到“地远民居，恐有疏虞，管理不便”，应材遂与兄应甫（1703—1770）商议，决定“将方塘公祠前店基数间，概行助出，作建仓之地”。不到一年，社仓得以建成。[②]

咸丰初年，东社仓毁于火灾，化为荒墟。同治（1861—1875）初年，应宝时出资重建常平仓，并捐赠稻谷200多石。他又劝各常会及民户酌量捐赠，总计稻谷750余石。光绪四年（1878），地方政府鼓励民间捐钱捐谷，常平仓又收到500余石稻谷，后来又陆续得到捐赠。光绪三十二年（1906），常平仓固定资产可抵价“田一千三百六十把，计价洋一千一百三十五元足”，积谷可抵“田一千二百七十五把，计价洋一千零

① ［清］光绪《永康县志》卷二《建置·公署》，黄灵庚、陶诚华主编：《重修金华丛书》第78册，上海古籍出版社，2014年。

② 徐元曾：《灵溪公传》，《芝英应氏宗谱特传总编》，民国十二年重修本。

三十四元足”。[1]在粮食收割或丰收之时，常平仓会出面收购粮食进行储藏；遇到青黄不接或闹饥荒时则开仓平价销售，以压低市场上的粮食价格，起到稳定粮价和人心的作用。

再来看义庄。

义庄位于今芝英四村，是晚清芝英最大的民间慈善机构，由举人应宝时（1821—1890）捐资创办。应宝时历任上海道尹、江苏按察使兼布政使等职，同治九年（1870），他有感“鳏寡孤独废疾者之孑然失其所”，遂以官俸设置秀芝堂义庄，捐田690余亩，屋四十楹。但这还不足以完全救助芝英的孤寡残疾者。光绪七年（1881），应宝时侧室刘氏见此情形，又捐出婆婆朱氏所赐钱，并与人调换在石柱的57亩田。至此，义庄共有740多亩田，“自此予族姓之无告者，终岁得食矣”[2]。义庄由大宗祠管理，并专门制定二十余条规例。“权其丰歉而豫计之，时其出纳而摧核之，广其居室而勤葺之，备其器用而谨储之。其簿籍必详以明，其限制必严以慎，皆择族中之贤者主其事，而分别等差其职任焉。”[3]以所捐田作为基金，规定“每口每月授谷二十斤，岁八月”[4]，大人一秤谷（合35市斤），10岁以下小孩减半。男孩供养至16岁，女孩至15岁。一些受救济的鳏夫寡妇一直供养到其子20岁成年。据不完全统计，族中孤、寡、鳏、独者300余人，“取给于此，以养其生者”[5]。义庄无疑在救济族人、缓解灾情方面发挥了重要的作用，因而在应氏族人中留下了深刻的记忆。20世纪90年代初，应宝时嗣孙应式文重归故里，再临义庄，特捐资10万余元，成立义庄基金。自此以后，芝英乡贤也出钱出力，成立了专门的义庄基金会，救弱扶贫，向优秀学子颁发“义庄奖学金”。

再来看恤嫠田。

受丈夫应宝时和婆婆朱氏的影响，同治十二年（1873），应宝时侧室刘氏也将每月积累下的针线钱以及平日受赏赐的千余金，设置恤嫠田130亩，由义庄经营负责，专门用以赡养族中的节妇、贞女。当然，关

---

① 应宝时:《大宗建立常平仓记》,《芝英应氏宗谱特传总编》，民国十二年重修本。

② 俞樾:《永康应氏义田记》,《芝英应氏宗谱特传总编》，民国十二年重修本。

③ 应宝时:《义庄田记》,《芝英应氏宗谱特传总编》，民国十二年重修本。

④ 应宝时:《应氏义庄规例书后》,《芝英应氏宗谱特传总编》，民国十二年重修本。

⑤ 俞樾:《永康应氏义田记》,《芝英应氏宗谱特传总编》，民国十二年重修本。

于节妇、贞女的选择，有严格的标准和审核环节，“必孝义兼全，年符旌表者始得与……报恤之初，必凭真正邻右出具保字”，从而保证救助的真实有效。恤嫠田的经济来源，主要是“每年租谷所入，于支用外，以余羡增亩积储，使之有盈无绌”。日常运转也有明确的章程规定，实行“月给缗钱六百，分四季赍送，不烦赴领”①的制度。

通过对明清时期芝英商业集市、区域空间、救助体系的考察，可以发现，如果说宋元两代分别是芝英经济全面兴起和发展缓慢的阶段，而到了明清时期，芝英则呈现出空前的兴盛景象。芝英商贸市镇的规模不断扩大，人口飞速增长，商业网络臻于完善，专业化分工日趋精细，城市特征愈显成熟，达到了其古代发展史上的最高峰。

第五节　民国聿盛

晚清太平天国运动席卷江南，芝英遭受战火破坏。在太平军盘踞芝英期间（1861—1863），芝英人口“族损大半”②，而且建筑焚毁严重，“本祠堂宇虽幸全，而神龛、门扇、器具等项残毁不备。兼之延长山墓旁两庵被焚。”③胡堰街村也损失惨重。“二十多幢院墙相接，椽瓦相连，足不履湿民宅花厅大院，百间临街商铺暨胡氏宗祠，俱被火焚殆尽。”④在下徐店村，“一百多间房屋被太平军焚为灰烬，三十六名村民遇难，尸骨难找。全村人民成年累月逃避他乡，有家难归”⑤。战乱过后，在当地乡贤的率领下，芝英各地民众纷纷捐资出力，展开了一场家园重建运动，历经十余年的发展，逐渐恢复旧时规模。

民国建立后，芝英一开始延续清朝乡里制度，仍属游仙乡三十一都。1928年，国民政府颁布了《县组织法》，确定在全国县、区、乡（镇）推行地方自治。1930年，国民政府又启动农村基层行政体系改革，确立以乡

① 应振绪：《恤嫠田记》，《芝英应氏宗谱特传总编》，民国十二年重修本。

② 应宝时：《义庄田记》，《芝英应氏宗谱特传总编》，民国十二年重修本。

③ 应氏祠长董事：《同治八年清常族孙捐修纪念碑》，《芝英应氏宗谱特传总编》卷七，民国十二年重修本。

④ 《胡堰街胡氏宗谱》，2016年重修本，第58页。

⑤ 永康市下徐店村志编纂委员会编：《下徐店村志》，1995年刊印，第40页。

镇制代替以往的村里制，即县以下以镇为核心，建立（区）镇和镇（乡）两级基层行政体系。1931年，游仙乡改名芝英镇。在行政体制革新的同时，民国时期芝英的商贸、手工业、教育以及市政建设在明清的基础上进一步蓬勃发展，出现了许多新的面貌，初步实现了从传统向现代的转型。

一、工商转型

早在明清时期，芝英就是远近闻名的商业集市。民国时期，芝英升格为浙江八大集镇之一，在传统集市的基础上，商铺数量明显增加，商业规模也得到进一步扩大。

根据《1947年芝英镇商会档案》的记载，当时芝英镇共有商铺100多家，包含了南货业、酒业、肉业、布业、百货业、药业等行业。[①]如南货店就有12家，肉铺也有10家，中药铺有同仁堂、同成堂、惠生堂、广德堂、济生堂、万春堂等12家，银首饰加工店也有传记银楼、正尧银店、沛林银店，以及信元成、三星才记、清泉记、仲康记等近10家。[②]而且，不少行业还成立了同业公会，如南货店有南货业同业公会，肉铺有肉业同业公会，药店有药业同业公会。

正街是当时芝英街区最长的商贸老街，两侧宗祠、店铺林立。方塘公祠至廊街西侧是最繁华的地段，商业建筑多为上宅下铺或前店后宅。民国时期，这里小吃摊店有20多家，知名的有应业增馒头店、应顺和单麦饼店、应胡海肉麦饼摊、应敦基烧饼摊等。廊街是当时商贸活动最兴盛的集市中心区。三十一间水阁楼店铺大都建在里家塘上。每间店铺前置有一排凉棚凳，可供游客休息。廊街以北是宽阔的市基，分前市基和后市基，市基广场集市期间商贩云集，高峰期人数在万人以上。市基广场周边布满店铺，聚集了“协茂昌”“协源昌”“永生公”“恒丰泰”“应恒和”等当地著名老字号。1932年，郁达夫从永康到方岩，途经芝英，在后来完成的《方岩纪静》一文中称：“芝英是一大镇，居民约有千户，多应姓者。”从一个侧面反映出当时芝英的繁盛。

---

① 《敌伪档案案卷·永康县政府社会科·芝英镇商会（1947年3月18日至7月）》，永康市档案馆藏，档案号M425-004-123。

② 应业修：《千年应氏望族地》，中国文史出版社，2014年，第108页。

在数量增加的同时，部分商铺和商号的经营规模也在不断扩大，形成了当地著名老字号和龙头商铺。如坐落于老市基中段的“协源昌”，开创于1930年，是一家售卖棉布、副食、烟酒糖肉、南北杂货、药品、洋油（煤油）、桐饼、肥田粉、农具等两千多种商品的大型商店。该店仅老板、伙计及学徒就有20多人，店面占沿街门面两间半，店内占地五间，面积约120平方米，并在镇南租用300平方米的房屋作为酿酒坊和伙房。而且，店内经营分工明确。股东分别是章正学、应业纯、应善昌、应德梧、应根茂。经理为章正学，账房（会计）为应业纯，中后期助理会计为夏廷希，后期增加的一名助理会计为章汝青。伙计各司其职，应善昌、应广超、应少超等侧重经营棉布、百货业务；蒋宗夏、凌焕章等侧重经营副食杂货业务；施世仔、阿究师负责供应猪肉；应根茂、应业勋负责采购；应福超等掌管酿酒坊和伙房；章康云、章振显、楼岩林等为先后进店的学徒。①

晚清时期，在江南城镇中开始出现近代工业，但基本属于零散现象。进入民国时期，江南城镇的近代工业获得加快发展，除上海等大中城市逐渐形成新型工业体系外，在广大小城镇也兴起不少近代工业企业。②在芝英，民国时期也开始出现由民间力量创办的近代工业企业，芝英酱油厂就是最明显的例子。1943年5月，永康人徐宗岐（1909—1976）和胡思周联合近30位亲友，合伙创办了芝英酱油厂。徐宗岐任厂长，聘请马湘甫负责生产技术，胡思周负责业务，章孟春负责总务。章孟春将产品定名为“芝英酱油”。酱油厂生意红火，效益较好，新中国成立前“芝英酱油”是金华老八县名特优产品，誉满金衢地区，并销往江西玉山、湖南长沙等省外县市。③

在近代工业兴起的同时，一些西方技术也逐渐引入芝英。如在传统的中药铺之外，芝英也陆续出现现代医药诊所。抗战前的炳文西医诊所，医生医德高尚。胡振涛的“胡氏疳积药粉”，专治儿童疳积病，在县内外享有盛名。1945年，雅塘村潘永福（原在国民革命军陆军六十六医院）

① 袁南槐整理：《芝英协源昌》，永康市政协文史委员会、永康市工商业联合会、永康市档案局（馆）编：《永康名店名厂（民国时期）》，1995年，第48-51页。

② 陈国灿：《江南城镇通史（民国卷）》，上海人民出版社，2017年，第113页。

③ 章孟春：《芝英酱油厂简史》，中国人民政治协商会议浙江省永康县文史资料工作委员会编：《永康文史》第六辑，1990年，第62-65页。

在芝英创办芝英西医诊所，讲医德，讲交情，乐善好施，曾资助稻谷20担，建造芝英“南泉”水井1口，可惜在1948年，因为共产党人治病而被捕，押送杭州，诊所停办。[①]这些西医诊所和中医药铺共有20多家，为芝英民众的医疗健康起到了重要的保障作用。

二、市镇建设

伴随市镇体制的改革和商业繁荣的助推，芝英的市政建设在民国时期也有了显著的推进。尤其是芝英士人不断捐钱筹款，强有力推动了市政基础设施的完善和更新。如在本地乡贤的组织下，芝英区域的市基广场、道路得到了大规模的整修。1912年春，芝英“永生”商号老板应济敦在父亲应崇渊的鼓励下，慷慨解囊，平整芝英市基，覆以卵石砌面，极大方便了贸易交通，改善市容市貌，行商坐贾无不拍手称赞。

芝英村庄稠密，又处交通要冲，当时外地通往芝英镇区的道路，虽有鹅卵石路、石板路和泥路多条，但已满足不了芝英经济社会发展的交通需求。1930年秋，应济敦又带头出资重修了方岩大路。出永康城向东，从杜山头右拐，经黄店、芝英、两头门至橙麓岗脚的乡道，俗称方岩大路，全长约20里。这条道路是永康地域心腹的中心线，往往是本地拜客和外地来客“上方岩”的必经之路。但由于民国以降，战乱频仍，曾经熙来攘往的方岩大路因年久失修，坑坑洼洼，疮痍满目。遇到雨雪天气，泥泞难走，让行者苦不堪言。应济敦目睹行旅的艰辛，毅然决定出资千金修建此路。经过半年左右的紧张施工，全长20里的方岩大路修葺一新，路面均由石板卵石铺成。此路一修成通车，大大方便了永康县街到方岩的交通，也极大推动了芝英的商贸活动。前往方岩朝拜胡公的香客更加络绎不绝，方岩的香火也越来越兴旺。

关于应济敦带头修复方岩大路的义举，他的外甥蔡惠夷描述说：“县东道久芜，千金慨先倡。曲直艰者平，车毂不相妨。”当时浙江省国民政府得悉事迹，破例地给应济敦颁发了“利济行人”奖匾。[②]这条路也被百

① 《永康市志》第6册，上海人民出版社，2017年，第2424页。

② 桑洛:《济敦路》，徐小飞主编:《千年古镇芝英八村风物史迹钩沉》，杭州出版社，2017年，第159–160页。

姓尊称为“济敦路”。

抗战前夕，金华、永康、武义三地士绅乡民，在辛亥革命先驱、原浙江督军兼民国第一任浙江省省长吕公望（1879—1954）等人的倡导下，联合出资组建汽车运输公司，动工兴建金武永公路，应济敦又倾全力相助。1937年12月，浙江省政府由杭州迁驻方岩。在随后省府驻守方岩的五年中，金武永公路和济敦路，都为政府指挥军民抗战护民，发挥了巨大作用。

民国时期，芝英教育设施的建设也较为显著，其突出表现是由中小学教育构成的现代学历教育体系的基本确立，以及包括职业教育、社会教育的兴起与活跃。

当地乡贤延续古代兴学助教的传统，新创、扩建了许多学校。晚清民国时期，先后有修齐初级小学、培英小学堂和毓秀女校等等。其中，光绪三十二年（1906），改培风书院为培英高等小学堂，学制三年，是芝英最早的高等小学。1935年，教室进行了扩建。1943年，应济敦独资创办“锦卿补习班”，以良田12亩作为办学基金。毓秀女校由清末民初著名外交家应祖锡创办，借以提倡女学。其女应品仙，从省立女子师范毕业后，襄助毓秀女子学校教务，并任教务员，后任县立女子师范讲所所长。1926年，养正、启蒙两国民学校合为第一初级部，普和、育德两国民学校合为第二初级部。1932年县立芝英民校成立。翌年又开办芝英镇高级民校，有5届毕业生400余人。

晚清民国芝英的学校，还与早期中共的革命活动有密切关系。1927年5月，中共永康第一个党支部就在芝英培英小学成立。此后，培英小学成为当时永康共产党人活动的中心。共产党员应毓兰、应爱莲等人，曾以培英小学为据点，发动组织农民协会，开展“二五”减租等革命斗争，取得四战四捷。芝英溪岸东边的培文书院，民国时改名培文小学，是永康中共党员黄大馨、章会辰活动场所之一。而练结小学又是中共永康县委诞生地。1927年10月中旬，浙西特派员姜挺来永康传达中央“八七”会议精神，宣传用革命的武装反抗国民党反革命武装。在练结小学召开有30多名党员和积极分子参加的会议上，中共永康县委正式成立，隶属浙江省委。在当时的7名县委委员中，就有3人在练结小学教过书。在他们的影响下，1930年9月，练结村一批村民秘密参加中国工农红军第十三军第三团，在永康红色革命历史中留下了浓墨重彩的一笔。[①]

三、抗战基地

在全面抗战期间，随着1938年1月浙江省政府迁方岩后，永康成为浙江政治、经济和文化中心，各级机关单位也随迁永康城乡各地。据有关资料记载，在此期间先后随同省政府搬迁永康的省属行政机关有37个，省级机构团体33个，省属事业单位35个，国家垂直管理、各地市县及其他机关单位38个。这些机构驻永康达5年之久。[②]芝英毗邻方岩，是永康到方岩的必经之地，历史上两镇之间的经济、文化、贸易往来就非常频繁。省政府迁驻方岩期间（1938年1月—1942年5月），由于方岩空间有限，难以全部容纳，因此大量随迁的人口、机关、工厂就被分遣、安置在永康各地，尤其是聚集在方岩附近的乡镇。而芝英以其地理优势，一度成为浙江省抗战备战的经济重镇和后方基地之一。在迁至永康的各类省级机构中，当时设在芝英的，较著名的有省难民工厂总部和省战时芝英战区儿童教养团。

1937年7月7日卢沟桥事变后，日军不断向南进犯，湖州、杭州等地相继沦陷，浙西受难同胞扶老携幼流浪浙东，随同浙江省政府移迁永康方岩。据1938年12月统计，流入永康难民已有1.13多万人，暂时收容7259人，长期收容4054人。1939年，收容难民2.87万多人。为了解决流亡难民的生活出路，战时省政府派民政厅长阮毅成赴闽，与福建省政府主席陈仪协商移送难民垦殖事宜，将一部分难民移垦于福建崇安，另在永康设立难民移垦场，一边收容安置难民，一边发展各项生产事业。

永康乡贤吕公望一直关心乡梓，热衷于振兴实业。为安置难民，他与省主席黄绍竑商议，于1938年2月在芝英建立浙江省赈济会难民染织工厂（简称“省难民工厂”）。工厂设三处一室：总务处（在永康城内）、工务处（在芝英）、营业处（在永康城内），共有管理人员145名。对不识字的青年男女难民，则在永康各地设置夜校补习，普施军事化训练，养成在特殊情况下抢运物资的敏捷技能。除芝英总厂外，在县城及后曹桥

① 陈晓峰、胡鹏、黄俊等:《走进练结》,《永康日报》2021年3月18日。

② 《永康市志》第6册，上海人民出版社，2017年，第2485页。

长城、郭山、溪岸、柿后、桥下、太平等8处还开设织造工厂13个、成纬工厂2个、准备工厂3个、纺纱工厂2个、漂染工厂1个、验布工厂1个等。此外，在永康各地（如傅店、卉川、唐先、派溪吕等）还有7个私人加工小厂。难民工厂除照顾老弱病残及婴孩儿童的抚养教育外，还创办辅导讲习班，向年轻男女工人传授纺织生产技术。1938年产布2.79万匹（每匹30米），1939年产7.27万匹，1940年产10.02万匹。这些布匹除供应人民群众外，主要供给第四军需局和第五军需局。由于生产发展，难民生活渐趋安定。据载，难民工厂当时有3000多名工人，借用民房住宿，与当地群众和睦相处，买卖公平交易。1941年，日军飞机轰炸永康县境，芝英工厂移至江山县峡口镇王村一带。①1945年8月抗战胜利以后，难民工厂停止生产，就地变卖厂内物资，发放旅费帮助难民返乡。②

省赈济会收容的青壮年难民被安置后，还有一批老弱病残难民和难童，他们多数虮虱满身，臭秽不尽。更有一些老衰难民在各地曾被收容，坐食已久，无意卫生料理。为改变他们的生活习惯，省赈济会在永康城郊城塘专设收容所，并设澡堂备发梳、置衣裤等，供他们使用。同时印发难民须知，给予讲解，培养他们的良好生活习惯。③由于许多难民拖儿带女，把小孩带入生产工厂，成了工作之障累。小孩在工厂乱碰乱闯，工伤事故时有发生。为妥善处理难民儿童的教育事宜，1938年春，省赈济会和难民工厂分别在周塘、芝英开办“浙江省芝英战区儿童教养团”（简称“难童教养园”），随后难民工厂所属分厂也都设置教养园。周塘、芝英教养园还分设托儿所、幼稚园、小学部（分低年级、中年级、高年级共10个学级），对难童分别实施教养。至1940年，“难童教养园”共有儿童学员616人。他们均为来自各战地的4岁以上、12岁以下的儿童，其中男童395人，女童221人。④此外，芝英上坟塔慕颜公祠设有难民卫生院。年老衰迈及其他难以从事生产工作的难民，则在郭段厉村另设集

① 《永康市志》第6册，上海人民出版社，2017年，第2513页。

② 楼明统整理：《芝英镇染织生产合作社》，永康市政协文史委员会、永康市工商业联合会、永康市档案局（馆）编：《永康名店名厂（民国时期）》，1995年，第162页。

③ 《永康市志》第6册，上海人民出版社，2017年，第2513页。

④ 章旲生：《一个在敌人炮火下长成的战区儿童教养团——“浙江省芝英战区儿童教养团”介绍》，《浙江战时教育文化月刊》2卷4期。

中收容所，统一安置照顾。①

难民工厂及其关联机构既解决了抗战期间大量难民的安置问题，又以工代赈，组织难民生产了大批抗战物资，有力地支援了抗战前线，为抗战胜利作出了重要贡献。另一方面，大量难民在芝英的生产生活，也一定程度促进了当地经济的发展，给芝英带来了战时的繁荣。

第六节　街巷棋布

芝英整个镇区，山套村，水套山，山套水，青山环绕，绿水环流，渠塘穿村，堂院映衬。外围北面有盘龙山（青龙）、古娄山（白虎）为镇山；南面，近有桃花山、骑龙山为案山，稍远有三宝峰为文运山。村落整体朝向是面对象征文运昌明的笔架山——三宝峰。紫霄观、大宗祠堂、小宗祠堂、天房祠堂等重要历史建筑也都面对三宝峰。市基的设计也颇注意风水，有意设置四面地势高而市基地势低，以示四周雨水流入市基池塘和阴沟为“四水归市”，意为“肥水不外流”，足见先祖经商聚财的强烈理念。而在城墙筑造和街巷布局方面，芝英古城也表现出鲜明的特色。

一、古城形态

早在东晋后期，应詹五世孙应袭创建官里园，采用田庄式居住和经营制度，并构筑城堡以为核心聚落和家族保护据点。到南朝缙州的设置，刺史留异在旧有城墙基础上进行修筑、扩建，筑高墙，起台楼，置官衙，通暗道，缙州“峻宇雕墙，犹集乡闾”，已形成较为完整的城池体系。留异败亡后，陈朝并没有大规模地彻底拆毁缙州城，故虽历经1400多年，中间“屡罹艰变”，尤其是元朝初年又经历大规模战乱，但仍有一些历史遗迹和遗物保存至今。

芝英古代城堡式的城防工事是最典型的遗迹。村庄的整体布局是山套村、水套山、山套水。四围丘山实际多为土城墙或城墙基。《芝英应氏宗谱》中有中常澹泉公祠图，其《说明》曰：“右中常祠堂图。道光丁亥

① 《永康市志》第6册，上海人民出版社，2017年，第2513页。

年建造，坐落紫霄观后，城内，坐北朝南。”“城内”二字，即指城墙之内，说明紫霄观位于城内。

通过对芝英古镇的实地勘察，可以大致推测缙州古城的范围(见图1–1)。

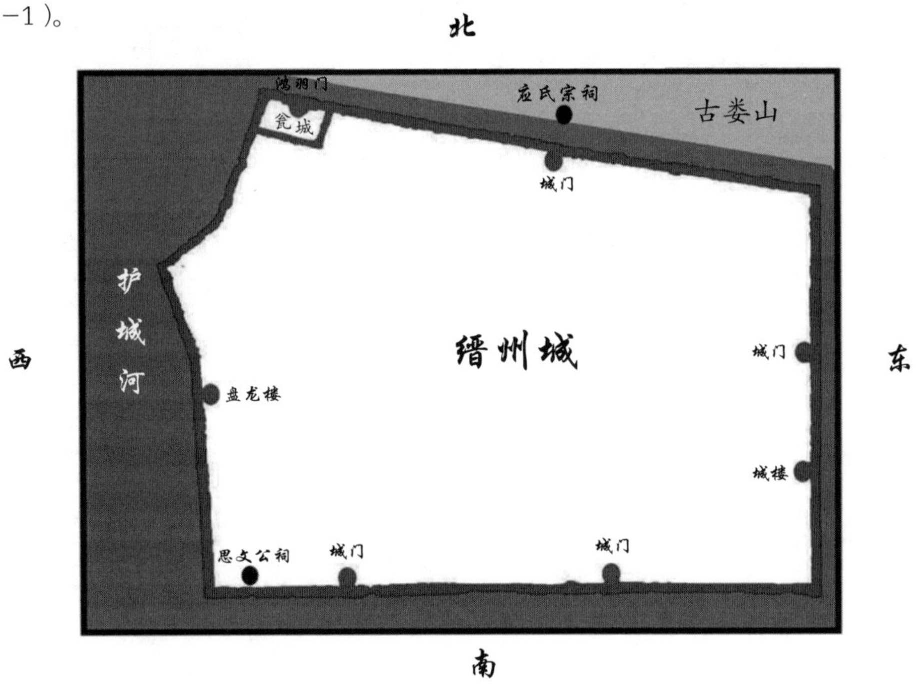

图1–1　缙州城墙线路图

表1–1　缙州城墙线路点

编号	城墙段名	地段名称	具体位置	宽度	备注
西1	西城墙	鸿羽路北段1至33号	三村鸿羽门	270厘米	此为古城墙基，宽度与历史记载相同。
西2	西城墙		鸿羽路8号至对面鸿羽路15号	270厘米	
西3	西城墙		修伯公祠西南墙角至惟信公祠西南墙角沟中点	270厘米	
西4	西城墙		鸿羽路路面	270厘米	
西5	西城墙	鸿羽路北段	鸿羽路35号西头小屋		
西6	西城墙	前后市基	南北市场28号		
西7	西城墙	前后市基	南北市场26号		
西8	西城墙	前后市基	南北市场24号		

（续表）

编号	城墙段名	地段名称	具体位置	宽度	备注
西9	西城墙	前后市基	南北市场8号		
西10	西城墙	前后市基	盘龙庙遗址		城楼
西11	西城墙	天祥路	天祥路2号		
西12	西城墙	天祥路	天祥路4号		
西13	西城墙	天祥路	天祥路6号		
西14	西城墙	天祥路	天祥路13号		
西15	西城墙	上堪头 俗称城背	天祥路5号懋勋巷17号19号及空地		观望台
西16	西城墙	懋勋巷	懋勋巷7号		
西17	西城墙	懋勋巷	应庆文故居		
西18	西城墙	育才路	聘珍公祠东侧		
西19	西城墙	育才路	育才路40号		
南1	南城墙	育才路	育才路40号		
南2	南城墙	方塘路	方塘路18号		城门
南3	南城墙	方塘路	方塘路20号		
南4	南城墙	石桥塘沿路	石桥塘沿路37号		
南5	南城墙	石桥塘沿路	石桥塘沿路19—2号		
南6	南城墙	龙漩井巷	龙漩井巷50号		
南7	南城墙	龙漩井巷	应广利厂房北后檐		城门
南8	南城墙	上园	关国好屋东		
东1	东城墙	上园	道士塘西岸		
东2	东城墙	上园	慕颜公祠东		城楼
东3	东城墙	上园	鹤鸣桥西头		城门
东4	东城墙	上园	新屋里东井东侧	270厘米	
东5	东城墙	上园	鹤鸣桥西头至灵溪路2号		俗称溪城
北1	北城墙	灵溪路	灵溪路2号		
北2	北城墙	灵溪路	灵溪路32号		
北3	北城墙	灵溪路	灵溪路34号		城门
北4	北城墙	灵溪路	灵溪路38号		
北5	北城墙	灵溪路	灵溪路50号		
北6	北城墙	灵溪路	灵溪路60号		城楼

（续表）

编号	城墙段名	地段名称	具体位置	宽度	备注
北7	北城墙	灵溪路	灵溪路60号南侧 后明里56号金井栏		箭楼
北8	北城墙	灵溪路	鸿羽门		

由前面所列图1-1和表1-1可知，缙州古城的范围东到道士塘西岸、慕颜公祠东及鹤鸣桥西头，西到芝英三村的鸿羽门、盘龙庙、应庆文故居，南到育才路40号、石桥塘沿路37号、关国好屋东，北到灵溪路2号和鸿羽门。

在芝英古城的遗迹、遗物中，较重要的有古城墙遗址和城头暗道遗存两部分，主要有四处：一是内城北城墙的城头墙基，位于今芝英八村紫霄观北侧，其中一段岩墙已作王华德户房基；二是紫霄观存有一段暗道；三是内城北城墙城尾段，位于今芝英三村鸿羽门，有箭楼（金井栏）遗址和地名；四是外城金家城头，存有一段墙基和部分附属设施遗迹。又经过对西城墙和东城墙现存遗址进行测量，城墙宽度约2.7米，这与《永康县志》关于缙州城墙“高五丈厚八尺（八尺，约为2.7米）”的记载是吻合的。

陈文帝在征讨留异诏书中，有曰：“逆贼留异，数应亡灭，缮甲完聚，由来积年。”[①]所谓的“缮甲完聚”就是指留异整治武器装备，聚集粮食，修理城郭，为谋反作准备。紫霄观北侧的城头墙基十分明显。在八村紫霄观周围，城墙厚3至6米，高3至5米。城墙外还有护城沟渠。《农耕匠坊记》描述缙州城头“上起观望台高楼，以射道内通暗道，安屈胜梯，人上便卷收，中设幕，置弩手”。这里所说的暗道很可能就在紫霄观内城北城墙城头下面，20世纪60年代当地在开凿太平水库引水渠时发现。当事人叶菊花曾介绍说，暗道用砖砌筑，高近2米，人可直立行走。暗道砖上有“钱纹为记”，较符合古城修筑时代的特点。东面通向暗道的出入口是一口井，井壁用雌雄缝弧形青砖砌筑。西面关公庙门前也有一口古井，井北数米有一塘。这一暗道还出土了井砖，如下页图所示。

“大”古通“太”，砖上的“大平”即指“太平”，为南朝梁末“太平”

① 姚思廉：《陈书》卷三五《留异传》，中华书局，1972年，第485页。

年号(556—557)，也正是留异任缙州刺史期间(556—562)。因此，这井砖很可能是留异当年修理城郭的遗物。

正面

反面

北城墙的“城尾”一段，也比较明显，在芝英三村鸿羽门。据应鸿飞等老人口述和实地查看，城墙起于鸿羽门脚，北南方向长30多米，宽近1米，平均高1.6米左右，大都用武陵溪上原始的大卵石大油石砌筑。20世纪60年代，小孩子常要上城玩耍。后因居民造新屋或其他建设需要，多被取用。现残留一小截，也因居民搭建猪圈而改变原状。不过，现存仅有的一两块大基石还是原城墙基脚的。这段城墙处于芝英的西北角，既与处于芝英北城墙东段城头(址在紫霄观)遥遥相对，又与地处盘龙庙、后市基东侧北南走向的西城墙基脚相一致。从地基、地形和墙体看，这里应是原鸿羽门的城楼，因地处“金井栏”地块，人们也不妨称其“金井栏”城楼。其功能应是为守城人轮值、瞭望、休息、藏放器械物品等事项提供不可或缺的条件和方便。显然，其战备应急功能是不言而喻的。①

根据有关族谱资料的描述，结合现存部分遗迹遗物，可以基本确定，古缙州城方圆约5里，由内城和外城构成。内城为山城溪流包围，是山环村、水环山、山环水的台地，主要山脉有盘龙山、桃花山、骑龙山、古娄山。这一内城轮廓，在20世纪70年代还比较明显。内城是缙州古城的主体，是官员、百姓和士兵主要居住地。城内有官衙，有街巷，有市场，有道观，有祖塔祖祠，有贤母庙，有钗门坊，有驿道驿站，有四通八达的大道，有城墙、城门、箭楼、地道等防御体系。官里园是当时芝英最著名的大宅院，留异的州治就设于此。内城有七处城门，北面、东面、南面各有2门，西面有1门。各门都有木制栅栏，门旁有琉璃灯柱和琉璃灯。城墙四周有溪、塘，作为护城河。由于年代久远，城门的名

① 应业修:《千年应氏望族地》，中国文史出版社，2014年，第137−138页。

称和位置都可能有变化，但城门之称却相沿至今。结合城墙范围和古城遗迹，可以大体复原缙州古城的七个城门（图1–2）。

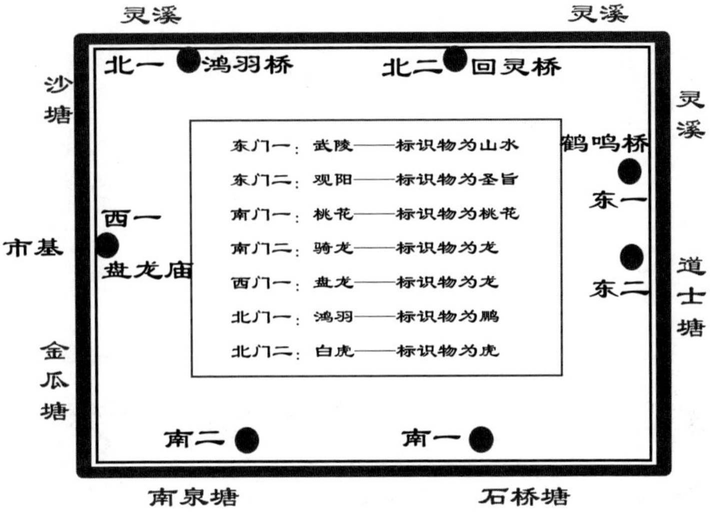

图1–2　缙州七城门

环绕缙州古城的护城河，今日也有遗迹可循。其大致范围见表1–2、图1–3。

表1–2　缙州护城河线路点

编号	地段名称	具体位置1	具体位置2
西河1	芝英中学东侧	上沙塘下沙塘	灵溪路66号、68号
西河2	鸿羽路西侧 鸿羽路1至33号	鸿羽路西侧一排屋地面 低鸿羽路面几十厘米	
西河3	鸿羽路35号西侧	后明塘 前明塘	
西河4	南北市场24号西侧	秋池	
西河5	南北市场25号西侧	忠池（鱼池塘）	
西河6	后市基	下池塘或低洼地	
西河7	前市基	下池塘或低洼地	
西河8	廊街南侧	里家塘 长塘	
西河9	升平巷	外屋塘	
西河10	懋勋巷	懋勋巷8号 俗称溪沿 因以古代护城河为溪，故河沿称溪沿	

（续表）

编号	地段名称	具体位置1	具体位置2
西河11	思文公祠后进西侧	花园 池塘	麻车园1号（原为池塘）屋内地下水上涌可洗澡
西河12	思文公祠一进二进西侧	伙房 池塘	金瓜塘
南河1	方塘路	南泉塘	
南河2	石桥塘沿路	石桥塘	
南河3	上园	道士塘	
东河1	上园	道士塘	
东河2	上园	灵溪湾	
北河1	灵溪路	正兴桥至沙塘桥	

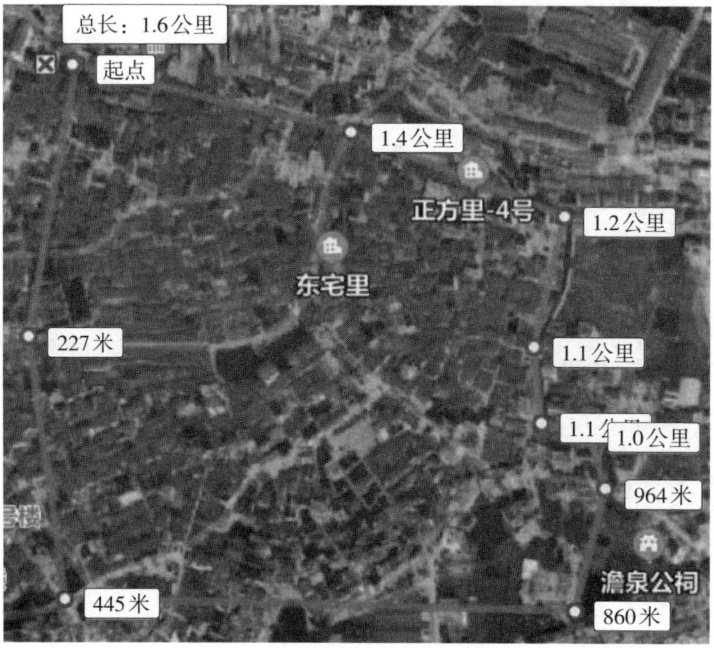

图1-3　缙州古城墙护城河线路图

外城，位于内城之北，由山城包围，范围与内城相当，主要是炼丹区和金属冶制区，还专门设有兵营和瞭望台。经初步勘访，可以描绘成如图1-4、图1-5。

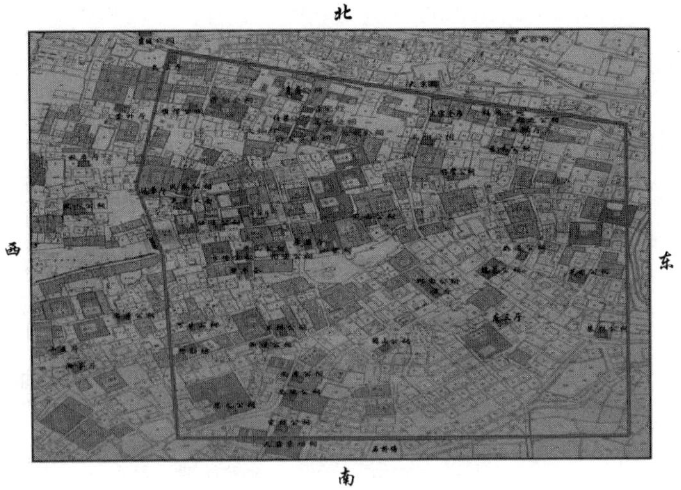

图 1–4　缙州城墙图

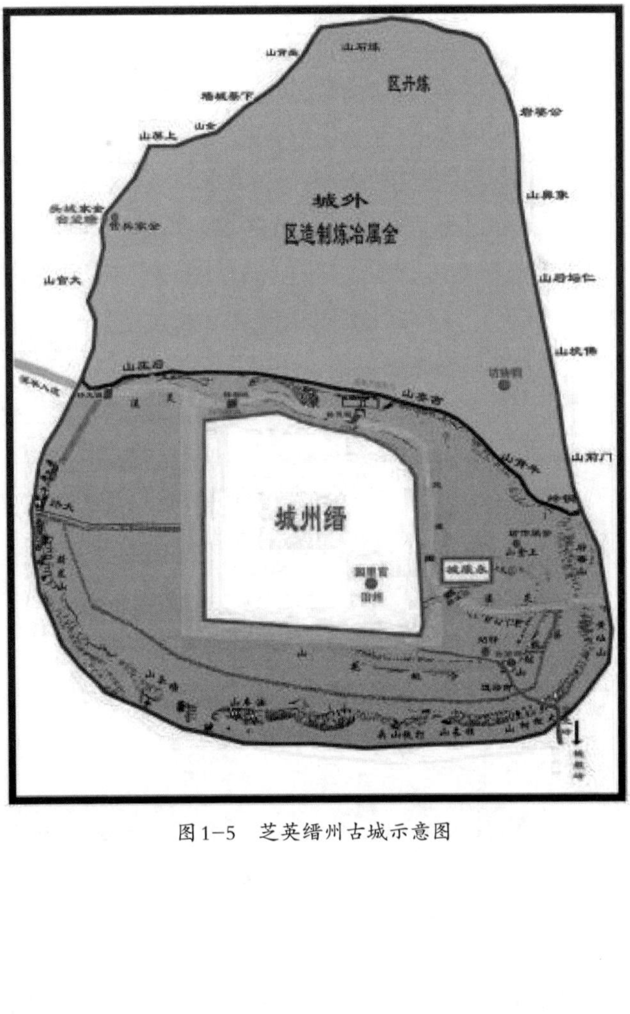

图 1–5　芝英缙州古城示意图

二、古镇街巷

自东晋开始，芝英城内就逐渐形成街巷。经过此后1000多年的发展，芝英已经形成相当发达的街巷网络。《芝英应氏宗谱》中有道光年间绘制的《芝英里居全图》（图1–6），为我们展示了清代芝英的街巷民居分布状况。

从图1–6可知，芝英街巷在清代已大体形成“七横三纵”的街巷系统。全区以义市、小宗祠堂、紫霄观前面的大街（俗名“正街”）为主线，东西横贯芝英全区。以正街为中心，南北各有相对平行的街道。南北向的街道除了东面的大宗祠堂——紫霄观一线横贯南北，长度较长外，其他街巷相对较短。从空间布局来看，整个芝英大致以义市、方口塘为两大集聚中心。义市周围主要是商铺，是芝英最繁华的商业区，义市对面的廊街也能从图上清晰可见。而方口塘周边主要是宗祠、民居，是芝英的生活区。从图上可见，这一带房屋密集。

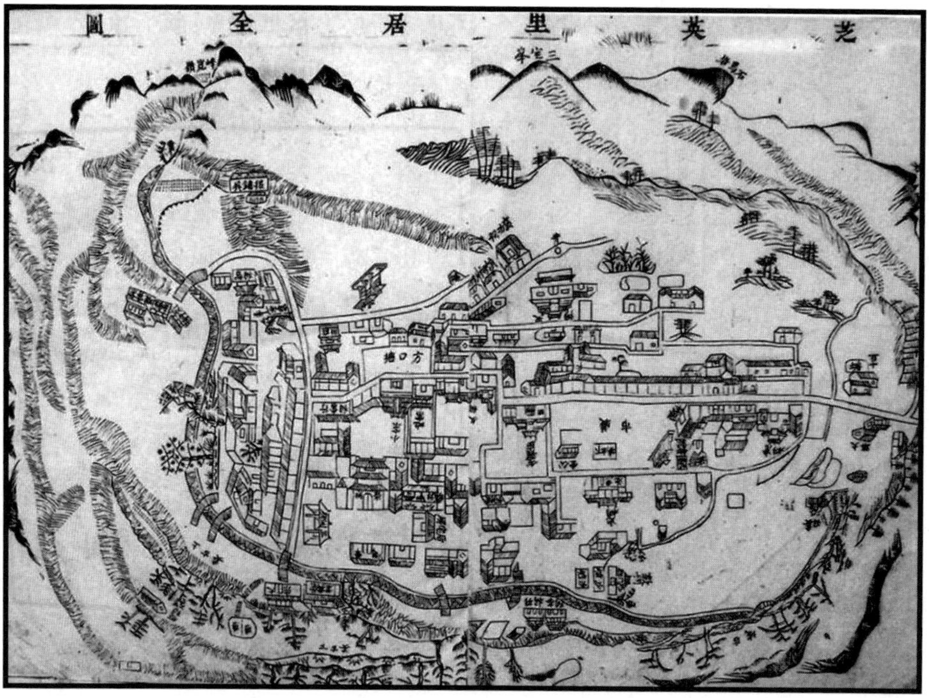

图1–6　道光芝英里居全图

道光以后，经过两百年的发展，如今的芝英又形成了“两区十七街、八纵九横”的空间格局。

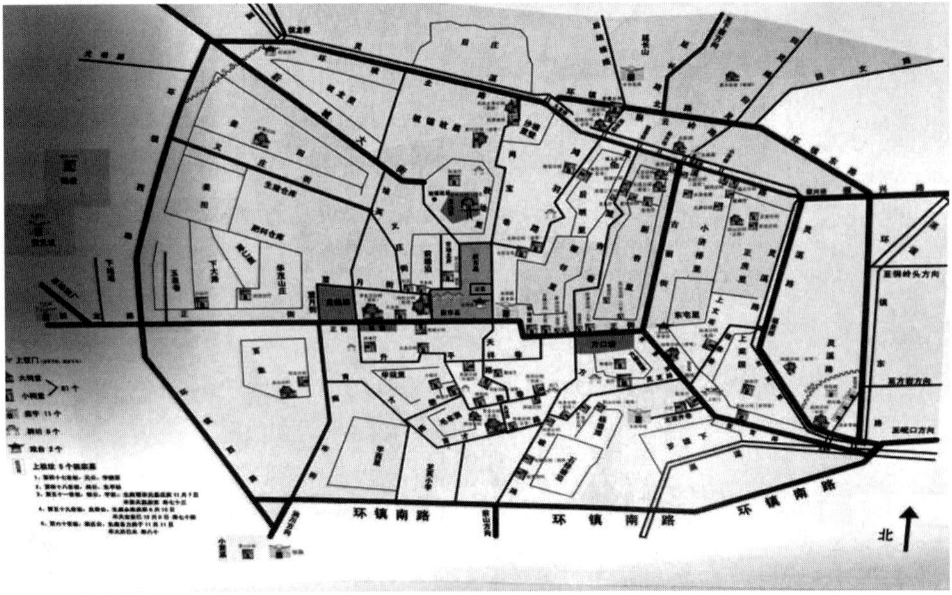

图1-7　应姓古村——芝英（祠堂古迹世界之最）

如图1-7所示，与清代相比，芝英镇仍以正街——紫霄路为中心线，将古镇一分为二，线南为前宅区（俗称前面），线北为后宅区（俗称后面）。而镇域范围，已发展成十七条主要街巷，布局八纵九横。东西八纵依次为：正街、紫霄路、灵溪路、升平巷、懋勋巷、望月街、秋池里、义庄街。南北九横依次为：龙漩井巷—上菜园巷、灵芝路—福泉巷、古麓街、新杏里、方塘路—望杏巷、天祥路—尚宝巷、鸿羽路、南市街、育才路—培英路。[①]主街共有两条，分别为正街和紫霄路，宽度约为4米，常常与广场、水系相结合。两条主街自古就是芝英的重要组成部分：紫霄路段曾是古驿道所在，承担着重要的对外交通；正街连接市基广场，结合商业活动形成临时集市，以此容纳村民的交往活动，组织着聚落内部的空间脉络。即便到了现在，这两条路仍是连接芝英古镇与其他城区的主要途径；也因为分别连接着大宗祠堂和小宗祠堂两个等级最高的祠

① 吕妍：《芝英古镇空间形态构成要素及其特征研究》，浙江大学硕士论文，2014年。

堂，而成为祭祀巡游、红白喜事等公共活动的外部空间和重要通道。主街的走向控制着祠堂建筑的生长方向和朝向。从祠堂的空间发展格局来看，最早的祠堂祭祀功能依附于紫霄观开展，形成以紫霄观为核心、古驿道为主街的居住片区，这一位置现如今界定了芝英古镇的东界面；随后，祠堂顺沿古驿道及正街分别由东向北、向西发展，形成了以祠堂建筑群为核心的建筑群落。①芝英不少重要历史建筑都依街巷而建，呈块状或线状分布（见表1–3）。②

表1–3　古代芝英部分街巷建筑分布

街巷	主要建筑
正街方塘段	小宗祠堂、婆婆厅、约斋公祠、屏山公祠、方塘公祠、谷诒堂、常平仓
升平巷	升平巷103号廿间头、升平巷133号十七间头、升平巷37号十一间头、升平巷46号四间头、升平巷50号廿间头、升平巷63号三星明堂里、升平巷78号七间头、升平巷94号十三间头、思源公祠、升平巷42号十八间
方塘路	天房褒功祠、宪辅公祠、尚德公祠、尚本公祠、月邱公祠、方塘路37号八间头、方塘路55号九间头、思文公祠（育才路46号）
懋勋巷	渐逵公祠、留耕堂、懋勋巷15号七间头、懋勋巷25号十八间
鸿羽路	修伯公祠、大宗义会、怀竹里宅、天舆公祠
德邻里	德邻里10号九间头、应景珍住宅、德邻里4号十三间
一村米市基	后宅厅、天成公祠、复初公祠、后宅厅1号十三间、后宅厅2号九间头
一村新杏里	新杏里11号十六间、凤山公祠、应贻诰旧居、新杏里4号十四间头

① 宿也：《芝英古镇应氏祠堂建筑遗存的形态特征研究》，浙江大学硕士论文，2014年，第56页。

② 具体建筑布局，参见应业修：《千年应氏望族地》，中国文史出版社，2014年，第110页。

第二章　人文荟萃谱诗篇

芝英自古名人荟萃，文风鼎盛，人文底蕴深厚。早在东晋南朝时期，应氏家族就形成了诗礼传家的文化传统，为后世芝英地区的发展奠定了雄厚的人文基础。唐宋以降，芝英更是人文蔚起，文化昌盛。重教之风长盛不衰，兴学传统绵延不绝，各类捐资助学、礼儒聘师活动纷纷涌现。从传统的家塾、书屋、书院，到近现代的中小学校，可谓世代迭兴，形成了较为完善和活跃的地方教育体系。与此桴鼓相应的是，芝英历代科第兴盛，俊彦辈出。名儒宿学往来讲学，雅士文人驻足题咏，儒学经论传承于世，诗词篇章蔚为大观。千百年来，芝英文脉赓续，薪火相传，人文之彩，光照简册。可以说，正是厚实的人文底蕴，孕育和推动了芝英文化持续发展的内在动力。

第一节　兴教之地

一、重教传统

芝英素有尊师崇学的人文传统，特别重视子孙培养，地方士人和家族积极捐资办学、助学，形成了尊师重道、崇学尚德的文化气氛。清代永康著名学者潘树棠赞叹地说，芝英应氏“其先承奉国典，尊崇先圣，重文教，以书世其家。故代有俊人，心乎乐育，振厥声，大昌其所业”[①]。芝英应氏的兴旺延绵，很大程度上与尊师重教的家族传统密切相关。

---

① 潘树棠：《应镜人老年丈复西园书院记》，《芝英应氏宗谱特传总编》，民国十二年重修本。

芝英社会对教育的重视，可追溯到应氏南宗始祖应詹。应詹出身于以文著称的汝南应氏世家。族内以文著称的人物，有应顺、应奉、应劭、应玚、应璩、应贞、应琳等，整个家族形成了通经守礼、博雅多闻、尊儒重教的文化传统。

应詹本人是东晋文武双全的著名儒将，虽戎马一生，但"独耽书史，置身名教，留心经世之学"，而且一直践行儒家思想，将兴办教育、复兴儒学作为重振社会的重要途径。针对东晋初年动荡的社会局势，应詹曾上书晋元帝说："魏正始之间，蔚为文林。元康以来，贱经尚道，以玄虚宏放为夷达，以儒术清俭为鄙俗。永嘉之弊，未必不由此也。今虽有儒官，教养未备，非所以长育人才，纳之轨物也。宜修辟雍，崇明教义，先令国子受训，然后皇储亲临释奠，则普天尚德，率土知方矣。"①在应詹看来，造成永嘉之乱的原因，是魏晋以来盛行的玄谈务虚之风。他认为这些玄学士人藐视儒家礼法，在国家危亡之际只会逃避责任。要根除这一风气，必须重建国子学，恢复儒家教义，重新树立通经尊儒的教育之风。

自应詹以下，南朝应氏子孙也恪守这一崇儒重教传统，并积极办学教育子弟。应詹五世孙应袭"幼好学，性敏宽和，博通经史"②。七世孙应昭用、昭光、昭曜、昭德兄弟齐心协作，"建家学，训子孙"③，应氏子弟从学者有三十余人。应慧"少承先业，颇蕴艺学，旁贯诸书，藉藉声誉，远近崇仰"④。应昭光之子应厘"幼业儒素，长好游学"，大同七年（541）迁官监军事时，当时各地都修缮兵甲，而他"专尚文儒，延纳多士"⑤。辞官归乡后，又与兄弟子侄拓展家园，"然后就庠序，集门生弟子，说释经义如故"⑥。应厘之后，应氏子孙好学重教者也是连绵不断。如应颢"笃学望高视远，书史并通"；应顿"自少读书，视日不眩，强记默识"；应颚"幼尚好学，六籍诸子悉所探究，问无不通"；应泰龙"精力不倦，好读

---

① 房玄龄等：《晋书》卷七〇《应詹传》，中华书局，1974年，第1858—1859页。
② 张镜：《殿中尚书应袭》，收入《缙州古城资料汇编》，永康市芝英历史文化研究会编印，2021年。
③ 沈巡：《应亨龄传》，收入《缙州古城资料汇编》，永康市芝英历史文化研究会编印，2021年。
④ 赵齐旦：《应厘传》，收入《缙州古城资料汇编》，永康市芝英历史文化研究会编印，2021年。
⑤ 赵齐旦：《应厘传》，收入《缙州古城资料汇编》，永康市芝英历史文化研究会编印，2021年。
⑥ 赵齐旦：《应厘传》，收入《缙州古城资料汇编》，永康市芝英历史文化研究会编印，2021年。

诸子、偏记、异书”；应金龙“少而言行和谨，正君子也，尚忠节，重仁义”。[①]正是长期受诗书文化的浸润，应氏家族在南朝时已是“子孙学业，各授一经，孝礼兼持，郡称为最”[②]，逐渐形塑了以诗礼传家的家族传统。时人赞云：“淳乎仁厚之风，蔼然雍穆之族，大有光于世教，而视他族为无愧矣！”[③]

唐宋以降，江浙一带讲学之风盛行，许多地方家族都建有学塾、书院，邀请名儒讲学。据不完全统计，仅南宋一朝，浙江地区的书院就有五六十所。私塾的数量则更为庞大，遍及浙江城乡各地。[④]这一时期，芝英地区的士人重视教育，文化之风浓郁，除家塾外，也有不少私家书院，其规模远大于南朝时的家学、私塾。如南宋后期，后杜村应原礼致仕还乡，利用村西空地，建造西厅书院，光藏书之屋就有六楹。元末，胡堰街胡琏兄弟与闻人梦吉、唐以仁、宋濂、金景辅等著名学者交游挚密，二人共建双桂轩，为诸子攻读之所。

紫霄观是古芝英地区著名的道教活动中心，也是重要的地方教育中心，吸引了众多的学子和士人来此学习和讲学。南宋学者永康人陈亮《紫霄观重建记》中提到，观内“明窗净室，以自启处，道经儒书更阅不休”。这一史料说明：一方面，紫霄观内藏书丰富，图书涵盖儒、释、道三教；另一方面，观内还专门设有书斋，供士人阅读、备考。北宋名臣胡则和南宋事功思潮代表人物陈亮均先后寓居紫霄观，潜心读书。紫霄观的丰富典籍，最主要的应该是来自芝英历代应氏先祖的丰厚家藏。因为紫霄观最初是作为应氏家族道观而建，所以应氏先祖将历代藏书献于道观，供族人甚至地方士人方便阅读，也足以显示出应氏家族对教育文化的重视。

受芝英浓厚的崇文重教风气的影响，从古芝英迁出的芝英子孙也继承了这一文化传统，在迁居地兴学助教，以文育人。如北宋初期，从古芝英迁到仙居的应氏裔孙应临（字有介，号傅岩），好学深思，博闻多识。刚至仙居，应临家贫无书，当时有显宦人家，藏书多至数十万，但

① 佚名：《农耕匠访记》，收入《缙州古城资料汇编》，永康市芝英历史文化研究会编印，2021年。
② 赵齐旦：《应厘传》，收入《缙州古城资料汇编》，永康市芝英历史文化研究会编印，2021年。
③ 王敬：《应氏宗谱序》，收入《缙州古城资料汇编》，永康市芝英历史文化研究会编印，2021年。
④ 沈冬梅、范立舟：《浙江通史》第5卷《宋代卷》，浙江人民出版社，2005年，第338页。

“秘不假人”，应临就以帮工为名进入宦门读书。后来宦门子弟对其礼遇甚殷，应临雇人将书抄录运回家勤读，最终“读书明《易》理，旁通七经纬，凡汉儒所尚之学，靡不覃思殚精，而深明其意旨”[①]。应临还“构家塾，俾儿辈诵习”，当地俊才陆续前来受学，有力地推动了地方教育文化的发展。应临五个儿子，也是以文著称。“各处一方，纵无遗金，而青箱不替，世以艺文擅时誉，又以科名发藻儒林者，不胜枚举。”[②]

明代以降，芝英地区经济社会更为繁盛，为当地教育文化提供了相对丰裕的物质基础。这一时期，科举成为士人改变自身和家族命运的首选出路，更进一步激发了当地士人的兴教办学热情。书院和学校的数量不仅明显增加，而且规模越来越大，类型也越来越多。

据《芝英应氏宗谱》记载，早在明初洪武年间，庸五公应文树（1347—1415），就延聘名师教育族人，而且“必极隆其聘币”[③]，以重金相酬。应文树长子应昊（1386—1437）敏好读书，曾自办家塾，“以训宗党子弟”[④]。次子仕濂公应昙更是以独建永康县学明伦堂闻名遐迩。应仕濂一生乐善好施，“捐千金以葺学校，置公田以助里役，筑桥赈饥，修复佛寺”[⑤]。正统十四年（1449），永康县学文庙被毁，知县孙礼与士绅商议筹集钱款重建之事，应仕濂表示由其独自承担重建一事。他招募能工巧匠，购买材料，亲自督造。在一年时间内，文庙完工落成，焕然一新。应仕濂对文化、教育的尊重，直接影响了他的族人和子孙。后来永康文庙在明清两代屡遭毁坏，应氏子孙又屡次重建。“弘治间，其孙尚端重建之；成化、正德间，尚道、天泽相继重葺之，而益储经费，为岁修计。俾子孙两支分掌其事，盖四百余年矣。”晚清咸丰、同治年间，永康县学再次毁于战火。战后，应尚端裔孙应参申独力承造大成殿，应尚道裔孙应宝时等人，“质常产、输私橐，重建明伦堂。族人并力筹办，

① 钱若水：《赠朝奉大夫傅岩应公传》，《乐安应氏宗谱》卷之未《文集》，收入《缙州古城资料汇编》，永康市芝英历史文化研究会编印，2021年。

② 钱若水：《赠朝奉大夫傅岩应公传》，《乐安应氏宗谱》卷之未《文集》，收入《缙州古城资料汇编》，永康市芝英历史文化研究会编印，2021年。

③《芝英应氏宗谱·行传·应文树传》，民国十二年重修本。

④《芝英应氏宗谱·行传·应昊传》，《芝英应氏宗谱特传总编》，民国十二年重修本。

⑤ 朱谨：《仕濂公县志人物传》，《芝英应氏宗谱特传总编》，民国十二年重修本。

阅两载而告成”[①]。可以说，兴修重建永康文庙成为应氏家族延续数百年的文化传统。

应仕濂之孙应杰（1433—1485），雅志好古，崇尚儒术，年少时，协助仕濂公出资出力重建县学明伦堂。应仕濂去世后，应杰与堂弟应枌（1450—1502）再次重修学宫，得到知县大力嘉奖。他对待族中诸弟“无亲疏，视如一体”，并且均为他们延请儒师授课。中年以后，应杰“益思为久大传家之计”，从立身行事的深切体验中，领悟到“经书中言语，句句可用”，经书不可不读，因此遍访名师，礼聘台州名儒陈世良主讲家塾西席，教授子侄。每有空闲，应杰就来到家塾，或与陈世良讲明正家范物之道，或督劝子弟课读，“日莅程课，夜听诵书，率漏下二十刻，始归寝”[②]。等到子侄文义颇熟，应杰就遣他们入县学为弟子员，并给田租供其费用，形成兴学育才的激励机制，使他们得以专心为学，不因生活俗务牵累学业。

后来应杰之子应奎，侄应恩、应照，连中举人，侄应典、侄孙应廷育登进士第，可谓“一门三举人两进士”。当时应氏人才济济，仅“恭”字辈就涌现出十八秀士，有“十八恭”的美称。自此之后，芝英地区更是文教大兴，科第仕宦相继，这些均与应杰对他们在教育上的尽心尽力、关怀备至密切相关。应廷育称：“子奎、侄恩暨照，踵举乡荐，侄典遂登进士第。恩、奎皆翁所程督；照、典则授业于恩者。余波所润，惟育亦与蒙焉。诸待举于胄监、黉校者，迄今尚彬彬未艾，其绪皆自翁启之也。”[③]

为了强化重教兴学的理念和传统，应杰还与儿子应奎将教育后代列入《芝英应氏家规》，其中第七条规定：“养童蒙。童蒙以养正为功。人家子弟，年方幼稚，良心犹存，必礼请端重简默素有教法者，俾司家塾，教之安详谦慎，务以养身之本……若聪秀可习举业者，更隆聘币厚廪饩，以延经明行饬之师，处以闲静别室，远去浮薄辈，使得专精术业。俟他日文理颇通，始遣入黉校。诸贽馈仪节，出自公堂。人给田二十亩以赡之，出仕乃止。”从经济和制度层面，对族人的求学向教提供了充足的物

① 马新贻：《永康县学碑记》，《芝英应氏宗谱特传总编》，民国十二年重修本。

② 应廷育：《孝友翁传》，《芝英应氏宗谱特传总编》，民国十二年重修本。

③ 应廷育：《孝友翁传》，《芝英应氏宗谱特传总编》，民国十二年重修本。

质保障。

受这些应氏名贤的影响，其他应氏子孙甚至族中女性，也纷纷慷慨办学、助学，崇学重教，蔚然成风。如应奎致仕归乡后，就在屋旁边构筑楼阁，聚书万卷，因居临方塘，取名“方塘书阁”。应奎堂弟应勋（1471—1525）也是轻财尚义，除协助应奎创建大宗祠外，“又每斥赢赀，助修文庙及黉舍并仙游寺桥”[①]。应典之侄应璜（1508—1566）师从应典于五峰书院，后以个人资产创建善林书屋，与友朋相聚论学。[②]虽然经费甚巨，但应璜之妻朱氏不仅不厌烦，反而经常协助其夫办学。[③]除应氏族人之外，芝英的其他家族也积极办学兴教。如万历十四年（1586），胡堰街胡氏族人修建胡氏宗祠，次年“竖寝室享室二正。左右厢作书舍，群弟子向学者肄业其中”[④]。

明代芝英士人的重文弘教，在清代得到了赓续。应如泰（1631—1720）继承先祖崇儒重道之风，捐资修葺县学明伦堂，“又尝捐五十金贮于孝友先祠，以为永远修学之费”[⑤]。应修（1651—1737）践行父亲应本初捐田助学的遗愿，在康熙五十年（1711）“以本都腴田三千一百十五把，计六十余亩”，分助学宫、义学，知县姬肇燕予以嘉奖。康熙六十一年（1722），永康文庙梁柱朽蠹，椽瓦倾颓，应修又大力修葺，贡献良多。[⑥]应六顺（1659—1722）也曾修葺县学大成殿，又建洞灵书院，“训子侄，书香用绵”[⑦]。应鼎和（1673—1732）平生爱种菊，擅长书法，也在宅旁“构家塾数楹，课子读书”[⑧]。其家塾，又称培风书院。应鼎和四子均是饱学之士，第三子应梁（1707—1770）主讲培风书院，教授子侄。[⑨]后来，应鼎和玄孙聘珍公应崇儒（1804—1880）又在培风书院旁专门设一

---

① 应廷育：《天成翁传》，《芝英应氏宗谱特传总编》，民国十二年重修本。

② 卢勋：《善士屏山公传》，《芝英应氏宗谱特传总编》，民国十二年重修本。

③ 程正谊：《屏山安人朱氏传》，《芝英应氏宗谱特传总编》，民国十二年重修本。

④ 程正谊：《胡氏宗祠记》，《胡堰街胡氏宗谱》，2016年重修本，第81页。

⑤ 吕纯：《大饮宾康先公传》，《芝英应氏宗谱特传总编》，民国十二年重修本。

⑥ 应廷仁、应芝珣：《显考厚庵府君行状》，《芝英应氏宗谱特传总编》，民国十二年重修本。

⑦ 应壤：《处士孟义公传》，《芝英应氏宗谱特传总编》，民国十二年重修本。

⑧ 程开业：《乡进士应鹤山先生传》，《芝英应氏宗谱特传总编》，民国十二年重修本。

⑨ 应正禄：《毅庵翁传》，《芝英应氏宗谱特传总编》，民国十二年重修本。

屋,“延师以课孙子”[①]。此外，芝英还有鱼池书院，以及同治年间，芝英武举人应克猷在紫霄观创办的武书院，专门用于武举人、武进士的教学和备考。道光年间，溪岸人胡仁楷创办培文书院，其子胡凤丹又助钱予以重修，后发展成为今日的溪岸小学。

太平天国运动后，以应宝时为首的芝英士人开始了地方重建运动。这其中，包括重修家塾、学校，还特别设置了“宾兴田”，用于资助永康科考士子。应宝时之父应寿椿居住杭州时，每年见参加秋闱的永康生员为寻找寓舍，“手携具，足徒跣，汗流浃背，或终日不得饭”，应考非常艰苦。他心生怜悯，想建一座永康试馆，供士子栖息，但未就而逝。应宝时谨记父亲遗愿，等到代理苏松太兵备道时，便以自己俸禄在杭州盐桥买下房屋，并置办厨灶几榻，作为永康试寓。后永康应试者多达数百人，试寓一时难以容纳。应宝时接受杭州著名学者丁丙“购屋不如买田”的建议，光绪九年（1883），他将祖庙巷房屋出售，得钱千缗。次年，又在永康南乡买田二百亩，“岁可得租二百斛，三岁可得六百斛。以半充赁值及春冬纳粮，试时经理之用不至过绌，则岁可余百斛，铢积寸累，久而弥厚”。[②]田租收入由应氏大宗义庄管理，专门用于永康试寓的开支，人称“永康宾兴田”。后来应宝时又在永康县城、金华府城相继建有试寓，为家乡考生提供了较为充足的食宿保障。应宝时对自己子女的家教庭训也特别重视。单是为第五个儿子应德闳聘请的专职和兼职老师，累计多达38位。[③]

芝英溪岸村的胡凤丹（1823—1890）以刊刻《金华丛书》而闻名于世，他和父亲胡仁楷一生均热心公益事业，多次鬻产助学。道光十五年（1835），胡仁楷捐田140余亩，所产稻谷均用于资助永康童子试考卷的费用，永康童生1100余人“深受鼓舞”。[④]位于永康城内西街的永康试院，始建于道光年间，太平天国期间被毁。光绪九年（1883），胡凤丹不忍士子应考无处栖身，于是独资重建永康试院。因工程浩大，他不得不变卖

---

① 潘树棠:《贡士应公聘珍传略》,《芝英应氏宗谱特传总编》，民国十二年重修本。

② 应宝时:《永康县宾兴田记》,《芝英应氏宗谱特传总编》，民国十二年重修本。

③ 应业修:《千年应氏望族地》，中国文史出版社，2014年，第145页。

④ 陈其泰:《雅堂胡君义田记》，光绪《永康县志》卷一五《艺文》，黄灵庚、陶诚华主编:《重修金华丛书影印》第78册，上海古籍出版社2014年版。

田产，先后用资13200余两，并亲自监工，耗时三年才建造完成。建成后的试院规模宏大，“东西号舍六十八间，深二十余丈，阔各四丈余，每舍列坐具焉”[①]。一时间，永康寒士共相欢颜。此外，胡凤丹还曾拨田助建培文书院（现溪岸小学的前身），又积极倡导八婺名士捐资重修金华府学，金华士人传为佳话。清末，岘口村的周凤岐“少业冶”，后在湖州孝丰县（今并入安吉县）经营致富，回乡“建特祠寝堂，廊庑俱备，而义舍学园附焉”[②]。

晚清民国时期，芝英的教育发展也紧跟时代潮流，从教育体制到教学内容都经历了重要的调整与变革，其突出表现是除传统的私塾外，还出现了初等小学、高等小学、初级中学等现代教育机构，初步形成相对完整的中小学教育体系，以及包括职业教育、社会教育等非学历教育的兴起与活跃。如光绪三十二年（1906），芝英的西园书院改为培英高等小学堂；光绪三十四年（1908），溪岸的培文书院改为溪岸高等小学堂。1916年秋，岘口村周氏族人将省斋公祠进行改造，募集资金，制作桌凳，购置教具，延聘教员，创办了游川高等小学校。[③]后来，芝英当地政府又设立修齐初级小学。1945年，郭山村胡氏族人在胡氏特祠开设学堂，教授子弟文化。学生人数增加后，学堂迁往华五房祠堂，设立一、二、三年级。1949年，学堂增设四、五年级，改名为郭山小学。[④]

多种形式的职业教育、社会教育的兴起，进一步推动芝英教育结构的调整，促进现代教育体系的形成。清末，应祖锡夫妇曾创办毓秀女校于自家。1913年，下徐店村创办环峰村校，校址设在褒功祠，后曾搬到奎璧祠，在校学生有30—45人。[⑤]20世纪30年代初，郭山村开办有游仙乡民众夜校。[⑥]1932年，永康县立芝英民校成立。翌年又开办芝英镇高级民校，有5届毕业生400余人。[⑦]1943年，应济敦独资创办锦卿补

---

① 胡凤丹：《重建试院落成记》，光绪《永康县志》卷一五《艺文》，黄灵庚、陶诚华主编：《重修金华丛书影印》第78册，上海古籍出版社，2014年。

② 程士毅：《清州司马凤岐周府君传》，《游川周氏宗谱》，2005年重修本，第160页。

③《游川周氏宗谱》，2005年重修本，第35页。

④ 郭山村志重修编委会编纂：《郭山村志》，2004年刊印，第34页。

⑤ 永康下徐店村志编纂委员会编：《下徐店村志》，1995年刊印，第72页。

⑥ 郭山村志重修编委会编纂：《郭山村志》，2004年刊印，第355页。

⑦《永康市志》第6册，上海人民出版社，2017年，第2423页。

习班，均是芝英教育从传统向现代转型的重要体现。

除兴教办学外，明清以来芝英士人还制定了众多激励读书的举措。如应奎的方塘书阁，应鼎衡创办的文会，每年都举行诗文比赛，对诗文优异者进行奖励。培文会、科举会、兴文会也都大力资助应试子弟。20世纪90年代，应宝时嗣孙应式文重归故里，特捐资10万余元，设立义庄基金。后来，芝英乡贤也纷纷出钱，成立义庄基金会，救弱扶贫，并向优秀学子颁发“义庄奖学金”。晚清民国时应氏祠堂还给本宗室大、中、小学毕业的子孙分别优惠以谷子资助的制度，名为助贤人的“贤租”。本族应氏子孙就读培英小学，学费全免。周、吕两姓学生（上代与应姓有血缘关系）也免交一半。[①]这些义举，共同诠释了千百年来整个芝英形成的浓郁的重教传统，既推动了芝英的持续辉煌，又为国家培养了众多忠孝为先、仁义为大、济世报国的杰出人才。

二、重要学校

芝英家族和士人为教育子孙，纷纷出资建家塾、创书院、办学校，并不惜重金礼聘名师硕儒在芝英讲学，各个时期都涌现出大量的杰出人才。清代永康学者潘树棠说：“芝英基始积有厚德，族望大，夙重学校，以儒书显于时，故代产伟人。”[②]近代以来，芝英的教育体制和教育机构也完成了从传统到现代的变革。在芝英这些古代书院和近现代学校中，较具代表性的主要有西厅书院、西园书院、毓秀女校和培英小学等。

1.西厅书院

西厅书院位于芝英后杜村，由该村名士应原礼于南宋时创办。后杜也是应氏裔孙聚集地，历史悠久，文化底蕴深厚。在南宋后期，尚书右丞应原礼致仕还乡，利用村西空地，建造房屋六楹，作为书堂，名西厅书院。开禧二年（1206），工部侍郎王居安撰有《西厅书院记》，记载了该书院状况，称“其地窈而焕，其址夷而固，材料美而朴，其户牖适喧凉之宜”。当时不少名人仕宦往来其间读书论学，应原礼还“俾子若孙与夫乡之拔秀者肄习于斯堂”。书院周围风景秀丽，“西塘塘中，孤墩蔚然，

① 永康县文化馆编：《永康风俗志》，1986年刊印，第118–119页。

② 潘树棠：《应公士贤行略》，《潘树棠文集》，上海古籍出版社，2010年，第355页。

竹云水鸟往来于空蒙洞之中”，环境清幽也有助于文人内心世界的排遣，所谓“讲暇则登斯墩，临广野以观夫天地之大。吾之滞焉者，于是乎释之；狭焉者，于是乎廓之”[①]。

进入元代，西厅书院发展为婺州一带儒林讲学的重镇，“儒林四杰”之一的柳贯曾来此，还留下了两首吟咏书院的诗作，一首是五言律诗：“辞荣慕终吉，书院尚堂堂。丽泽一源居，晦庵千载光。杏花飘讲席，活水入方塘。杖履追从处，青山几夕阳。”另一首是七言律诗：“文学居然旧有厅，昔人曾此注遗经。风力不剪靡芜录，雨色偏涵襞积青。周子庭前心自得，谢公池上梦初醒。云礽群聚皆时彦，太史行占奏德星。”从诗歌的内容看，当时书院从学者甚众，并奉吕祖谦、朱熹之学为宗。

2.双桂轩和环溪书堂

双桂轩位于芝英镇胡堰街村，由胡琏兄弟于元末创建。胡琏兄弟建双桂轩，为诸子攻读之所，又建师姑园，供师生作膳宿，当时“群从之众，诗书之习，资产之富，甲于一邑”[②]。胡氏兄弟与当时闻人梦吉、唐以仁、宋濂、金景辅等著名学者交游挚密，曾邀请他们来此游览、讲学。宋濂撰有《双桂轩记》、金景辅有《双桂记》、唐以仁子唐光祖有《赋双桂古体》，均盛赞双桂轩风景人文之美。明嘉靖年间，双桂轩也是名儒荟萃。当时名士黄绾、童品、高惟、陈勋、张骏、胡相、潘征、俞敬、张大轮等人聚会于双桂轩，彼此交流，吟咏唱和。黄绾撰有《胡堰街八景诗序》；童品有《花园寻春》诗，其云：“名园春色正融融，载酒寻芳逸兴浓。草拂薰风翻嫩绿，花沾春露褪微红。新声巧滑喧莺燕，乱影高低戏蝶蜂。杜老不为少年事，多情容我一吟翁。”张大轮有《化成晓钟》诗，其云：“淡烟香雾暗濛濛，向晓时鸣古寺钟。枕上勿惊千里梦，云边遥度五更风。声喧署色催啼鸟，响动春雷起卧龙。清韵传时僧暂起，遗音隐隐梵王宫。”[③]

胡堰街村在明初还有胡氏家塾——环溪书堂。临海人林璧，在洪武初年随金景辅游学永康，讲学于双桂轩，后在环溪书堂授学。洪武

---

① 王居安：《西厅书院记》，收入《缙州古城资料汇编》，永康市芝英历史文化研究会编印，2021年。

② 宋濂：《双桂轩记》，《胡堰街胡氏宗谱》，2016年重修本，第84页。

③《胡堰街胡氏宗谱》，2016年重修本，第93—98页。

二十一年（1388），林璧束装东归，行前作《胡堰环溪赋》。继林璧之后，永乐二十三年（1390）会元临海人叶恩曾于洪武二十一年（1388）至二十五年（1392），坐馆于环溪书堂，史载："教铎一振，则近悦远来，所赖道义渐摩不浅。"[①]

3. 西园书院

西园书院由清初应修（1651—1737）创办。应修，字舒佐，号厚庵，曾捐田60余亩分助学宫、义学，并大力修葺永康文庙。所创西园书院一名"眷西楼"，"高耸四丈，梯布三层……为一乡镇守之峰"。楼两旁有族人应锦郁的对联："占地步本高，而今更上一层，任斗挂星悬，举头不远；辟乾坤许大，况复连登拾级，即天香月桂，信手可攀。"楼下建厅堂、书室十数楹，聘请名师教育子弟，"主宾相得，四十年敬礼勿替"。有名的教师如应壤，字高先，号西园，在此设席40余年，"学徒最盛。其发迹于斯也，成进士者一，登贤书者五，选拔贡成均者二，他若入黉宫备员博士者，屈指不胜"[②]。应修的孙媳曹氏继承办学遗风，拓展学舍，也延聘名师宿儒。本族举人应国华、应正禄均曾在此主讲数十年，培养了众多人才。"馆徒之盛，郁郁彬彬，门下士飞黄腾达者，枚不胜举。"[③]

后来，书院逐渐衰落，辗转数手，归于工贾之家。咸丰八年（1858），应参申出钱五百缗，购下此地，重建西园书院，经过两年完成。应参申，字继甫，号镜人，曾捐资重建永康县学大成殿，并请求增加永康文武学额各一名，对于本族事务，也是捐助不断，"捐腴田四亩，助大宗祠，将节年所入租钱分送乡试盘费"[④]，深受永康士人尊崇。重新修建的西园书院，规模更为宏大。"书院为地以亩计，屋高二丈许，楼房之数有九，平厅之屋又有三，厅前有池，可数十步，池外余地二畦。"[⑤]

应参申舍宅恢复西园书院的目的，正是为了族人能继续传承祖先兴学之风，"以无忘先型，亦欲司其教者，知所依归，以不失前望"，希望

---

① 叶恩：《环溪书堂记》，《胡堰街胡氏宗谱》，2016年重修本，第90页。

② 应振绪：《复应氏西园书院乞言启》，《芝英应氏宗谱特传总编》，民国十二年重修本。

③ 应廷仁、应芝珦：《显考厚庵府君行状》，《芝英应氏宗谱特传总编》，民国十二年重修本。

④ 应廷珪：《烛天君传》，《芝英应氏宗谱特传总编》，民国十二年重修本。

⑤ 应振绪：《复应氏西园书院乞言启》，《芝英应氏宗谱特传总编》，民国十二年重修本。

应氏子孙不断弘扬文教，成为“蓄道德而能文章”之族。[①]书院建成后，潘树棠、应振绪分别撰写了《应镜人老年丈复西园书院记》《复应氏西园书院乞言启》，颂扬应参申的兴教德行。

书院遗址

4.毓秀女校和培英小学

晚清民国，随着妇女解放运动的高涨，各地陆续出现各类女校，帮助女子读书识字，提高文化水平。当时全国如南京、宁波、温州、福州、贵阳等地均办有“毓秀女校”，芝英也有应祖锡、应品仙父女创办的毓秀女校。

应祖锡，字韩卿，光绪二十四年（1888）举人，旋入官办广方言馆，攻读外文，精通英文、西班牙文。后随清使任二等参赞于西班牙，该国国王曾赠予宝星勋章。回国后，先任江苏南通、高邮知州，民国建立后，改任句容县知事（县长）。回芝英后，在家中创办毓秀女校，借以提倡女学。其女品仙（1888—1960），自幼习翰墨，工诗文，省立女子师范毕业后，襄助毓秀女子学校教务，兼任教员多年，教学有方，成绩优秀，深得社会人士好评。

① 潘树棠：《应镜人老年丈复西园书院记》，《芝英应氏宗谱特传总编》，民国十二年重修本。

光绪三十二年（1906），芝英的西园书院改为培英高等小学堂。1919年，五四运动风靡全国，抵制日货，与日绝交等声音在永康广泛传播。当时永康各小学教师也积极响应，如芝英培英小学校长应朝宣、教员曹际平、孙小眉、胡寿茨、胡敬仲等自动集合开会，组织高年级学生应同伦等到溪岸、油川、胡库等附近小学进行宣传。[①]1927年，在培英小学内还诞生了永康历史上第一个中共党组织——中共芝英培英小学支部。

1927年3月，永康叶岩襄、池长根和应毓兰在杭州加入共产党。同月，受委派，叶岩襄任永康农民运动专员，应毓兰任永康工人运动专员，与池长根一起回永康开展工农运动，组建中共党组织。他们在城内耶稣堂设立工人、农民运动专员办事处，发动工人，组织泥木、针织工会开展增资斗争，并发展了丁保良、卢品瑾、应爱莲、徐宝莹、卢俊卿等10多名共产党员。

蒋介石发动的“四一二”反革命政变波及水康。叶岩襄、应毓兰的职务被解除，难以在城内活动。为保存革命力量，党的活动重心由县城转移到农村。5月成立了永康第一个党组织——中共芝英培英小学支部，负责领导组建永康党的工作。此后，叶岩襄、池长根去溪岸培文、胡库崇本、古山崇正、吕南宅青山等小学吸收进步教员入党。

与此同时，永康籍在外地的党员王张威、施奎联、方奇、程绍汤、章会辰、胡双桂、王佳孙、陈珠玑等相继回到永康活动，发展了黄大馨、金丁亥、章云端、陈玉成等一批党员。李立卓在下徐店发展了徐英湖等人入党。5月建立了中共培英小学支部，叶岩襄任书记，隶属中共杭州地委领导，负责领导全县党的组织建设工作。6月间，党员发展到50多人，并先后建立了胡库崇本小学、练结、吕南宅、花街、阔塘后5个党支部。7月，省委组织部主任王嘉谟到永康指导成立了中共永康临时县委。[②]

参与创办毓秀女校的应品仙与培英小学也有密切渊源。抗日战争爆发后，应品仙与丈夫周亨丰（一名朝丰）寓居游川。1941年，应品仙出任培英小学校长。在任期间，她邀请了一批学有专长、深孚众望的名师如胡景衡、曹世治等人来校任教，加上她治校有方，校风良好，教学成

① 何岩德、李一心整理:《“五四”运动在永康的情况》，永康县政协:《永康文史》第1辑，1985年，第7页。

② 《永康市志》第3册，上海人民出版社，2017年，第985页。

绩优异。当时，永康经常遭受日军飞机轰炸，时局动荡，应品仙经常带领一批高年级学生避于芝英郊外山林，坚持上课。应品仙生活简朴，体贴学生。她对家境贫苦的学生，不仅免收学费，甚至连代管、杂费，也在她的工资中扣除，因而深受广大师生的尊重和爱戴。[①]

第二节　科第延绵

芝英社会历来尊儒重教，士人谨守礼法家规，文化底蕴浓厚，所办家塾、书院和学校培育出众多优秀学子，加上经济发达，地域繁庶，其中科举登名者甚多。以应氏家族为例，据《应氏宗谱·应氏登进录》显示，仅明清两朝，应氏进士、举人、贡士、庠生、监生以及各类官吏就数以百计。所以清朝进士王世勋在《永康省庵应夫子升任山右经厅序》中，夸赞芝英应氏自南宋以来，“椒瓞之绵以万计，其间成进士者三，登贤书者十一，贡成均为学官弟子者数百人。或以理学名，或以治绩著，或以著述显，礼义之泽，彬彬日振也”[②]。不过，就中式人数和规模来看，芝英地区的科举在不同时期发展不尽一致，存在一定的起伏波动。

一、宋代崛兴

据现有文献资料，永康地区在北宋以前没有进士登第的记载。《光绪永康县志》称：“永康自唐以前，科名罕有闻者。至宋端拱年间，胡子正开八婺科名之先，自是珠贯丝联，后先辉映。”[③]自北宋端拱二年（989）胡则开始，至清光绪三十一年（1905）废除科举，永康登第者连绵不绝，考中进士者共有207人，内含状元陈亮、榜眼程文德。其中，两宋有152人，而在芝英进士名单中，仅应氏就有28名之多（见表2-1）。

① 应业修：《民国女教育家：应品仙其人其诗》，《永康日报》2016年7月17日。

② 王世勋：《永康省庵应夫子升任山右经厅序》，《芝英应氏宗谱特传总编》，民国十二年重修本。

③ 《光绪永康县志》卷六《选举科第》，黄灵庚、陶诚华主编：《重修金华丛书》第78册，上海古籍出版社，2014年，第291页。

表2-1　宋代芝英应氏进士表

姓名	登第时间
应昭纬	宋嘉祐六年（1061）辛丑科进士，王俊民状元榜
应汝砺	宋绍兴十二年（1142）壬戌科进士，陈诚之状元榜
应孟坚	宋绍兴十八年（1148）戊辰科进士，王佐状元榜
应　材	宋绍兴二十七年（1157）丁丑科进士，王十朋状元榜
应孟明	宋隆兴元年（1163）癸未科进士，木待问状元榜
应子和	宋淳熙二年（1175）乙未科进士，詹骙状元榜
应通之	宋淳熙十一年（1184）甲辰科进士，卫泾状元榜
应雄飞	宋淳熙十一年（1184）甲辰科进士，卫泾状元榜
应谦之	宋绍熙元年（1190）庚戌科进士，余复状元榜
应璋之	宋绍熙元年（1190）庚戌科进士，余复状元榜
应巽之	宋庆元二年（1196）丙辰科进士，邹应龙状元榜
应璟之	宋庆元二年（1196）丙辰科进士，邹应龙状元榜
应　淡	宋庆元二年（1196）丙辰科进士，邹应龙状元榜
应三弄	宋庆元五年（1199）己未科进士，曾从龙状元榜
应懋之	宋庆元五年（1199）己未科进士，曾从龙状元榜
应秀之	宋嘉泰二年（1202）壬戌科进士，傅行简状元榜
应纯之	宋嘉泰二年（1202）壬戌科进士，傅行简状元榜
应三俊	宋嘉定元年（1208）戊辰科进士，郑性之状元榜
应三锡	宋嘉定元年（1208）戊辰科进士，郑性之状元榜
应三盖	宋嘉定七年（1214）甲戌科进士，袁甫状元榜
应文鼎	宋嘉定七年（1214）甲戌科进士，袁甫状元榜
应文簠	宋宝庆二年（1226）丙戌科进士，王会龙状元榜
应松鉴	宋宝庆二年（1226）丙戌科进士，王会龙状元榜
应文鼐	宋绍定二年（1229）乙丑科进士，焦焕炎状元榜
应佑之	宋嘉熙二年（1238）戊戌科进士，周坦状元榜
应松友	宋淳祐七年（1247）丁未科进士，张渊微状元榜
应　泰	宋淳祐七年（1247）丁未科进士，张渊微状元榜
应捄之	宋宝祐元年（1253）癸丑科进士，姚勉状元榜

说明：上述人数统计，参考应业修编著《千年应氏望族地》，中国文史出版社，2014年。

从上表来说，宋代芝英进士人数众多，但发展极不平衡，北宋只有1人，南宋30人。这与宋代科举制度的变化以及芝英地区的社会发展有关。宋代是中国历史上科举制度发展与完善的重要时期，其取士规模也远超前代。据统计与推算，唐朝290年间共取进士6646人，明经约为进士的2~3倍，若按2.5推算，约为1.66万人。两者合计，共约2.32万人，平均每年录取进士、明经大约为80人。宋朝320年间的贡举登科人数，正奏名进士约为4.3万人，正奏名诸科约为1.7万人，两者合计，共约6万人；另有特奏名进士、诸科，共约5万人。进士、明经、诸科等正、特奏名总计，共约为11万人，平均每年取士约360多人，为唐朝的4.5倍；如仅计算正奏名，平均每年取士也有188人以上，亦约为唐朝的2.4倍。[①]宋代两浙路地区经济发达，文化繁荣，科举制的发展在全国各路中表现得最为突出，其选中的进士名额一直名列前茅。两宋共产生了9029位两浙出身的正奏名进士，约占宋代正奏名进士总数的21.32%，其比例居各路之首。[②]在宋代两浙进士中，北宋登第者有2349人，南宋登第者有6391人，年份不详者有244人；在时间分布上，呈现出大部分集中在南宋的特点。[③]北宋和南宋芝英中第人数比为1∶27，比例悬殊，这与当时全国的科举的发展趋势是一致的。导致这种趋势的最主要原因，一方面是直接受到宋室南迁的政治格局的影响。靖康之乱后，南宋定都临安，大量北方人口移居两浙地区，一定程度上促进了两浙进士数量的增长。大批北方文化家族以及思想家的南迁，壮大了南方的士人队伍，又为两浙学子提供了优越的师资和良好的学习环境。包括芝英在内的婺州一带由于毗邻临安，也成为许多官宦家族的重要迁居地，涌现出众多科举人才。另一方面，南宋初年，由于北方战乱，大量遭受兵灾的州府应举者稀少，而南方和平地区的士人则对科举相当踊跃。如此，旧时的解额已难以施行，需要作出适当的调整才能符合当时的应举状况。两浙解额，在南宋时也由此增加了许多，进而大大提高了两浙进士的中举概率。[④]因此，南宋芝英进士人数众多，除自身经济社会繁荣外，也与这些外在因

---

① 张希清:《中国科举制度通史·宋代卷》，上海人民出版社，2015年，第19页。

② 傅蓉:《宋代两浙路进士时空分布研究》，华中师范大学硕士论文，2016年，第1页。

③ 傅蓉:《宋代两浙路进士时空分布研究》，华中师范大学硕士论文，2016年，第27页。

④ 傅蓉:《宋代两浙路进士时空分布研究》，华中师范大学硕士论文，2016年，第36-37页。

素紧密相关。

进入元代，由于朝廷长期未实行开科取士，而且科举录取名额甚少，南人中式更为艰难。同时，在整个元代，永康社会动荡，地方动乱不断，经济社会发展相对滞缓，考中进士者只有寥寥2人。芝英地区也是连续遭受元初和元末的兵燹灾害，无人中进士。

二、明清传续

明代以降，随着地域社会的恢复和进一步的发展，芝英登第者日渐增多。据统计（见表2-2），明代芝英进士有3人；清代有6人，包括3名武进士，但总数远不如宋代，发展较为缓慢。这很大程度与明清金华府科第的整体衰落有紧密的关系。

表2-2　明清芝英进士情况

朝代	姓名	登第时间
明	应　典	正德甲戌唐皋榜
	应廷育	嘉靖癸未姚涞榜
	周聚星	嘉靖己未丁士美榜
清	应　炜	雍正庚戌周树榜
	胡凤鸣*	咸丰壬子武进士
	应振绪	同治甲戌秦应逵榜
	应济川*	光绪丁丑恩科武会试中式
	应凤仪*	光绪癸未武会试中式
	应德完	光绪戊戌陆增炜榜

说明：标*为武进士。

根据有关学者的统计，明代自洪武四年（1371）辛亥科至崇祯十六年（1643）癸未科，共举行殿试八十八科，录取进士总计24876人。浙江省共考取进士3458人，占全国总数的14.9%。也就是说，明代每8个进士中，就有一个来自浙江。[1]比例之高，在全国各省名列前茅。但在浙江内部，各地区之间的进士人数差距非常明显。相对而言，明代浙北平原区的

① 多洛肯：《明代浙江进士研究》，上海古籍出版社，2004年，第155页。

绍兴、宁波、杭州、嘉兴、湖州诸府的科举优势远远强于浙中南丘陵山区的金华、衢州、严州、处州、台州。有明一代，杭、嘉、湖、绍、宁共出2578名进士，占整个浙江省总数的73%。[①]台州、温州、处州、严州、金华、衢州六府共出980名进士，只占整个浙江省总数的27%。[②]其中，明代金华府共有进士74人，[③]远远落后于杭、嘉、湖、宁、绍地区。

不过，从时间来看，浙中南六府的衰落趋势在明初尚未出现。景泰以前，这一地区所出进士占同期全省总数的44%。这一数据虽次于杭、嘉、湖、宁、绍地区，但差距并不悬殊。从景泰年间开始，浙中南地区进士数量占全省总数的比例降至29%，此后其所占比例一直未超过40%，意味着景泰年间是明代该区域进士落后的一个转折点。嘉靖年间以后，浙中南地区所出进士占比更低，到万历年间，一度降至1%。此后，所占比例再未超过20%。[④]

清代科举自顺治二年（1645）首开乡试，至光绪三十年（1904），共录取文进士26747名。其中，浙江籍进士有2808名，占全国总数的10.5%。[⑤]浙江显然是科举大省。不过，明代浙江内部科举发展的不平衡格局在清代得以延续。大体来说，清代杭、嘉、湖、绍、宁共出2553名进士，占浙江全省总数的91%。其中，杭州府共有893名进士，绍兴府有563名，嘉兴府有504名，湖州府有368名，宁波府有225名。金华、衢州、严州、台州、温州、处州六府，虽然拥有占全省总县数64%的51个县，但总共才有255名进士，占全省进士总数的9%而已。其中，金华一府共产生81名进士，所属八县，平均每县仅10名进士。其余五府更为低落，严州府出50名进士，温州府36名，台州府34名，衢州府30名，处州府12名，属于进士分布稀疏的地区。[⑥]

造成这种状况的原因，既有文化传统、经济发展等社会因素，也有自然环境的因素。杭、嘉、湖、绍宁五府主要分布在平原地区，自然环

---

① 多洛肯:《明代浙江进士研究》，上海古籍出版社，2004年，第180页。

② 多洛肯:《明代浙江进士研究》，上海古籍出版社，2004年，第183页。

③ 笔者根据多洛肯《明代浙江进士研究》一书的列表（第172–179页）作出的统计。

④ 多洛肯:《明代浙江进士研究》，上海古籍出版社2004年版，第183页。

⑤ 多洛肯:《清代浙江进士群体研究》，中国社会科学出版社，2010年，第44页。

⑥ 多洛肯:《清代浙江进士群体研究》，中国社会科学出版社，2010年，第115页。

境优越，交通方便，商业发达，这些平原地区自古以来历史文化传统深厚，虽然面积只占全省的三分之一，但进士数量占比高达91%。金华、衢州、严州、台州、温州、处州六府均属山地丘陵，经济发展水平整体上较杭、嘉、湖、绍、宁五府有一定差距，文化教育发展的经济基础相对显得薄弱，往往导致士子被迫放弃科举中举的理想。①有些地处山区的县，如处州龙泉、云和等，甚至在整个清代都没有产生一名进士。

明清浙中南六府进士人数的大幅度下滑，在永康以及芝英地区也有明显的体现。据《光绪永康县志》的记载，明代永康县共有进士39名，平均每7年出1名；清代共有进士14名，平均19年才出1名。②

就芝英地区而言，在明代只有进士3人，清代6人（其中武进士3人）。由此计算，明代芝英进士人数占永康县总数的7.6%，清代占比为21.4%（武进士不在计算范围之内），较宋代的占比18.4%还高。说明虽然清代芝英进士人数与明代基本持平，但在永康进士总数中的比例不断提高。③这也反映出芝英在永康全县中的地位愈加重要，文化竞争力逐渐增强。这一趋势，从举人考取者的数量及比例上亦可得到相应的印证。

有明一代，浙江本省共录取举人8238名，④其中金华府八县共518名，包括金华县135名，兰溪县113名，东阳县85名，永康县81名。⑤根据《光绪永康县志》举人榜统计，明代永康县举人共有114名（包括外省中式的永康籍），清代顺治至光绪十五年永康县举人共计59名。显然，与明代相比，清代永康县举人数量呈下降趋势。从芝英地区来看，明代有举人11名，清代有37名（见表2-3）。举人人数大幅增加，在永康举人总数中所占的比重明显提高，进一步说明芝英在永康县地域中的重要性越来越凸显。进一步来看，明代应氏中举者全集中在弘治至万历年间，间隔非常紧密，这与明代首位举人应恩有重要关系。

---

① 多洛肯：《清代浙江进士群体研究》，中国社会科学出版社，2010年，第115-116页。

② 《永康市志》第6册，上海人民出版社，2017年，第2194页。

③ 浙中南六府主要是从明景泰以后进士人数开始衰落，但明代芝英考中的3名进士在正德、嘉靖年间，说明明中期以后是芝英进士的上升阶段，与整个浙中南的进士发展格局存在一定的差异。

④ 不包括浙江籍在外省中式的1878人。参见王红春：《明代浙江举人研究》，华东师范大学硕士论文，2007年，第27页。

⑤ 王红春：《明代浙江举人研究》，华东师范大学硕士论文，2007年，第93页。

表2-3　明清芝英举人情况

朝代	姓名	中举时间	朝代	姓名	中举时间
明	胡坚	洪武初年举人，胡堰街人	清	胡凤鸣	道光五年乙酉科武举，溪岸人
	胡振鸿	永乐二十一年癸卯科，溪岸人		应腾蛟	道光八年戊子科
	应恩	弘治八年乙卯科（注：芝英本村人不注明籍贯）		应江	道光十七年丁酉科
	应奎	弘治十四年辛酉科		胡凤仪	道光十七年丁酉科武举，溪岸人
	应照	正德五年庚午科		应宝时	道光二十四年甲辰恩科
	应典	正德八年癸酉科		胡凤翱	道光二十六年丙午武举，溪岸人
	应廷育	嘉靖元年壬子科		应珪庭	道光二十九年己酉科
	周聚星	嘉靖元年壬子科，岘口人		应观涛	咸丰九年己未恩科
	应熙	嘉靖二十五年丙午科		胡聚奎	咸丰元年辛亥科，溪岸人
	应成贤	隆庆四年庚午科		应振绪	同治四年乙丑补行咸丰辛酉并同治壬戌恩科
	应廷良	万历元年癸酉科		应济川	同治六年丁卯科
清	应芝珣	康熙五十九年庚子科		应凌云	同治九年庚午科
	应炜	雍正四年丙午科		应克猷 应凤飞 应裕桓	同治十二年癸酉科
	应洪怡	乾隆元年丙辰科		应凤仪	光绪元年乙亥恩科
	应国华	乾隆九年甲子科		应耀熊 应树屏	光绪二年丙子科
	应芝晖 应正禄	乾隆三十六年辛卯科		应雄图	光绪十一年乙酉科
	徐觐光	乾隆四十五年庚子科，下徐店人		应祖锡	光绪十四年戊子科
	应曙霞	嘉庆三年戊午科		应熊飞 应懋勋	光绪十五年己丑恩科
	应钟毓	嘉庆十八年癸酉科		应德完 应万选	光绪二十年甲午科
	应世英	嘉庆二十一年丙子科		应德闳	光绪二十三年丁酉科
	应中安	嘉庆二十四年己卯科		胡宗楙	光绪二十八年壬寅科，溪岸人

应恩，字天锡，号鹤邱，弘治八年中举，开明代芝英应氏科甲，故

被应氏尊称为“斯文鼻祖”。应恩曾在芝英教授乡里子弟，“如贰守芝田、司丞石门、司训芝石三叔父，暨贰守胡魁峰、监郡赵石川、教授周岘峰、俊士李侯度，皆先生所造就”[①]。当时，永康学书法者多宗徐希曾，习诗者则多宗应恩，犹如禅宗的“南能北秀”。正如清代应正禄所说：“文教之兴也，必有一人开其先焉。由是源源而来，至数百年未已也。鹤邱先生为吾应氏鼻祖。后之踵先生而起者，指不胜屈矣。其修业之勤，文艺之精，声望之著，与夫师生之知遇皆有渊源。”[②]应正禄之言，点出了应恩的精心奖掖与当时芝英众多科甲登第者的紧密关系。

除了进士、举人外，明清两代芝英地区还产生了大量生员（俗称秀才）。在生员中，级别最高的是贡生。明代贡生类型有四种：府学、县学每年选送资深廪生入国子监肄业，称“岁贡”；岁贡之外，府学、县学选考学行兼优者充贡，称“选贡”；逢朝廷庆典则增加名额，称“恩贡”；生员纳资获得监生，称“纳贡”。清代生员录取名额较明代更为宽松，贡生类型除与明代相同的岁贡、恩贡外，还有四种：每三年由各省学政从儒学生中考选一次，保送入国子监者称“优贡”（相当于明代的“选贡”）；每六年由各省学政考选品学兼优的生员保送入京者称“拔贡”；“例贡”相当于明代的“纳贡”；从乡试落榜生中的优秀者中选拔者，称“副贡”（相当于举人副榜）。其中，恩贡、副贡、岁贡、拔贡、优贡合称“五贡”，理论上具备了授官资格。朱彭寿《旧典备征》卷四《汉大臣不由正途出身者》记载：“国朝定制，凡仕进者，以进士、举人、五贡、荫生为正途出身。”《清史稿·选举志》亦载：“恩、拔、副、岁、优，时称‘五贡’。科目之外，由此者谓之正途，所以别于杂流也。”说明“五贡”入仕在清代也属于科举正途。一般情况下，“五贡”可以申请州判、县丞、府经历、推官以及州县教谕、训导等职，因而也较受地方士人的重视。

据《芝英应氏宗谱》记载（见表2-4），明清两代芝英应氏贡生共计93名，其中授职36名（考中举人除外），实际赴任者22人，这在金华府的贡生总数中也占了较高的比例。

---

① 应廷育：《鹤邱先生传》，《芝英应氏宗谱特传总编》，民国十二年重修本。

② 应正禄：《应氏先型录》卷四，黄灵庚、陶诚华主编：《重修金华丛书》第95册，上海古籍出版社，2014年，第771页。

表2-4　明清芝英应氏贡士情况

序号	姓名	身份	官职	序号	姓名	身份	官职
1	碧	岁贡		17	绥邦	岁贡	衢州府西安县儒学训导，升福建福州府永福县儒学教谕，再升广西浔州府儒学教授
2	钟	岁贡	南直隶苏州府吴县儒学训导	18	志臣	附贡	授鸿胪寺序班，升南直隶松江府华亭县主簿
3	兼	恩贡	除博士职，不赴	19	绥福	岁贡	授儒官
4	戡	岁贡		20	明德	岁贡	嘉兴府学教授
5	台	增贡		21	守谦	例贡	初任南直隶池州府经历，再任河南汝宁府经历
6	介	例贡		22	明毅	岁贡	福建泉州府惠安县儒学教谕
7	珩	廪贡		23	守讷	例贡	
8	珙	附贡	福建泉州府南安县主簿	24	嗣美	岁贡	
9	镔	附贡	北直隶顺天府通州判官，升南直隶凤阳府泗州同知	25	嗣功	岁贡	南直隶苏州府经历
10	景阳	附贡		26	树功	恩贡	福建松溪县县丞，升湖广郧阳府经历
11	秋阳	附贡		27	立朝	崇祯庚午乡试副榜	
12	朝阳	廪贡		28	明	岁贡	任福建泉州府惠安县教谕，升湖广永州特简中宪大夫、广西梧州府知府，钦差分守苍梧道按察司副使致仕
13	世道	岁贡		29	始伟	岁贡	考授训导
14	元吉	例贡	江西九江府湖口主簿，升南直隶淮安府桃源县县丞	30	闻	附贡	考授县丞
15	绥宁	岁贡	福建汀州上杭县儒学训导，升江西吉安府泰和县儒学教谕，再升湖广宝庆府武冈州儒学学正	31	云从	廪贡	考授州同
16	绥来	岁贡	北直隶真定府赵州判官	32	居敬	附贡	考授州同

（续表）

序号	姓名	身份	官职	序号	姓名	身份	官职
33	鼎鳌	附贡	考授州同	53	大絿	岁贡	
34	鼎和	附贡	考授训导	54	渚封	岁贡	候选训导
35	芝挺	附贡	考授教谕	55	侨	附贡	考授经历
36	鼎维	附贡		56	兆金	岁贡	注：本行及以下为道光甲申续修宗谱时所增名录
37	芳桂	附贡		57	振先	恩贡	
38	洪沂	拔贡	江西吉安府永丰县知县	58	首光	岁贡（临海学籍）	
39	友政	监贡	注：本行及以下为乾隆丙申续修所增名录	59	鸿	附贡	
40	道先	监贡		60	钟毓	拔贡	考中举人
41	鼎球	岁贡		61	梯云	副榜	候补直隶州州判
42	芝琬	监贡		62	鹿芩	恩贡	
43	鼎聪	岁贡		63	焕然	岁贡	
44	洪恬	岁贡	山西路城县县丞兼署县事	64	韩	恩贡	注：本行及以下为道光庚子续修宗谱时所增名录。
45	梁	廪贡		65	寿椿	廪贡	署处州府云和县学教谕
46	清芬	廪贡	宁波府镇海县学训导，升山西泽州府经历，署辽州榆社县事	66	凤吹	岁贡	注：本行及以下为同治戊辰续修宗谱时所增名录
47	珮	监贡		67	惟寅	廪贡	
48	恒墀	附贡		68	崇茂	例贡	
49	恒壁	岁贡		69	云龙	例贡	
50	文昭	岁贡（兰溪学籍）	湖州府孝丰县学训导	70	参申	岁贡	试用训导
51	志标	拔贡	候选直隶州州判	71	崇儒	例贡	
52	恒坦	岁贡	候选训导 注：本行及以下为嘉庆丙辰续修宗谱时所增名录	72	德孚	附贡	注：本行及以下为光绪己丑续修宗谱时所增名录

（续表）

序号	姓名	身份	官职	序号	姓名	身份	官职
73	崇意	例贡		84	贻哲	拔贡	直隶州州判
74	荣祖	廪贡		85	文芝	廪贡	
75	策	岁贡		86	玉堂	廪贡	
76	峻瞻	附贡		87	泰来	廪贡	
77	宝钧	例贡	江苏试用府经历	88	国基	廪贡	
78	祖锡	拔贡	考中举人	89	国纲	廪贡	
79	文齐	例贡		90	崇章	附贡	
80	炳藻	廪贡	注：本行及以下为光绪丁未续修宗谱时所增名录	91	广荣	例贡	
81	文卓	附贡		92	集齐	例贡	
82	文棣	附贡		93	岐山	例贡	
83	钟灵	附贡	署奉化县学教谕				

从实际任职来看，芝英应氏贡生，或任职府州县的州判、经历、县丞、主簿，协助知府、知县办理地方行政、司法、钱粮等事务；或担任府州县的教谕、训导等地方学官，从事地方文化教育，都不同程度推动了地方社会的发展和繁荣。如明代芝英应钟，在正德年间曾与王崇、程文德等人共同参加漕试，他“实首案出……辄为诸士冠”，但此后九次乡试皆不中，以岁贡铨授苏州府吴县儒学训导。在任上，他积极奖掖提携吴县诸生，培养了众多名儒名臣。据应廷育记载，嘉靖四十一年（1562）壬戌科状元申时行（榜名徐时行），“初在诸生中未甚知名”，应钟却对他“独奇之，谓为绝出”。一年后，申时行状元及第，“乃苏士咸追服其藻鉴云”①。

第三节　儒风相承

芝英人文荟萃，不仅是兴教之地，还是儒学之乡。受儒学思想传统

① 应廷育:《芝石先生传》,《芝英应氏宗谱特传总编》，民国十二年重修本。

的长期浸润，芝英先后涌现出应奎、应典、应宝时、胡凤丹等众多名儒乡贤。他们除了在芝英开展儒学活动外，还在宦游或寓居之地积极传儒弘学，促进了当地学术风气的重塑。与此同时，众多外来大儒如朱熹、陈亮、陈世良、程文德等也先后慕名来到芝英讲学论道，与本地儒者一道推动了芝英文教儒风的昌盛，深深影响了当地士人的学术风气和社会风气。

一、崇儒之举

芝英地区从应氏南宗始祖应詹开始，就逐渐形成以推崇儒学为家风家教。因此，无论家居乡里，还是仕宦在外，芝英士人都能秉承儒学，推动地方儒学的兴盛。

明代是芝英人才最为集聚和显赫的时代，芝英人才在弘扬儒学方面也卓尔不凡。应奎于弘治十五年（1502）中举后，被授予和州儒学学正。当时和州主管教育人员不重视人才培养，“掇弥文以苟岁月”，应奎就亲自制定教育条规，以陶镕人才为己任，营造尊师重道的氛围。在他的积极推动下，当地士风为之丕变。在湖广武昌府、江西广信府的儒学教授任上，应奎仍是不遗余力推行儒学，弘扬忠孝节义。“在武昌，则毁汉阳龟山真武庙，创立名宦乡贤祠于学宫；在广信，谢叠山先生墓侵于民，为复之，仍立祠祀其一家死节者七人；又请娄氏没官房，以祀名宦乡贤。”后来应奎典试广西、广东，在选拔士人上“尤急风猷，重名节”[①]。由于政绩显著，大学士费宏特赠送“两广文衡”匾额予以褒扬，还称应奎“魏文靖公以来，一人而已”[②]。在服丧期间，应奎还搜访先儒遗留的礼仪，又率族人修葺应氏祖先墓，题为“应氏孝墓”，彰显应氏孝道之风。

应奎堂弟应典（1481—1547），正德九年（1514）登进士科，授兵部职方司主事之职。后因母生病，告假回到家乡，时常与黄岩黄绾、仙居应良等名贤大儒切磋论学。当时，心学大家王阳明在家乡余姚聚徒讲学，应典奔赴余姚，拜王阳明为师。回永康后，他与程文德、程梓、卢可久、周岘等永康名儒一起创办了丽泽祠，传扬王阳明之学。应典长期主持五

① 黄显：《方塘先生传》，《芝英应氏宗谱特传总编》，民国十二年重修本。

② 黄显：《方塘先生传》，《芝英应氏宗谱特传总编》，民国十二年重修本。

峰书院的教学，并编写讲义。在清代程尚斐编撰的《五峰书院讲义》中，就保存有应典的《诚意章讲义》。文中谆谆教导书院学子，“为君子儒，毋为小人儒”，在立身处世中要“自虚、自灵、自觉”，不可“为物欲所蔽，树立不可欺之本心”，做到“尽心”“慎独”，无论学习、待人、处世都应诚意自谦，常知常觉，常足常快，无论富贵贫贱、患难得失、远近大小，俱以一心处之。这些至理名言，对永康学子、五峰会友及四方而来的学者产生了深远影响。应典之侄应兼，自幼从游于应典门下，又师从当时台州名儒应良、黄绾，“时时游赤城、天台间，与二公互相论辨，二公以师友之间处公，而公学日益深”[①]。后来，继应典之后主盟寿山五峰精舍，与卢可久、程铨共同讲学，四方来会者“翕然趋之”。

除应氏之外，芝英的卢一松、周桐、周莹、周佑德等人，均先后参与明代五峰书院的创办和讲学活动，大大推动了五峰讲学的兴盛，使五峰书院成为浙中阳明学的传播重镇。

卢可久，字德卿，号一松，芝英儒堂村人，曾与程梓同受业于王阳明，后在五峰书院授徒讲学。周桐，字凤鸣，芝英岘口村人。十七岁游南雍（太学），后随王阳明游。正德年间以明经授南京武学训导，后擢江西抚州教授。因母患病而归，讲学于五峰书院，学者称“岘峰先生”。周莹，字宗纯，游川人。少时有志于圣贤之学，先赴黄岩师事黄绾，又到绍兴入王阳明之门，得交天下名士。回永康时，王阳明专门撰文赠之，后也讲学于五峰书院。周佑德，字以明，芝英游川村人，性至孝。长期讲学于五峰书院，并在书院右侧创学易斋，祭祀何、王、金、许及兰溪章懋五先生。卢可久女婿胡堰街人胡勋，少从卢可久游，曾考中乡试副榜，但未入仕途，后来继卢可久主讲五峰书院二十余年，入祀“学易斋”。[②]

与明代相比，清代芝英的文进士人数基本持平，但举人数量明显增多。这些举人在各自任上也一心重儒，促进了当地儒学的恢复和发展。如应正禄（1733—1805），乾隆年间任处州府丽水教谕，挑选优秀士子汇集于乐育斋，教授经艺，考察以德行为先，“每讲学，虽盛暑必冠带，一时学者向风景慕，横舍至不能容”。后来应正禄又在学舍左右分别建造

① 程正谊：《应古麓公传》，《芝英应氏宗谱特传总编》，民国十二年重修本。

② 《胡堰街胡氏宗谱》，2016年重修本，第393页。

"崇德""广业"两斋，作为学者研习之所，丽水士习文风为之一变。后他见县学学宫将倾圮，又与诸生共同修葺，"自殿庑、庙堂，以及名宦、乡贤、忠孝、节孝诸祠，莫不次第更新"，对丽水的文化教育事业作出了重要贡献。[①]

"洋务名臣"应宝时于同治五年（1866）担任苏松太道道台，驻守上海，在从事外交、军事、实业等活动之外，心系儒学礼教事业。当时太平天国刚平定不久，上海文庙毁圮未修，应宝时进行了重建，而且"考定祭器，钟鼓琴瑟、干戚羽旄，悉循典章，罔不肸饰"。在春秋两季祭祀时，仪式整齐有序，"观者咸卉然叹息，以为数十年来未之见"[②]。此外，他创立龙门书院，延请宿儒主讲，教授的内容不是举业时文，而是"实学实行"，为洋务运动培养了大批人才。应宝时又刊刻了大量图书，所选典籍都是事功实学人物的著作，以适应洋务运动的需求。"刻陈龙川、张杨园、陆清献诸集，与陈文恭、周文忠尺牍，以行于时，正学术也。"[③]

晚清民国时期，芝英人传承儒学最显著的举措就是溪岸人胡凤丹、胡宗楙父子刊刻的《金华丛书》和《续金华丛书》。经历太平天国的战火，江浙各地的珍贵文献图籍损毁严重，金华的历史文献也遭受巨大破坏。胡凤丹不忍乡邦典籍遗失，深忧于此，多方搜求、汇编金华先贤留下的作品，甚至不惜倾尽家产。他曾受湖广总督李瀚章之邀，先后主管、经营湖北书局和崇文书局，后来回到杭州开设"退补斋"书局，专门刻印金华文献。由于当时条件所限，胡凤丹只找到存书近70种，经过他十年的精心校订，先以《金华文萃》的名目刻印，分经、史、子、集四部，汇集了唐朝到明代的67种金华乡贤著作。

胡凤丹四子胡宗楙（1867—1939）以完成父亲未竟事业为己任，他"饥驱南北，以书自随，敝屣浮荣，溷迹廛肆，降心抑志，缩食节衣，渐蓄锥刀"[④]，孜孜于整理其父生前所辑刊书籍。光绪二十一年（1895），终于将胡凤丹生前陆续整理的《金华丛书》结集出版，共计340册。此后，

---

① 应曙霞：《恒斋先生传》，《芝英应氏宗谱特传总编》，民国十二年重修本。

② 俞樾：《应公上海专祠记》，《芝英应氏宗谱特传总编》，民国十二年重修本。

③ 俞樾：《应公上海专祠记》，《芝英应氏宗谱特传总编》，民国十二年重修本。

④ 胡宗楙：《〈续金华丛书〉序》，《梦选楼文钞》，黄灵庚、陶诚华主编：《重修金华丛书》第169册，上海古籍出版社，2014年，第425页。

胡宗楙又陆续搜集金华传统文献42种，编成《续金华丛书》，共120册。两部书合计收录文献112种，共460册，约4600万字。为便于读者全面了解金华文献的概况，胡宗楙还亲自编纂了《金华经籍志》。

《金华丛书》及《续金华丛书》的刊刻，使得历代金华文献尤其是南宋至元初的金华婺学著作得以大量保存和流传，对传承和发展婺学以及浙学思想文化作出了重要的贡献。在中国地方丛书的刊刻史上，《金华丛书》的问世，可以说开一代编纂地方性丛书之先河。著名藏书家傅增湘称，自从《金华丛书》结集刊刻，浙江各地竞相仿效。“杭州则有丁氏《武林往哲遗著》《掌故丛编》，嘉兴则有孙氏《槜李遗书》，湖州则有《陆氏丛书》，绍兴则有徐氏《先正遗书》，温州则有孙氏《永嘉遗书》，江宁则有傅氏《金陵丛刻》，常州则有盛氏《先哲遗书》，皆踵金华而起。”《金华丛书》还引起了现代著名学者胡适的关注。1946年，胡适在与“何氏三杰”之一、金华籍历史学家何炳棣交流时，特别提到金华人文之盛，赞赏地说：“试看现存的《金华丛书》，多么了不起！”①

二、名流讲论

古芝英的重儒重教之风，也吸引了大批硕儒宿学前来讲学。这些儒学名流在芝英地区的讲学活动，又进一步推动了芝英的儒学之盛，对当地的士人学风和家族文化起到了淬炼作用。

南宋时期，金华为两浙理学重镇，名家辈出，学派纷呈，较具代表性的有以吕祖谦为代表的“吕学”、以陈亮为代表的“永康之学”等，由此吸引了诸多儒学名流前来交流和讲学。与芝英毗邻的永康寿山石洞，四山环翠，为当地形胜之最，是群儒集聚讲学之地，前来讲学交游的既有吕祖谦、陈亮等本地名流，也有朱熹、叶适等外地大儒。

当时永康太平人吕皓与陈亮、吕祖谦相友善，经常邀请他们来寿山石洞论学，还一度“因置田石鼓寮以资馆谷，若东主焉”②。吕皓、吕祖谦

① 参见《〈金华丛书〉的前世今生》，《金华晚报》2018年11月7日。

② 程朱昌、程育全：《五峰书院志》（增订本）卷一，中国文史出版社，2010年，第15页。

曾“集材于寿山，而复置田于石鼓”[①]，表明当时理学家已有在五峰建舍讲学之意，且置有田产作经费保障。五峰会讲由此声名日盛，学者云集。史载：“陈同甫介叶正则来游，乡人景附。先生与其弟泰常往来其间，于是陈、吕门人翕然向往。”[②]陈同甫即陈亮，叶正则即叶适。

淳熙九年（1182），朱熹提举浙东常平茶盐公事，在浙东一带赈灾济民，曾至永康，陈亮邀其主讲于寿山石洞，彼此就“王霸义利”等话题，展开激烈论辩，当地士人从游者有数百人。据说寿山为吕祖谦乐游之地，朱熹曾欲建精舍以完成吕氏遗愿，后因“按劾唐与政事，遂中止”。当地人还认为，至今镌刻在寿山重楼顶部的“兜率台”三个大字，即出自朱熹之手。在寿山讲学期间，朱熹还与芝英文士多有往来。他听闻好友应文臣（1100—1169）卜居将川（今方岩长坑，当时属芝英），就写下《应文臣卜居诗》：“买宅曾闻先买邻，异乡得见故乡人。山中侭有烟霞趣，岂特桃源好避秦。”应文臣是“三红秀才”应子和之父，官中散大夫、右文殿修撰。随高宗南渡，回迁永康，卜居将川。朱熹、吕祖谦、陈亮等曾往其将川山居，与其父子聚徒讲学，带动了古芝英的文化风气。

明代时，台州名儒陈世良曾受芝英人应杰之邀，主讲应氏书塾，给应氏子弟讲授儒学。陈世良，字崇之，号青屿，台州临海人，成化二十三年（1487）登进士第。正德初年，擢监察御史，上疏谴责刘瑾干政，迁南京大理寺右丞。刘瑾伏诛后，擢右佥都御史，兼管操江。正德十四年（1519），升任顺天府尹，未就任而卒。著作有《青屿奏议》等。陈世良在应氏书塾授课，即在他未考中举人之前。他授课严格负责，平时对学生尽心尽力，“日相劝导，夜听咿吾，更深始就卧”。正是这种孜孜不倦的教学，培养了大批卓著的应氏子孙。“凌云踵接，竞展忠良，举宗文物簪裳之盛，盖皆由此。”[③]除日常的教学活动外，陈世良与应杰为忘年之交，二人经常磋学论礼。陈世良后来回忆这段时光，称应杰“日与余讲明正家范物之道，或听余夜诵至漏下始归寝。暇则杖藜偕余于东阡西陌间，纵观山水风物之胜。故余虽坐羁寓中，不至厌且烦者，有先

① 程尚斐：《五峰书院志》卷六，赵所生、薛正兴：《中国历代书院志》第9册，江苏教育出版社，1995年，第242页。

② 程尚斐：《五峰书院志》卷一，赵所生、薛正兴：《中国历代书院志》第9册，江苏教育出版社，1995年，第64页。

③《孝友翁行状特传墓表及邑史人物传参书遗像之首》，《芝英应氏宗谱特传总编》，民国十二年重修本。

生为之依也”[①]。从中可以看出，陈世良与应杰不只是赏游之朋，更是学问之友。应杰制定的《应氏家规》二十条，以及创建应氏宗祠等活动，很多都是与陈世良反复切磋商量后确定的。受陈世良的影响，应杰积极将儒家之学付诸实践。一方面，他致力于儒家古礼的恢复，“创修谱稿，立祠堂，著家范，制深衣幅巾，行古冠婚丧祭礼”；另一方面，对不符合儒家礼制的行为和祭祀，一概摈弃。“屏斥娼优，禁用浮屠左道，宫中土木像著灵滋惑，远徙之。”[②]这些行为和制度对塑造家族风气，规范子孙言行起到了重要的作用。后来应杰去世时，陈世良前去吊丧，应氏族人“一门贤伯仲暨诸子姓”，见到陈世良就“拜且泣”，并且“以挽诗序为请”，正是对陈世良为应氏家族文化所做出的重要贡献的最好诠释。陈世良不仅完成了所托《挽诗序》，还连续写下了四首挽诗。“论心须沥胆，交谊欲忘形”，“排难解纷鲁连子，招贤纳士孟尝君”等诗句情真意切，动人肺腑。

第四节　诗路寄情

诗路是以诗歌为灵魂，以水陆古道为载体的文化发展之路，是自然山水与人文艺术相辅相成、高度密合而形成的文化活动体系。“诗”的具化和“路”的诗化的内在统一，使诗路不仅有着丰富多彩的文化内涵，也蕴含了精神意境、社会观念和生活方式的升华。[③]地处华溪、清河、灵溪之畔的芝英地区，素以其“山水清秀，人文荟萃”闻名于世。千百年来，文人雅士沿着水路古道，纵情于芝英山水之间，书写了大量诗词文章。在漫长的地域社会发展过程中，自然胜境和人文情怀的交互融合，孕育了兴盛的芝英诗路文化，承载了丰厚的史迹文脉，展示了诗意的生态画卷，从中彰显出重要的历史、文化和社会价值。

---

① 陈世良:《应处士尚道翁挽诗序》,《芝英应氏宗谱》卷三，民国十二年重修本。

② 《孝友翁行状特传墓表及邑史人物传参书遗像之首》,《芝英应氏宗谱特传总编》，民国十二年重修本。

③ 陈国灿、崔小敬、赖勤芳:《桐庐诗路文化的历史传统与当代发展研究》，桐庐县发展和改革局委托项目研究报告，2020年，第1页。

一、诗路之兴

芝英诗路文化是在独特的自然环境下，依托厚实的地域文明和发达的人文文化而逐渐发展起来的，有着厚实的历史积淀。

位于金衢盆地东南的芝英地区，既有华溪平原之沃，又有石门山脉之险，地貌形态以平原、丘陵为主。境内山水错落，溪流纵贯，塘潭密布。山衬水美，水映山辉，构成了一幅幅多姿多彩、绚丽诱人的自然画卷，由此吸引历代众多文人名士纷至沓来，或寻仙问道，或游水登山。这种独特的自然环境，为芝英诗路文化的崛兴提供了必不可少的生态条件。

芝英地处金华、丽水交界，西连永康，东南接缙云，属于钱塘江和瓯江的分水岭，历来有着发达的水陆交通，是浙江传统的钱塘江诗路和瓯江诗路的重要连接点，在“诗路浙江”文化带中有着独特的地理区位优势。芝英地区的水上交通以清河和华溪为主干，向西流入永康江，经金华江、兰江，汇入钱塘江，是浙中东南部通往杭州方向的必经水路航线；陆上交通线主要是历史上先后开辟的众多驿道。早在东晋南朝，官田地段就有用卵石铺砌连接东阳郡和临海郡的古驿道，上报铺、皇光岭（又称王光岭）、骑龙山等地也有多条驿道，报铺山脚下还设有驿站，至今遗迹尚存。[①]唐宋时期，芝英通往各地的驿道四通八达，陈亮就记载紫霄观“近在驿道之旁”，“居民错杂”。至明清时期，芝英地区的驿道交通更为完善，驿路沿途铺舍相望。完备的水陆交通网络，为传统芝英诗路形成与发展奠定了基础。

芝英诗路历史悠久，经历了漫长的发展过程，呈现出不同的阶段形态和活动特征。东晋以降，随着应詹率军来此屯田，芝英地区的文化开始萌兴。进入南朝，随着应氏家族的壮大和紫霄观的声名遐迩，帝王显宦、名儒雅士陆续来此，芝英文化逐渐蔚起。不过，从现有文献来看，东晋至唐代，描述古芝英的作品，多是关于叙述当地历史、应氏人物之类的传记，诗歌数量寥寥。宋元以降，芝英诗路才全面兴起，持续活跃。

两宋时期，名儒、文人漫游、讲学之风盛行，伴随永康经济和人文的鼎盛，以及芝英地区的社会发展，芝英诗路酝酿已久的文化元素得以

① 应业修:《千年应氏望族地》，中国文史出版社，2014年，第26–27页。

释放，日益走向兴盛。胡则、林大中、楼炤、朱熹、吕祖谦、陈亮、叶适等两宋名臣名儒均先后来游芝英，胡则、陈亮甚至长期寓居紫霄观潜心读书，留下了众多脍炙人口的佳作。这些作品以鲜明的时代精神，深沉的哲理思考，绚丽的文采词华，为芝英诗路增添了灿烂光彩。特别是胡则的《紫霄观》诗、陈亮的《青玉案》词等，成为千古传诵的名作。

进入元代，婺州地区名士云集，一时成为两浙文化中心。因地理优势，芝英诗路更显活跃。胡长孺、柳贯、朱丹溪、刘基、宋濂等大儒，或赏游山水，或造访书院，或拜谒师友，他们留下的诗词歌赋，进一步推动了芝英诗路的兴盛。

明清时期，芝英诗路继续保持活跃的势头，并呈现出新的文化发展趋向和活动形态。尤其是明代中后期以降，芝英涌现出大批有影响的士人名流，他们与各地域文人群体的交游往来十分密切和频繁，芝英也由此成为文人骚客彼此交游、吟诗赋词的重要聚所。他们在流连山水的同时，也留下了数以百计的与芝英士人酬唱互和的诗文作品，从而呈现出名士云集、佳作迭出的景象。如明代黄绾、程文德、王崇、朱方、朱节、陆鳌等永康内外的名儒，以及俞敬、俞玘等州县名宦，经常来应典族兄应埙所建的览翠楼赏游，并举行文会讲论，“皆嘉其幽胜，为诗而彰之”。应恩之子应琦构筑竹湖别墅，也常邀请程文德、周桐、周莹、胡魁峰、周六虚、赵石川、徐昭等名流前来，“相与剧饮，以卒湖中之乐，酒酣兴豪，赋诗写景”[①]。当时著名文学家、国子司业陆深特撰写《竹湖诗叙》，赞美芝英之美和应琦之雅。清代来芝英的文人雅士也是络绎不绝。他们或畅游山水，或问友聚会，在山川名胜和园林书院间留下众多妙诗好词。

与此同时，在历代芝英先贤重文好学的示范和当地文化蓬勃发展的助推之下，芝英本土的诗歌文化全面兴起。明代的应奎、应典、应廷育、周桐，清代的应壤、应正禄、应曙霞、应振绪、应祖锡、胡凤丹等人均有大量描写芝英的诗词，一些人还专门有自己的诗词集，如应世衡的《咬香诗稿》，应宝时的《射雕词》等。可以说，明清芝英士人的诗词创作，既能自觉响应诗坛主流风格，又能有所创造，在明清地域诗词史上独树一帜，自立坛站。

① 周聚星:《淮府典礼竹湖公传》,《芝英应氏宗谱特传总编》，民国十二年重修本。

自东晋至清，芝英诗路文化代代相承，延续不断，成为芝英传统文化颇具特色的重要组成部分。民国以降，虽然传统的古典诗歌文化渐告消歇，但芝英诗路文化的山水情怀和人文精神仍然继续传扬。随着时代的变革，诗路被赋予越来越多的近现代元素和文化内涵，并在郁达夫、陈从周等著名作家、学者身上重绽新光。

二、诗路文化

芝英传统诗路人文活动多样，文化内涵丰富，其中既有“十里云山环胜境，几重烟树锁应城”的山水文化，又有“声彻紫霄闻碧落，砂攒丹顶搏清风”的道教文化，还有“孝感地灵生瑞草，芝山聚族仰深培”的孝德文化。可以说，基于儒道文化的人文精神和山水文化的自然底色，通过诗词形式，实现这三者文化的交织升华，由此形成芝英传统诗路多彩的文化体系。

诗路古道

1. 风景奇绝和山水文化

芝英山青水秀，风景优美，素有“灵源福地”之称。芝英本村也是占尽地势之最。“其居址，原自岘峰翔舞而来，至于豹铺分为双龙，蜿蜒磅礴，及方塘之浒，会而为一，其止处有庙，实曰盘龙云。面朝三峰，背拥古娄山，而骑龙山自其下方横绕之，蔚然乔木之望。”①千百年来，无数名人骚客徜徉在芝英的山水画卷中，都会称赞此地山水之美。描写山水风光，也成为芝英诗路各类作品的重要主题。早在明代，芝英就有“芝英八景”：岘峰钟灵、古麓积翠、方塘夜月、紫霄起鹤、石翁朝阳、龙阜腾云、灵潭卧龙、宝山献秀，清代又增入灵溪春涨、松岭涛声，合为“芝英十景”。

关于“芝英十景”，历代文人多有诗歌题咏，并有不少流传至今。这里试举“石翁朝阳”“岘峰钟灵”两例。

“石翁朝阳”指位于芝英东南的石翁峰。石翁峰所属的石门山是华溪与杨溪（东溪）的分水岭，整座山呈北南走向，北起石板坑公婆岩，南止五朵岭金麦坑，山上有石翁、岘峰、石门坎、马荐、三宝尖三峰、石马岩、金交椅山、魁山岩十峰。山峰雉堞交错，宛如城垣。十峰中，以北端的公婆岩最为著名。

公婆岩即石翁山的俗名，以一峰高突，若老翁戴纱帽而得名。北宋《太平御览》就有记载：“山有孤石，望如人坐；其旁又有石，如新妇着花履焉，或名新妇岩。”公岩高达数十丈，矫首挺胸，气宇轩昂。婆岩温柔贤淑，小鸟依人。南宋初年，永康名臣林大中与时任永康教职的江西分宜人欧阳汶同游石翁山，各赋诗一首。林大中的诗中有“九皋胜境盘旋入，无限真源咫尺通”。欧阳汶的诗中有“石翁山上气弥茫，占者应知有异藏”②。清代应封《芝英里村》一诗中称：“石翁气脉自台来，渐到岘尖殿帐开。迢递西山平坂走，蜿蜒报铺大田隈。”应洪渥有《石翁献秀》诗：“两岫峥嵘倚碧空，朝朝献秀岘川东。云鬟隐隐非云母，云髻垂垂号石翁。月吐明珠悬额上，霓弯彩带束腰中。米颠已去谁虔拜，脉脉无言

① 应廷育等：《庆朝升翁八十寿序》，《芝英应氏宗谱特传总编》，民国十二年重修本。

② 《后杜村志》中所录林大中诗：“神斧何年造石翁，翩翩双鹤出崆峒。九皋胜境盘旋久，万里真源咫尺通。声彻紫霄成故事，霞飞崇道播仙风。留题只恐伤虚诞，独立无言感慨中。”与此文字略有不同。

自整躬。”[①]应曙霞《芝山八咏》中咏石翁山，“群峰千万顷，此独插云间。倘俾当途立，犹堪镇一关。”在文人雅士眼中，石翁山奇绝秀丽，云雾缥缈，是赏游的绝佳之地。

由于公婆岩的形象，宛如石公、石婆相对而坐，无论风吹日晒，永远屹立山巅，象征着人间坚贞不渝的恩爱夫妻。如胡天民《石翁山龙潭》诗："喷珠日夜不曾休，潭有老龙清欲秋。天识我翁能豢养，长教夫妇坐峰头。”[②]甚至芝英当地民众中也有不少关于石翁山的爱情民歌，如两首《公婆岩》唱道：

其一

乾男坤女结成胎，对坐空中口不开。
骨肉尽随天地落，肌肤不怕雪霜摧。
人间夫妇百年足，石上公婆万代来。
在昔既无离别恨，至今何不产婴孩？

其二

乾男坤女结奇胎，端坐云中俩分开。
婆婆始为误位坐，激怒天神遭惊雷。
雪压霜袭皆不怕，倚风借雨更显美。
身经百炼成傲骨，共度白首永不衰。[③]

语句通俗易懂，并且运用拟人手法，一方面歌颂了公岩、婆岩历经雪压霜袭而白首不离的千秋爱情；另一方面又以戏谑口吻追问公婆岩“至今何不产婴孩”，市井民众的诙谐风趣，扑面而来。

在芝英镇之南、石翁山之西，还有一处芝英名胜——岘峰（一名峰岘），即芝英十景中“岘峰钟灵”的所在。岘峰岭（一名峰岘岭）是永康、义乌通往台州、温州、处州三地的古驿道，还是芝英一带村民前往仙居挑贩台盐的古盐道。岘峰山之北有村，名岘口，明代永康名儒、与

---

① 应宝容：《芝英诗词集》，光明日报出版社，2018年，第33页。

② ［清］光绪《永康县志》卷一三《艺文》，黄灵庚、陶诚华主编：《重修金华丛书》第78册，上海古籍出版社，2014年。

③ 应宝容：《芝英诗词集》，光明日报出版社，2018年，第40页。

应典等人创建丽泽祠的周桐即是该村人。岘峰峭拔峥嵘，风景绝佳，也是文士游客的赏游胜地，曾留下了不少关于歌咏岘峰的诗篇。如应洪渥有《岘峰积翠》："万棵扶疏映岘峰，危崖积翠十分浓。青峦霁后娇新柳，碧涧声来荡古松。茂草萋萋樵径曲，深林隐隐客游重。登临忽仰先贤号，学想为山景想容。"岘峰山峦的险峻和林木的茂密，被展现得淋漓尽致。

芝英风景之秀和山水之美，在历代文人笔下得到了充分的摹写。经过他们的歌咏，芝英的人文之光与青山绿水交相辉映，留下一座座诗中名山，文中胜景。

由此可见，以天下独绝的自然景观以及由此孕育生发的绚烂多彩的山水文化，奠定了芝英诗路文化的基本底色。

2. 紫霄化鹤和道教文化

在"芝英十景"中，有一景名"紫霄起鹤"，说的是紫霄观前双鹤破土飞天的故事。南朝时，应詹九世孙应项好黄老之术，早年登缙云山学道，后回官里园建道观，见"宅之东，隐隐于霄，紫云无际"，因此命名紫霄观。应项还在"宅南凿井，有白龟吐泉，炼药既成，点瓦为金"[①]。古芝英道教文化之浓厚，吸引了众多好道之人前来。据说，梁简文帝亦曾慕名造访。《农耕匠坊记》记载："梁帝巡台，过里园，入紫霄月余。"陈亮《紫霄观重建记》更进一步丰富梁帝造访的故事，称："梁氏望此山有王气，掘其地，盖双鹤飞腾而去。""梁帝造访"和"双鹤飞腾"的传说，既反映了紫霄观道教活动的兴盛，更给紫霄观披上了浓厚的神秘色彩。这一传奇故事也为历代文人所景慕，纷纷前来寻踪，由此衍生出大量的诗词、文章，成为芝英诗路文化的重要触发点。著名的相关诗句，如南宋林大中《游石翁山纪鹤鸣仙迹》："声彻紫霄闻碧落，砂攒丹顶搏清风。"同游者欧阳汶的诗句："凿出胎禽双舞跃，化为仙侣并翰翔。"清代应世衡《步兰亭主人题紫霄观原韵》诗："夜清常见烧丹月，世远难追化鹤风。"《紫霄化鹤》诗："紫霄始自大同兴，化鹤仙人已上升。幸赖宋贤留一石，千秋胜迹不骞崩。"应曙霞《芝山八咏》诗："冲霄双鹤去，此地尚宽闲。莫遣俗人至，恐防仙鹤还。"紫霄观执爨道士的诗句："夸鹤仙人今安在，山空叶落白云留。"凡此种种，都说明历代文士对"紫霄起鹤"故事的猎

① 佚名:《农耕匠坊记》，收入《缙州古城资料汇编》，永康市芝英历史文化研究会编印，2021年。

奇心理，也赋予芝英文化空灵和神秘色彩。

除了双鹤飞天的故事，紫霄观浓厚的道教氛围也吸引士人前来寻幽问道，参悟道教的深奥哲理。如北宋胡则曾在观内读书，除了沉醉于紫霄观一带旖旎的自然风景之外，道教追求超凡脱俗的人生境界，也深深触动着他的内心，使他发出“犹恨此身闲未得，好同刘阮灌芝畦”[①]的感慨。

从歌咏紫霄观的诗歌内容来看，整体而言，文士们或赞美紫霄观的清幽美景，或表达对道教神仙的向往，或借用双鹤飞升传说，和仙井、丹灶遗迹而进行文化生发。千百年来，紫霄起鹤的传说与芝英这片土地并存，在漫长的流传过程中成为芝英诗路文化不可或缺的一部分，也成为芝英道教文化最显著的标志之一。

3.墓产灵芝和孝德文化

芝英孝德文化源远流长，东晋应氏始祖应詹幼时因祖母病亡，“居丧毁顿，杖而后起，遂以孝闻”。唐代孝子应先“父亡，庐于墓侧，有芝草连理树生”[②]，受到朝廷旌表，皇帝敕建孝德坊。

芝英之名，源自应氏始迁祖九二府君墓上产灵芝。南宋嘉熙年间，应氏九二府君从缙云入赘大田窦氏，遂安家于此。九二府君去世后，“葬于左阜隆起处，人称上坟”，其子万三翁后来祔之。应氏子孙就依墓而居，环塘夹道，日以繁衍。后来，九二府君墓上“产芝草数本”[③]，被视为天降祥瑞。世人认为这是应氏“增修礼义”，推行孝道，从而感动天地，于是改称此地为“芝英”。“孝墓灵芝”也成为“芝英十景”之一。

应氏家族对孝墓特别重视，明清两代曾多次修缮。如明代应奎就曾主持重修孝墓，立碑“应氏孝墓”，并写下《重修芝英应氏孝墓记》。晚清时期，应宝时也率族人修筑孝墓围墙。毫无疑问，“墓产灵芝”这一故事已内化为应氏的家族记忆，也成为后人津津乐道的话题，产生了大量诗文。在应氏族人墓志铭、行状之类的文体中，撰写者在叙述芝英历史时，一般都会提及应氏始祖墓的“孝感灵芝”。

除了这些作品之外，应氏族人和外籍文士对这一事件也多有吟咏，

---

① 〔清〕康熙《永康县志》卷一六，黄灵庚、陶诚华主编：《重修金华丛书》第77册，上海古籍出版社，2014年。

② 王钦若等：《册府元龟》卷一三九《帝王部·旌表第三》，中华书局，1960年，第1550页。

③ 应奎：《重修芝英应氏孝墓记》，《芝英应氏宗谱特传总编》，民国十二年重修本。

借以盛赞芝英应氏的孝德家风。如明代应嗣美《南川公孝田歌咏》诗："展卷长瞻古道光，那知近世有奇芳。风清官舍飏民誉，月照兰舟乏宦囊。邱陇踌蹰怀水木，膏腴愿备荐馨香。吾宗自昔芝生墓，先泽于今复发祥。"清代应世衡《孝墓灵芝》诗："当年抱土筑坟台，竹木参差手自栽。孝感地灵生瑞草，芝山聚族仰深培。"应思超《述应氏历世德业诗五十韵》诗："孝墓灵芝生，芳名传不已。乃改诸应名，号为芝英里。"

明代应杰以孝德文化为基础，为家族制定了二十条《应氏家规》，这对应氏家族的日常管理和礼仪延续起到了重要作用。造访芝英的不少名儒文士就对应氏的彬彬家风羡慕不已，认为："芝英之宗法秩然有条，嘉言懿行之昭垂者，皆可为一世法。方之陆象山、吕伯恭之训其子弟者，有过之无不及也。"①

歌咏芝英区域的人文，大多也聚焦于赞美应氏礼仪文化的浓郁。如明代阳明学大儒、礼部尚书黄绾，与应典等人挚密，经常往来于芝英与黄岩，就称赞应氏的孝友家风，诗曰："华溪华落溪自流，溪上丈人何处游。孝友清风在乡里，渔樵素业傲公侯。晓霜架冷青山屐，夜月光闲碧水钩。二十余条家范好，阿郎声绩遍三州。"康熙年间，永康县丞朱谨游览芝英，写下《过芝英里留题应氏宗祠》："永邑多仁族，诸应泽更深。人怀新雨露，世守旧山林。祖德传青简，家声散白金。千秋常勿替，共保岁寒心。"②内容也是对应氏家族礼仪家风的推崇。可以说，墓产灵芝的故事和芝英应氏的彬彬孝德，经文人雅士的揄扬而更为著世，而芝英诗路文化亦因"孝感灵芝"更显人文之美。

第五节　紫霄名扬

位于芝英八村的浙江省文保单位紫霄观，是芝英最具历史文化价值的历史建筑之一。据康熙《永康县志》记载，紫霄观"旧名招仙，梁大同

---

① 朱鸿恺:《应氏先型录跋》，应正禄编:《应氏先型录》卷末，黄灵庚、陶诚华主编:《重修金华丛书》第95册，上海古籍出版社，2014年。

②〔清〕康熙《永康县志》卷一六《艺文》，黄灵庚、陶诚华主编:《重修金华丛书》第77册，上海古籍出版社，2014年。

二年建，宋大中祥符元年易今名”[①]。可知紫霄观原名招仙观，创建于南朝梁大同二年（536），北宋大中祥符元年（1008）改为今名，距今已有1400多年的历史。可以说，紫霄观不仅是永康有确切纪年的最早道教建筑之一，也是目前全国极少数保存较为完整的千年古观之一。

一、千年古观

紫霄观现存主体建筑坐北朝南，为砖木结构。平面呈纵长方形，通面宽20.80米，通进深40.38米。加上偏殿、附属用房和空地，建筑面积达2000多平方米。主殿中轴线上依次建有山门、三间厅、三清殿、大雄宝殿，两侧建有厢房。附属建筑有关公殿、文昌星殿、胡公殿、慈善屋等。主殿单檐硬山顶，明间为抬梁式，次间为边锋穿斗式，梁架雕刻古朴。山门上方书有“紫霄观”三个大字。三间厅上据说横挂有陈亮题写的“慈云禅寺”匾额。[②]

紫霄观虽是道观，但一直奉行多元宗教，供奉儒、释、道三教神灵。第一进为三间厅，两旁竖立着陈亮撰写的《紫霄观重建记》以及嘉靖十三年（1534）应镗撰的《紫霄观楼宇重建记》两块石碑。第二进为三清殿，供奉三位职位最高的道教始祖：中央是玉清元始天尊，手持元珠，象征洪元；右边是上清灵宝天尊，怀抱如意，象征混元；左边是太清道德天尊（又称太上老君），手持宝扇，象征太初。三清殿外侧还有一尊红脸膛、三目怒视、虬须四张、披甲戴盔、手持钢鞭火轮的神灵——镇坛王灵官，是道教的护法神和纠察神。中央顶梁上挂着一盏有雕花方架的琉璃灯，一年三百六十五天每天晚上都要点亮。第三进为大雄宝殿。殿内有玉皇阁，阁内最高处供奉玉皇大帝。以下逐层是如来佛、先师佛、观音菩萨。供桌上是弥勒佛。两边有十八罗汉、百子堂。玉皇阁两边挂有一副红底黑字木制对联，从玉皇大帝上方一直挂到供桌上沿。对联是“益顾自然增福寿，侵欺不免折儿孙”，据说由陈亮所撰。观音佛座板下是空的，约一人高。靠后檐墙有走廊、卧室。

---

① 〔清〕康熙《永康县志》卷一四《寺观》，黄灵庚、陶诚华主编：《重修金华丛书》第77册，上海古籍出版社，2014年。

② 应业修：《千年紫霄观》，中国文史出版社，2014年，第1页。

玉皇阁里供奉的是玉皇大帝。道教尊玉皇大帝为天界最高主宰之神，上掌三十六天，下握七十二地，掌管一切神、佛、仙、圣和人间、地府之事。玉皇大帝除统领天、地、人三界神灵之外，还掌控宇宙万物的兴衰成败、吉凶祸福。因此，放在紫霄观中最高最神圣的位置。

紫霄观西厢外侧建有文昌殿、关公殿和胡公殿。文昌殿正中供奉的文昌帝圣君及文曲星、武曲星，是道教所奉主宰功名禄位之神，也是中国古代科举士子的守护神，在道教神仙系统中地位较高。关公殿供奉关羽。关羽由于其忠诚和勇武的形象，多次被后代帝王褒封，直至“武圣”“武帝”，故也被称为关圣帝君、关帝等，也被儒教奉为“文衡圣帝”，道教奉为“协天大帝”。胡公殿中供奉“胡公大帝”。胡公大帝的原形是北宋初年永康人胡则，其中进士后，累官至权三司使、兵部侍郎，一生为百姓办了不少好事，先后被封为“佑顺侯”“嘉应侯”“福泽侯”“灵显侯”，成为中国历史上绝无仅有的“佑顺嘉应福泽灵显”八字侯。明太祖朱元璋还敕封胡则为“显应正惠忠佑福德齐天大帝”，故民间称“胡公大帝”。①

按《农耕匠坊记》所载，紫霄观系应詹第九代孙应项所创。应项，字时言，早年好黄老之术，曾登缙云山学道，三十岁时返回官里园，见“宅之东，隐隐于霄，紫云无际。乃建道观，名谓紫霄”，并且配套建立了炼丹、炼药等道教设施，“宅南凿井，有白龟吐泉，炼药既成，点瓦为金”②。后来应氏家族的道教信仰日渐兴盛，紫霄观一时享誉于世，甚至吸引梁简文帝和余孝顷等帝王显宦前来寻访。

五代吴越国时期，是浙江道教发展的繁盛阶段。这一时期，紫霄观也得到了较大的发展。清泰三年（936），紫霄观内有“道家方修土木之工于其间”，说明进行了全面的扩修。北宋宣和二年（1120），方腊起义波及永康等地，道观不幸毁于兵燹。战后，道士因“无尺椽片瓦可焉蔽依”，只能“结茅以居”。由于观内三清殿被焚毁，道士“相敞三门于其前，使人有所观仰”③。南宋初年，知观事刘居靖主持紫霄观的重修工作。淳熙九年（1182），道观竣工。中间建有大殿，以崇奉道教圣祖，两侧

① 应业修:《千年紫霄观》，中国文史出版社，2014年，第2-3页。

② 佚名:《农耕匠坊记》，收入《缙州古城资料汇编》，永康市芝英历史文化研究会编印，2021年。

③ 陈亮:《紫霄观重建记》，应业修:《千年紫霄观》，中国文史出版社，2014年，第25页。

建有厢庑，还有斋堂、库宇、钟台、藏室、厨房、澡堂等配套设施。大殿西侧，建有书院，藏有道、儒等各家经典图书。为了纪念此次紫霄观重修之盛举，刘居靖特别嘱托陈亮写了《紫霄观重建记》，淳熙十四年（1187）完成刻字立碑。南宋末年，紫霄观再次毁于火灾，碑壁、庑屋全部毁于灰烬。知观事赵永年又重建紫霄观宫宇，又对陈亮撰写的《紫霄观重建记》石碑进行了重刻。

宋代以后，紫霄观虽没有此前兴盛，但也是香火不绝，屡有修葺。明代前期，应昌（1375—1447）在武陵溪畔建“崇兴堂”，又在紫霄观中供奉观世音，由于紫霄观“故无三清像”，他又派人增加塑像。[①]明代中期，紫霄观“三门圮者数十年莫为作”[②]，应尚道从弟应枋，好善乐施，独自出资进行了修缮。嘉靖十三年（1534），紫霄观楼宇进行重修，应锺撰有《紫霄观楼宇重建记》，石碑仍存。

在清代，紫霄观还承担了赈灾场所的功能。如康熙六十年（1721），芝英发生饥荒，应景进在紫霄观内“施粥以倡，其族人饥者德之”[③]。乾隆年间，永康境内建东、南、西、北四社仓，东社仓就设在芝英。当时芝英士人曾一度考虑，将东社仓选址紫霄观，最终由于“地远民居，恐有疏虞，管理不便”[④]而作罢。紫霄观东厢有慈善屋，给无依无靠的乞丐在下雨下雪天临时居住。每年清明、七月半、冬至三节，大宗紫霄观常会出资施粥。

民国时期，紫霄观代理住持叶龙火常积德行善，遇他人有难之时就慷慨施舍。据说，有一个大雪天晚上，一老者上门乞讨，他就连忙施粥，并安排宿于观内慈善屋。第二天一早，他又端粥而去，不想乞讨者已逝世。他就用床板抬到古娄山埋葬。以后，每年清明都去祭扫。而且，他每年都要购买毛竹，置于道观阶沿，并抽空锯制竹笼，赠予乞讨者当雨鞋穿。[⑤]

紫霄观规模庞大，道人众多，善男信女捐钱助田不断，因而有较多

---

① 胡著:《应公宗盛墓志铭》,《芝英应氏宗谱特传总编》，民国十二年重修本。

② 应廷育:《尚才翁传》,《芝英应氏宗谱特传总编》，民国十二年重修本。

③ 应正禄:《族兄以仕翁传》,《芝英应氏宗谱特传总编》，民国十二年重修本。

④ 徐元曾:《灵溪公传》,《芝英应氏宗谱特传总编》，民国十二年重修本。

⑤ 应业修:《千年紫霄观》，中国文史出版社，2014年，第13-14页。

的观产祀田，在当地有较大的势力，甚至一度与地方士人发生利益纠纷。《芝英应氏宗谱》记载，明代中前期，芝英当地由于荒年拖欠租税，而普利寺、紫霄观的僧人、道士势力强大，经常逃避赋税，将赋税转移到普通民众。“僧道重则田土以利己损人，故寺观若普利、紫霄，迄今不为粮差累者。”应杰就与这些僧道斡旋力争，对佛道信仰予以全面排斥。“凡家中旧藏土像、木偶，尽迁于庙观而一洗之。自非祷雨逐疫，师巫释道不用也。”[①]应尚端之孙应翊也曾“赎舍紫霄宫田”[②]，从紫霄观赎回被侵占的宅屋。直到1949年，紫霄观的观产还有580亩田。

1948年，紫霄观内还发生过一次国民党武装与共产党游击队员之间的枪战，代理主持叶龙火曾冒着生命危险帮助两名共产党地下党员脱险。[③]新中国成立后土改时，紫霄观的房产被分给芝英八村及当地农户所有。观内建筑变成了农家小院，东侧慈善屋部分房子被改建。“文革”期间，原置于三清殿中的《紫霄观重建记》石碑被推倒，农户砌在天井作洗衣石。改革开放以后，文物重新得到政府的重视。这块被裸置在天井里的石碑，由于其文乃宋代状元陈亮所撰，遂引起人们的关注。1990年12月，芝英镇政府重竖了此碑，并将紫霄观列为芝英镇重点保护文物。受镇政府的委托，芝英中学退休教师应彰乾对碑文进行清理。幸运的是，石碑当时作洗衣石时，字面朝下，因而碑文未受到磨损，只是字面涂着一层石灰及柏油。应彰乾用细砂轮对碑面进行轻磨，使之恢复了光滑，然后对每字进行认真洗刷，用小刀刮去笔画里的石灰及柏油。清理出的碑文，全文依然清晰可辨。[④]

二、文教之枢

除历史悠久外，紫霄观还是文化璀璨、名人荟萃之地。不同时期每有帝王、名儒、显宦来此参拜、论学、赏游，促使紫霄观名扬天下，也极大推动了芝英文化的兴盛，在芝英历史上拥有不可替代的地位。

---

① 应奎:《先府君孝友公行实》,《芝英应氏宗谱特传总编》,民国十二年重修本。

② 应廷良:《北溪府君传》,《芝英应氏宗谱特传总编》,民国十二年重修本。

③ 应业修:《千年紫霄观》,中国文史出版社,2014年,第14页;胡一鸟:《祠观里的战斗——芝英突围记》,徐小飞主编:《千年古镇芝英八村风物史迹钩沉》,杭州出版社,2017年,第169-172页。

④ 应军:《〈紫霄观重建记〉石碑考释》,《东方博物》第四十八辑,2013年,第93-96页。

紫霄观

紫霄观创建之初，就是一座儒释道融合的道观，这很可能受当时梁武帝“三教同源说”的影响。梁武帝儒、佛、道皆通，将三家糅合，创立了“三教同源说”。当时，有“山中宰相”之誉的道教代表人物陶弘景，也主张道佛双修，儒释道三教调和，兼容并包。受此影响，梁武帝大同二年(536)创建的芝英紫霄观秉承“三教同源说”的宗教理论，创办儒释道融合的道观，并一直延续后世。陈亮《紫霄观重建记》说观内“明窗净室，以自启处，道经儒书更阅不休”。“道经”指道家或道教经典，“儒书”指儒家典籍。“道经儒书”其实泛指儒家、道教、佛教等经典书籍，吸引各类人物前来“更阅不休”[①]。

陈亮《紫霄观重建记》云:“梁氏望此山有王气，掘其地，盖双鹤飞腾而去。山川深长袤远，犹惧其气之不足王。……其旁有仙人炼丹之所，大同间始为观依焉。”此事一般被认为是梁简文帝巡幸紫霄观。梁太清三年(549)，梁武帝被叛将侯景所害，其子萧纲即位，即简文帝。简文帝信奉道教，精通医术，著有《沐浴经》三卷、《如意方》十卷。据《奉川

① 应业修:《千年紫霄观》，中国文史出版社，2014年，第3页。

乌岭应氏宗谱》载："（应）昭，以女为梁简文皇帝淑妃，封太师、大冢宰。寿七十有二，娶张氏、司氏，俱封永康郡夫人。"《梅林应大宗谱》亦云："昭，第行四四，太清三年己巳，以长女入选简文皇帝淑妃，封为太师、大冢宰。"可知简文帝岳父为古芝英人应昭。当时朝中太尉、安定公应让，也是应昭同族。据说简文帝初登皇位，处处遭侯景监视，处境凶多吉少。他就与应昭密议，以迎娶应昭长女和崇拜仙道之名巡幸芝英。当他在此观云望气时，见道观前的石翁山"有王气"，就去挖掘，结果"双鹤飞腾而去"。后来双鹤飞临过的田、溪、桥、塘、寺，被称为"鹤鸣畈""鹤鸣溪""鹤鸣桥""鹤鸣塘""鹤鸣寺"，"紫霄起鹤"也成为芝英十景之一。简文帝因道观前的石翁山早有"跨鹤仙人"居住，又掘地见"双鹤飞腾而去"，认为此道观正是招仙之地，于是亲赐"招仙观"之名。江苏省溧阳市天目湖镇陆家边村盘白山道观，也曾被简文帝赐名"招仙观"。这些也说明除避祸之外，梁简文帝确实对仙道尊崇。

此外，芝英民间还流传简文帝到芝英迎亲、拜道测运，实为掩人耳目，其真实目的，是到芝英派可靠信使给远在岭南的忠臣陈霸先送信。身为交州司马和武平太守的陈霸先得信后，迅速携侄子陈蒨（后为陈文帝）发兵北上救驾。但北上之初，就遭遇多股地方割据势力阻拦，虽然取得胜利，但也损失了不少。考虑到简文帝从芝英发信，也知晓芝英的独特地位。所以，陈霸先途中有意经古芝英与这儿的皇亲国戚商讨军国大事，并在此整顿部队，充实兵员、兵器、军饷。陈霸先继续北上后，先到江西赣江流域整顿部队、扫除障碍、联系友军。遗憾的是，还没等到陈霸先准备就绪，侯景就在梁大宝二年（551）三月将简文帝杀害。后来陈霸先与王僧辩联合，一举消灭了侯景势力。因芝英一带曾在陈霸先建国大业中有着不同寻常的意义，所以永定三年（559），陈霸先死后，在古芝英北去八里的厚陵村一地安有陵墓。[①]陈亮《龙川文集》中就曾记载："（陈）霸先遂据全吴，四世乃亡。其葬于婺之永康号厚陵者，或曰后陵，陵今虽在，锢之以铜。"[②]这也说明陈霸先与芝英一带有不解之缘。

---

① 应业修：《缙州官署设于古芝英初探》，收入《芝英古城考证文稿汇编》，永康市芝英历史文化研究会编印，2014年。

② 陈亮：《陈亮集》（增订本）卷三五《先祖府君墓志铭》，邓广铭点校，河北教育出版社，2003年，第362页。

宋代儒学兴盛，讲学风气浓厚，紫霄观也成为永康士人读书讲学的重要场所。如北宋名臣胡则的母亲应氏是芝英人，父亲胡承师信仰道教。胡则从年幼时就常随父母入紫霄观玩游，后来又寄宿观内读书应考，并写下《紫霄观》一诗。

绮霞重迭武陵溪，鹫岭相将路不迷。
白石洞中人乍到，碧桃花下马频嘶。
深倾玉液琴声细，旋煮胡麻月色低。
犹恨此身闲未得，好同刘阮灌芝畦。

诗中的“白石洞”是道教中著名道观，“鹫岭”是佛教名山。胡则用二者同时代指紫霄观。而胡则又是儒家士子，印证了紫霄观是儒释道融合的道观。整首诗描绘了紫霄观的美丽胜景，此地山水交辉，琴声马嘶，花红桃绿，宛如一处人间仙境，胡则自己也发出对这种清静悠闲生活的向往。“碧桃花下马频嘶”一句，画龙点睛地记录了当时芝英马来人往的繁闹景象。

据《后杜志》载，南宋初年，永康人兵部侍郎、签书枢密院事林大中（1131—1208）撰有《鹤鸣仙迹》诗，歌咏石翁山和紫霄观。

神斧何年造石翁，翩翩双鹤出崆峒。
九皋胜境盘旋久，万里真源咫尺通。
声彻紫霄成故事，霞飞崇道播仙风。
留题只恐伤虚诞，独立无言感慨中。

从诗中可知，林大中曾游览石翁山和紫霄观，沉醉于紫霄观一带的自然风光，并且对紫霄观传播道教文化的贡献赞不绝口，感慨无尽。

南宋状元陈亮曾读书、讲学于紫霄观。淳熙年间，紫霄观重修，知观事刘居靖请陈亮撰记，陈亮写下了著名的《紫霄观重建记》，今碑刻尚存。石碑材质为红砂石，纵129厘米，横79厘米。石碑标题2行，共6字，每字高约9厘米；正文18行，满行40字，共678字，每字高约2厘米，阴刻隶书。石碑全文如下：

道家有所谓洞天福地者，其说不知所从起，往往所在而有。然予观世人末驰于耳目口腹之说，而颠倒于是非、得丧、利害、荣辱，已涂大之焉。天下浅至于锱铢，炫若蚁斗于穴中，生死而不自觉。宜其义，有超世而绝去者，当于何所居之？则洞天福地亦理之所宜。有大较清邃窈深与人异趣，非可骤至而卒究，故君子常置而不论。

予居之南，亢二十五里，而得洞灵源福地焉。川野平衍，居民错杂，又近在驿道之旁，非有所谓窈深不可寻究者。中有观，曰紫霄。茂林修竹，大抵皆道士手植以自蔽，亦非其地本然也。考其宁志，皆缺裂不全，其说以焉。梁氏望此山有王气，掘其地，盖双鹤飞腾而去。山川深长衺远，犹惧其气之不足王，是区区者，亦足以劳有国者之思虑乎！又言其旁有仙人炼丹之所，大同间始焉，观依焉。而钱氏有国时，当崇奉而修起之。水部员外郎陈矩，记其事曰：清大三年者，后唐废帝之年号也。五代之际，天下分裂，钱氏据两浙自王，然犹倚中国以重。当是时，货财干戈，一日不自整齐，则四邻争得窥伺其国。两浙本非宽广间暇，而道家方修土木之工于其间，晏然无异于平时。岂真有所谓灵异足以动人耶？何其地之不称也！

本朝混一区宇，是观日以不废，而焚毁于宣和庚子彻细之盗。盗平，无尺椽片瓦可焉。蔽依道士结茅以居，相与敞三门于其前，使人有所观仰，而三清未有殿也。知观事刘居靖以殿之役为最大，而经始焉。其后，乃建堂说法焉，殿以崇奉圣祖，翼以两庑。而斋堂、库宇、钟台、藏室、庖湢已所及，若道家之所宜奉者，无不略备。殿之西偏，则焉明窗净室以自启处。道经儒书更阅不休，而文墨琴棋皆所不废。客至，萧然终日，忘其为驿道居民之可厌也。方山川未通，居民未多，林木阴翳，禽兽麋鹿出没于其间之时，其静深当不止今日。而超世绝去者，岂又其不乐！此所谓洞灵源者其几耶！地已变迁，观之兴废，与其人之勤劳相望。居靖愿得文以纪，而予不足赖也。

淳熙九年五月十五日龙川陈同记。后五年，晋安吴芧书。

石碑左侧附刻跋文6行，满行41字，共245字，每字高约1.5厘米，阴刻楷书。内容如下：

因顷年得过所谓紫霄观者，见其宫宇新洁，有记文墨本。揭壁间，即龙川陈公所制也。扣之，云："观又火，碑壁、庑屋毁于烟烬，未有费以续碑。"因读之，竟而笑曰："岂愿得文以纪，而余不足赖者，适以讖此碑耶？"许以镌费。老氏之说首尝尊用于汉，不过以家自名，未有倚之为教以自食者。其后，释氏自西域来，语哤事诞，足以惶怖流俗。为老氏者顾仿之，不自念其下乔木入幽谷也，乃欲与吾儒分教为三。然幽深秀茂之地皆先为释氏所居，故老子之宇多于平陆巨野，杂民居以处。则所谓洞天福地者，特姑以清庐自命，非能尽有其实也。顾于此，疑之何欤？镌成。因为从辨于后云。嘉定辛卯季秋东平巩友说书，知观事赵永年立，泉溪童渭刊。①

陈亮的《紫霄观重建记》以及附刻跋文有重要的历史价值：一是梳理了紫霄观自南朝梁至南宋后期的兴衰历史轨迹，并呈现了建筑的空间格局；二是描绘了宋代紫霄观一带"川野平衍，居民错杂"的繁华景象；三是"道经儒书更阅不休，而文墨琴棋皆所不废"等句表明紫霄观收藏了大量图书典籍，再次印证了紫霄观是儒释道融合的道观。

由于陈亮与紫霄观的紧密关系，芝英民间还长期流传着陈亮少时在紫霄观读书的故事。据传，绍兴二十一年（1151）的一个盛夏，九岁的陈亮在紫霄观埋头读书，突然有两只青蛙跳上小书桌。一胖一瘦，胜似一对夫妻，坐在他的书面上。陈亮见了喜滋滋的，不禁随口而出："青蛙不识字，何故乱蹲书？"随后，小心翼翼地将两蛙捧到地上。转眼间，两蛙仍然跳回书桌坐在书上。陈亮并不恼火，心想："莫非青蛙也要读书赶考？"于是，拿起红朱笔在两蛙的额上点了一点，高兴地说："你们都高中啦！高中啦！"接着，满怀深情地将两蛙捧出门外，两蛙此时哇哇叫了几声，似是向陈亮说声谢谢。然后，蹦蹦跳跳离开了。一直到如今，

① 末尾落款年月有误。按南宋"嘉定"无"辛卯"年，如"嘉定"正确，年份恐是"辛未""辛巳""己卯"中的一种。如"辛卯"正确，则"嘉定"当为"绍定"。总之，二者必有一误。

在紫霄观一带尚保留着额上有明显朱砂痣的青蛙。紫霄观所在的城头以外的青蛙就没有朱砂痣。百姓奇之异之，后都称这里的朱砂痣青蛙为“状元蛙”。[①]

明清时期，紫霄观虽不如宋代之繁盛，但其书院功能并未丧失，而是一直延续，成为当地士人重要的读书、论学之地。如应希文，“少尝泽豹于紫霄道院，灵溪旋绕其侧，公日临流洗砚”[②]。永康进士周秀也回忆自己“少读书紫霄道院”[③]，受教于芝英应松月。紫霄观还与五峰书院一道成为明代传播阳明心学的浙中重镇。嘉靖年间，参与创建五峰书院丽泽祠的应典曾在兰溪大儒章懋的指点下，前往仙居与应良论学。应良又经应典介绍，到黄岩澄江访问阳明后学重要代表黄绾。后来，黄绾受应典之邀，经常讲学于紫霄观和五峰书院，应良又寻访黄绾，“于紫霄之上，与论数月，合而有得。于是连岁常往来于澄江、紫霄之间”[④]。官至福建按察佥事的应廷育也曾讲学于紫霄观。清代同治年间，芝英武举人应克猷还曾在紫霄观创办武书院。这些都反映了紫霄观在当时讲学兴教的繁盛。从某种意义上讲，正是道观场所与儒学书院的双重功能，促使紫霄观得以屡废屡兴，保持千年不衰。

---

① 应业修:《千年紫霄观》，中国文史出版社，2014年，第88–89页。

② 应正吉:《灵泉先生传》,《芝英应氏宗谱特传总编》，民国十二年重修本。

③ 周秀:《松月应翁行状》,《芝英应氏宗谱特传总编》，民国十二年重修本。

④ 黄绾:《尚宝司丞石门应公墓表》,《芝英应氏宗谱特传总编》，民国十二年重修本。

第三章　业工营商成特色

第一节　五金之乡

永康被誉为“五金之都”，芝英则是永康五金产业的发源地，是名副其实的五金之乡。永康地处号称“七山一水二分田”的低山丘陵盆地，可耕作土地较少。当地百姓为了谋生，采用农工兼作的生计模式，农忙务农，农闲做工。在20世纪80年代以前，每年都有不计其数的永康工匠远走他乡。他们挑着行担，走街串巷，足迹遍及四方，被人们称作“行担人”。在他们当中，芝英工匠的数量占据了绝大多数。回顾芝英五金产业源起、兴盛的历史过程，我们会发现，芝英五金产业历史悠长，类别众多，五金文化独具特色且源远流长。

一、历史源起

芝英五金文化的起源甚早，可以追溯至传说中的远古黄帝时期。据《永康市志》称，距今大约五千年前，中华民族人文初祖黄帝为了战胜蚩尤，曾率部落精锐士卒驻扎于永康石城山，并派工匠至铜山采铜，打制铜剑、铜斧等兵器。后来这批工匠留在了永康，成为当地五金工匠的先祖，可称为“五金之根”。[①]永康本地学者根据曹魏文献《张氏土地记》提到的“东阳永康县南四里有石城山，上有小石城，云黄帝曾游此，即三天子都”（晋代学者郭璞在注释《山海经·海内南经》“三天子鄣山”

① 永康市地方志编纂委员会编:《永康市志》第4册，上海人民出版社，2017年，第1933页。

时引用）[①]等记载进行考证，认为“石城山”所处的位置就在今天的芝英一带。

芝英五金文化的源起，与当地早期丰富的铜铁矿资源及其开发活动密切相关。黄帝时代工匠采铜之处“铜山”就位于今永康城东、古芝英境内，是一处长期盛产铜矿的地方。永康本地学者认为，司马迁《史记·封禅书》“黄帝采首山铜，铸鼎于荆山下”中所说的“首山”即首羊山，形似羊首，亦即永康城东四十四坑的源头“铜山”；“荆山”则指永康荆山山脚下北麓炉头山背，该地盛产耐火泥，在本地被用来制作冶炼铜矿的坩埚。[②]铜山所藏铜铁矿资源丰富，在宋代，官府还曾在此设场开矿征税。[③]除了自然资源，芝英五金产业源起还有着其地域技术优势。众所周知，中国古代的金属冶炼技术与道家炼丹术密不可分。芝英道家文化历史悠久，其炼丹传统为五金产业技术的发展奠定了基础。南宋时期，著名事功学者陈亮（1143—1194）在当地著名道观紫霄观读书时便听闻，观旁曾设有“仙人炼丹之所”，出现年代不晚于南朝梁大同年间（535—546）。[④]道家的炼丹活动在芝英留下了深刻的历史印记，例如在地名方面，芝英附近至今还保留有炼石山、炼石塘、道士塘、铜坑、桐岭头（原名铜岭）等称。

从比较明确的文献记载来看，芝英五金产业的历史也在1700年以上。早在东晋初年，芝英应氏始祖、江州刺史应詹（274—326）携长子应玄迁居永康芝英，便将中原地区的工匠以及金属冶炼技术带至此地，拉开了永康五金产业发展的序幕。到了南朝时期，该地五金产业的规模已经十分瞩目。根据应氏家藏文献《农耕匠坊记》的记载，这一时期众多应氏族人以经营匠坊为业（见表3-1）。这些匠人高超的锻造技艺在家族内部数代相传，甚至引起了地方官府乃至帝王的注意。时任东阳太守的留异（486—564）在视察芝英时，就注意到当地规模化的金属锻造产业，并试图征召本地匠人，建立起为官府锻造兵器、铸造钱币的工坊。

---

① 袁珂校注：《山海经校注》，巴蜀书社，1993年，第317页。

② 永康市地方志编纂委员会编：《永康市志》第4册，上海人民出版社，2017年，第1936页。

③〔清〕光绪《永康县志》卷一五《记》，黄灵庚、陶诚华主编：《重修金华丛书》第78册，上海古籍出版社，2014年。

④ 陈亮：《紫霄观重建记》，碑存今紫霄观遗址。

表3-1 《农耕匠坊记》所载部分应氏匠人

序号	世代	姓名	生卒年	相关记载
1	第7代	应昭德	441—503	齐明帝时曾任武库令(军械库官员)，辞官后创办匠坊，招徕工匠锻造各式铁质农具。
2	第8代	应　沔（应昭德长子）	468—524	继承父志，学习铜匠锻造技巧，置熔炉锻铸器皿，匠坊生意兴隆。
3	第8代	应　涣（应昭德次子）	470—531	协助兄长应沔打理匠坊，膂力过人，精于庙宇礼器、农具、炊具等铜铁器皿的锻造。
4	第9代	应　颉（应沔长子）	493—557	继承父祖所创匠坊，锻铁铸钢，门庭若市，富甲一方。
5	第9代	应　颢（应沔次子）	不详	与族兄弟分产，独自创办铜铸坊，门庭若市。
6	第9代	应　顿（应涣长子）	？—553	锻造技艺高超，远近富户商贾官员慕名而来，请其制作精巧玩物；曾铸造重达数万斤的大钟。
7	第9代	应　颚（应涣三子）	501—558	打理匠坊，招徒近百人，日产匠具数百件。
8	第10代	应晨龙（应颉子）	552—?	东阳太守留异曾试图征用其匠坊，改作官府锻造兵器、铸造钱币的工坊。
9	第10代	应鼎龙（应颢次子）	不详	制作器具的技巧十分高超，在吴越地区颇为闻名，商贩乐户登门求购者络绎不绝。
10	第10代	应普龙（应顿长子）	527—?	锻造技艺广博。
11	第10代	应羽龙（应顿次子）	不详	精于器具雕刻技艺。当时，陈文帝(陈蒨)、镇南将军周文育、东阳太守沈巡与留异先后巡视芝英。其中，留异曾邀请其锻造兵器，被委婉辞绝。
12	第10代	应曦龙（应颢子）	不详	被誉为“良匠”。
13	第10代	应金龙（应颚长子）	528—?	继承父业，打理匠坊，造福芝英百姓。

二、传承发展

有关历史文献中对唐宋时期芝英五金产业的记载相对较少，但其历史传承并未中断。据北宋大中祥符元年（1008）翰林院侍讲王敬应邀所作《应氏宗谱序》所说，应氏自隋唐以来，“裔孙士农工商，百工技艺，进士贡生，不胜枚举。市墟铜铁匠器殷盛，聚天下之货、奇巧百色物件致于民”①。应氏家族内部逐渐演化出一种融合士、农、工、商多种职业的弹性生计结构，而五金产业是其重要组成部分。

明清时期，芝英的五金产业进一步得到传承。至晚清民国初年，许多应氏族人走出芝英，至外地经营打铁铺，足迹遍布金华乃至江南地区。咸丰、同治年间，不少族人前往金华兰溪经营铁艺。据应氏宗谱记载，有一次，兰溪应氏族人的打铁铺遭遇了火灾，幸得族中颇具名望的富户应炳燕（1830—1889）出手相助才得以渡过难关。②在外出经营铁铺的族人中，有两位匠人的事迹至今广为流传，他们就是应礼宗和应文德。

应礼宗（1834—1879），字天秩，少年时代与父亲应炳煦（1810—1862）在家业农。道光末年，芝英大荒，礼宗利用闲暇时间学习锻造技艺，学成之后在杭州、苏州、湖州等地游走，不久就以锻造技艺精湛闻名于江南地区，“所至有声，日不暇给”，生意隆盛。咸丰元年（1851）太平天国运动爆发后，为了抵御起义军，江南地方官府选甲厉兵，四处延揽精于兵甲锻造的匠人。在东南地区农商流离失所，百姓生计无着的情况下，芝英应氏匠人得到各处官府招揽，应礼宗正是其中备受赏识的一位匠人，“霜锷冰刃，出其手者居多”。据说当时应礼宗在苏州的铁铺整日热火朝天，形象演绎了西晋文豪张协（？—307）《七命》所描述的“丰隆奋椎，飞廉扇炭”景象。八年后，太平天国运动结束，江南社会秩序逐渐稳定，应礼宗携家迁居兰溪，重操旧业，“铸剑戟，为农器，声名又藉甚”，成为当地有名的打铁匠人。③

应文德（1884—1943），字文星，原籍永康芝英，幼年时代被过继给伯父应廷星（1851—1890）。他从小跟随祖父应学凤（1807—1862）、嗣父应廷星学习打铁技艺。早在咸丰年间，应学凤为躲避太平天国战乱，挈家眷迁居丽水松阳城北，开办了“永兴”号小铁铺。文德长大以后，不但继承了祖上留下来的铁铺，而且扩大经营规模，兼营烟草业，“门庭若市，家道寖昌”，逐渐成为松阳很有名气的巧匠富户。进入民国以后，应文德因其社会名望高而被乡邻百姓推选为闾长，执掌地方事务。另外，

① 王敬：《应氏宗谱序》，宋祥符元年（1008），收入《芝英缙州古城参考资料》，永康市芝英历史文化研究会编印，2021年。

② 应振绪：《族叔翼谋府君行略》，《芝英应氏宗谱特传总编》，民国十二年重修本。

③ 唐兆瀛：《应天秩公传》，《芝英应氏宗谱特传总编》，民国十二年重修本。

他还联合全县铁业同行发起成立“铁器商业同业公会”，并推举自己的胞弟应文弟（1887—1942）担任公会主席。[①]

除了应氏，芝英许多村落都以工匠辈出而闻名，今胡堰街村就是其中颇为典型的例子。晚清民国以来，胡堰街从事手工行业的工匠众多，因此《胡堰街村胡氏宗谱》特设“胡堰街百工录”。通过宗谱的记载可知，胡堰街的匠人包括木匠、铸造（锅炉）工匠、打铜（行担）工匠、打锡（行炉）工匠等多种工匠（见表3-2）。[②]这些匠人大都在外地经营，足迹涉及浙江省内、江西省、福建省等地，只有少数人在本地经营。另外，子承父业的情况也十分常见。

表3-2 《胡堰街村胡氏宗谱》所载工匠名录

类别	姓名	备注
木匠	胡志和	生卒年不详
	胡绍来	生于1882年
	胡庭钦	生于1888年
	胡兴发	生于1900年
	胡德高	生于1901年
	胡金泉	生于1906年
	胡樟采	生于1907年
	胡木陈	生于1914年
	胡耀福	生于1927年
	李其清	生于1930年
	胡高明	生于1943年
	卢鸣銮	生于1945年
	胡耀南	生于1947年
	胡新法	生于1948年
铸造（锅炉）工匠	胡金龙	生于1891年，著名铸造师，在金华市江东镇横店村一带经营铸造厂
	胡长云	生于1891年，著名铸造师，在浙江省景宁县经营铸造厂
	胡振炉	生于1891年，著名铸造师，在浙江省龙泉市经营铸造业
	胡长富	生于1899年，著名铸造师，在浙江省开化县华埠镇一带经营铸造业

① 詹志龙:《应文星先生传》,《芝英应氏宗谱特传总编》，民国十二年重修本。

②《胡堰街村胡氏宗谱》，2016年重修本，第548—559页。

（续表）

类别	姓名	备注
铸造（锅炉）工匠	胡文贵	生于1899年，著名铸造师，在浙江省景宁县、泰顺县一带经营铸造厂
	胡集发	生于1901年，铸造师
	胡芳木	生于1902年，著名铸造师，在江西省鄱阳县田畈街经营铸造厂
	胡水明	生于1903年，著名铸造师，在江西省九江县、广昌县等地经营铸造业
	胡德敷	生于1903年，著名铸造师，在江西省贵溪县经营铸造厂
	胡寿山	生于1905年，著名铸造师，在衢州市樟树潭村经营铸造厂
	胡金有	生于1906年，著名铸造师，在江西省景德镇市浮梁县等地经营铸造厂
	胡梦棠	生于1907年，著名铸造师，在江西省景德镇市经营铸造厂
	胡振锁	生于1907年，著名铸造师，在浙江省龙泉市经营铸造厂
	胡源林	生于1905年，著名铸造师，在江西省婺源市经营铸造厂
	胡德清	生于1909年，著名铸造师，在江西省景德镇市经营铸造厂
	胡逊严	生于1910年，著名铸造师
	胡德财	生于1918年，著名铸造师，在江西省婺源市经营铸造厂
	胡长宝	生于1921年，著名铸造师，在福建省松溪县经营铸造厂
	胡金生	生于1905年，著名铸造师，在浙江省龙泉市、福建省松溪县、江西省余干县经营铸造厂
	胡鳌轩	生于1924年，著名铸造师，在浙江省龙泉市经营铸造厂
	胡德寿	生于1924年，著名铸造师，在浙江省衢州市一带经营铸造厂
	胡有水	生于1926年，著名铸造师，在江西省景德镇经营铸造厂
	胡元海	生于1927年，著名铸造师，在浙江省缙云县壶镇一带经营铸造厂
	胡水金	生于1929年，著名铸造师，子承父业，在浙江省开化县华埠镇经营铸造厂
	胡明森	生于1929年，著名铸造师，在江西省婺源市等地经营铸造厂
	胡福乾	生于1930年，著名铸造师，在江西省德兴县张村经营铸造厂
	胡天松	生于1932年，著名铸造师，在江西省景德镇市经营铸造厂
	胡茂泰	生于1933年，著名铸造师，在衢州市樟树潭村经营铸造厂
	胡兴武	生于1933年，著名铸造师，在江西省景德镇市经营铸造厂
	胡逊好	生于1934年，著名铸造师，在江西省景德镇市经营铸造厂
	胡文生	生于1934年，著名铸造师，在江西省九江市等地经营铸造厂
	胡岩廷	生于1937年，著名铸造师，在福建省邵武县经营铸造厂
	童月蝉	胡岩廷之妻，著名铸造师，在福建省邵武县经营铸造厂
	胡昌仁	生于1938年，在浙江省景宁县、泰顺县等地经营铸造厂

（续表）

类别	姓名	备注
铸造（锅炉）工匠	胡高林	生于1938年，著名铸造师，在衢州市高家镇经营铸造厂
	胡玉成	生于1940年，铸造师，在胡堰街村经营铸造厂，建永安消防设备厂
	胡寿喜	生于1943年，铸造师，在胡堰街村经营铸造厂
	胡兴汉	生于1946年，著名铸造师，在江西省鄱阳县经营铸造厂
打铜（行担）工匠	胡忠贤	生于1870年至1872年间
	胡忠福	生于1875年至1877年间
	胡逊德	生年不详
	胡谦潭	生于1900年
	胡加德	生于1901年
	胡彩方	生于1905年
	胡金容	生于1907年
	胡关兴	生于1907年
	胡金春	生于1909年
	胡炳通	生于1909年
	胡宗明	生于1911年
	胡炳高	生于1913年
	胡宝章	生于1915年
	胡七召	生于1918年
	厉加银	生于1921年，特级技师，胡加兴女婿，居胡堰街村
	胡耀堂	生于1922年
	胡岩云	生于1922年
	胡海标	生于1922年，特级技师
	胡耀存	生于1925年，居临安市汤加湾
	胡岩其	生于1928年
	胡耀火	生于1928年
	胡龙云	生于1930年，胡彩方之子
	胡林禄	生于1930年，胡集发次子
	胡天生	生于1932年，特级技师，胡加兴之子
	胡宝有	生于1932年
	胡岩富	生于1932年，胡茂隆次子
	胡耀炉	生于1933年，特级技师

（续表）

类别	姓名	备注
打锡（行炉）工匠	胡荣藩	生于1882年，特级技师
	胡望好	生于1886年，特级技师
	胡汝多	生于1892年，特级技师
	胡振祥	生于1893年
	胡新兴	生于1896年，在浙江省景宁县等地行担

土地革命时期，芝英工匠还利用自己手中的五金技艺，为红色革命活动做出了贡献。20世纪30年代前期，中国工农红军第十三军红三团活跃于永康、缙云一带。当时红三团在当地招募五金工匠，在永康方岩铜坑村建立锅炉作坊，打制土枪、土炮等武器。永康众多五金工匠参与了革命活动，芝英一些五金工匠也加入了红军的战斗队伍。

中华人民共和国成立前夕，芝英从事五金产业的工匠占永康手工业者的大多数。根据民国时期的社会调查以及新中国成立以后的行业统计，永康全县以手工为主的金属加工、冶炼铸造（“小五金”）从业人数，1929年为4827人，1936年为5931人，1948年为9295人，1949年为9609人，1954年为11980人，1983年为3万多人，1987年为4万多人。① 在这些五金产业从业者中，最多的是流动外县为主的“铁、锡、铜、银”四大行业工匠，1947年其总人数达8740人。② 从种类上看，1947年的社会调查显示，永康五金工匠门类达一百多种，主要包括打铁、打锡、打铜、打银、打金、钉秤、制锯、打白铁及补铜壶修锁等种类；生产的五金产品达千余种，如锄头、镰刀、菜刀、剪刀、草刀、刮刀、砖刀、铁锹、犁头、田耙、铁锤、斧头、锯、螺丝、铁锅、铁钉等。③ 其中，永康工匠中的铜匠、锡匠等，大量出自芝英。

到20世纪90年代，五金成为芝英工业的主导产业。1993年底，芝英镇党委、政府在《芝英镇发展个体私营经济的体会》的报告中提到，截至1993年10月，全镇个体私营工业企业已达1078户（含挂靠的470

① 永康县志编纂委员会编：《永康县志》，浙江人民出版社，1991年，第171页。

② 永康县劳动人事局编：《永康县劳动人事志》，1989年，第170页。

③ 永康市地方志编纂委员会编：《永康市志》第2册，上海人民出版社，2017年，第634页。

户），占全镇工业企业总数的90%以上，它们在产品结构上以五金产品为主；另据不完全统计，1992年私营企业主中资产过百万元者达30多人。[1]芝英镇是永康经济的副中心，2018年，全镇有工业企业1600多家，镇级工业区2个，工业区内企业210家，占全镇工业总产值60%以上；规上企业56家，亿元以上产值企业14家，新三板上市企业1家，市“双百”企业12家，涌现出天行集团、天河集团等一批龙头企业，已形成有色金属加工、五金制品、电动工具、衡器、防盗门、休闲车、电器、杯业、锅具为主导产业经济集群；建有工业生产资料市场、不锈钢市场、废旧金属市场。2018年，全镇完成规上工业产值56.53亿元，1—11月税收收入3.16亿元。[2]

三、文化特色

芝英的五金文化在国内享有盛名。永康有句俗话：“五金工匠走四方，府府县县不离康，离康不是好地方。”说的是五金产业是长期以来永康百姓的生计，永康五金工匠游走四方谋生，当地人因此称五金工匠为“出门侬”。芝英更有一句流传已久的古话：“腰缠八陌，不如手艺盘身”（又说“千秧八陌，不如手艺盘身”），则是芝英人对五金行业、工匠手艺人的敬重。芝英工匠历来秉承半工半农、亦工亦农、工农兼作的劳作传统，他们多数人会在正月十五过后挑担出门至外地做工，端午节前后农忙时节回到家乡，农忙过后再次出门，直到腊月廿三之前回家。换句话说，芝英匠人一出门便是半年时间。

芝英、象珠、古山等永康东北部乡镇的工匠外出，“白窖岭”是往来必经之地。白窖岭，位于永康市西北方向，今为永康市象珠镇所辖行政村，是解放以前永康乃至金华地区的重要关口。清初地理学家顾祖禹（1631—1692）在《读史方舆纪要》中说：“白窖岭：县西北三十里。又三十里至茭道口，北至府城五十里，为往来之径道。《见闻录》云，自县抵茭道，路皆仄隘；茭道以北皆坦平，利于驰突。茭道虽属武义县，而

① 方根雄等：《个体私营经济发展探索》，浙江人民出版社，1994年，第258-263页。

② 浙江省永康市芝英历史文化研究会编：《古镇芝英》第10期，2019年，第32页。

实永康、金华之要隘也。”①由此可见，由白窖岭到茭道口，曾经是往来于永康县城、武义县城与金华府城之间的交通要道。正因为芝英等地的工匠们必须经由“白窖岭”往来，所以当地一直流传着“白窖如天，上下（落）半年”的民谚。

五金艺人行担经营

“白窖如天，上下半年”是一句十分有趣的民谚，芝英的百姓喜欢将它与永康名人、南宋思想家、状元陈亮联系在一起。据说，陈亮一次路过白窖岭，正好碰到几位离家的工匠。他对手艺人营生的不易颇有感触，便随口说了一句“白窖如天，上落半年。”不料旁边一个多事的人听了，把这话传到了县太爷那里。县太爷派人一打听，白窖岭高不过数十丈，便以“妖言惑众”的罪名把陈亮抓了起来。升堂审问之日，县太爷气势汹汹，拍打着惊堂木厉声责问：“陈亮，你为何妖言惑众？”陈亮神态自若，微微作揖道：“永康乡民苦于生计，年年都有许多人外出谋生，打铁的、补锅的、做泥水的，正月出门，六月归家；七月离乡，腊月返回。一年两回路过白窖岭，一次回来不正是半年吗？”县太爷听得目瞪口呆，两旁的人听得面面相觑，佩服陈亮为民说话，言之有理。县太爷不得不把陈亮放了。②我们在芝英当地的民间调查中还发现了另外两种说法：一种说法是陈亮参加殿试时曾告诉宋光宗（1147—1200），自己的故乡永康有一座非常高大的山岭叫“白窖岭”，乡人称“白窖如天，上下半年”。

① 顾祖禹：《读史方舆纪要》卷九三《浙江五·金华府·永康县》，《中国古代地理总志丛刊》，中华书局，2005年。

② 永康市地方志编纂委员会编：《永康市志》第4册，上海人民出版社，2017年，第1926-1927页。

宋光宗对这句话颇有兴趣，陈亮便向他解释了故乡匠人半年在外谋生的传统。另一种说法是“白窖如天，上下半年”，乃陈亮所作诗文中的一句。实际上，不论这句民谚是否出自陈亮之口，它都很能反映芝英乃至永康百姓以五金业为生计的历史传统。

第二节　芝英三宝

永康传统手工业者人数众多，涵盖五金工匠、编制工匠、五尺工匠、工艺工匠等多种类型。光绪《永康县志》称：“工、土、石、竹、木、金、银、铜、铁、锡皆有匠，然朴拙不能为精巧。邑皆瓦屋，故抟埴陶旊为夥，织布裁衣锢露多鬻技于他乡。”[①]就芝英而言，手工业者所涉及的行业也非常丰富，举凡与老百姓日常生活相关的行业都能在历史记载中寻到踪迹。不过说到芝英的特色技艺，首先得说“小五金”（金、银、铜、铁、锡），特别是“芝英三宝”。

所谓“芝英三宝”，指的是打铜、锡艺和钉秤，是芝英的代表性传统技艺。解放以前，“芝英三宝”已经名扬四方。当时人们用“行话”称呼这些行业，如“加啃”指打铜，“加禾”指打镴师傅，“扯衡”指钉秤。[②]2012年“芝英三宝”馆的开放，使得这些传统技艺重新绽放光彩。2012年9月28日一大早，位于芝英镇凉棚街的“芝英三宝”馆正式开馆。在馆内，蒋耀祖、应业根、应广火三位工匠为人们演示了打铜、锡艺和钉秤的传统技艺，一展芝英古老五金文化的风采。虽然当时三位老人都已年逾七十，但作为永康市非物质文化遗产传承人，他们欣然应邀坐镇“芝英三宝”馆，为打铜、锡艺、钉秤三大非物质文化遗产的保护与传承贡献一份力量。[③]

---

① 〔清〕光绪《永康县志》卷一《风俗》，黄灵庚、陶诚华主编：《重修金华丛书》第78册，上海古籍出版社，2014年。

② 永康市地方志编纂委员会编：《永康市志》第5册，上海人民出版社，2017年，第2065页。

③ 《“芝英三宝”：“百工之乡”活标本》，《金华日报》2012年10月12日第16版。

一、打铜

根据解放前后的官方调查，永康地区铜匠的总人数，1929年前后为1753人，1949年为2647人。芝英铜匠的人数常能占到全县铜匠的半数以上。铜匠打制的产品多达百余种，主要有铜罐、铜壶、铜火锅、锅肚肠、铜火囱、铜秤钮、铜茶垫、烟筒头、帐钩等。其中，仅铜壶一项的年产量就达到1440把。[①]芝英铜艺享誉海内外。1972年，美国总统尼克松访华来杭时，杭州饭店急需五十套铜火锅（俗称“暖罐”），均由芝英仙陵村（上面提到的铜艺传承人蒋耀祖就是该村人）的铜匠打制。[②]

打铜又被称为“冷作”，与铁匠补锅需要熔铁的“热作”不同，打铜的铜匠多不生火而靠铁锤敲打成器。过去芝英铜匠外出做活时，总是一副挑担两只木箱走天下。在两只箱柜里，装着的是各种工具与原料，如风箱、火钳、铁砧、铁锤、刮刀、锉刀、凿子、铜锭、铆钉、铜钉、焊条、木炭等。铜匠挑着担子走在路上，各种工具互相碰撞，发出“哐啷哐啷”的响声。人们一听便知道是铜匠来了。除了打制各种铜器，修补器皿是铜匠接得最多的活儿。借用《竹枝词》的诗歌来说，便是“铜匠师傅真玲珑，修旧如新真好用。妙手回春如医生，铜匠担来闹哄哄”[③]。出门在外，芝英铜匠大都师徒结伴而行。师徒二人，挑担两副，师傅挑的是装满各种工具与原料的铜匠担，徒弟则挑着被褥、柴米油盐以及各种生活用品。遥想当年，芝英的铜匠们不辞劳苦，挑着担子穿梭于浙江、安徽、江西、湖南、福建等地，如今山间凉亭、路边土房的墙壁上还经常能够看到他们口占的打油诗，如“座座高山深入云，我们挑担为家人。不怕工作苦和累，愿把方便献黎民”[④]。

打铜是一项力气活儿，更是一种精细活儿。据芝英铜匠应金献老人介绍，打铜之前首先需要制备原料——铜皮。将炭子与湖西村（今属永

---

① 永康市地方志编纂委员会编：《永康市志》第2册，上海人民出版社，2017年，第635页。

② 永康县志编纂委员会编：《永康县志》，浙江人民出版社，1991年，第179页。

③ 陈昌余：《永康百工》，社会科学文献出版社，2009年，第8–9页；蓝翔、冯懿有：《中国·老360行》，百花文艺出版社，2006年，第226页。

④ 此诗或许是仿作英雄王杰的诗文而来。1965年为保护民兵而献出生命的英雄王杰曾在施工时写下豪迈诗句：“座座高山耸入云，我们施工为人民。不怕工作苦和累，愿把青春献人民。”

康江南街道）独有的湖西泥混合搅拌均匀，做成坩埚，将零碎紫铜块放进坩埚内熔化，浇铸成为厚约0.5厘米的铜板。经过反复红炉捶打，铜板被打成薄薄的铜皮。铜皮备好以后，将其拼接焊连成为器皿的大致形状，然后进入“点冷锤”的工序，将铜皮制品放在铁扁担或者铁砧上，用小铁锤均匀锤击，平锤制成想要打制的铜器，使器皿表面产生一道道亮眼的平锤花。[①]与铁匠不同，铜匠一般不使用笨重的大锤，他们的工具相对来说比较轻巧。打制铜器时，铜匠坐着的时间较多。他们需要坐着小木凳，充满耐心地用小铁锤敲敲打打。所以说，打铜更是一项充满技巧的精细活儿。正因为如此，一般的铜匠学徒至少要跟着师傅学艺三年才能出徒。

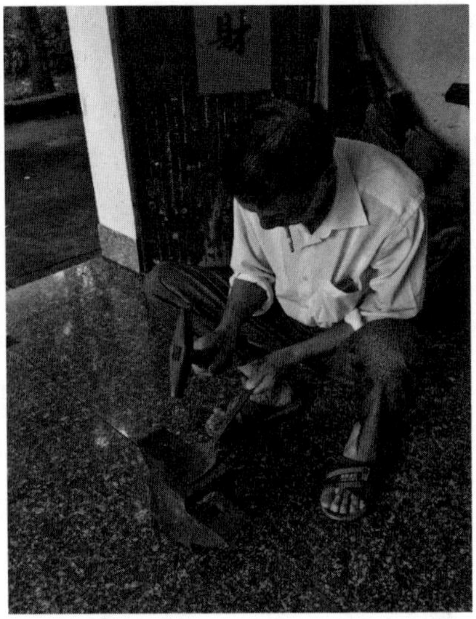

打铜

二、锡艺

1929年前后，永康全县共有锡匠1173人，1947年锡匠增至1441人。在永康，芝英镇是锡匠最为集中的乡镇。锡匠打制的产品既有锡壶、酒壶（壶瓶）、酒杯、茶叶罐、茶壶、茶杯、粉盒、饭盒、果盒、汤罐、碗、盘、碟、刨花船、千壶等生活用具，又有香炉、烛台、斗灯、八仙道具、四大金刚法器等祭祀用具（俗称“三六对”“五六对”），还有大象、凤、龙、梅花鹿、麒麟、狮子、仙鹤等吉祥物摆饰，荷花、佛手、瓶鞍剑磬（寓意“平安吉庆”）等盆景，以及迎罗汉时使用的各式兵器。新中国成立后，锡台、五字、甲子、三六对等供奉用具逐步被淘汰。锡挈、壶瓶等生活用具也因成本过高逐渐被热水壶、瓷壶、塑料壶等取代。[②]

锡器在芝英乃至永康很多地方都很流行，缘于当地一种流传至今的

① 《应金献的铜艺人生》，收入浙江省永康市芝英历史文化研究会编：《古镇芝英》第10期，2019年，第44页。

② 永康市地方志编纂委员会编：《永康市志》第2册，上海人民出版社，2017年，第635页；永康市地方志编纂委员会编：《永康市志》第4册，上海人民出版社，2017年，第1633页。

婚嫁习俗。芝英姑娘出嫁时，娘家都要送一套锡器作为嫁妆，其中必定包括刻有龙凤等吉祥图案的酒具、茶叶罐、烛台。据芝英人所说，人们喜爱锡器主要有三方面的原因：第一，锡原子较为稳定，有着耐酸耐碱、无毒无味、不生锈等众多优点。纯锡是一种绿色金属，纯锡制品不仅对人体无害而且有益。锡器在常温下可保存千年，有着“长长久久”的美好寓意。第二，锡质地柔软，富有延展性和可塑性，熔点低，很容易被熔化。锡匠通过浇铸、焊接、粘贴等工序便可创造出任何造型，并可以将猴、虎、鸡等动植物图案或“福、禄、寿”等文字刻在壶盖、烛台等锡制器物上。第三，用银白色的锡制成的器物不易变色，不易失去光泽，外观极为漂亮，兼具使用价值和收藏价值。①

锡艺、锡雕、锡器，芝英旧称“打镴”。镴指的是锡铅合金，其熔点很低，可以焊接铜铁金属，也可以制造锡器。芝英锡艺始于五代初年，宋代时流行，明清达到鼎盛，是当地五金产业传统手工技艺之一。与铜匠一样，芝英锡匠师徒结伴出门，肩挑行担，走村串户，上门加工（俗称“走乡”），足迹同样遍及东南各省，所以永康当地有句俗话，“打镴打镴，走遍天下”。而且锡匠也多保留着半工半农的习俗，正月里出门，夏忙时回家，农忙后再次出门，春节之前回家。②

锡器的制作工序复杂，需要锡匠足够的耐心。一件锡器的制作大概需要八大工序：第一步，化锡。将锡锭或废料放于小铁锅内，生气炭炉，加热至232℃左右，化锡为水。第二步，铸板。将锡水灌入石模板内，铸成0.2~0.4厘米厚的锡板。第三步，下料裁剪。在锡板上按模板画材料，并进行裁剪。第四步，粗打。用棒槌、榔头将锡板敲打出雏形，做成器物的粗坯。第五步，细接。将不同部位的锡片拼缝焊接在一起。第六步，去毛刺。用锉子将接缝处的毛刺去除。第七步，刮光。将锡器半成品置于夹具之上，脚踏绳轮，带动锡器转动，反复削磨，打亮锡壳。第八步，加工雕花。在锡器上用小工具雕刻出福禄寿喜、龙凤花草之类的吉祥图案，或组装配饰。③

① 姜启梅：《巧夺天工，敢为人先——永康锡雕代表性传承人应业根》，收入陈华文主编：《留住传承人》（二），浙江工商大学出版社，2017年，第263–269页。

② 永康市地方志编纂委员会编：《永康市志》第2册，上海人民出版社，2017年，第635页。

③ 姜启梅：《巧夺天工，敢为人先——永康锡雕代表性传承人应业根》，收入陈华文主编：《留住传承人》（二），浙江工商大学出版社，2017年，第263–269页。

由锡器而锡雕，锡制品便完成了华丽的转身，步入到艺术品的行列。单就雕刻技法而言，锡器的雕刻技法高超多样，可以分为模雕、浮雕、平面雕、造型雕、立体雕等数种。技艺高超的锡匠师傅们，仅凭几刀就能雕刻出生动形象的各式图案。2008年，凭借着令人惊叹的锡雕艺术作品，永康锡雕被列入第二批国家级非物质文化遗产保护名录。已故的芝英三村人应业根（1930—2014），是著名的锡艺传承人。

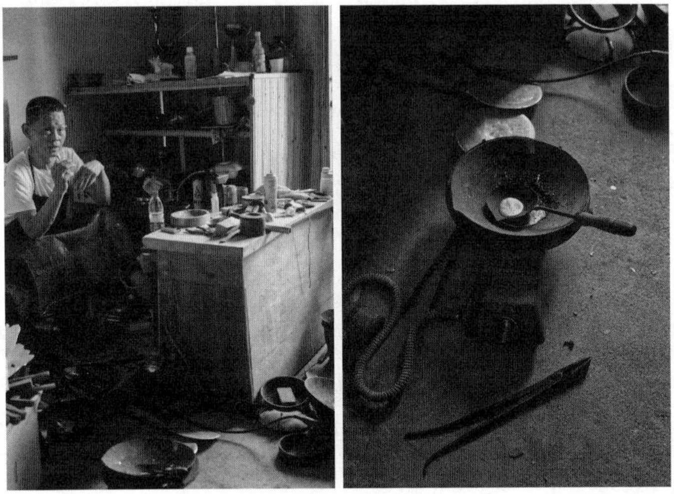

锡艺经营

三、钉秤

钉秤，发源于芝英镇两头门村，迄今已有数百年的历史。永康有首传唱已久的民间歌谣叫作《十谢永康地名》，是旧时永康婚嫁闹洞房时男方亲友所唱的歌谣。这首歌唱道："二谢地名两头门，地方处小亦是真；钉秤老师此地出，生疏侬来无处寻。"[①]唱的就是两头门村以钉秤师傅闻名。民国时期，永康曾成立衡器同业公会，会员达两三百人。20世纪80年代初，木杆秤及其配件主要产地集中于芝英、胡库、方岩三个乡镇，中心在两头门、金江龙、塅塘3个村。据统计，1987年全县钉秤从业人员2万余人，产品销售遍及全国。前园、芝英、山西孔等地多生产铜、铁秤钮；前坑、郭山、橙麓多生产秤锤；世雅、黄塘坑等地多生产铁铝

① 永康市地方志编纂委员会编：《永康市志》第4册，上海人民出版社，2017年，第1921页。

秤盘；楼店等地多生产秤杆。随着电子衡器、电子秤的兴起，永康现代衡器制造业蓬勃发展，原有的木杆秤生产量锐减。[①]

在永康民间，杆秤是一种吉祥物，寓意“称心如意”。因此，在芝英的喜庆场合，人们必定能够看到杆秤。例如，“归新屋”（即乔迁新居）时会有秤。与很多地方的风俗类似，芝英人乔迁新居时家当入屋的顺序是有讲究的。一般来说，杆秤会是第一件入屋的家当，其次是畚斗扫帚，然后是床、箱、谷柜、橱、桌、凳等家具。杆秤首先被放入新居，取的就是“称心”的美好寓意，这足以体现杆秤在芝英人心目中的重要地位。[②]又例如，旧时洞房花烛夜也会出现秤，新郎会用秤杆掀起新娘的红盖头，也是寓意“称心如意”。[③]

杆秤制作工艺复杂，大致分为选材、刨秤杆、粗磨秤杆、包大小铜套头、安提钮、校秤定星、量步（用弓步分画出标记）、锥星（钉秤花）、打磨清洗、施染上色、抛光打蜡等十几道工序。[④]制秤工匠号称“百工之首”，民间又有个说法是“五个工匠合成一个秤师傅”。这是因为，做秤是一门需要掌握“全活”的手艺：刨秤杆、磨秤杆是木匠活，制作秤钩、秤纽、秤砣是铁匠活和铜匠活，制秤毫（秤钩与秤砣之间的绳带）是麻匠活，刻秤花是金匠活，其中制作秤花是最关键的技艺。作秤不易，多数学徒学艺三年还不能出徒。芝英钉秤名匠应广火曾回忆说，他17岁便在族内一位长辈门下学做钉秤，先花三年时间打杂，再做三年时间的学徒，最后用三年时间跟铺，随师九年之后方才自立门户，开始了自己的做秤生涯。在师傅过世以后，应广火因手艺精湛而被同行称为“秤王”。2009年，应广火花费三个多月的时间制作完成了一杆三国英雄杆秤，最大秤重量为750公斤，长度为288厘米，创下了世界最长木杆秤的纪录（超过了原有最长木杆秤吉尼斯纪录0.18米）。这是一杆名副其实的“秤王”，光造价就在10万元以上。这杆秤的秤杆粗如手臂，选用价值7万多元的小叶紫檀制成，秤花是用30克左右的纯金线镶嵌，秤砣、秤钩、

① 永康市地方志编纂委员会编：《永康市志》第2册，上海人民出版社，2017年，第636页。

② 永康市地方志编纂委员会编：《永康市志》第5册，上海人民出版社，2017年，第2084页。

③《秤匠应广火》，收入浙江省永康市芝英历史文化研究会编：《古镇芝英》第10期，2019年，第41—42页。

④《秤匠应广火》，收入浙江省永康市芝英历史文化研究会编：《古镇芝英》第10期，2019年，第41—42页。

秤钮等部件则选用上好的铜材几十公斤。“秤王”制作完成后，乡里轰动。曾有人前来询问卖价，应广火的答复是“购材有价，做成无价”。因此，这杆“秤王”对他来说意义非凡，是对自己“秤王”之誉的认可。[①]

第三节　商贸传统

芝英不仅是全国五金之乡，也是浙中商贸名镇。千百年来，凭借良好的营商环境和深厚的产业基础，芝英从一个普通的农业村落逐步发展为深具影响力的区域商贸中心，吸引了数以万计的行商坐贾在此竞逐商利。由此形成的营商风气也成为芝英文化的重要组成部分，得到一代代芝英人的守护与传承。可以说，芝英既是宋代以来金衢盆地“行担经济”的缩影，亦是明代以后浙中山区市镇的典型代表。

一、宋代崛兴

芝英地区的商贸传统由来已久。早在南齐时期（479—502），官里园应氏族人应昭德等便开设铸造工坊，聚商贩运，一时间声名鹊起，开创本地工商业之先河。此后历经隋唐，芝英地区的商贸持续发展。宋初翰林院侍讲王敬在所撰《应氏宗谱序》中，对隋唐以来芝英地区工商发达、市场兴旺的景象有一番生动描述：“士农工商，百工技艺，进士贡生，不胜枚举。市墟铜铁匠器殷盛，聚天下之货，奇巧百色物件致于民。”当时芝英地区的贸易活动，主要集中于今芝英八村报铺驿道旁边的上报铺和下报铺一带，也就是南宋永康著名学者陈亮在《紫霄观重建记》一文中提到的驿道“居民错杂”之处。进入宋代，尤其是到南宋时期，随着商业市镇的兴起，芝英地区的商贸和市场活动更是呈现出空前的兴盛，当地政府亦借此重筑城墙，“凡三里三十步”。

市镇是宋代以后广泛兴起的乡村初级市场。“市”作为商品交易场所，最早主要局限在城墙之内的特定区域，承担着“城”的经济职能。“镇”原本是临时性军事防御单位，唐代起成为固定的军政建制。入宋之后，

① 张瑾、黄贞贞：《永康“秤王”》，《南方人物周刊》2016年第28期。

由于政局稳定、经济复苏，市与镇的原有形态出现全面蜕变。一方面，乡村草市的数量急剧增加。北宋熙宁九年（1076）全国各府州县共有坊场、河渡27607处。所谓坊场，"即虚市也，商税、酒税皆出焉"[①]。至南宋时期，仅两浙地区至今尚有史可考的草市就超过400处，实际数量还要更多。[②]另一方面，镇的军事与行政职能被彻底削夺，成为介于城乡之间的过渡性建制。在此期间，镇开始承担地区商品交易的功能，"镇市"或"市镇"的称谓已为宋人所接受。一些规模较大、功能完善的草市升级为镇市的现象在两宋时期也极为普遍。[③]不难看出，市与镇已经成为这一时期地方市场的最小细胞和前哨据点。

在两宋商品经济的发展过程中，芝英所在的永康县也迎来市镇兴起的第一轮浪潮。据傅宗文《宋代草市镇研究》辑录，宋代婺州共有市镇6处，其中永康一县就独占3处：李溪镇、和尚店、赵店，市镇发展水平位居婺州七县之首。事实上，除了这三个市镇，南宋时期的诸应村（今芝英镇区）和胡堰街（今芝英镇胡堰街村）也具备了市镇兴起的基本条件。

首先，两地的交通条件十分优越。永康早在唐宋时期就是沟通浙中腹地与东南沿海的重要通道，境内拥有睦州（建德）至永嘉（温州）、永康至东阳以及李溪至缙云壶镇三条驿道。[④]诸应与胡堰街分别位于台婺古道与处婺古道沿线。陈亮《紫霄观重建记》载，诸应村"川野平衍，居民错杂，又近在驿道之旁"。《胡堰街胡氏宗谱》亦载，"原为远州通处州六百里兵站……驿道贯通南北"[⑤]。两地至今仍留存着宋代古驿道遗址。驿道既是为政治与军事服务的官方交通干线，也是商品流通的重要运道。如诸应村紫霄观前的峰岘岭（一名岘峰岭）古道便是东南"食盐之路"的重要路段。唐宋以降，台州所产食盐需要溯椒江、灵江而上，至永安溪中游的仙居县皤滩镇拢岸后，再经由陆路运销到婺州各县。为此，大量永康山商往来于苍岭两侧，用肩挑手扛、马驮车拉的方式将食盐及布匹、桐油、海产等商品运入永康，再经今天的新楼、岩后、芝英、清溪、雅

---

① 马端临：《文献通考》卷一九《征榷考》，中华书局，2011年。

② 陈国灿、奚建华：《浙江古代城镇史》（修订本），安徽大学出版社，2003年，第175页。

③ 张倩：《宋代"镇""市"结合的历史考察》，《历史教学》2019年第6期。

④ 永康市地方志编纂委员会编：《永康市志》第1册，上海人民出版社，2017年，第359页。

⑤《胡堰街胡氏宗谱》卷一，2016年重修本，第99页。

吕等地到达义乌。[①]因此，驿道沿线应该已经出现旅店、食肆、马房等设施，为过往官吏、客商和其他人员提供服务，其间也必定孕生出商业活动。这一切都为日后永康第一大集镇的形成与发展夯实基础。

诸应与胡堰街所具备的另一大优势是充裕的人口。南宋时期，两浙路是全国人口最多的路分，本地人口增长与外来人口流入均十分显著，号称“以十五州之众当今天下之半”[②]。与此同时，许多村落内部萌生出了村市、村墟，“小市环农亩”[③]成为十分普遍的现象。这种内有草市的乡村聚落，多半有数十上百家居民作为支撑，[④]说明人口因素是乡村市场发育的重要推动力。在芝英，这种推动力主要表现为应氏家族与胡氏家族的繁衍生息。《应氏先型录》云：“应氏世居邑之大田里，族属繁衍，人称其地曰诸应。”[⑤]嘉熙年间九二公还迁大田之后，家族规模进一步扩大。现存江西省德兴市万村乡应家村《应氏家谱》载：“占籍于浙永康，去县治二十里，名诸应村。后盛大，又分东十里。”胡氏家族自六世孙胡光祖卜居仙游乡皇降里之后，“上闻志宁公后居古里，乃诏敕即里置街……人称皇降里为胡堰街者，即自兹始也”，此后“族大枝荣”[⑥]。可以说，诸应村与胡堰街这两个地名本身就是地区人口繁衍不息的体现。

二、明清发展

得益于南宋时期所奠定的发展基础，芝英虽然元代多次因战乱而遭受重创[⑦]，但进入明代以后，芝英的商贸活动与市场发育进入一个全新阶

---

① 《创国森之十大古道探访系列报道⑩——峰岘岭古道峰奇洞幽崖峭风景独好》，《永康日报》2018年7月23日第7版。

② 叶适：《叶适集·心水别集》卷二《民事中》，中华书局，1961年，第654页。

③ 王之道：《相山集》卷七《过白羊市》，《四库全书》集部第1132册，第571页。

④ 葛金芳等：《南宋全史》6，上海古籍出版社，2016年版，第258页。

⑤ 应正禄辑、应宝时重修：《应氏先型录》卷一《启族》，上海图书馆藏同治五年上海道署刻本，页4a。

⑥ 《胡堰街胡氏宗谱》卷一，2016年重修，第27页。

⑦ 据统计，永康县在元至元二十三年至二十七年间（1286—1290）先后爆发陈巽四起义及吕重二、杨元六起义，至正十五年（1355）又遭受吴英七、杜仲光之乱，人口大幅减少。（详见永康市地方志编纂委员会编：《永康市志》第1册，上海人民出版社，2017年，第15–16页。）对此，应氏家族的存世文献亦有记述，明代中期族人应奎组织修谱时，其父应杰告诫曰：“吾家先世屡罹艰变，收谱于散逸之秋，或致失实。”《芝英应氏宗谱》亦称“岁久，荐经兵燹，初谱放逸”。（《芝英应氏宗谱》行传一，民国十二年重修本）

段。正德九年（1514）编纂的《永康县志》共辑录了13个市镇，除了宋代便已形成的李溪外，其余均为明代新涌现的基层市场，胡堰市与芝英市也位列其中。[①]胡堰市由胡堰街发展而来，明代重臣叶恩《环溪书堂记》载：

> 永康为邑，北接会稽，南抵处瓯，东与台连。胡堰去邑二十里，昔宋祖南巡尝驻跸于此，故又曰皇降里。胡氏之先，出自志宁公之裔，聚族居焉。自宋元相继登仕籍者，代不乏人。今多隐德，素以清白诗礼著闻。地当要冲，行旅多出其途，乃为市廛以通之。[②]

叶恩曾于洪武二十一年（1388）担任胡氏家塾环溪书堂的塾师。据其所述，至迟在14世纪末，胡堰街已经恢复道路畅达、行旅如织的旧貌，并发展出了市廛，即店铺集中的商业区。可见，胡堰市是明代较早形成的商业市场。芝英市的出现晚于胡堰市，约为15世纪中期。应氏十世孙、举人应奎在嘉靖元年（1522）所撰《重修芝英应氏孝墓记》中谈到：

> 盘旋平衍，左昂右伏，三宝列嶂于前，古娄绵亘于后，临方塘而负岘涧，大道交贯于中，邻比辏集，旧成乡镇……既入我朝，世能增修礼义，二祖之灵实歆之。故茔产芝草数本，人乃更名其墓曰“孝里”、曰“芝英”。至今百余年间，人传以为美谈，子孙亦有感慕兴起者。[③]

应奎提到，芝英在其撰文之时早已成市。道光《永康县志》称，芝英市所在地原为应仕濂产业。[④]应仕濂即应昙（1391—1460），是明代中期永康著名乡贤，也是芝英开市的关键人物。当地至今仍流传着应仕濂助田四亩作为市基的美谈。现存方志所记载的应昙事迹集中于景泰年间（1450—1456），可大致推断芝英市的形成时间不晚于此，故而应奎有

---

①〔明〕正德《永康县志》卷一《市》，黄灵庚、陶诚华主编：《重修金华丛书》第77册，上海古籍出版社，2014年。

②《胡堰街胡氏宗谱》卷一，2016年重修本，第89页。

③《芝英应氏宗谱》卷一《重修芝英应氏孝墓记》，民国十二年重修本。

④〔清〕道光《永康县志》卷二《建置·市集》，黄灵庚、陶诚华主编：《重修金华丛书》第77册，上海古籍出版社，2014年。

“旧成乡镇”之语。

芝英与胡堰开市之后，在明代商品经济的推动下，至清代前中期已经成为永康重要的集贸市场。康熙《永康县志》载：“芝英市，县东三十里。每逢三、八开市，肩贩云集。”[①]这是康熙县志中唯一记载开市时间和市场规模的市镇，其在永康乡村市场中的重要性可见一斑。至迟到道光年间，芝英成为永康五大市集之一，与县市、桐琴、古山、象珠同为地区商品交易中心。而胡堰街自明初成市以后，一直至清代中期仍作为永康中部重要的小型市集服务于周边民众，[②]表现出极强的商业生命力。

近代以前，芝英、胡堰二市的商业活动基本处于日常集贸阶段。浙中山区长期依靠“三天一市、五天一集”的模式来满足农村商品交换的需求。即便在农村商业面貌已经发生质变的今天，这一习俗依旧得到保留。在永康，农村集市多为五日一市，开市当天称为“市日”。各乡镇之间的市日互有间错，方便商贩与群众买卖。芝英的市日为逢三、逢八，胡堰街的市日为逢二、逢七。每逢开市，周边地区的民众都要到两地赶集，甚至县城居民也竞相前来。为了方便商贩行旅，应氏家族曾在赶集必经之路上设“义茶”十二处，分布于县城至芝英、芝英至方岩以及游川、柿后等村落至芝英街市的大小路口。这些施茶地点的选择可以反映出芝英的市场腹地集中于县城以东、方岩以西地区。不过，到了每年的六月初七至六月初九，芝英的商业辐射范围便急速扩大，因为这是当地举办会市的日子。会市是传统时期广泛存在的一类庙会型集市，往往规模较大、交易兴盛，除了本地商户，还有很多外地客商参与其中，是区域间商品流通的重要渠道。芝英的会市源于朱相公信仰。朱相公是浙中地区颇具影响力的地方神祇，他的故事广泛流传于义乌、永康、仙居、缙云等地。相传朱相公是一位担盐客，于乾道年间在仙居九龙山飞升成仙，此后成为贩夫走卒行旅的保护神。如前所述，芝英是东南“食盐之路”的一个重要途经地，朱相公信仰在此生根落地也在情理之中。今天镇中心的盘龙庙，供奉的就是朱相公。

---

① 〔清〕康熙《永康县志》卷三《市集》，黄灵庚、陶诚华主编：《重修金华丛书》第77册，上海古籍出版社，2014年。

② 〔清〕道光《永康县志》卷二《建置 · 市集》，黄灵庚、陶诚华主编：《重修金华丛书》第77册，上海古籍出版社，2014年。

明代至清代中期，芝英市场上的商品种类主要是本地农副产品与手工业制品。浙中地区农业开发较早，商品化经营由来已久，种植业、养殖业、林业、手工业等均有长足发展，素有“聚宝盆”之美誉，仅道光县志所辑录的本地物产就有237种之多。[1]在日常集贸阶段，永康市集上的本地商品囊括了这些物产。其中，有三种物产在芝英的市场活动中占有特殊地位。

一是米谷。作为传统时期最重要的大宗商品，米谷与民众生活的联系最为密切。明清时期浙中地区总体上米谷产量充足，所产之粮不仅能满足本地所需，还能接济缺粮的钱塘江上游地区。永康是浙中产粮大县，米谷是当地百姓主要的收入来源，康熙《永康县志》称“其檄利他郡，惟米谷、若竺与柿、栗耳”[2]。芝英地处永康盆地中部，华溪穿境而过，农业种植环境优越，素来是永康农业的“大粮仓”。我们今天在芝英看到的许多特产，如芝英小麦饼、上徐店索面、下徐店粉干等，都是以米谷为原料加工制成，也与当地粮食种植业发达、产量充足大有关系。

二是灰鹅。鹅在永康的蓄养历史十分悠久，《正德永康县志》记载，明代永康的派办物料就有肥鹅一项。[3]芝英境内河流纵横、山塘广布、雨量充沛、水草茂盛，是养鹅的天然良场。当地的灰鹅，又名苍鹅，羽毛呈灰黑色或淡灰色，体型肥硕、肉质细腻，是优质家禽品种。《芝英应氏宗谱》记载，在明景泰年间，饲养灰鹅已非常普遍。除供食用外，也是寿庆、婚嫁、祭祀的必备之品。每到过年、清明、端午等传统节日，芝英市场上都会售卖不同批次的灰鹅，以满足市场需求。[4]直至今日，当地还流传着“若想吃壮鹅，嫁到芝英做太婆”“芝英驮祠堂多，游溪塘（隶属于芝英镇）鹅娘多”等民谣。

三是柴薪。柴薪是近代以前民间最为常见的燃料来源。永康县内森林资源丰富，山民多以砍伐、售卖杂木枝丫为副业。而芝英境内多为沿

① 〔清〕道光《永康县志》卷一《地里·物产》，黄灵庚、陶诚华主编：《重修金华丛书》第77册，上海古籍出版社，2014年。

② 〔清〕康熙《永康县志》卷六《风俗》，黄灵庚、陶诚华主编：《重修金华丛书》第77册，上海古籍出版社，2014年。

③ 〔明〕正德《永康县志》卷三《贡赋》，黄灵庚、陶诚华主编：《重修金华丛书》第77册，上海古籍出版社，2014年。

④ 金华市地方志编纂委员会编：《金华市志》第3册，方志出版社，2017年，第1482–1483页。

河平原，山区较少，柴薪的市场需求十分旺盛。正因如此，周边新楼等十几个村的百姓每逢市日就会挑着柴丫、柴架前往芝英售卖。邻近几个乡镇的民众则竞相赶来采买。长此以往，原本不是山区的芝英反倒成为永康最大的柴薪交易地点。

除了本地物资，在明清时期的芝英市场上，外来商品的种类与数量也极为可观。明代以前，永康县的跨区域商品流通基本依靠陆路运输。明代以后，随着全国市场体系的形成，浙中地区与周边市场，尤其是长江三角洲的联系进一步紧密。具体到永康县则表现为永康江水运的稳步发展。永康江由华溪与南溪在县城汇合而成，向西蜿蜒折流至武义壶山镇后，与熟溪交汇为武义江，继而进入婺江水系，并最终与太湖平原相勾连。石灰、草籽、桐饼、豆饼、猪鬃、白糖、百货、布匹、绸缎等商品源源不断地从杭、嘉、湖地区转销而来。[①]由于永康江只有在丰水季节才能通航木帆船，平时只通竹筏，货物进出往往需要水路运输与陆路挑运相结合，康熙《永康县志》载当地农民除了耕种，“溯溪或操舟，平原第负担”[②]。芝英虽不在永康江沿岸，但华溪穿境而过极大地方便了外来商品的流入。应氏族谱载，早在明中期，应县便已经“货于杭州”[③]，也就是前往杭州做生意。可以推测，他极有可能是通过永康江水运实现两地商品的互通。随着清代区域市场一体化程度的加强，外来商品在芝英的市场份额应该不断提高。

经过明代至清代前中期的发展，芝英市与胡堰街市的商业规模都得到充分发展。芝英市在康熙三十四年（1695）以前由牙行负责市场租金的征收。“牙行苛征贩负几至百余两，穷民甚苦之。”[④]牙行是传统时期从事商品交易中介的社会组织，地方集市上的商税大多由牙行负责征收。[⑤]可以说，牙行的出现标志着地方商业已经发展到一定程度，进入到政府的征税与管控行列。牙行苛征税银高达百余两，也能说明当时芝英的市场

① 永康县志编纂委员会编：《永康县志》，浙江人民出版社，1991年，第346页。

②〔清〕康熙《永康县志》卷六《风俗》，黄灵庚、陶诚华主编：《重修金华丛书》第77册，上海古籍出版社，2014年。

③ 应典：《仕濂府君传》，《芝英应氏宗谱特传总编》，民国十二年重修本。

④〔清〕康熙《永康县志》卷三《市集》，黄灵庚、陶诚华主编：《重修金华丛书》第77册，上海古籍出版社，2014年。

⑤ 燕红忠：《清政府对牙行的管理及其问题》，《清华大学学报》（哲学社会科学版）2012年第4期。

规模相当可观。至清中期，永康各个集市都有长足发展。“菽粟、布缕、鸡豚、酒蔬之属，随时贸易，以供朝夕。然市肆较昔时为富侈矣。”①也就是说，日用商品已经不受五日一市的限制，随时可以交易。这就说明各市镇不仅有流动的摊贩，还有很多固定的商铺，商业区域更为富庶繁华。胡堰市虽然规模不如芝英市，但在咸丰十一年（1861）太平军占领永康之前，店铺林立，富商云集，二十多幢院墙相接、椽瓦相连的民宅大院，百间临街店铺以及胡氏宗祠共同构成市镇街区。当地民谣传唱：“胡堰街大大又大，东门首富胡十万。胡堰街长长又长，家财万贯称平常……宋朝置街八百年，店铺林立集市旺。科第联芳勤耕读，农商并举百工乡。”②

三、民国延续

与明代以来较为一致的发展趋势相比，芝英与胡堰街在近代的商业命运却是云泥之别。咸丰十一年（1861），胡堰街市惨遭太平军洗劫，商铺、祠堂、民宅、书院化为灰烬。劫难过后，物价腾贵、民生艰难，“稻米一担八百文，良田百秧千文钱”。在此营商的民众纷纷离去，“五业百工离家去，坊店商户往外迁”。最后的结局就是曾经富庶一方的县东名市胡堰街变作“沿街两侧窝棚搭，环溪一线茅房建”的讨饭村，并流传有“七十二只讨饭箩”之说。直到1937年全面抗战前夕，当地才初步恢复商业面貌，整条街有摊点多处，南杂货、酒肉等店铺十余家，还有铸铜、五金白铁等手工业作坊多家。③

相较之下，芝英市的商业发展呈现出另一番景象。永康民间俗语云，“上半县大，太平芝英。下半县大，李店桐琴”，还有“小小永康县、大大芝英市”的说法。1933年郁达夫游历方岩，曾在芝英短暂休整，购买油纸等物作为雨具，所见到的芝英是一方大镇，居民约有千户。④同行的陈万里在《方岩香讯》一文中写道：“达夫先生曾在这条街上就一小酒肆，

① 〔清〕道光《永康县志》卷一《地里·风俗》，黄灵庚、陶诚华主编：《重修金华丛书》第77册，上海古籍出版社，2014年。

② 《胡堰街胡氏宗谱》卷一，2016年重修本，第194页。

③ 永康市地方志编纂委员会编：《永康市志》第4册，上海人民出版社，2017年，第759页。

④ 郁达夫：《浙东景物纪略》，收入《郁达夫散文》，浙江文艺出版社，2019年，第117页。

数两加皮，一包花生，自得其乐”，“憧憧往来一条市街上，诚一趣事也”。短短几句，一个静谧富庶的市镇景象跃然纸上。至民国末年，全镇共有商铺百余家，仅廊街上就有老字号商铺数十家，石板街及市基附近另有商号、手工艺店、药店数十家，还有小吃摊点20多家。每至市日，赶集人数在万人以上。年末腊月廿八的市集，更是水泄不通，人头攒动。凡此种种，都是芝英市近代工商业大飞跃的体现。总体来看，芝英近代的商贸发展呈现出如下特征。

一是出现专业市场。专业市场泛指集中销售、交易某类商品或某几类商品的交易场所，是日常集贸市场规模化的产物，具有特色鲜明、辐射深远、信息灵活、影响重大等特点。晚清以后，芝英的米谷、柴薪、灰鹅贸易均进入专业市场阶段，形成米市、柴市、鹅市。①除此之外，民国年间芝英还出现了小五金行业的专门市场——锡市。旧时芝英打铜、打锡、补铜壶、补锅的工匠遍及全国，本地的小五金加工作坊也数量众多。锡市的出现可以较为便利地交易或调剂铜锡产品，满足民众修补或自用的需求。20世纪50年代初，永康物资交流大会最早于芝英召开，为改革开放以后芝英五金工业的发展创造了有利条件。1987年，芝英成立工业生产资料市场，占地4000多平方米。1000余家企业的70%铜、铝、锡原料需求采购自这个市场，当年的贸易额达500余万元。②

二是转运贸易发达。近代以后，永康的区位优势进一步凸显，交通运输业发展迅速，直接带动转运贸易的兴起。货物转运旧称“过塘”，取货物驳船过塘之意。除此之外，过塘行往往还兼营竹木、石灰、砖瓦、石料等大宗货物，具有运销一体化的特点。光绪年间永康县城的杜恒源，是金华地区最早的过塘行。③至民国初年，永康共有3家过塘行，其中“广裕行”由芝英人应起富开办，为工农商旅办理货物转运业务。④1937年日军占领杭州，省政府迁至方岩。战争之前，芝英便是游览方岩名胜的必经地之一，旅客、香客过往芝英者甚多。战争爆发之后，许多机关、

① 永康市地方志编纂委员会编:《永康市志》第2册，上海人民出版社，2017年，第768页；永康市地方志编纂委员会编:《永康市志》第6册，上海人民出版社，2017年，第2655页。

② 永康县志编纂委员会编:《永康县志》，浙江人民出版社，1991年，第262页。

③ 金华市地方志编纂委员会编:《金华市志》第3册，方志出版社，2017年，第1991页。

④ 永康市地方志编纂委员会编:《永康市志》第2册，上海人民出版社，2017年，第836页。

学校在方岩、芝英一带落脚，消费需求剧增，浙东南的木材、桐油、茶叶、棉花、草席等山货与浙北平原的豆饼、猪鬃、煤油、绸缎等货物都在这里转运、集散，车水马龙、一时无两。①

三是新兴工商业不断涌现。随着国内外环境的变化与商业资本的积累，芝英新兴工商业也进入高速发展时期。实业方面，尤以纺织行业规模最大。1938年至1941年，浙江省赈济会在芝英创办难民染织工厂总厂，后因永康沦陷迁往外地。②1947年，芝英人应正德等利用难民工厂出售的机器，创办芝英镇染织生产合作社，招纳社员72人，芝英的染织产业得以延续。③酿造行业也有重大突破，1943年徐宗岐、胡思周等实业界人士筹办芝英酱油厂，所产酱油被评为金华名产。④另外，在芝英最为悠久的商业领域，新的经营方式也初步显现。1930年，综合性商店协源昌开业。该商号系集资开发的股份制企业，实行股东会领导下的经理负责制，开业之后很快就因经营方式活、范围广、效益好而闻名于当地，被视为芝英新兴百货业的典范。⑤

四、重商风气

芝英地区漫长的商贸发展史，不仅塑造了当地的经济结构，还深刻影响了当地百姓的生计选择和处事观念。简单来说，浓郁的商业氛围孕育出重农重商的风气，“农商相藉”“义利并举”的思想为民众所普遍接受。这种理念在芝英商贸兴起之初便已显现。南朝时期，芝英的铜铁铸造业与商业相结合，带动了芝英早期商贸的发展。南宋时期，高举事功学派大旗的陈亮提出“商藉农而立，农赖商而行，求以相补，而非求以

① 赵巍：《岩下老街》，清华大学出版社，2013年，第3页。

② 楼明统整理：《难民工厂》，永康市政协文史委员会、永康市工商业联合会、永康市档案局（馆）编：《永康名店名厂（民国时期）》，1995年，第146-149页。

③ 楼明统整理：《芝英镇染织生产合作社》，永康政协文史委员会、永康市工商业联合会、永康市档案局编：《永康名店名厂（民国时期）》，1995年，第162页。

④ 孟章春：《芝英酱油厂》，永康政协文史委员会、永康市工商业联合会、永康市档案局编：《永康名店名厂（民国时期）》，1995年，第154页。

⑤ 袁南槐整理：《芝英协源昌》，永康市政协文史委员会、永康市工商业联合会、永康市档案局（馆）编：《永康名店名厂（民国时期）》，1995年，第48、49页。

相病”[①]的观点，认为商业发展对稳定百姓生活和国家统治秩序是大有裨益的。陈亮不仅是这一观点的提出者，也是具体的践行者，他一边以乡村塾师为业，一边通过经商脱离贫困。在他的周围，从事商业的知识分子不在少数，甚至他的岳父何茂宏本人就是义乌首富。

受此思想的影响，芝英应氏家族多强调农商并举，支持子孙以经商为本业。应昙长孙应杰幼时跟随祖父走南闯北，对商业多有见识。27岁执掌家政后，他告诫自己的幼弟们“或农或商或读，因人任事，各就其位”。此后又立家规二十条，其中的第十五条贻世业、第十九条供赋役、第二十条殖赀产涉及家族或个人经济问题，体现了应氏家族从实际出发的重商精神。这种理念代代相传，即便是族中妇孺也深得其意。如道光年间，族人应崇素早亡，幼子“不得学为儒，始去而学商”。他的母亲胡氏告诫他：“汝今习商业，固不为游民。然亦须守‘公平’二字，不可以机巧愚弄人财物，方算成立。”[②]

在重商精神的引领下，应氏族人投身商海者人数甚多。遂文公应嗣礼清初赴杭州，“开行生理……备尝艰苦，铢积寸累，以成家立业”[③]。孟义公应六顺“初家仅中产，公督僮仆力耕，牵车服贾，而家日充裕”[④]，康熙年间成为一方富贾。应氏十五世孙应奇（彲），乾隆年间“经商于外，在嘉、苏、台、括间”[⑤]。道光年间，应学圣“就廛肆兼务研桑，为生聚计”[⑥]。1921年，应蔚卿入股永康电灯公司，应迪康担任董事。[⑦]这些族人靠经商积累财富之后，大都积极地反哺家族与社会。晚清应启洲“入典肆学贾历有年”，晚年将自己的产业“为诸孙灯火需可耳”。[⑧]民国元年（1912），应崇渊看到市心土地不平，有妨商人交易，市容亦不雅观，慷慨出资，雇工修葺，“为阖族倡，商人称便，至今谈建设者，犹深羡慕

① 陈亮：《陈亮集》（修订本）卷一二《策·四弊》，中华书局，1987年。

② 潘树棠：《应节妇胡孺人传》，《芝英应氏宗谱特传总编》，民国十二年重修本。

③〔清〕应芝珣：《遂文公传》，《芝英应氏宗谱特传总编》，民国十二年重修本。

④〔清〕应壤：《处士孟义公传》，《芝英应氏宗谱特传总编》，民国十二年重修本。

⑤〔清〕蔡英：《谨斋先生传》，《芝英应氏宗谱特传总编》，民国十二年重修本。

⑥〔清〕潘树棠：《应公士贤行略》，《芝英应氏宗谱特传总编》，民国十二年重修本。

⑦ 永康政协文史委员会、永康市工商业联合会、永康市档案局编：《永康名店名厂（民国时期）》，1995年，第143、144页。

⑧ 应万选：《曾祖裕斋公行略》，《芝英应氏宗谱特传总编》，民国十二年重修本。

之”[①]。不难看出，重商理念和营商传统在一定程度上成为芝英家族凝聚和社会进步的精神内核。

第四节　工商名号

早在南朝时期，在铜铁铸造手工业发展的带动之下，芝英商业已渐渐形成规模。当时，芝英应氏家族的众多族人经营匠坊，生产销售制品，不少人因此声名远扬，引来远近富户官员的争相求购。这一点就体现在应氏家藏文献《农耕匠坊记》提到的匠坊“门庭若市”“生意兴隆”“求购者络绎不绝”等寥寥数语中。至明清时代，芝英成为永康全县商业网络的重要节点之一，康熙《永康县志·市集》称：“芝英市，县东三十里，每逢三、八开市，肩贩云集。”米市、鹅市是芝英著名的行市。等到民国抗战时期，浙江省政府迁至方岩，永康成为浙江全省货物集散的中心，全县开设商店近千家，资金达200万银元。[②]芝英商业因此迎来了发展的高峰，这时的芝英商业发达，涌现出众多享誉本地的著名商号。

一、商号林立

芝英的正街，旧称“凉棚街”“廊街”。这条街全长200多米，不仅是芝英古镇历史悠久的文化长廊，古驿道所经之地，而且曾是繁华一时的商业街区。早在明清至民国时，这里就集中了芝英镇乃至金华地区的多家知名商号。根据永康市档案馆藏的1947年芝英镇商会档案，当时芝英镇共有商铺100多家，涵盖南货业、酒业、肉业、布业、百货业、药业等行业，各业商铺都在10家以上，多数都拥有在当地十分响亮的商号。

1947年3月至8月，芝英商人应家齐、应汝星等先后向永康县政府呈送了成立芝英镇商会以及南货业同业公会、肉业同业公会、药业同业公会、酒业同业公会的申请（相关商号见表3-3、表3-4、表3-5）。永康县政府特派指导员何樟东前往芝英镇进行核查。同年8月，何樟东在

① 应福谦：《族叔慕颜翁家传》，《芝英应氏宗谱特传总编》，民国十二年重修本。

② 永康县志编纂委员会编：《永康县志》，浙江人民出版社，1991年，第220页。

核查后报告“上列同业公会册列各公司、行号均属实在”，随即召集应家齐等店主“召开发起人会议，推举筹备员，组织筹备会，积极筹备成立（商会、各行会）”[①]。

表3-3 1947年芝英镇南货业同业公会会员名册

商号	公一泰	同康	义记	椿号	益昌	升泰	福顺	荣记	大昌	霖记	文记	顺昌
店主	应家齐	应君远	应业统	应业炉	胡应秋华	应观时	应荣溪	徐桂荣	应文龙	应汝霖	应文旗	应顺和

表3-4 1947年芝英镇肉业同业公会会员名册

商号	星记	仔记	然记	恒裕	王根兴	协永昌	义昌	网记	章记	谦记
店主	应汝星	施世仔	应德然	应灿明	王国清	应章文	应豪仪	章品生	德文	应阿谦

表3-5 1947年芝英镇药业同业公会会员名册

商号	同仁堂	同成堂	惠生堂	广德堂	二全号	童春和	朱益和	问心堂	济生堂	仁济堂	仁寿堂	永德号
店主	陈庆祥	吴子清	胡岩生	应业全	应金楼	童德军	朱敬文	应秀钟	应纶甫	应海松	胡振陶	应中葵

二、知名店厂

民国时期，在芝英地区众多店铺和工厂中，较具代表性的有“协源昌”商号、抗战难民工厂、芝英酱油厂。

1.“协源昌”商号

“协源昌”与“协茂昌”“永生公”商号是民国时期芝英镇三大著名

① 敌伪档案案卷·永康县政府社会科·芝英镇商会（1947年3月18日至7月），永康市档案馆藏，档案号M425-004-123。

商号。永康县工商联曾对民国时期的相关档案进行整理，为我们呈现了“协源昌”经营的盛况。[①]

“协源昌”坐落于芝英闹市中心的老市基中段，开创于民国十九年（1930）春，是一家售卖棉布、副食、烟酒糖肉、南北杂货、药品、洋油（煤油）、桐饼、肥田粉、农具等2000多种商品的大型商店。该店坐南朝北，东接雍记糕饼店，西靠弄堂，南邻池塘，北面临街，因其跨塘而建，故称“水阁楼”。该店有老板、伙计20人，店铺为旧式两层土木建筑，沿街门面两间半，店内约120平方米，占地5间，并在镇南租用300平方米的房屋作为酿酒坊和伙房。

“协源昌”是一家股份制商号，实行股东会领导下的经理负责制，重大问题由股东会讨论决定，经理负责具体经营事务。店内连同股东、伙计及学生（学徒）在内共20人左右。根据占股多少，股东分别是章正学、应业纯、应善昌、应德梧、应根茂。经理为章正学，账房（会计）为应业纯，中后期助理会计为夏廷希，后期增加的一名助理会计为章汝青。伙计各司其职，应善昌、应广超、应少超等侧重经营棉布、百货业务；蒋宗夏、凌焕章等侧重经营副食杂货业务；施世仔、阿究师负责供应猪肉；应根茂、应业勋负责采购；应福超等掌管酿酒坊和伙房；章康云、章振显、楼岩林等为先后进店的学徒。

据说，在“协源昌”做工的学徒进店之初需有“三拜”，一拜财神，二拜先生（师傅），三拜师兄。做学徒三年后，升为“半作”，再三年升为伙计。学徒没有薪水，食宿由店里供给；半作每月3元左右（银元，当时一银元相当于300个铜板，2～3块银元可买一担谷）；伙计每月约7元。店内为雇员供给膳食，平日以素为主，每月逢六改善伙食（有肉或鱼），称为“烧六”；端阳、中秋、春节三大节日，老板设酒宴款待，备受店员期待。端阳酒宴被店员戏称为“快活酒”，因为端阳节过后，店内生意将转入淡季，工作较为轻松，有“麦秆缚苋菜，店家靠柜背（对）”的说法；中秋酒宴被戏称为“眼泪酒”，店内生意进入旺季，店员需早晚忙碌；春节酒宴，老板慰劳所有雇员一年来的辛劳，共勉来年生意兴隆。在“协源昌”，店内没有铁饭碗可捧，赏罚十分严明。对平日手脚勤快、表现出

① 袁南槐整理:《芝英协源昌》，永康市政协文史委员会、永康市工商业联合会、永康市档案局（馆）编:《永康名店名厂（民国时期）》，1995年，第48-51页。

色的雇员，年终经理另发“红包”奖励；对表现差劣者，年终吃过年夜酒后，经理通知解雇。店内每日凌晨开门，二更关门。打烊以后，伙计们需要做好次日营业的准备工作，如清理店堂，包扎铜板（每包300个），包扎桂圆、荔枝、白糖、糕点等果子包（有四方包、三角包、锄头包）。尽管工作非常辛劳，但当时找工不易，店内待遇又比较丰厚，所以所有雇员都能安分守己，任劳任怨。

“协源昌”的经营理念是“和气待客，老少无欺；讲究信用，保质保量；枚针生意，不嫌不烦”，要求所有伙计做到人和、义气、同仁。在经营方式上，有零售、批发、赊销、定销（预先定货）；零售为主，兼营批发。受日寇入侵的影响，“协源昌”于1940年秋停业，经营时间仅有十年时间。不过在芝英人记忆中，“协源昌”的地理位置优越、待客态度谦和、经营方式灵活、商品种类齐全，无愧于芝英商业名号的称呼。

芝英人对“协源昌”记忆深刻，还因为它曾经为永康的革命事业做出过杰出的贡献。该店股东应业纯之胞姐应爱莲（1885—1978）早在1927年就加入了中国共产党，曾将“协源昌”的三位雇员应广超、施世仔、章振显发展为中共地下党员。当时几人以店铺生意为掩护，经常在店内密谈，从事党的地下活动。应广超从事组织工作，经常下乡杀猪的施世仔担任交通联络工作，章振显负责宣传工作。1940年“协源昌”停业后，应业纯、应广超、应少超等人在店铺原址开设“侠裕”商店，店面一间半，主要经营棉布、百货。1942年，日军入侵永康，时局急剧恶化。该店改由应广超、应雄江父子经营百货业。直到解放以后，该店一面经营商业，一面继续作为我党地下工作的重要联络站。

2.抗战难民工厂

抗战时期的芝英难民工厂全称为“浙江省赈济会难民染织工厂”，创立于1938年4月11日。“七七事变”以后，浙西各地相继沦陷，浙江省政府迁至永康方岩，大批难民涌入永康。永康乡贤、辛亥革命先驱、时任“浙江省赈济委员会”主任的吕公望（1879—1954）向浙江省政府提出以工代赈的建议。经过多方考察，省政府最终决定选址芝英，设“难民工厂”，由吕公望任总经理，黄人望任副总经理，蒋仲珊任总干事。工厂设总务处、工务处、营业处、会计室，管理人员一百四五十人，大部分由曾在上海、杭州从事纺织工业的永康籍专业技术人员担任。

“难民工厂”总厂设在芝英，另在县城、后曹桥、长城、郭山、溪岸、柿后、桥下、太平等八处附设工场。初设布机1000台，后因难民日增又添置了200台。准备工场，设于芝英紫霄观；整验工序一部分设于紫霄观旁澹泉公祠、后宅厅的天言公祠、天成公祠；扎综工序一部分设在序常祠堂。成纬工扬，设于芝英睦房祠堂。第一织造工场，设于芝英伯常鹤山公祠和守常香亭公祠；第二织造工场，设芝英郭山村祠堂；第三织造工场，设于芝英褒功祠；第四织造工场，设于芝英伯集龙山公祠；第五织造工场，设于芝英溪岸胡氏两公祠；第六织造工场，设于芝英柿后村祠堂；第七织造工场，设于芝英修佰公祠；第八织造工场，设于芝英正房眉山公祠。

当时“难民工厂”共有3000多名难民工人，产量逐年提高。据统计，1938年该厂产布27903匹，1939年产布72688匹，1940年产布达100206匹。这些布匹除满足老百姓日常穿衣之外，大宗布匹供给第四、第五军需局作为抗战军需品。[①]“难民工厂”设立同时，“浙江省赈济委员会”在芝英设置了一批关联机构。例如，为妥善处理难民儿童的教育事宜，1938年春在芝英油溪塘村设“浙江省芝英战区儿童教养团”，内分准备班、幼稚班、小学部（分低年级、中年级、高年级共10个学级）。至

① 楼明统整理：《难民工厂》，永康市政协文史委员会、永康市工商业联合会、永康市档案局（馆）编：《永康名店名厂（民国时期）》，1995年，第146-149页。

1940年，该教养团共有儿童学员616人。他们均为来自各战地的4岁以上、12岁以下的儿童，其中男童395人，女童221人。[①]在战火纷扰的年代，“难民工厂”及其关联机构不但解决了难民就工等民生问题，在一定程度上促进了民心的稳定与当地经济的发展，而且有力地支援了抗战前线。

1945年8月抗战胜利以后，“难民工厂”停止生产，就地变卖厂内物资，发放旅费帮助难民返乡。值得指出的是，“难民工厂”的部分布机由芝英人应德正等购得，并筹集资金一亿法币，于1947年8月正式创立“芝英镇染织生产合作社”。该合作社社员73人，生产白手布、斜纹、条子布、毛巾等产品，并成立员工消费合作社。1947年8月至1948年2月，社内设木机20张，工人30人，月产平布400匹；1948年2月至7月，设木机25张，工人40人，除织平布外，兼织斜纹、条子布，月产600匹；1948年8月至1949年1月，设木机30张，铁木机5张，工人50人，织平布、斜纹、条子布、线呢；1949年2月至7月又添置铁机、毛巾机，成立员工消费合作社，各社员家族均无失业之人。[②]

3.芝英酱油厂

芝英酱油厂是民国年间芝英的另一家名厂。该厂产品“芝英酱油”是解放以前金华老八县中的名特优产品，誉满金衢地区，并销往江西玉山、湖南长沙等省外县市。据该厂最早的投资人章孟春回忆，芝英酱油厂由徐宗岐（1909—1976）和胡思周初创于1943年5月。[③]徐宗岐是永康电灯公司技师（1948年任经理），与胡思周原是“难民工厂”的同事，徐的父亲徐联三与胡的叔父胡钦海都是永康著名的实业家。1942年以后永康屡屡遭受日军侵扰，县城城关大批人口被疏散到芝英镇。此时有志于兴办实业且在难民工厂积累了大量办厂经验的徐宗岐、胡思周，便将目光放到了酱油这一百姓日常生活必需品，说服近三十位亲友合伙入股办

① 章昊生：《一个在敌人炮火下长成的战区儿童教养团——“浙江省芝英战区儿童教养团”介绍》，《浙江战时教育文化月刊》2卷4期。

② 楼明统整理：《芝英镇染织生产合作社》，永康市政协文史委员会、永康市工商业联合会、永康市档案局（馆）编：《永康名店名厂（民国时期）》，1995年，第162页。

③ 章孟春：《芝英酱油厂简史》，见中国人民政治协商会议浙江省永康县文史资料工作委员会编：《永康文史》第六辑，1990年，第62–65页；又见永康市政协文史委员会、永康市工商业联合会、永康市档案局（馆）编：《永康名店名厂（民国时期）》，1995年，第154–156页。

起了芝英酱油厂。酱油厂成立后，徐宗岐亲自担任厂长，聘请马湘甫负责生产技术，胡思周负责业务，章孟春负责总务。办厂伊始，章孟春设计了商标，为一只口衔芝草、昂首展翅的雄鹰（利用了“芝英”两字的谐音），并将产品定名为“芝英酱油”。

说明：图片来源于永康市政协学习与文史委员会编《永康历代名人》，中国文史出版社，2013年，第222页。

早在“难民工厂”任机电厂厂长时，徐宗岐就结识了时任浙江大学教授的陈陶声，并向他学习酿造理论与技术。酱油厂成立后，他非常重视酿造工艺的改进与技术工人的培养。该厂积极招收富于朝气、易于接受新事物的青年入厂，由徐宗岐和马湘甫亲自教授操作技术。针对当时老酱坊普遍存在的不卫生、易发霉、曲的质量差等问题，徐宗岐等从四项做法入手改进了酿造工艺：第一，菌种自己培育、选优；第二，将小麦经过焙炒后磨成粗扮、拌和大豆后制曲；第三，水浴保温酵法；第四，酱油灭菌防霉法。通过改良，芝英酱油质量大幅提高。另外，区别于当时厂商普遍使用“缸油”“玉露油”等称呼混淆酱油产品档次的做法，芝英酱油厂将产品分为甲、乙、丙三种档次；瓶装酱油商品标签只表明成分，不使用“味道鲜美，营养丰富”等空洞描述。

芝英酱油厂不但依靠过硬的产品质量受到当时老百姓的欢迎，还曾经作为中国共产党的地下联络站和掩蔽所，为党的革命事业作出贡献。以酱油厂为掩护，徐宗岐在厂内培养了多名中国共产党积极分子。1945年抗战胜利后，厂址迁至永康东库，并在金华设分厂。黄成江、陶健、胡一元等中共永康地下党领导人先后来到厂内，成立党组织，领导永康、东阳、武义、磐安一带的地下党工作。后来酱油厂党组织暴露，陶健等被迫离开酱油厂，加入以应飞为支队长的浙东人民解放军第六支队。徐宗岐没有暴露身份，留在厂内继续从事革命工作。[①]

① 徐呆：《徐联三徐宗岐父子》，《永康日报》2012年8月8日第14版。

第四章　望族之乡百祠兴

芝英自兴起之时起就是大族汇聚之地，是浙中地区著名的望族之乡。诸多姓氏宗族长期和睦相处，彼此合作，共同开发，不仅全面推动地方社会的持续发展和兴盛，而且以多样的家族形态和社会风范构建起颇具特色的地域人文体系和文化传统，芝英也由此成为浙中地区宗族文化传承与发展的活态样本。

第一节　宗族长盛

一、应氏南宗

在古代芝英地区先后兴起的众多姓氏宗族中，应氏是最具代表性的，在芝英地区社会发展的历史进程中扮演了重要的角色，很大程度上堪称芝英地区传统宗族长盛不衰的典范。

芝英应氏始于东晋，系北方汝南应氏的南迁分支。历史上，汝南应氏是应姓的正统主支，其源起可以追溯到传说中的炎黄时代。相传黄帝时，北方有一个以翼龙为图腾的部落，称应龙氏，曾参与中原诸部落集团之间的争战。《山海经·大荒北经》载："蚩尤作兵伐黄帝，黄帝乃令应龙攻之冀州之野。应龙畜水，遂杀蚩尤。"因协助黄帝打败蚩尤集团，应龙氏获得封赏，由原来生活的中原北部移居今山西东南一带的封地。后来，应龙氏逐渐南迁，越过黄河，定居于伏牛山下的滍水之阳，与当地居民融合，并建立应城古邑（今河南平顶山市境内）。殷商时期，应城一带兴起应国。《汲郡古文》称："殷时已有应国，王步于应。"今本《竹书纪年》记载："盘庚七年，应侯来朝。"可见当时的应国是臣服于商朝的服外方国。西周建立后，实行"封藩建卫"政策，分封姬姓王族子孙及异姓有功之臣为诸侯，建立起众多规模不等的封国。其中，周武王第四子姬叔受封原应国之地，并以地名为封号，称应侯。应侯遂籍封国建氏，改名应叔。其后子孙繁衍，枝繁叶茂，发展为应姓主支，应叔也因此被尊为应氏得姓始祖。汉高祖四年（前203），在西周应国故地置汝南郡，并为隋以前历代沿袭。汝南郡既系应姓发源地，又是应氏主支的活动中心和正统门第大族之所在，遂被天下应氏视为本姓郡望。芝英应氏始祖应詹（274—326），便来自汝南郡南顿县（今属河南项城市）的应氏大族。

两晋之际，天下大乱。北方各地战火四起，社会动荡，中原大族纷纷南迁，掀起规模空前的"北人南徙"浪潮。应詹亦率部分族人随晋室南下，先后被授予建武将军、后军将军、平南将军等衔，出任益州刺史、吴国内史、江州刺史等职，初赐爵颍阳乡侯，因功进封观阳县侯。晋明帝太宁三年（325），应詹率族人和部曲进入永康县，驻扎于古芝英地区，一边治乱安民，一边屯田拓垦，其所居之地称为"官田"。晋成帝咸和元年（326），应詹在官田去世，其子应玄承袭观阳县侯爵位，累官散骑常侍、御史大夫，因功赐"食邑五百户"。由此，应詹开发的官田成为家族的世禄封地。明代应奎《芝英应氏宗谱后语》说："晋祚既东，詹以大将军镇南，而族遂著于婺，始家永康。"应詹父子寓居永康，开发官田，不仅开启了芝英应氏宗族发展历史，也标志着古芝英地区开始成为汝南应氏南迁主系的活动中心。后世应氏遂以芝英为南宗，推尊应詹为南宗鼻祖。

不过，南迁之初，芝英应氏处于草创阶段，其宗族发展整体上尚较为有限。进入南朝时期，芝英应氏逐渐走向兴盛。特别是由应詹五世孙应袭一支发展起来的官里园家族，人丁兴旺，族派繁衍，簪缨纷涌，名宦迭出，成为闻名一方的豪门大族。史载应袭博通经史，颇习武艺。东晋末举孝廉，为太学博士。刘宋代晋后，历豫州、宁州等地刺史，为政清明，深受百姓拥戴。"奉公恤民，恪勤匪懈，百姓称咏。"后奉召入朝，致力于朝廷的典章礼仪建设，成效卓著。"时朝仪典章，咸未周备，袭留心考定，号为称职。"由是获得宋文帝的嘉奖，"赐东阳郡官田五百户，于杜宅之阳，名曰官里园”[1]。应袭所建的官里园，实为在古芝英地区世禄封地官田的基础上开辟的家族田庄。应袭后代遂依托官里园，兴农耕，营工商，建学校，行教化，积极推动地方社会开发。有关历史资料提到，应袭之孙昭用、昭光、昭曜、昭德、昭和、昭建、昭辉等人兴修水利，拓垦田地，发展农业，“凿水开渠，灌稼洗漱”；又兴办教育，建立族学，训导子弟，“就学者三十余人”。与应昭用等人同辈的应项喜黄老之术，曾赴缙云山潜心研习道学，返乡后在官里园之东修筑紫霄观，很快成为东南地区著名的道观，后来梁武帝萧衍曾亲自前来拜访，并在观中留驻月余。应袭四世孙应厘业儒重文，研经学，倡礼制，行教化。“率身耕稼，躬事继母。力操耒耜耨耘，暮而归。于族兄弟侄，拓家园至方圆五里，然后就庠序，集门生弟子，说释经义如故。”梁元帝承圣三年（554），应厘率族人上书朝廷，请求祭祀南迁始祖应詹，获得批准。“帝诏具太牢令，拜祠上冢，以奉常祀。”经过几代人的持续努力，官里园家族成为远近闻名的仕宦礼仪世家。到南朝中期，官里园家族“六代共炊，家甚隆盛，长幼有序，仕宦耕作，内外安位，嫌隙不生”；“一门百余口，敦睦如一。子孙学业，各授一经。孝礼兼持，郡称为最”[2]。

值得指出的是，南朝时期的官里园应氏家族不仅重宦业，兴农耕，也积极开展工商业经营活动，尤其是在金属冶铸和制造业方面，更为时人所重。汝南应氏原本就有冶炼铸造的传统，南迁后一度低落。南齐时，应袭孙应昭德重振铸造业传统。他开设匠坊，铸皿锻器，制作耒耜、犁、耙、铲、耖、挞刀、瓠种、耕槃、耨镈、耰锄、耧锄、镫锄、耘荡、耘爪等各种农具和生活器具，“以佐助百姓”。其子应沔、应涣继承父业，铸造工艺更为精湛，“置熔炉锻铸器皿，生意蒸蒸日上”，匠坊的生产规模不断扩大，制作和经营趋于专业化。应沔长子应颉经营的匠坊，“门庭若市，富甲一方，族中大事，全赖工坊之财，宗党咸敬之”。其弟应颢与兄分立，在官里园东北开设铜铸坊。应涣长子应顿经营的匠坊，所制器具受到人们的欢迎，“远近富户商贾官员慕名而来，制作玩物，求其

① 张镜：《殿中尚书应袭传》，南朝宋元嘉乙酉（445）撰，收入《缙州古城资料汇编》，永康市芝英历史文化研究会编印，2021年。

② 沈巡：《应亨龄传》，南朝陈天嘉辛巳（561）撰；赵齐旦：《应厘传》，南朝陈天嘉乙酉（565）撰，均收入《缙州古城资料汇编》，永康市芝英历史文化研究会编印，2021年。

精微”。应顿弟应鄂经营的匠坊颇具规模，“召徒近百，日产匠具数百”。随着应氏家族金属制造业的日益兴盛，逐渐引起官方的注意。梁陈之际，缙州刺史留异强制征用应氏匠坊，“改置锻兵器、铸钱坊”①。官里园家族发达的金属冶铸和制造业，既是当时古芝英地区工商业发展的突出表现，也开启了永康五金文化的历史传统。

经过以官里园家族为代表的应氏宗族的积极开发，古芝英地区的经济、社会和文化获得长足的进步。梁敬帝绍泰二年（556），在东阳郡增置缙州，刺史留异遂选择在芝英地区设置州治，修筑州城。“置州治于官里园，斡运缙民之力，强征丁壮，广纳税赋，窃以当州即制邑也。”在官里园基础上修建的缙州城，也一度呈现出较为兴盛的景象。“州所一时殷盛，户口甚蕃。贵势之家，竞为侈靡。百工造作，务尽奇巧。”②

隋朝前期，由于战乱影响，芝英应氏的发展一度受到较大的冲击。隋文帝开皇十年（590），婺州（今浙江金华市）人汪文进举兵反叛，与越州（今浙江绍兴市）人高智慧、苏州人沈玄懀互为呼应。他们自称天子，署置百官，割据自立。次年，战乱扩散到永康县及周边地区，芝英应氏为保卫家园，在官里园家族应智玑等人的组织下，积极行动起来，组建义勇队，参与官方的平叛活动。史称：“智玑聚族保里，自易应帜，聚勇三千。自郡栝瓯追堵斩寇，残余遁闽。”此次战乱和平叛活动，应氏诸族付出了巨大的牺牲，“义勇损殒过千”，“众孤儿寡母举族哀丧，泣声不绝”。③不过，战乱平息后，芝英应氏诸族很快得到恢复，重现“宗党豪盛”的兴旺景象。入唐后，芝英应氏整体上延续了不断发展的势头，始终保持地方大宗、仕宦名族的地位。盛唐时期曾任婺州刺史的王正容所撰《汝南郡高士应凝之世考》一文，为我们提供了芝英地区应凝之家族的发展情况。该家族系南朝官里园家族繁衍分化的一支，自隋代至唐前期，一直是耕读相承，仕宦名流不断。隋文帝时，应凝之曾祖应智孝因率族人参与平定汪文进之乱，以功赐游击将军衔。应智孝有五子：应公廉敏而好学，隋炀帝时任职校书郎，直内史省，参掌文翰；应公钰“博

① 佚名：《农耕匠坊记》，收入《缙州古城资料汇编》，永康市芝英历史文化研究会编印，2021年。

② 佚名：《农耕匠坊记》，收入《缙州古城资料汇编》，永康市芝英历史文化研究会编印，2021年。

③ 王正容：《汝南郡高士应凝之世考》，唐开元戊辰（728）撰，收入《缙州古城资料汇编》，永康市芝英历史文化研究会编印，2021年。

涉书传，善缀文，尤晓时务，为州闾所称”，举孝廉，授中书舍人；应公鐮博学多识，精于阴阳算术，尤擅长占候之术，为时人所重，隐而不仕；应公钥博学有文词，授通直散骑郎；应公临自少好学，博涉经史，举孝廉，隋末累官豫州刺史，隋亡后转归唐朝。喜藏书，家设书库，“有藏书数千卷，教训子侄”。应公临有四子，其中长子应守光博学有俊才，尤工草隶。初为校书郎，迁太学博士，累官著作佐郎。次子应守明少而明敏，志向高远，八岁即能熟诵十赋。举童子试，拜童子郎。后历句章令等职，累迁道州刺史。少子应守天初为丹阳令，居官清明，处事公正，关心民间疾苦，重视礼仪教化，在职期间，“所得俸禄，赈施穷乏”，“狱中无系囚，囹圄尽皆生”，深受当地民众拥戴，“百姓感其德化，更相笃励”，遂以清名善政擢拜瑞州刺史。应公临之孙应凝之（634—689）更是名闻一时的高士，他年幼时父亲应守言因病去世，遂悉心侍奉母亲，以恪尽孝道著称。又勤奋学习，研精不倦，博览群书，精通天文术数。朝廷数次征召，皆称疾不赴，专致于家族经营和地方社会建设。一方面，秉承祖训，完善家礼，规范门风，“强不凌弱，众不暴寡，富不傲贫，贵不骄贱，婚姻不论财，丧祭不尚虚文，子孙不从佛老，坟墓不伤薪木”；另一方面，重视调解地方社会关系，以周济和救助族人乡里为务。“郡里有丧事不办者，凝之辄奔走赴之，随乏供济。有兄弟分财不均至相阋讼，凝之闻而出财补其少者，令与多者相埒，其后出粟数千石，以贷乡人。”遇到饥荒之年，应凝之罄竭家资，救济饥民，又收埋遗骸，出粮种分给贫乏之家。[①]除了应凝之家族，芝英地区的其他应氏家族也涌现出众多仕宦名流。如应演，唐高宗咸亨四年（673）登进士科，历任蜀州司户等职；应槐芝，累官山西河东抚慰大使；应鳝，历任御史大夫等职；应世焕，累迁吏部侍郎；应彪，任靖国节度使、明州刺史；应隐玠，历任太常寺卿、散骑常侍、知杭州军事衙推等职；应裒，拜都知兵马使；应勤，累官检校司徒平章事，充度支盐铁使；应谨，官至滁州判官；应和，唐末以军功授金吾大将军、检校诸城镇行营兵马节度使；应缓，唐末累迁河西判官，进领度支盐铁使。

随着子孙繁衍和人口规模的不断扩大，芝英地区的应氏宗族逐渐发

① 王正容：《汝南郡高士应凝之世考》，唐开元戊辰（728）撰，收入《缙州古城资料汇编》，永康市芝英历史文化研究会编印，2021年。

展为众多分支流派，部分应氏家族因各种原因开始陆续迁居外地。据有关族谱记载，唐中期曾任明州刺史的应彪，子孙先后迁居外邑。其中长子应傅岩因在台州任职，遂移家至临海，部分后裔又迁居仙居等地；次子应节岩则外迁与永康南界相接的缙云等地。北宋祥符元年（1008）翰林侍讲王敬撰写的《应氏宗谱序》也提到，唐代以来芝英应氏的外迁地有信州贵溪、台州临海、温州永嘉、处州缙云、越州剡县、明州宁海等。

进入宋代，芝英地区的应氏宗族掀起新一轮的发展热潮。按照王敬《应氏宗谱序》所言，宋前期芝英地区应氏诸族已有1800多人，分居多个聚落，故芝英地区被称为“诸应”。宋室南渡后，芝英应氏更是呈现空前的兴盛，“士农工商，百工技艺，进士贡生，不胜枚举”。据不完全统计，从宋高宗绍兴十二年（1142）到宋理宗宝祐元年（1253）的百余年间，芝英地区应氏诸族登进士第者多达27人[①]，这在当时其他地方大族中是极为罕见的。与此相联系，应氏诸族的仕进显宦、文化名流大量涌现，不少人名闻一时。如生活于南宋前期的应材（1136—1180），精研经学，工于词藻。绍兴二十七年（1157）登进士第，初授衢州教授，后入朝任职，力主北伐中原，中兴国家，成为朝中抗战派的重要人物。最后卒于军中，追封安国公。与应材同时代的应孟明（1138—1219），少入太学，隆兴元年（1163）登进士第，初授临安府教授，后长期从事监察和刑狱工作，历大理寺丞、福建提举常平、江东提点刑狱、广西经略安抚、浙西提点刑狱等职，以清正廉明、刚正不阿著称于时，多次获得宋孝宗的赞赏。累迁吏部侍郎，参与朝政决策。及卒，追赠太子少师。生活于南宋中期的应纯之（1175—1224），初以研习理学为务，嘉泰三年（1203）登进士第，累迁楚州知州兼京东经略安抚使，升任兵部侍郎，致力于抗金守备建设。嘉定十七年（1224），金军进犯，应纯之率兵迎敌，力战而死。

芝英地区应氏宗族的兴盛，吸引部分原先外迁各地的族人又重新回归故土。被后世芝英诸多应氏家族称为“始迁祖”的九二府君，就是在南宋中后期回迁芝英地区的。根据有关历史文献和族谱记载，九二府君的祖上由芝英地区外迁仙居，又迁居缙云。宋理宗嘉熙（1237—1240）

① 应业修:《千年应氏望族地》，中国文史出版社，2014年，第99-100页。

年间，九二府君入赘芝英地区的窦氏之家，遂返居祖上故乡，后世子孙繁衍，成为明清时期芝英应氏一大宗族派系。元明之际学者苏伯衡在所撰《处士应德厚墓碣铭》中说："永康有完德嘉遁之士应氏讳阜，字德厚，其先本仙居人，中徙缙云。宋季，讳某者出赘永康大田里窦氏，因家焉。子孙日以繁衍，至更名大田里曰诸应，且七世矣，故今为永康人。"[①]明嘉靖王崇所撰《芝英应氏重修家谱序》更明确地说："九二府君，吾家始迁祖也。自镇南大将军应詹之后，占籍永康。因世居大田，代多显人，后自大田徙仙居，又自仙居徙缙云。至府君复还徙焉。……岁久，荐经兵燹，初谱放逸，讳字生卒失传，独以行显云。"[②]所谓"大田"，是古芝英地区早期的称呼。

元代是芝英应氏宗族发展史上的一个低落期。由于反元活动不断，芝英地区社会持续动荡。特别是元末大规模战乱，使芝英地区遭到空前严重的破坏。兵火之余，村落成墟，田地荒芜，社会残破，民生凋敝。应氏作为芝英地区的传统豪宗显族，所受兵燹之灾尤为惨烈，部分应氏家族聚落被毁，族人四散，由此走向解体。苏伯衡《处士应德厚墓碣铭》感叹："元末所在骚驿蒿目，桑梓之蒙鼎沸也，遂不能以安枕。"[③]

经过明前期的持续恢复和发展，从明代中期起，芝英应氏重新走向兴盛，"族属繁衍，合其指殆不啻万余，富连阡陌"[④]。不少应氏家族仕宦连绵，名流迭出。据不完全统计，从明中期至清末，芝英应氏诸族先后登科中举者有46人。[⑤]至于贡士数量，更是数以百计。其显宦名流者，有以儒学教授起家，累迁太子太保、户部尚书的著名学者应奎（1466—1545）；以"修业之勤，文艺之精，声望之著"名闻于时，因参与平乱而被心学大家王阳明誉为"王国懋勋"的应恩（1458—1520）；放弃朝中高位，转而追随王阳明，被浙中士人尊为王学引领者的应典（1481—1547）；潜心钻研圣贤学问，致力于讲学授道的阳明学传人应兼（1492—1577）；淡泊仕途名利，孜孜于著书立说的一代名家应廷育

① 苏伯衡:《处士应德厚墓碣铭》,《芝英应氏宗谱》卷二，民国十二年重修本。
② 《芝英应氏宗谱》卷首，民国十二年重修本。
③ 苏伯衡:《处士应德厚墓碣铭》,《芝英应氏宗谱》卷二，民国十二年重修本。
④ 应廷育等:《庆朝升翁八十寿序》,《芝英应氏宗谱特传总编》，民国十二年重修本。
⑤ 应业修:《千年应氏望族地》，中国文史出版社，2014年，第100-102页。

（1497—1578）；开清代芝英应氏科第先河，以勤政清明、忧民疾苦而为时人称颂的应炜（1697—1748）；积极发展地方教育，重视整顿士风文习的教育家应正禄（1733—1805）。诸如此类，不一而举。也有部分应氏家族业工营商，发展为“富甲一方”的工商大族。明代宗景泰（1450—1457）年间，应昙捐田地，兴办义市，汇聚本地民众，吸引远近商贾，开展贸易活动，由此直接推动芝英成为浙中地区著名的商贸重镇。直到今天，芝英仍保留了在义市基础上发展起来的大规模期日集市。

晚清以降，芝英应氏不少成员主动追随时代潮流，积极投身社会变革。晚清名臣应宝时（1821—1891）参与洋务活动，创办近代工业，推行近代教育，成为中国近代史上具有重要影响的政治人物。应宝时之子应德闳（1876—1919），民国初年出任江苏省民政长，大力改革地方政务，兴办现代银行，支持新闻事业。出身芝英应氏书香之家的应贻诰（1869—1950），加入同盟会，参与民主革命。辛亥革命后，历任永康县民事长、遂昌县知事等职。新民主革命时期，芝英应氏又涌现出一批红色志士，如组织地方农民暴动，创建永康苏维埃政权的中共永康中心县委常委徐英湖（1902—1930）；永康地区最早的女性中共党员之一，在白色恐怖中坚持地下工作的“革命妈妈”应爱莲（1888—1980）；长期在浙中地区开展艰苦卓绝的革命斗争，曾任中共金华地区临时工作委员会书记的应飞（1922—2012）等。

二、大族纷起

除了由北方南迁的应氏，历史上芝英地区还先后兴起不少宗姓大族。各姓族共同努力，勤勉创业，推动芝英社会的持续发展和不断兴盛。这里主要介绍其中部分姓族的源起、发展过程，以及宗族衍化和家族兴衰的基本情况。

1.胡堰街胡氏

历史上，芝英地区先后兴起多支胡氏家族，胡堰街胡氏是其中颇具影响的一族。该族自南宋时迁居芝英，迄今已有800多年的历史。

胡堰街胡氏来自福建建州，其始祖胡志宁（1076—1128），原名安民，以字行，建州崇安县（今福建武夷山市）人。以科第入仕，授教谕。

宋徽宗宣和二年（1120），迁任永康县令。适逢方腊起义，战事波及永康。胡志宁运筹帷幄，指挥若定，组织民众奋起自救，很快就平定战乱。随后，他积极采取措施，“安顿离散士民”，“优恤死伤军民”，稳定社会秩序，恢复和发展地方经济，兴利革弊，解民疾苦，崇教兴学。“缮城堡，强联防，纯市井，革陋习，防微杜渐，以固封疆；兴水利，举农桑，兴市集，均税负，轻徭役，政清刑简，以苏民业。”由是获得民众的拥护和爱戴。宣和五年（1123），胡志宁任期届满，升任信州知军。因邑中士民不忍其离去，“具表乞留”，遂拒赴新职，续任县令，并移家永康县城，“遣眷附籍邑城由义坊居焉”[①]。宋高宗绍兴二十九年（1159），胡志宁孙胡镇永“因厌市喧哗，尊祖生前所卜”，从由义坊迁居县东游仙乡（今芝英地区），在皇降里花园山“置田筑室居之”，是为胡堰街胡氏始迁祖。宋宁宗庆元（1195—1201）初年，胡镇永孙胡畴携子胡兴及家人又从花园山迁居左皇降里水阁，“基成梁甃，肯堂肯构，三溪汇集，山环水合，四方地天成而规模大具”。朝廷闻知胡志宁后代定居皇降里，遂诏敕即里置街，“人称皇降里为胡堰街者，乃自兹始也”[②]。

胡堰街胡氏自移居芝英古里后，“世承家学，荣膺宠赐”“生齿日增，家声丕振”[③]，很快发展成为远近闻名的地方大族。宋度宗咸淳五年（1269），安抚使参议官吴邃在所撰《续修胡氏家谱序》一文中赞叹地说：

> （胡堰街胡氏家族）自祖皇志宁公肇基永邑，三世祖评事公卜居古里，七世祖通判公即里置街，而后则长发其祥，迄今已盛传十有二世。族大枝荣，生齿大增，世承家学。居仁由义，登科折桂，历世荣膺宠赐。虽发派别，多能聚族而居，党庠以同其业，爱宗亲同一源，患福与共，相周相济，孝友仁慈永不离伴也。[④]

元代中期曾任福建市舶提举的俞旭敬，也对南宋时期胡堰街胡氏家族的兴旺发达盛赞有加：

---

① 章徕：《胡氏家谱序》，南宋嘉熙四年（1240）撰，《胡堰街胡氏宗谱》卷一，2016年重修本，第26–28页。

② 《胡堰街胡氏宗谱》卷一《胡堰街胡氏源流盛衰录》，2016年重修本，第384–385页。

③ 章徕：《胡氏家谱序》，南宋嘉熙四年（1240）撰，《胡堰街胡氏宗谱》卷一，2016年重修本，第28页。

④ 《胡堰街胡氏宗谱》卷一，2016年重修本，第29页。

肇启胡堰以来，仅南宋一朝，登科入仕者就有十余人之众。若三世祖评事公镇永，四世祖工部员外郎良材公，五世祖福宁路知府畴公，六世祖通直公景仁，七世祖通判公康，八世祖知县公恢，九世祖宣德郎凤鸣者，皆世代荣膺宠赐，著誉赫赫，名标青史。……厚德载物，孝友仁慈，广施博济，以孝友世家名闻乡里。①

确实，南宋一代，胡堰街胡氏家族簪缨相继，显宦不断。其始迁祖胡镇永（1122—1188）自少聪颖勤学，未及冠即登茂才科，为侍御史谢良佐所荐入仕，累迁大理寺评事。胡镇永孙胡畴（1163—1234）天赋聪颖，勤奋好学，曾从学于永康学派著名学者陈亮。以乡贡入仕，累官知府，政绩颇佳，为时人所称。胡畴子胡兴（1183—1251）敦尚儒术，雅好堪舆。初以恩荫入仕，复登甲科，累官通直大夫。胡兴子胡康（1210—1274）有文才，年少即登词科，累迁常德通判。胡康长子胡恒以门荫入仕，累官监察御史；次子胡恢历知县等职，以礼部员郎衔致仕。胡恢子胡和（字凤鸣）自幼力学，少负大志，举茂才科，累迁工部主事。适逢世遭饥荒，捐米千石以赈饥民，获朝廷旌表。胡氏家族不仅诗礼传世，耕读兴家，而且积极参与商贸活动，“耕读传家，农商并举”②，由是富甲一方。史称：胡氏“秉承诗礼传家，致力经营，家声丕振。能聚能散，散而复聚，家资巨万，田连阡陌甲一方”③。胡堰街胡氏家族修建街市，招商引贾，有力地推动了芝英地区商业的发展和兴盛，成为当时重要的地方商贸中心。

元朝末年，天下大乱，战火四起。芝英地区所罹兵燹之祸尤为严重，胡堰街胡氏遭受重大打击，“房舍火焚，谱牒仅存十之二三”。不过，战乱平息后，胡堰街胡氏很快得以恢复，并重新走向兴盛。明清两代，胡堰街胡氏虽不能与南宋时期科第连缨、显宦不断的盛况相比，但一直是地方有名的诗礼传世之族。如在明代，有十三世祖巨九公胡瑚琏少从宋

① 俞旭敬：《续修胡氏宗谱序》，元延祐六年（1319）撰，《胡堰街胡氏宗谱》卷一，2016年重修本，第32页。

② 金景辅：《会修胡氏宗谱序》，《胡堰街胡氏宗谱》卷一，2016年重修本，第33页。

③ 俞旭敬：《续修胡氏宗谱序》，元延祐六年（1319）撰，《胡堰街胡氏宗谱》卷一，2016年重修本，第32页。

濂、刘伯温等明初名臣游，后应荐入仕，应召赴朝；巨十一公胡坚丰姿雅俊，渊学博詹，登茂才科，历县丞、主簿等职，以廉洁清正、恪尽职守著称，卒于任上。十六世孙厚三十二公胡续（以字宗泉行）天性孝友，才学博詹，以贡士起家，任职工部，致仕后仍积极参与黄淮水利治理，为有司褒扬。十九世礼四十二公胡勋自少好学，传承家学，“上自经史，下逮百氏，无不融会贯通”[①]。淡泊名利，无意仕途，专研学讲论，主讲五峰书院40多年，卒后奉祠书院学易斋。其子胡志仁也学识通博，有文名，继父业在五峰书院讲学多年。在清代，则有廿七祖胡兆纯、胡兆怡兄弟相继以乡贡入仕，并授登仕郎等。相对而言，胡堰街胡氏诸族在农商经营方面更为成功。明初，胡氏诸族便已全面摆脱元末战乱带来的破坏，遵循南宋以来农商并举的家族经营之道，重振家业而富称一方。“置有田产万秧，坊店多处者已有十数家。”[②]十二世祖胡孟赓四世同堂，拥有田产十万，坊店十多家，人称“胡十万”，成为永康东乡首富。可以说，从明初到清中期，胡堰街胡氏子孙繁衍，经济昌盛，始终保持“富甲乡里”的状态。胡堰街市规模不断扩大，上街、前街、后街直、下街商铺林立，贸易兴盛，市场繁荣，成为永康县最重要的市集之一。

太平天国后期，芝英地区再次遭受大规模战乱。咸丰十一年（1860），胡堰街几为兵燹所毁，“二十多幢院墙相接，椽瓦相连，足不履湿民宅花厅大院，百间临街商铺，暨胡氏宗祠，俱被火焚殆尽”，“断垣残壁，瓦砾成堆，一片焦土”。胡氏族人或死于兵戈之锋，“世居上街、前街、下街、水阁诸房派宗亲遭杀戮，而少有后继者”；或四散逃亡，“逃难他乡谋生者难以计数”。及战乱平息，又逢大旱之灾，饥荒盛行，“人皆以树皮草根为食，一切食物奇缺，价格高昂”。天灾人祸交织，使胡堰街陷入萧条，“千户之居锐减十之三四”，“原本殷户皆以出卖田地山场以度饥荒，由富家沦为佃户”，昔日永康的望族名街，“沦为盖邑穷乡”。[③]面对家园被毁、街市成墟的困境，胡堰街胡氏族人并没有走向消沉，他们患难与共，互相帮扶，“垒土为墙，盖茅为房，或以租种佃田，

① 《胡堰街胡氏宗谱》卷一，2016年重修本，第432页。

② 《胡堰街胡氏宗谱》卷一，2016年重修本，第492页。

③ 应学昌:《重修胡氏宗谱序》，光绪十五年（1889）撰，《胡堰街胡氏宗谱》卷一，2016年重修本，第58页

或以改习手艺工匠以谋生计”，齐心协力，重建家园。经过数十年的艰难生聚，“生齿复增，家声重启”。到民国初年，胡堰街市已有杂货店四五家、酒肉铺三家、熟食店二家、中药店三家，另有茶馆、糕饼店、旅店、染坊、布店、裁缝店、木作店等，以及一定数量的集市商摊，虽然远不能与明清兴盛时相比，但已是初显活跃。胡氏族人或耕作，或经商，或业工。据不完全统计，民国时期胡堰街胡氏经商贸易者有数十家，从事手工业者有200多家，特别是五金制作业，成为许多胡氏家族的经营主业。他们有的赴外地经营，成为当地同业翘楚，如开设于南昌和景德镇的胡隆兴冶坊，开设于景德镇的胡隆盛冶坊，开设于丽水的胡复隆冶坊，以及胡氏族人在九江、婺源、衢州、杭州等地开设的冶坊和工厂，资产和经营规模均位居各地同业前列。更多的胡氏族人留在家乡，或设坊开店，或流动经营，涌现出一大批五金铸造和制作的能工巧匠。如冶炼铸造名师有胡方木、胡有明、胡德敷、胡德清、胡长云、胡德才、胡逊严、胡振锁、胡金生、胡寿山、胡茂泰、胡岳轩、胡有水、胡天明、胡天松、胡文生、胡长宝等；打铜打锡能手有胡荣藩、胡荣峰、胡汝多、胡宝申、胡高龙、胡天生、胡跃存、胡跃炉、胡海标、胡春其、胡成春、胡云兴、胡宝仓、胡德丰等；铸铜打铁巧匠有胡昌荣、胡阿牛、胡方土、胡长生、胡云星等。不少胡氏家族经营有方，收益颇丰，其中由此致富者有20多家。①随着胡氏家族金属制造业的兴盛，胡堰街也成为永康五金手工业的重要集聚和发展地。

2.溪岸胡氏

溪岸胡氏是芝英地区胡姓宗族中又一支较具影响的族派。该族自明代中期移居芝英溪岸，世代相承，持续发展，迄今已历近600年。

溪岸胡氏是由同邑龙山胡氏分衍发展起来的。龙山胡氏兴起于北宋时期，其始祖胡文质，字元素，出身仕宦之家，习诗书，通《春秋》。宋神宗熙宁四年（1068），以乡荐入仕，入职殿前兵马司，领遥郡防御史，授朝议大夫。自胡文质创基龙山之阳，世代相传，子孙繁衍。宋室南渡后，科第相踵，簪缨不断，“贤杰郁兴，英才辈出”，成为远近闻名的地方大族。从五世祖胡邦直（字忠佐）

① 《胡堰街胡氏宗谱》卷一《胡堰街胡氏源流盛衰录》，2016年重修本，第397–398页。

于建炎二年（1128）登第，至九世祖胡长孺于咸淳六年（1270）及第，终南宋一代，龙岗胡氏先后登进士第者凡13人，仕为郡县者30余人，“为永邑之望族，盛极一时”①。龙山胡氏的这种发展盛况，一直延续到元代前期。晚清溪岸胡氏著名学者胡凤丹回顾宋元时期龙山胡氏家族兴旺发达的状况时说：

> 上祖忠佐公建炎进士，为宋名臣。祖孙父子兄弟叔侄科第蝉联，人文蔚起，登科甲者十三人，通仕籍者三十余人。或以昆山良称，或以德行著，或以孝友显，或以博学闻。元初，汲仲公经济文章彪炳一时，与兄之纲、之纯二公，世称“三胡”。②

进入明代，龙山胡氏趋于消沉。明宣宗宣德五年（1430）前后，龙山胡氏五世祖胡邦直九世嗣孙胡仪移居芝英溪岸，是为溪岸胡氏始迁祖。明穆宗隆庆元年（1567），胡仪裔孙胡沛迁居同乡的大郭山，溪岸胡氏在芝英地区遂分化为溪岸本支和郭山分支两部。

自明中期迁居芝英地区后，溪岸胡氏宗族的发展一直较为平稳。太平天国运动后期，芝英地区发生大规模战乱，溪岸胡氏诸族遭受空前严重的兵燹之灾。咸丰十一年（1861）3月至10月，芝英一带战事激烈，溪岸胡氏诸族的街市房舍多被焚毁。仅在10月的一次战火中，胡氏“修常厅房屋数十间，睦常厅房屋数十间，敬常厅房屋数十间，又市基常屋十余间，又堂楼后数十间，又溪头数十间，又惠常祖屋二进，一齐被毁”。战后又逢大旱，饥荒严重，胡氏宗族人口剧减，至有整家灭门者。“有一家全灭者，有一家只剩一二人者，皆前之厄于兵，还复厄于岁也。”③不过，经历大规模的天灾人祸之后，溪岸胡氏很快恢复，进而呈现出空前兴盛，发展成为地方名门大族。后来胡凤丹颇为自豪地介绍说：

> （胡氏）子孙居溪岸及郭山者，进庠序许干人，入国学许干人，登贡树发科甲许干人。文通武达振振有声于内官于朝者，枢亶有尚书郎，御前有侍卫，驾部有差官。外官于各省者，或观察于楚北，或出宰于江西，

① 郭山村志重修编委会编纂：《郭山村志》引《郭山四纪谱序》，2004年刊印，第1页。

② 郭山村志重修编委会编纂：《郭山村志》引胡凤丹光绪十一年谱序，2004年刊印，第8页。

③ 郭山村志重修编委会编纂：《郭山村志》引《咸丰辛酉被难记》，2004年刊印，第470—471页。

或分府于闽南，或佐治于皖国。至于戎马倥偬之际以军功显者，或科甲以授会将，或千总以晋参游，或武生以郡守，赐孔雀之翎，赏协勇之号，异数频膺，熏篪竞美，而且三代膺一品之封，四朝沾九重之宠，胞伯、胞兄亦拜通奉大夫。[①]

在晚清溪岸胡氏诸族中，较具代表性的有以武事兴家的胡凤鸣家族和以文名著世的胡凤丹家族。胡凤鸣，字紫庭，其父胡仁柳为国学生，后因子例封武功将军；其弟胡凤雍为郡武生，以军功补协都司，最后战死沙场，追赠云骑尉，世袭罔替；另一弟胡凤恩初以保举候选布政司理问，加五品衔，殉难后也追赠云骑，世袭罔替。胡凤鸣初以武生中举，咸丰二年（1852）登武进士第，为蓝翎侍卫，率部征战，因功奏保游击将军，赏给协勇巴鲁图名号。及殉难，追赠云骑尉，子孙世袭。胡凤丹（1823—1890），初字枫江，后字月樵，一字齐飞，号桃溪渔隐。出身书香世家，其祖胡南枝好读书，卓有特识。初应童子试，后入选邑庠，为一时之隽。其父胡仁楷，积学一生，乐善不倦。捐田建义学，又资助邑庠经费，为时人称赞。胡凤丹系胡仁楷第四子，初赴杭州求学，后受荐举，任兵部员外郎，迁湖北道员。同治六年（1867），应湖广总督李瀚章之邀，赴武昌创办湖北崇文书局。光绪元年（1875），迁湖北督粮道。在任期间，革除积弊，关注民生，广获赞誉。晚年辞职归乡，潜心于文献整理和著书立说。胡凤丹是晚清著名的藏书家、目录学家、出版家和著作家，一生致力于地方文献的搜集、整理和刊刻，著述宏富，有《退补斋文存》等数十种。胡凤丹长子胡宗廉，字崧士，号子樵，初为江西候补知县，后诰授奉政大夫，直隶州知州，建昌知县，晋授中宪大夫。次子胡宗彦，字英士，号次樵，例贡生，为福建候补同知，升用同知，累授中议大夫。三子胡宗荆，字少樵，附贡生，以监课司提举衔江功试用通判，诰授奉政大夫。五子胡宗谔，字幼樵，太学生。在胡凤丹诸子中，最著名的是四子胡宗楙。胡宗楙（1867—1940），字岘山，号季樵，是近代著名的藏书家、出版家和实业家。光绪二十九年（1903）中举，以知县分发江苏，累迁直隶州知州。民国初年，走上实业救国道路，先后从事矿业和金融业，曾任北洋开滦官矿公司经理、中国银行副行长等职。

① 郭山村志重修编委会编纂:《郭山村志》，2004年刊印，第9页。

1919年辞去公职，专致于文献整理、编纂和出版。早在光绪二十一年（1895），胡宗楙就将父亲编纂的《金华文萃》进行整理，以《金华丛书》之名加以刊刻。到1919年，他将自己补充搜集整理的金华地方文献编为《续金华丛书》，正式出版。《金华丛书》和《续金华丛书》合计460册，约4600万字，是我国历史上一次大规模的地方文献整理研究。除《金华丛书》和《续金华丛书》，胡宗楙编纂辑刻的还有《金华经籍志》《梦选楼诗钞》《东莱吕太师文集考异》《倪石陵书考异》《鲁斋王文宪公文集考异》《渊颖吴先生集考异》等几十种。

3.游川周氏

芝英游川周氏兴起于游溪塘村，系道州营道（今湖南道县）周氏分支，为北宋理学大家周敦颐的后世裔族。该族自元代移居芝英地区，子孙繁衍，世代绵延，迄今已有近700年的历史。

游川周氏的直接来源是永康邻县金华的泮塘周氏。南宋后期，周敦颐家族的裔孙周德彰赴婺州（今浙江金华市）兰溪县任职，遂携家定居金华县泮塘，是为泮塘周氏之始。元代前期，周德彰之孙周时文（1254—1315），字邦佐，曾任两浙市舶提举使，秩满离职，携家人移居永康县东昇平乡草墅（今属永康东城街道），形成草墅周氏。周时文之孙周圣（1293—1346），字允良，行俊一，娶芝英地区后杜村应氏女，在邻近的游溪建坝筑塘，开垦滩涂之地，并迁居塘东，由此开启游川周氏的发展史。元朝末年，芝英地区成为永康反元活动颇为激烈的区域，周圣长子周道瑞参与其中，担任义军千户，最后力战而卒。周圣次子周道宁为避战乱，移居破溪（今芝英小派溪），发展为游川周氏一支派。

明清时期，游川周氏持续发展，子孙相承，人丁兴旺，支派繁多，逐渐成为芝英地区颇具规模和影响的宗族。不少游川周氏家族书香传世，礼孝闻名。其中，最具代表性的是兴起于明代中期的周聚星家族。周聚星（1528—1577），字文卿，别号启斋，其祖父周莹曾从学于心学大家王阳明，精研儒学，为时人所称，学者尊称“宝峰先生”；其父周锺也致力于经学，“常与叔于德追随宝峰公游阳明之门”。史载聚星“从幼凝重，不落儇佻”，颇为祖父周莹喜爱，“每五峰书院讲学，类携与俱”。嘉靖三十八年（1559），聚星登进士第，初授刑部山西司主事，后历刑部员外郎、河南清吏司主事等职，职掌刑狱，用法平恕，处事公允，为时人称颂，名声鹤起，“青天白日之声，溢于众吻”。隆庆元年（1567），授贵州布政使司右参议。贵州地处偏僻，华夷杂处，民情复杂，许多士人视之仕途危地，但周聚星接获朝廷任命后，谓“职方所隶，皆王土也”，欣然赴任。在任期间，“竭心殚虑，为地方经营”，政绩卓然，“民被覆露，隅隅向化”。晚年，周聚星因遭人诽谤，落职归家，遂一面整家风，振礼制，“建宗祠，仍立家规，请之县大夫训其宗人，俾无败礼逸度”，“事父母孝敬纯笃，与诸弟曲有恩爱”；一面讲论经学，弘扬阳明之学，“拉当年同志诣五峰精舍，以其平生所得于师友者，倾廪倒囷，更相印证”。明万历年间曾任兵部尚书兼太子太师的石星赞叹地说，周聚星“历官政善，居家以孝友称”，其“学则渊矣，行则质矣，施则啬矣，名则修矣”。[①]

4.球川徐氏

永康各地徐氏宗族众多，支派繁杂，在古芝英地区较为活跃的主要是球川徐氏一系。该族自元代由县邑迁居，世代相承，枝繁叶茂，兴旺发达，迄今已传衍近700年。

球川徐氏系东汉后期太守徐琪后世裔族，是永康华溪截角徐氏的分派。东汉末年，徐琪游历江浙，见永康地区山川秀丽，遂携家移居。三国孙吴赤乌八年（245），析乌伤县南界上浦乡置永康县，筑城建衙。因建造县衙的基址不够规则，徐琪曾孙徐绰“截己屋基一角，以成其方”。官府褒扬其义，赐封其庐曰“截角世家”。徐绰之族遂以“截角”自称，很快发展为县邑一大望族，时人有“徐半县”之说。[②]此后经历千年，截角徐氏子孙相传，持续发展。

进入元代，来自截角徐氏的徐琨（1271—1352），字世宝，号环川，兼具文才武略，举乡贡进士，历知许州、巩昌等地，“导民以德，齐民以礼，省刑薄敛，民怀其德”[③]。声闻于朝，遂升中宪大夫，为汴梁兵备副使。至正十一年（1351），奉诏以左辅将参与平乱。见各地反元风潮渐起，天下将乱，遂以年迈奏请致仕。及回到家乡，离开祖上世代居住的

---

① 石星：《明朝列大夫贵州布政使司右参议周公墓志铭》，《游川周氏宗谱》，2005年重修本，第168–169页。

② 《永康徐氏总谱》卷二《永康徐氏大事记》，2019年编修，第2册，第104页。

③ 下徐店村志编纂委员会编：《下徐店村志》，1995年刊印，第97页。

县邑，携家人移居球川（今芝英镇上徐店村）。由此，截角徐氏分化为在城、球川两大支派，徐琨为球川派始迁祖。明万历（1573—1620）年间，球川徐氏十三世徐荣在球川附近石门桥一带创建新宅，名曰“新屋”，即为后来的下徐店村。球川徐氏遂分衍为上徐店和下徐店两派，上徐店派以十一世祖徐赐慧为派祖，下徐店派以徐赐慧之弟徐赐溢（徐荣祖父）为派祖。两派既有同宗，又自成一体，延续至今。

自徐琨迁居芝英地区，球川徐氏的发展一直较为稳定。到明代中期，渐趋活跃，子孙繁衍，人丁兴旺，宗族规模不断扩大，涌现出不少地方闻名的耕读礼义世家。如十世祖徐正通儒学，重耕业，为时人所称。其子徐赐溢（1463—1515）聪颖好学，意气豁达，致力于兴家建业。徐赐溢子徐满（1484—1545）尚气节，不同于流俗，勤俭持家，努力经营，“历诸艰险，备尝世味，遂裕兴家业”。又守礼重义，和睦邻里。“与人交必推诚率真，人以金玉君子誉之”；“闾里有不平事，以理直喻，皆取其所，而退无怨言”。重视慈善，济贫救穷。每逢饥岁荒年，积极捐粮救济，由是“家声并振”。徐满子徐荣（1511—1595）承父之业而更发扬广大，积资聚财，家业大兴，为一方首富，“田连阡陌，富甲于乡”。遂另建新宅，开下徐店一派之始。其为人刚直，讲情重义。“凡遇灾年，能慷慨开仓借济，累计万斛”，受到人们的广泛赞誉，朝廷特赐冠带以为褒奖。徐荣子徐性（1539—1582）“才德出众，好友性诚”，循遵家风，“醇厚自守，唯理处事，举德诚行，敬宗孝祖”，尤以恪行孝道，为时人称赞。①

分衍上徐店和下徐店两派后，球川徐氏更是枝繁叶茂，支系众多。其族人或书香传世，或农耕持家，或工商兴业，或敦睦乡里，或济贫救穷。如生活于明清之际的徐继星（1601—1672），字叔安，聪颖雅志，勤奋好学，“不思家业宏裕，惟求仕益民”。时逢乱世，时风不振，遂不求仕途，专致于和睦乡里，“正直处事，功宏德广”。与之同代的徐继康（1617—1684），字叔能，往来苏杭等地，贩运粮米，经营商贸，家业富饶。入清后，又有徐承相（1629—1692），字达卿，善于经营，家业丰裕，“富列乡里之先”。其为人忠诚刚直，热衷于救助乡里，“常以人之灾

① 下徐店村志编纂委员会编：《下徐店村志》，1995年刊印，第98—99页。

难，量己之心，慷慨施助”。康熙二十七年（1668），大旱成灾，他赈助粮米，广济饥民。徐承模（1653—1721），字规卿，号岐山，为人敦厚，治家严谨，讲信重义，热心慈善，救助贫困，屡受官府褒奖，为士人名流所称。郡守唐公赠“恩昭宾筵”匾额，学府汪公送匾“清时人杰”，府学教授顾公专赠“积德垂裕”之额，邑侯姬公书额“功宏普济”。徐绍圣（1654—？），字君时，逢乱世兵火，其父被掳，携弟辈鼎力持家，重振家业，遂致富裕。徐绍璇（1672—1747），字君衡，为人忠诚守诺，纯朴以居。朝勤夕俭，努力经营，“拓业致富”。治家严慎，力树耕读家风，子孙和睦，五世同堂，“誉满乡里，炫耀一方”。徐绍位（1683—1760），字君素，号南山，严慈治家，尊师敬长，敦睦乡里，乐于助人，屡获官府褒扬。其子徐飞能、徐介虞、徐瑞鸣皆勤于书业，入邑庠学习。徐绍倬（1690—1764），字汉昭，少习儒业，后入太学，援例授明经。乐善好施，接济贫困，名闻于时。邑宰张公、黄公表其才学，先后题额“怀珍遗泽”“才优经学”。徐觐光（1744—1825），字继承，号劼斋，自少学习经书，赋诗作文。乾隆四十五年（1780）中举，以知县职在籍候选，淡泊名利，潜心研学。后为新城县教谕，在任十年，恪尽职守，殷勤课工。[①]此外，球川徐氏两派业儒仕宦者尚有历应天府卫经历的徐应豪；以修职郎授八品衔的徐文臻；获九品和从九品衔的徐鳌、徐宗理、徐文美、徐开经、徐桂林、徐洪聚、徐凤仪、徐双彩、徐俊榜、徐纂元、徐伟颢、徐发旺、徐尔发、徐英竹等；贡生徐俊时、徐自新等；太学生徐伟察、徐伟宝、徐礼修、徐英躬、徐松如、徐望思、徐彦溥、徐彦纯、徐彦鞠、徐彦迪、徐彦厅等。凡此种种，不一而举。

民主革命时期，上徐店和下徐店徐氏族人积极投身革命事业，不少人为此献出生命。如上徐店村的徐步瀛，清末由武生考授五品衔，为金华协右营把总。1928年加入中国共产党，为中共永康县委联络委员，1934年被捕遇害。下徐店村徐英湖，1927年参加中国共产党，任党支部书记，发动民众建立农民协会，积极开展农民运动。1928年，他参加永康武义两县农民的联合暴动，组织红军游击队，开辟四十四坑红色根据地。1929年，徐英湖担任中共永康县委常委，并以特派员身份赴东

① 下徐店村志编纂委员会编：《下徐店村志》，1995年刊印，第99-101页。

阳、义乌等地指导党组织工作。次年初，他在永康主持年关暴动，组织农民协会进行武装游行，惩处土豪劣绅，开仓放粮，以帮助贫苦农民度过饥荒。地方当局组织反动势力进行镇压，徐英湖不幸遇害。

5.*石马卢氏*

石马卢氏系北方玉川卢氏南迁分支，因南宋末年移居今芝英西南的石马山之阴而得名。自宋季兴族，世代相承，迄今已延续700多年。

从历史渊源讲，玉川卢氏为汉唐时期门阀大族范阳卢氏支派。东汉后期，涿县（今河北涿州）人卢植以经学名世，历九江太守、庐江太守、北中郎将等职，其族遂显。因涿县在魏晋时隶属范阳郡，世称卢植之族为范阳卢氏。唐王朝建立后，号称“初唐四杰”之一的卢照邻即来自范阳卢氏。唐代中期，卢照邻之孙卢仝（约795—835）出生于济源县（今河南济源市）玉川乡，后迁居洛阳，自号玉川子。其子孙繁衍，显宦不断，遂为地方名门望族，称“玉川卢氏”。五代后周时期，卢仝元孙卢琰为开国重臣，累迁工部尚书、荣禄大夫、开国上将军。周宋鼎革，宋太祖赵匡胤代周而起，以卢琰声名卓著，加封越国公，允其致仕。卢琰遂携周世宗之子蕲王柴熙诲，由开封南迁吴越。初居临安县（今属浙江杭州市），及吴越归宋，又携家迁居永康县东孝义乡灵山（今属浙江磐安县）。卢琰原有八子，为保护柴熙诲，特招其为婿，改名卢璿，列为第三子。九子发为诸派，各以木建号，分称榛、栗、檡、松、竹、梅、桐、梓、杞。九派子孙繁衍，散居浙东各地，其中尤以长子卢珪为一世祖的榛派为最盛，显宦名流历代相继。特别是宋室南渡后，榛派诗书传家，科第连绵，登进士第者，先后有十三世祖卢灿（又名恺）、十四世祖卢子安（原名琎）、十五世祖卢深夫（原名鬆）等。

南宋末年，卢琰十七世孙、榛派十六世祖卢晓（字叔懋）以明经科入仕，为严州教谕。适逢宋季乱世，社会动荡，遂退仕归隐，举家从灵山迁居今芝英西南的石马山之阴，由是开启石马卢氏一派。卢琰有三子，又各发族为分支宗派。其中长子卢思宏、次子卢思丙两系支派主要集聚于芝英儒堂、西卢等村，进而衍化为宇、宙、天、地、人五房；季子卢思辰一系支派主要居住于芝英前舒等村。

进入明清时期，芝英地区石马卢氏各支不断发展，宗族兴旺，长盛不衰。特别是儒堂、西卢等村卢氏诸派，谨守“读书好，耕田好，学好便好；创业难，守业难，知难不难”祖训，秉承诗书传家、耕读兴业传统，成为颇具声名的地方望族。世人赞叹：“西卢以丁众见雄，知义知方；儒堂以秀才见称，兴仕兴礼。”①其中，最著名的当推明代中期理学家、教育家卢可久。史载卢可久，字德卿，号一松，儒堂村人，曾从学于心学大家王阳明，深得阳明赞许。一生潜心研究理学，著述颇丰；又在邻近芝英的五峰书院聚徒讲学近五十年，弟子中不乏地方名儒。另据有关谱牒记载，石马卢氏业儒而有一定地方名望者，在明代，除了卢可久，还有特授淮安府海州知州的卢允福、嘉靖年间岁贡生卢洵、工于诗文的卢琏、有文集传世的廪生卢自明、载入县志的乡贤卢汝瀚等。在清代，更是儒风代承，乡贤迭出。如加授官衔品级的有卢良慈、卢嘉善、卢宣、卢秉泓、卢同业、卢懋淹、卢鸿昌、卢鸿佐、卢鸿标、卢兆礼、卢廷蛟、卢望霓、卢望汪、卢英云、卢云藻、卢云时、卢建兴、卢加寿、卢书篷、卢桂月、卢逢芝、卢逢恩、卢逢暖、卢逢煦、卢逢昶、卢逢大、卢桂月、卢逢森、卢琼佩、卢嗣严、卢嗣启、卢嗣麟、卢嗣飏、卢嗣镛、卢土财、卢凤辉、卢师骥、卢师妥、卢师昉、卢德勋等；岁贡生有卢恒春、卢崔、卢刚、卢秉睦、卢继韶、卢鸿生、卢学驭、卢凤土、卢鼎铨、卢逢问、卢嗣纪等；太学生卢际湘、卢起灏、卢金容、卢望撑、卢望沱、卢望炉、卢金璋、卢正旺、卢崇峨、卢建侯、卢崇履、卢逢暟、卢需鸾、卢柏钟、卢振元、卢嗣宏、卢嗣鋐、卢声一、卢嗣渥、卢瑞芳、卢思寅、卢尢如、卢尢成、卢恂如、卢中如、卢师问、卢炳熊等。②

6. 前山杨氏

芝英前山杨氏系北方弘农杨氏裔族，婺州杨氏分支。该族自南宋中期由邻县义乌迁居永康，迄今已传续700多年。

历史上，杨氏源自姬姓，其宗族支派繁多，散布全国各地。其中，华阴县一派尤享盛名。两汉以降，华阴杨氏显宦迭出，名流不断。如西汉时，初有郎中骑都尉杨喜，以追杀项羽之功，爵封赤泉侯，食邑千九百户；继有杨喜曾孙杨敞，汉昭帝时官至丞相，爵封安平侯，是当

① 儒堂卢氏宗谱理事会编：《儒堂卢氏宗谱》卷一《玉川儒堂头卢氏宗谱序》，2006刊印，第3页。

② 永康市石马卢氏宗谱重修理事会编：《石马卢氏宗谱》卷二《显荣录》，2006年刊印，第24-26页；儒堂卢氏宗谱理事会编：《儒堂卢氏宗谱》卷二《缙绅录》，2006刊印，第515-520页。

时颇具影响力的政治人物。东汉时，杨敞裔孙杨宝以经学名世，尤精研《尚书》之学。杨宝之子杨震更是倍受后世赞誉的一代名臣，虽身居高位，累官司徒、太尉，却始终保持简朴的生活，积极倡行廉洁奉公风气。曾有好友在夜里送其黄金，并谓夜深人静，无人知晓。杨震坚辞不受，指出:“天知，地知，我知，你知，何谓无人知晓！”这“四知”被后世杨氏尊奉为本姓宗族祖训，许多宗派也由此自称“四知望族”。由于华阴杨氏名声远扬，而两汉魏晋时华阴县又隶属弘农郡，故弘农成为杨氏郡望，华阴杨氏亦被推尊为弘农郡望之族。

弘农杨氏传承繁衍，不断向各地扩散，婺州杨氏即为其南迁分支之一。唐代中期，弘农杨氏又涌现出一位著名的政治人物，他就是唐代宗时的宰相杨绾。按《新唐书》本传，杨绾（717—777），字公权，华阴县人，出身官宦之家。唐玄宗天宝（742—756）年间进士，又登制举词藻宏丽科，超授右拾遗。唐肃宗时，累迁礼部侍郎。唐代宗时，进拜中书侍郎、同中书门下平章事，执掌宰相之职。任职期间，杨绾以身作则，力倡清廉之风，“闻风靡然自化者，不可胜纪”，世人称赞其与杨震、谢安等前代名臣同流。另据光绪二十九年（1903）重修的永康《杨氏宗谱》，杨绾为婺州杨氏始祖。五代后周时期，杨绾五世孙杨虎（又名杨逊）为避世乱，携家从开封南下，转辗多地，最后定居于婺州金华县大云乡竹马营，卒葬邻县义乌赤岸，是为婺州杨氏南迁祖。

进入宋代，婺州杨氏子孙繁衍，分化为多个支派。南宋中期，杨虎裔孙杨瑱于嘉定元年（1208）登进士第，累迁兵部侍郎。后辞官归乡，移居祖墓所在的赤岸。杨瑱有四子，其中长子杨仲成随父居赤岸，次子杨仲用迁居邻县武义刘岩下，季子杨仲文迁居永康县邑西隅，幼子杨仲武迁居永康杨公村。宋理宗淳祐年间（1241—1252），杨仲成长子杨万明出任永康知县，卸任后举家移居芝英地区的前川之侧，由是开创前山杨氏一派。此后，前山杨氏子孙相承，家族规模不断扩大，逐渐形成以杨氏宗族为核心的聚落，亦即前山杨上村。到明嘉靖年间（1522—1566），又有杨惟明从前山杨上村移居邻近的田洋庄，与当地吕氏宗族和睦相处，共建新聚落，是为前山杨下村。前山杨上村和下村毗邻相接，合为一体，成为芝英地区一大姓族村落。

自杨万明卜居前川，发族成村，历宋、元、明、清四代，前山杨氏一直是芝英重要的姓族群体，在地方社会发展的历史进程中发挥了积极的作用。在宗族特色方面，前山杨氏延续了耕读传家的家族传统，其族人或勤于农耕，或参与工商，或传承士业，不少人成为有一定地方影响的仕宦乡绅。如杨万明曾孙杨浩勤于学业，曾任知县等职；顺字辈杨沾恩因军功卓著，获奖五品之衔。民主革命时期，前山杨氏族人积极参与各种革命活动，他们组织农民协会，开展减租清争，发动反抗反动势力的武装暴动，涌现出了一批勇于斗争、不怕牺牲的革命志士，杨加尚即是其中的代表。杨加尚（1890—1930），又名杨恒尚，出生于前山杨上村一个贫困农民家庭。1927年，杨加尚投身大革命的洪流中，同年加入中国共产党。他组织群众成立农民协会，开展“二五”减租、清算常产的斗争；又兴办民众夜校，宣传革命思想。大革命失败后，杨加尚积极参与永康中共地下党组织建设。1928年初，领导芝英地区革命活动的中共游仙区委成立，杨加尚担任区委委员。同年9月，杨加尚组织成立中共前山杨村党支部，并兼任支部书记。稍后，中共永康县委成立永康县革命军事委员会，杨加尚被推为委员。他组织农协会员加入农民革命军，参加永（康）武（义）联合暴动。暴动失败后，杨加尚又组织部分农民革命军成立游仙区工农红军大队，并率部加入中国工农红军第十三军，任该军第三团第六大队大队长。1930年9月，在一次战斗中，杨加尚不幸牺牲。1982年，浙江省人民政府正式追认杨加尚为革命烈士。①

7.仙陵蒋氏

仙陵蒋氏系宜兴蒋氏浙东分支裔族，自元代前期由邻县缙云迁居芝英地区，自成一派，世代相承，迄今已有700多年。

宜兴蒋氏是东汉开国功臣蒋横之后。蒋横，杜陵（今属陕西西安）人，两汉之际随刘秀起兵，征战各国，功勋卓著。刘秀称帝建立东汉，蒋横以功拜大将军，受封逡遒侯。不久，蒋横被诬谋反而遭诛杀，诸子逃往江南各地以避祸。数年后，汉廷重新审查蒋横之案，为其平反昭雪。蒋横的9个儿子也以所居之地加封为侯，其中第九子蒋澄因居于阳羡（今江苏宜兴）函山，故封函亭侯。后蒋澄诸子皆入仕为官，历任显职，蒋氏遂发展为宜兴世家大族。东晋时，蒋澄裔孙蒋枢在浙东任职，因家于临海

① 参见前山杨村志编纂委员会编：《前山杨村志》，1999年刊印，第10-13页、102-103页。

郡乐安县（今浙江仙居），是为宜兴蒋氏浙东分支仙居高池蒋氏之始。唐末以降，蒋枢后裔又有先后移居黄岩、缙云等地者，逐渐形成黄岩蒋氏、缙云花桥蒋氏等派。至元代前期，蒋枢三十一世孙蒋模由缙云花桥迁居芝英地区的仙陵村，别成一派，是为仙陵蒋氏始祖。

蒋模迁居仙陵后，子孙繁衍，历经元、明、清诸代，宗族持续发展，逐渐成为芝英地区的重要姓族群体。该族秉承务实择业传统，讲求勤俭持家规范，倡导讲信修睦之风。其传统《家规》规定："人事以耕读为上，其工商、医卜之属亦随材为之，弗希高慕远、厌常喜异而妄为非分可也"；"作家之法在勤与俭，或读或耕，皆需早晚辛劬以修职业。其朝夕饔飧，宾客燕饗，以至冠婚丧祭，所费尤须有节"；"邻里乡党皆亲戚故旧，田园相连、户役相遞之地，所宜持恭执让，讲信修睦，以永和好。少不善交，则嫌隙易生而祸患作矣，众戒免之"。[①]在这种族规家风引导下，仙陵蒋氏虽显宦名流不多，却以务实勤朴为乡里称赞。仙陵地处山区，田少人多，农耕生产受到很大限制。蒋氏族人在农耕之余，积极开展各种手工兼业活动，尤以打铜业最为活跃。每到农闲时节，家家户户都有铜担外出经营，走街穿巷，打铜修锁，形成当地一大传统经营风气。由此，打铜业成为芝英地区五金文化重要而颇具独色的组成部分，仙陵村也发展为永康著名的铜匠之乡。2009年，以仙陵打铜技艺为代表的"永康铜艺"正式列入浙江省非物质文化遗产名录。

8.八口塘何氏

芝英八口塘何氏系北宋后期宰相何执中裔族，自明初迁居芝英地区，迄今已历600余年。

何执中（1044—1118），处州（今浙江丽水）人。宋神宗熙宁六年（1073）登进士甲科，初在台州、亳州等地任职，后奉诏入朝，历工部尚书、吏部尚书兼侍读等职。宋徽宗崇宁四年（1105），出任尚书右丞，入居相位。大观三年（1109）进位尚书左丞，加特进。政和二年（1112），转少傅，为太宰，又迁少师，封荣国公。政和六年（1116），以太傅致仕。卒，追封清源郡王。何执中在朝辅政12年，虽有曲意迎合君主、谨事奉承权贵之举，但整体尚能做到恪尽职守，清明处政。《宋史》本传评

① 《仙陵蒋氏宗谱》卷一《家规》，2017年续修本，第一册，第34-36页。

论说：“其在政府，尝戒边吏勿生事，重改作，惜人材，宽民力。虽居富贵，未尝忘贫贱时。斥缗钱万置义庄，以赡宗族。”

按照《八口塘何氏宗谱》记载，何执中由处州迁居永康，为永康丽州何氏宗族始祖。丽州何氏书礼传家，自北宋末至南宋，科第相踵，仕宦不断。如何同于政和八年（1118）举进士，历郡博士等职；何绅（1118—1206，字久朝）于绍兴十二年（1142）登进士科，历庐陵县尉等职；何中立（1162—1208，字子举，号宽居）于淳祐七年（1247）登第，历枢密都承、知赣州等职，谥曰“文直”；何逢年于咸淳元年（1265）登进士第，历恭州刺史等职。至明初，丽州何氏六世何凤鸣由清渭（今永康清溪）迁居八口塘，是为芝英八口塘何氏始迁祖。

何氏家族迁居八口塘后，其传承发展一直较为平稳，虽算不上名门大族，但一直有着耕读传家的宗族传统，其族规明确规定，族中子弟当读书明礼，“父兄教子弟读书，非无为也，教之明礼义，识人伦，作过尽其性而已”。后辈要恪尽孝道，尊敬长辈，“为子之道，务以孝亲弟长为事，舍此，若功名富贵，适之遇，身外之物，不足多也”；“卑幼对尊长称呼须称尊长号或字或排行，不可称尊长讳，亦不可呼尊长乳名”。族人应远离不良习风，谨以遵纪守法，“子孙恃顽生事动乱，嗜酒赌博，为盗为诈为伪，此不肖之徒，违视家法，族长与众严加以理训治，如不遵，送官治罪，以不宥之律以戒后者”①。明清两代，八口塘何氏也先后有不少族人读书应举，入仕为宦。如在明代，正统（1442—1450）年间，何珣以拔贡入仕，历闽县主簿等职；天顺（1457—1465）年间，何澄以岁贡授训导；弘治（1470—1505）年间，何汾以岁贡入仕，历四川都司经历等职。在清代，有何汉禹以乡荐授迪功郎等。尽管八口塘何氏无论是规模还是影响，尚不能与芝英地区其他一些豪门大族相比，但在地方社会的开发和发展过程中，该族也作出自己的贡献。

9.练结章氏

芝英练结村原名练涧，因有涧水穿村而过，清清如练而得名，后演为练结。练结章氏宗族始于明初，世代传承，迄今已历600多年。

练结章氏先祖由北方南迁，散居福建各地。高祖章仔钧（868—

① 《八口塘何氏宗谱》，1995年编印，第12页。

941），字仲举，号彰艮，出身浦城（今属福建南平）官宦世家，唐末五代时名声远播，为四方士人敬慕。受闽王王审知延聘，以高州刺史、检校太傅充西北面行营招讨制置使，领兵驻守浦城，前后凡历三十年，屡败来攻之敌，保障闽政权安全，累加光禄大夫、持节高州诸军事。及卒，赠金紫光禄大夫、上柱国、武宁郡开国伯，北宋时追封琅琊王。章仔钧妻杨寯亦颇有名声，初封渤海郡君、越国夫人，因其曾居练湖，故人称练夫人。闽政权天德三年（945），南唐出兵入闽，围攻建州（今福建建瓯），本欲屠城，为练夫人劝阻。阖城民众幸免于难，赞颂练夫人为“全城”，后世章氏遂以“全城世家”自称。练涧之名，一说与练夫人拯救建州民众的典故有关。

明朝初年，章仔钧一族裔孙章翔（1372—1424）随母移居练涧，是为练结章氏始祖。章翔生二子，有八孙，由是瓜瓞绵绵，人丁兴旺，练结章氏逐渐发展为芝英地区较具影响的宗族群体，先后出现不少官宦名士，生活于明中后期的章子荣即是其中较具代表性的一位。章子荣，字承恩，明万历（1573—1619）年间出任苏州府常熟知县。在任期间，适逢时局动荡，民心不安，章子荣勤于政务，以诚待人，以德化民，得到当地百姓的爱戴，地方社会趋于稳定，民心稍安。章子荣表弟云南巡抚王世德特撰《送常熟县知县表兄子荣章公赞》一文，以称赞其勤政爱民之举。练结村也是永康传统手工打镴技艺的主要发祥地之一，章氏宗族青壮年多熟练掌握打镴手艺，他们“农忙务农，农闲务工”，肩挑行担，行艺四方，形成了颇具地方特色的传统技艺文化。

民主革命时期，练结村成为永康地区重要的革命据点，章氏族人纷纷投身革命活动，不怕牺牲，勇于斗争。1927年10月，中共浙江省委派遣特派员到永康，在练结章氏宗祠召开党员会议，选举成立中共永康县委，策划开展武装暴动和农民运动。会后，在章会辰、章正广、章云端等人组织下，练结村成立中共党支部，全村党员发展到30多名；又成立农民协会，组织民众开展游行请愿活动，要求实行“二五减租”。1928年10月，在永康县革命委员会副主席章会辰等人的领导下，练结等村成立暴动队，发动以打击地方恶霸和反动势力为目的的秋收暴动。1929年初，章会辰等人不幸被捕，转押至上饶集中营，虽受尽严刑拷打和折磨，始终坚贞不屈。1930年9月，练结村又有一批章氏群众加入工农红军第十三军，参与邻县缙云的壶镇暴动，许多人在战斗中英勇牺牲。

10.河东吕氏

吕氏姓族在永康各地宗派繁多，源流不一。其中，芝英地区儒家、前山杨、继绪塘等村的吕氏宗族，属于河东吕氏分支，自明代聚族成村，传承发展至今，已历500多年。

永康河东吕氏系北方东平郡吕氏宗派南迁分支裔族，其先祖由河南迁居永康太平乡，渐自成一派。元末世乱，兵火四起。至正十五年（1355），处州（今浙江丽水）地方武装吴英七等部攻陷永康，分略四乡。有吕相者与族人奋起抗击，最终将吴英七诸部逐出永康。及明朝建立，江南各地渐趋稳定，吕氏族人因战功多获任用，而吕相无意功名仕途，转赴县邑丛桂坊经纪营生。初卜居县衙之后，后又举家移居县邑旁华溪东岸，建屋舍，开荒滩，造桥梁，修道路，由是开启永康吕氏一大宗族派系——居邑河东吕氏。因该族繁衍发展形成河头村，故又称河头吕氏。

河东吕氏兴起后，世代传承，规模不断扩大，分支族派逐渐散布永康各乡和邻县缙云等。明代中期，吕相第六代孙、河东吕氏东厅三下福房一系的吕杰移居芝英地区邻近前山杨上村的田洋庄，其子孙与前山杨氏分支和睦相处，共兴聚落，即前山杨下村，是为前山杨吕氏。吕杰卒葬临近徐家村的乌基山，其子吕燧以徐家一带山清水秀，土地肥沃，遂命幼子吕昭（1528—1603）移居以守祖墓。后徐家居民以业儒耕读为尚，改村名为儒家，是为芝英儒家吕氏。与此同时，又有吕相八代孙迁居与前山杨上村和徐家村相邻的继绪塘村，逐渐形成芝英继绪塘吕氏。这些吕氏支派所居村落相邻，彼此联系密切，共同推动宗族发展，成为芝英地区的一大姓族群体。其中，儒家吕氏一支迄今已发展到千余人，继绪堂吕氏一支也已发展到400多人，不少族人散居省内杭州、金华等地，以及省外北京、上海、安徽、福建、广西等地。

芝英地区的河东吕氏各派素有艰苦创业、勤劳务实、农商结合、耕读持家的历史传统，在芝英地方社会发展过程中扮演了重要的角色。儒家吕氏和继绪堂吕氏历来均十分重视教育，兴办学校，奖励勤学，重学之风历代相承。清末民国时期，儒家吕氏初设有私塾，后又改设新式教育的小学，并实行一系列奖学措施，规定族中子弟凡高小毕业者，祭胙份子可享双份；若中学毕业，可享贤祖田50把（约0.8亩），耕种自收，免交田租钱粮，另给若干助学金。民主革命时期，儒家等村的吕氏族人积极参加各种革命活动，涌现出不少革命志士，儒家村也成为永康革命老区之一。①

第二节　族规家风

一、家族规范

中国传统家族历来十分重视家族规范。所谓“国有国法，家有家规”，无论是治国还是理家，除教化熏陶，道德引领，还须确立各种规范标准。每个家族通过制订各种族规家训，引导族人树立正确的价值观和人生观，养成良好的道德品质，自觉约束言行，形成和谐的家族风气。古代芝英地区各家族对家族规范尤为重视，视之为关系家族兴衰的首要事务，正如清中期芝英应氏名儒应正禄在所著《芝英应氏先型录》一书中强调的：“治家以礼法为先，余所见闾右抚万金之产者多矣，不再传家而败落者何哉，家法不修，子孙无所循故也！”嘉庆元年（1796），朱鸿恺在为《芝英应氏先型录》一书所作的跋文中，对芝英各族重视家族规范、宗法礼教风气淳厚的状况赞叹不已，认为相较于历史上有名的陆九渊、吕祖谦家族有过之而不及：

> 芝英虽偏隅，然士大夫宦游其地者，未尝不羡芝英之宗法秩然有条，嘉言懿行之昭垂者，皆可为一世法。方之陆象山、吕伯恭之训其子弟者，有过之无不及也。②

在古代芝英诸家族中，应氏家族规范的历史传统最为深厚，所制订的族规家训也颇为系统完备。早在东晋时期，南迁始祖应詹就留下“至公，至平，至谦，至顺”的遗训。兴起于南朝的官里园应氏家族重儒兴教，立规颁训，构建起较完整的家族规范体系。唐高宗咸亨元年（670），

① 参见《居邑河东吕氏宗谱》，1997年编印，第50-53页、97-110页、170-171页。

② 应正禄：《芝英应氏先型录》，清光绪三十三年（1907）木刻活字印本。

官里园家族十一世孙高凝之重申先祖所制家礼族训：“强不凌弱，众不暴寡；富不傲贫，贵不骄贱；婚姻不论财，丧祭不尚虚文；子孙不从佛老，坟墓不伤薪木；闾族周之，婚姻不能举礼者助之。”[①]至明代中期，应杰（1433—1485，字尚道）承家族传统，重新制订家规，包括建祠宇、守封茔、抚群从、事尊长、端心术、慎言语、养童蒙、行冠礼、议婚姻、严内外、谨称谓、崇节俭、治丧葬、时祭飨、贻世业、黜异端、厚宗姻、驭群小、供赋役、殖赀产，凡二十条，其内容蔚为大观。兹摘录如下：[②]

（一）建祠宇

立祠堂于正寝之东，所以栖先世神主也。子孙岁时修葺，毋致倾圮。有水火患难，救护先之。势不获已，则保存神主。其祠库所贮祭器什物，不许私假及它用，仍命一人处守之，兼责以司香烛，时洒扫，供祀事役使焉，岁给食谷百斤劳之。世以为常。

（二）守封茔

墓藏先人体魄，子孙所当世守者也。古娄、李坑二原，祖父诸叔墓在焉。各为屋，募人处守之。捐田四亩，人佃其半，以食所入。祖妣周郑，并葬峰岘岭下，亦给守人田租二百五十斤，并责其守他山，子孙毋或更张。所有近茔竹树，无故不得剪伐，自贻不孝。

（三）抚群从

凡为家长者，自当检点，以端率人之本，而又主以公平，示以诚实。体悉以宽恕慈惠，则群从有所观法，自将孚悦服从。其或本既能端，而才识弗逮，则当虚心听纳，择人委任，事亦无不济者。若乃卑幼挟智傲上，与夫为不善者，家长姑训诲之。训诲弗听，又戒饬之。戒饬不悛，又会众楚挞之。楚挞而有后言，则告官惩治之。惩治而恶益甚焉，则削其谱牒氏名，不容参与燕会。三年改者，复之。

（四）事尊长

凡卑幼事尊长，当以忠诚恭逊为本，事无大小，必咨禀乃行，

---

① 王正容：《汝南郡高士应凝之世考》，唐开元戊辰（728）撰，收入《缙州古城资料汇编》，永康市芝英历史文化研究会编印，2021年。

② 《芝英应氏宗谱》卷首，民国十二年重修本。

不许专擅。尊长或执偏见，或徇己私，则当和声讽之，婉言导之，积诚意感动之，未有不转移者。苟徒阿佞以幸其成，狡诈以扬其过，皆非也。若尊长遇事掣肘，弗能胜任，则当献计策，曲为赞襄，以匡其不逮。或袖手旁观，莫为之助，反从而腹诽心议者，亦非也。戒之！勉之！

（五）端心术

夫心者制事之本，一存否之间，而天理之顺逆异焉，子孙善恶所由以分也。凡我长幼必存乃心，以合斯理，务使平恕而不苛刻，光明而不暗昧，正大而不侧小，忠厚而不浮薄，诚实而不虚诈，庶几能顺天理而成贤子孙矣。反是，而恣其血气之偏，极其计谋之巧，以谓人莫己知，而可以无所不至者，孰知冥冥之中有天临之，昭昭之表有人见之，欲掩而卒莫能掩，如此则何益矣。不可不重以为戒。

（六）慎言语

夫言出诸口，一或苟焉，灾眚立至，故与其辩也宁讷。凡我子孙于事上接下之际，必审理度义，而慎其出焉。毋矜己长，毋扬人短，毋非人之是，毋阻人之善，毋攻发人之阴私，毋离间人之骨肉，毋恃便捷利而侈然自以为直。信能以是置诸怀抱，不致放去，虽未必尽善无口过，而外至之尤，万一其可少矣。爱惜身家，此为最先，毋以为易而忽之！

（七）养童蒙

童蒙以养正为功。人家子弟，年方幼稚，良心犹存，必礼请端重简默、素有教法者，俾司家塾，教之安详谦慎，务以养身之本。其课程随质量授，毋窘迫困顿，使无嗜学之趣。每塾不过十人，日令亲授讲肄，父母不得怜惜，纵容嬉戏，以长骄惰。不率教者，父兄督治之，庶内外俱严，幼学长进。若聪秀可习举业者，更隆聘币厚廪饩，以延经明行饬之师，处以间静别室，远去浮薄辈，使得专精术业。俟他日文理颇通，始遣入黉校。诸贽馈仪节，出自公堂。人给田二十亩以赡之，出仕乃止。父兄不得以科目利钝亟责之，俾成材不失素养而已。其有酗酒黩货，辜负作养者，会众劝戒。不悛，没其田以示罚焉。其有勤学励行，志趣不凡者，则崇奖作成之。

（八）行冠礼

礼始加冠，责成人也。暇日宜令子姓演习礼仪，讲明礼意，俾豫知子臣弟友之道，则他日行之自裕如矣。然必年至十六以上，形体长成，人事粗谙者，始依礼择宾行之，斯合古人本意。若短小懵闇，非年至二十不可。未冠，更不可命字称行，以损忠厚之风。

（九）议婚姻

婚姻乃人道之始，家之盛衰由之。须择其家法性行，毋得论财。自此义不明，生男惟慕装奁，虽卑屈不耻；生女惟邀聘币，置家世弗论，卒致妇姑勃谿，亲戚仇怨，争讼淹溺，罔不至焉。吾家娶妇，但得门第相敌，信义交孚足矣。既归，夫率妇以正，妇弗顺，则罪其夫。嫁女随分择婿，不得偏听徇私。女长，及时遣之，诲以妇道，毋致非议，以忝门风。

（十）严内外

男女远别，礼也。嫂叔兄姐之属，无故不许亲相授受。亲而女婿母妻族属之往来，须宿外舍；贱而臧获佃人之供役使，亦必严立界限，以肃内外。女内夫家外父母，已嫁归宁，不得淹留，致妨家务。未嫁亦不得豫通婿来。男未娶者，不得先往妇家觅利，违者重罚其父。

（十一）谨称谓

亲属称谓，名分攸关。故卑幼之称尊长，父则父之，母则母之，舅姑则舅姑之，不得假借旁亲，以乱名实。至于叔伯诸兄，则以行，不敢字之，其应对惟名，毋称尔我，若侪辈然。若尊长称卑幼，或以名，或以字、以行，视其所宜，亦不得张大官爵，以导谄谀。推此至于乡闾邦国，无施不可，岂直亲属已乎。

（十二）崇节俭

夫财用盈缩，家之兴废系焉。故凡亲朋燕飨往来交际赠遗之类，必使丰俭适宜，可为久远计者，慎弗夸耀以至倾败。若父母不存，生辰当倍悲痛，岂忍受贺，张乐纵饮为乐。惟具牲礼告庙，会众散胙可也。娶妇礼宜不贺，俗乃动假赛神娱宾为辞，张戏剧，挟乐妇，恣情渎乱，以致火盗奸淫，为害殊甚，宜禁绝之。翁婿相赘，一费数十金，以谓非此不可。故有假贷鬻产以充者，是可已不已者也。今当供奉书币引情足矣，毋蹈流俗覆辙。推而生事起衅，尚智角力，以致争讼不已，覆家亡身，而莫之悔者，尤为大蠹。戒之！戒之！

（十三）治丧葬

丧葬，固称家有无，然得之为有财者，礼宜从厚，安可苟简以俭其亲。世俗惑左道，拘忌方所年月日时，殡殓丧葬多不及时，甚至蠹棺暴尸者，忍莫大焉。今自我作古，如礼躬行，子孙其世守之。毋复蹈袭前非，及供佛饭僧，听用巫觋等事，以紊正礼。违者，罪以不孝。

（十四）时祭飨

飨祀所以报本，有礼存焉。故春秋常祀，俗节献新，有事祝告，为死忌，不为生忌。祀墓、祀灶、祀土神之类，一准文公家礼，参以邱氏仪节。然礼不虚行，必以诚敬为本。子孙宜悉此意，毋怠毋忽！。

（十五）贻世业

祖遗公田，以供宾祭，应门户不时之需，实寓世业深意。近因诸弟远虑，乃佥议取下村并邻都常稔田二百亩，名曰祠堂田，以供岁祀。李坑墓田三十亩，近家腴田若干亩，名曰均租田，听备岁用。圆塘仓屋，并山田基墅，亦属公堂，子孙并不得分鬻，违者以不孝论。岁租储之公仓，议作天地人三房轮管。田亩租债，出纳必明，每交代时，计岁数会众誓诸庙，以示公勤，始付新管。新管按籍登数，收出亦如之。其祠墓、田塘、庵墅、器物等类，当年及时看视修葺，不许延调，浸及费广，违者议罚。其有公勤著绩者，家尊会众奖劳之。

（十六）黜异端

自先王礼教既微，异端邪说乃炽。世俗怵祸邀福，好修庵院寺观，塑刻土木形象，徒耗财物而已。吾家旧有神像，皆撤去之，毋得更立。父母有疾，惟虔诚默祷，请医调理为宜。若设斋醮、舞巫觋等类，殊为不经，一切革之。

（十七）厚宗姻

宗族，固有亲疏远近，一以名分为主，毋以富贵加之。其贫弱者，悉当拯济，虽难尽如吾愿，惟视力所能及者，加意一分，则亲亲之义存矣。若乃顽泼无藉者，义无容恤。然岁首聚会，则直白其失而教戒之，不忍弃也。姻戚爱当一体，毋随家势轩轾，以新间旧。延款务在随家盈虚，以为厚薄，固不得勉强所无，自取空乏，亦不得畏避丰腆，遂废礼仪。先正谓会数礼勤，物薄情厚者，可为常法。若强人以酒，使之乱德丧仪者，又在所戒。

（十八）驭群小

传称女子小人为难养也。董之以威则畏，绥之以惠则怀，此感应之所必然者。家之臧获，及住庄守墓佃田等人，吾所役使也。当饥寒恤之，劳苦节之，强悍亵慢惩治之，勿茹其懦，勿利其有，勿长其恶，勿侵扰以戕其生，勿调戏以启其侮也。诸人有恤其艰，诉其非者，本主不得慢视回护而无所处焉。其远方人氏，无根着者，不许容留，以遗后患。

（十九）供赋役

有田则有赋，有身则有役。输赋以时，供役惟分，则上畏国法，下保身家矣。乃若包揽输税，因公纳贿，索取闲年常例之类，皆吾素所深嫉者，不愿子孙有此。凡遇该年里役，须择子弟畏服礼法、谙练事体者赴官承当，斯无诖误贻累。年五十者，免其出官。其有艰大等役，则验粮科派，弗涉公堂。子孙有读书者，听其照例优免。

（二十）殖赀产

子孙增置产业，须量土直，明券契，均权量，毋恃诈力，欺孤弱寡，并减价延期，轻重出入，使生怨咨。亩税务按籍收纳，毋得遗米折税，以瘠贫难。凡此不特身致祸患，抑且贻累子孙，切宜戒之。庄屋及田塍界限，宜以时葺修完明，毋致芜圮，侵人及侵于人。佃仆访朴实，本分生理，不得泛招无藉优娼，以玷家风。山塘看守，必悬赏誓众。如有侵渔被获，能输情谢过者听，其怙恶不服，则告官治之。陂塘崩塞，须用力修浚，及时蓄泄，验亩均溉，不得徇私自利，违者申约示戒，量情议罚。或佃仆有犯，会众治之，房主毋得霸吝姑息。此皆理家务要，须循理知法，其慎守毋违。

应杰一生以孝友治家，匾其厅堂曰“孝友”，以自策励，故人们尊称他为“孝友翁”。他所制订的应氏家规，既传承了应氏家族先代族规家训的精神内核，又依据时代的变化和应氏宗族发展的实际情况，进行了诸多思想意识和实践规范层面的拓展提升，体现敬祖践行、尊儒重礼的儒家礼治思想和审时度势、仕商并重的治家精神，总结了设学重教、善育人才这个应氏家族重启辉煌的必由之路，确立了率先垂范、宽恕厚道的良好家风，堪称传统族规之典范。晚清时期应氏名宦和著名学者应宝时谈到明清两代应氏家族的持续兴盛，认为最重要的是孝友翁所制家规确立起来的礼法规范和家族发展道路：

余宗之所以盛者，非富贵利达，代不乏人，而足为世光宠也，盖吾祖自孝友公立家规后，至今几四五百载子孙虽不能尺寸不渝，然大都不敢侈然自肆于礼法之外。……凡为士者，皆知以仁义忠信为重，以奸偎诈巧为非；农商工贾克勤克俭，即不读书识字，亦能严义利之辨，以自食其力为足贵。庶一家成一家之风气，一族成一族之风气，推而广之，即可矜式一邑，则吾宗之盛，直足与元气相弥纶而永保勿替。[①]

除了应杰所制家规，清乾隆五十六年（1791）应可斋所书《思贻六要》，则为应氏历代家训的典范。该家训共六条，重在训导族人的日常行为和生活。其一曰“勤诵读”，强调学习诗书的重要性。“士人以诗书为拜献之先资，学则庶人之子为公卿，不学则公卿之子为庶人。”二曰“精职业”，强调要量才择业，艺贵专一。“但有一无愧，何妨百不能。倘更改靡常，舍所长而就所短，至失业无依，贫穷必矣。”三曰“慎语言”，强调要遵循礼义，谨言慎行。“与人面语，出悖来违；背后讥评，属垣有耳。人有不是，当以和平之语解之。大都理胜则事明，气忿则招拂，所以古之人非公正不发忿也。”四曰“端品行”，强调要尽人合天，循理守法。“天理长存，人心不死，二者常相因”；“天道亏盈而益谦，人道恶盈而好谦，故端品行者无获罪于天，无敛怨于人”。五曰“节饮食”，强调要勤俭节约，反对奢侈浪费。“些须节省，借以款宾不失为礼，借以奉

① 应宝时:《己丑续修宗谱跋》,《芝英应氏宗谱》卷首，民国十二年重修本。

承不失为孝，借以承祭不失为敬。”六曰“谨衣服”，强调衣冠以礼，穿着得体。“北机宫织，固非吾辈所宜；新样京妆，亦不必速取时好。要使一家中老者不着褴褛之衣，幼者不受寒冻之苦，斯为美观。”①

芝英地区其他宗族在家族规范建设方面也大多颇有成效。游川周氏先祖周德彰曾作《警世五章》②，以训导子孙。

为子止于孝，为父止于慈。好子虽云好，莫将恩勤施。恶子不可说，何啻枭獍蚩。子职固难尽，父道犹或亏。商均与瞽瞍，无世不无之。当思舜何人，有为亦如斯。

为君良不易，为臣亦独以。孟轲欲尽道，语言早已殚。食焉难不避，罔俾歌素餐。功成早身退，扁舟五湖宽。名教岂无补，九鼎安石盘。出处与进退，皆惟义之安。

丈夫生有室，子女生有家。阳唱阴必和，偕老百岁华。虽知均曰耦，两辙分怨嘉。何曾礼有缺，德耀风尤赊。牝晨与狮吼，昏懦招喧哗。何以别无别，惟曰思无邪。

字幼慈孤弱，事长尊高年。凌卑本恃长，抗尊自矜贤。布粟不少贷，豆萁胡相煎。稚竹乱阶下，孙兰莽阶前。人道既无斁，犬豕豺鹿然。尚赖敕天叙，庶复天其天。

同门乃曰朋，同志乃曰友。观共谛交初，似不易所守。一旦遭变艰，落井谯携手。货取最易乖，蚨飞归则负。傍社燕飞来，及春燕回首。物信于无言，何其人则否。

后世游川周氏所制族规，大多基于《警世五章》而有所申发，强调重孝守礼：“为人子者必以孝顺奉亲，为人父母必以慈祥教子，为兄弟者必以友爱笃手足之情，为夫妇者以恭敬尽宾对之礼”；“尊卑有别，长幼有序，毋恃富欺贫，恃贵慢贱，有违公议”。注重读书尚义：“读书尚礼，交财尚义，富弗自骄，贫弗自贱，各守其素”。倡导积德行善：“家有盛衰系乎积善积恶而已。何谓善？恤孤赒急，居家孝弟，处事仁恕，凡济

① 应可斋：《思贻六要》，《千年古镇芝英八村风物史迹钩沉》附录，杭州出版社，2017年，第179—181页。

② 《游川周氏宗谱》，2005年重修本，第107页。

人利物之事皆是也。”①

就胡氏诸族而言，胡堰街胡氏的传统族规家训以“六训八则”为主，其中族规八则包括：重孝悌以敦人伦、严内外以端风化、慎嫁娶以赍门楣、肃闺门以消内祸、谨立继以息争端、慎言行以免招尤、禁黎仓以杜累害、禁好讼以伤和气等八个方面。溪岸胡氏历代重视家族建设，先后制订了不少族规家训，以规范家族活动，形成良好的家族风范。其家训有的内容颇为系统完整，包括“孝父母”“友兄弟”“和室家”“睦宗族”“训子孙”“笃婚姻”“慎交友”“恤邻里”“肃闺门”“严家法”②等诸多方面，其重点是规范族人的言行，促进家族成员和睦相处，确保家族持续发展。有的则较为简明，集中于最基本的行为规范与要求。如《郭山胡氏世系表》所载《胡氏家训》③，凡五条，简明扼要，重点突出。

行善篇

家道盛衰，皆系于积善与积恶而已。何谓积善？居家则孝悌，处事则仁恕，凡所以济人者皆是也。何谓积恶？恃己之势以自强，尅人之财以自事，凡所以欺心者皆是也。

修身篇

正人君子，澹泊明志。为人应以忠孝仁义为上，当以家国为重，先忧后乐，鞠躬尽瘁。

勤学篇

族中子弟，当各勤生业。士者攻其学，农者力于耕，工者专于艺，商者蓄其货。宜未雨绸缪，毋临渴掘井。居家务其质朴，莫贪意外之财，莫饮过量之酒。

劝学篇

为人者，至乐莫如读书，至要莫如教子。子孙虽愚，经书不可不读，即使冥顽，纵有开悟之时。读书志在圣贤，为官心存君国，穷则独善其身，达则兼济天下。

---

① 《周氏宗规》，《游川周氏宗谱》，2005年重修本，第108–109页。

② 郭山村志重修编委会编纂：《郭山村志》引《郭山胡氏宗谱》，2004年刊印，第408–420页。

③ 华五房祠重建理事会编：《郭山胡氏世系表》，2018年刊印，第9页。

孝悌篇

恩莫大于父母，情莫大于兄弟。万恶淫为首，百善孝为先。子孙敢有忤逆父母，气凌尊长者，亲房不得徇情。

芝英球川徐氏诸族素有耕读传世门风，其族规家训简明朴实。按《永康徐氏总谱》所载《家训》，其内容包括基本要求和具体规范两部分，“言约而意尽”。[①]

孝顺父母

父母之恩，言语说不尽，只有天可比。汝等父母在时，切莫轻过。到父母百年之后，告天呼地，刳心剔肉，不能匀一面，痛哉恨哉。孝顺不在供养丰厚，但尽诚敬，可以菽水承欢，可以斑澜娱戏，三牲五鼎，不在所论。

尊敬长上

长上或年长，或分尊，皆是《语》云：少而不肯事长，贱而不肯事贵，谓之不详。古人待长上，行则随行，坐则隅坐，谦恭敬顺，所以兴仁兴让，化成俗美。汝今为卑幼，他日亦为长上，汝不尊敬长上，他日卑幼不尊敬汝，汝心如何？念之！勉之！

和睦乡里

乡里朝夕相见，非亲则旧。岁时伏腊，黄鸡白黍，浊酒清茗，相亲相爱，何等快活。较之争竞斗狠，使心用机，破家荡产，世为仇敌，相去如何？

各安生理

毋作非为。富者骄淫而为恶，贫者悍逆而为盗，天道厌之，官法访之，桎梏在前，刀刃在后。《孟子》曰：易其田畴，薄其赋敛。税敛之薄由得朝廷，臣子之分，竭力供之而已。田畴之易由得自己，深耕易耨，田可倍收，则税敛有出，俯仰有给，食之以时，用之以礼。奢靡之孽最大，多取妄费，曷若省废而寡求。有余暴天，

---

① 《永康徐氏总谱》卷二，2019编印，第2册，第122—124页。

若推馀以济之，善自己作，庆流子孙。

冠为成人之始，当知既已加冠于首，淑慎尔德可焉。慎无恣婴儿之态，纵逸娱乐，以孤父母之望。

婚礼为人伦首务，凡男女议姻，心咨家中长者，择其家风良善、门望相当者，为百世姻缘之好。慎勿欺暴挜聘，输索重财，甘类夷风。结姻之后，又宜婚嫁宜时，毋致男旷女怨。《传》曰：男大不婚，如劣马无缰；女长不嫁，如私监犯首。不可不慎欤。

丧礼人子送终，丧具称家有无。其乡里亲知来相吊送，亦则随家丰俭，以尽父母生平志愿。若哀痛恻怛，棺椁衣衾，则在必诚必信，不使少有后日之悔。《孟子》曰：养生者不足当大事，惟送死可以当大事。不可不知。更须及时安葬，令亡人入土为安，并不得久殡在家，及停寄庵宇，甚而有惑于邪说，焚灿以为葬者，岂人类哉！

祭以追远，人子之不忘本也。宜竭尽诚慎，应时如式举行，毋得视为虚文。酗酒争斗，贪图哺啜，携带乳孩，慢不知礼，作神羞焉。

乡党、族亲、姻眷，所宜和睦。偶有小忿，必须含情忍性，保身惜行。未可辍擅投闻乡保，构讼公庭。文公曰：盖得理亦必伤财废业，无理者不免坐罪遭刑。切宜痛哉！

钱粮国之正课，务要豫先处办，依期完纳。毋得上违官法，下累催役，自甘刑狱。谚曰：若要宽，先解官。又云：顺奉爷娘，盖得垣墙，吾心无徨。盖国家之一理也。如先慎之，不为也哉。

二、家风传承

古代芝英地区的各个家族，虽源流不一，规模各异，有着不同的发展衍变过程和具体活动形态，但都十分重视家族的和睦团结和持续发展，积极参加地方社会建设，由此形成并世代相承的家族风范，成为芝英地区社会和人文传统的一大特色。

芝英地区传统家族风范的突出表现之一是重孝友，讲敦睦。应氏家族在南朝时就以孝礼和睦之族名闻于时，其主支官里园家族更是著名的孝礼之家。该族四世应厘“率身耕稼，躬事继母”，“一门百余口，敦睦如一”,“孝礼兼持，郡称为最”①；六世应亨龄时,“六代共炊，家甚隆盛”。陈朝东阳郡太守沈巡赞叹:“余孝顷巡里园，步灵溪览紫霄，赞家园有序，礼教之盛。”②唐代前期，官里园家族十三世应公钥“事亲至孝”；十五世应凝之“髫龀丧父事母，以孝闻”，其伯父道州刺史应守明“深所嗟尚，每称此儿吾家之颜子也”③。明清时期，芝英应氏虽分支别派众多，但孝礼持家、宗族和睦的传统家风长盛不衰。被后世族人视为芝英应氏明代中兴奠基人的应杰，年幼丧父，初侍随祖父，后主持家族事务，承先祖遗风，致力于孝友治家。他事母先意承顺，凡可使母亲适心娱意而能得其欢心者，无不尽力想方设法满足。又念叔母寡居，诸弟孤弱，为不使叔母因家事而心忧身累，就委托二弟尚德侍母理家，自己迁寓祖居以身任其劳，事无巨细，悉为料理。其叔生前向不为世事所累，不屑生产，无心后事。死时长子尚端年仅九岁，田产几乎湮没无稽。应杰遍历田所，备访居人而逐笔登记在册，自此岁入日增，又辟地扩大其住宅。他对诸叔母爱敬备至，体贴入微，视族中诸弟无亲疏，加意爱抚，或请名师教之，或求淑女配之，直至成家立业。从弟应尚端九岁丧父，十五岁丧母，应杰呵护教导，看顾扶持，帮助尚端重振门庭，终富甲于县。在应杰的主持下，其家族和睦相处，共同努力，推进芝英应氏重新振兴起来。应杰也因践行孝礼治家，和睦兴族，而被族人尊称为“孝友公”。明代中期，被称为“两广文衡”的应奎致仕返回家乡芝英后，积极参与家族建设。他率宗人建大宗祠，与弟石门公、侄晋庵公重修宗约，捐古娄山植木数千和方塘若干亩，创修《芝英应氏宗谱》，又修“应氏孝墓”，建方塘书阁以倡读弘教。应奎弟应典增损著名蓝田《吕氏乡约》，率领族人躬践力行，以正族风。明清时期苦攻医术的应参申，少时丧父，尽心侍奉母亲六十余年，未曾有一丝懈怠。在家时，晨昏探省，无日离违。主持家业，行事必持大体，力求让母亲安心。以进士入仕的应振绪以孝友闻名，他对父母极其敬顺，曾以终养为由，辞官回乡侍奉两老，父母丧

① 赵齐旦:《应厘传》，南朝陈天嘉乙酉（565）撰，收入《缙州古城资料汇编》，永康市芝英历史文化研究会编印，2021年。

② 沈巡:《应亨龄传》，南朝齐天嘉辛巳（561）撰，收入《缙州古城资料汇编》，永康市芝英历史文化研究会编印，2021年。

③ 王正容:《汝南郡高士应凝之世考》，唐开元戊辰（728）撰，收入《缙州古城资料汇编》，永康市芝英历史文化研究会编印，2021年。

后循礼守制，然后再赴京任职。其对兄弟姐妹也是孝友有加，有个姐姐老来贫困无依，有个妹妹早年丧夫守寡，应振绪把她们迎养在自己家中。晚清应氏名宦应宝时对本氏家族孝礼传家、举族和睦、长盛不衰赞叹有加："岁时回里祭扫，见余先世坟墓之葱郁，祠庙之巍峨，风尚之雍睦，科第之延绵，人皆乐耕读而不忍去，其乡所以丁口繁衍，亦以余芝英里为最，而非别宗所能及也。"[①]

类似应氏孝礼兴族的事例，在芝英其他家族也是屡见不鲜。例如兴起于南宋时期的胡堰街胡氏家族，素以孝友世家著称。元代福建市舶提举俞旭敬《续修胡氏宗谱序》赞云，胡氏肇启胡堰以来，"厚德载物，孝友仁慈，广施博济，以孝友世家名闻乡里"。明初天台人金景辅《会修胡氏宗谱序》亦称："胡氏世承家学，业诗书而英才代出，登科入仕奕世簪缨。孝悌忠信，聚族而居，党庠以同其业。同宗相爱，手足相亲，虽历元蒙之狂侈，仍不离伴也。"[②]明代中期，游川周氏家族的周聚星累迁贵州布政使司右参议，落职归乡后，致力于家族建设，振兴礼制，整顿家风，"建宗祠，仍立家规，请之县大夫训其宗人"，又"事父母孝敬纯笃，与诸弟曲有恩爱"，遂以孝友称。[③]球川徐氏宗族的徐琦，"性孝友，治家有法，仪矩峻整"；徐性"举德诚行，敬宗孝祖"；徐绍圣事母至孝，"力解其忧，并携弟辈鼎力持家"[④]。

芝英地区传统家族风范的又一个突出表现是重教兴学，发展文化。应氏家族历来重视对子弟的教育和培养，早在南朝时期，官里园应氏家族就创建家学，教育子弟。唐代前期，官里园家族的应公临建立书库，"藏书数千卷，教训子侄"[⑤]。宋代以降，应氏诸族对教育更为重视，除了家塾族学，还兴办了不少面向乡里和社会的各类学校，如南宋时有应原礼创办西厅书院；明代应仕濂修建县学明伦堂，应典与永康名士程文德、程梓、卢可久等合力创办丽泽祠（即后来著名的五峰书院），应奎创办方

---

① 应宝时：《己丑续修宗谱跋》，《芝英应氏宗谱》卷首，民国十二年重修本。

② 《胡堰街胡氏宗谱》卷一，2016年重修本，第32、33页。

③ 石星：《明朝列大夫贵州布政使司右参议周公墓志铭》，《游川周氏宗谱》，2005年重修本，第168-169页。

④ 下徐店村志编纂委员会编：《下徐店村志》，1995年刊印，第98页、99页、100页。

⑤ 王正容：《汝南郡高士应凝之世考》，唐开元戊辰（728）撰，收入《缙州古城资料汇编》，永康市芝英历史文化研究会编印，2021年。

塘书阁，应屏山创办善林书院；清代应孟义创办洞灵书院，应修创办西园书院，应鼎和创办培风书院，应克猷在紫霄观创办武书院等。为推动家族子弟主动积极勤奋学习，历代应氏家族还采取各种措施，或完善学习条件，或举办相关活动，或奖励学习优胜。如应奎创建藏书万卷的方塘书阁；应咬香创办文会，每年组织族中子弟进行竞赛，凡文章优胜者予以奖励；应学廷创办培文会，以资助族中应试子弟。前文所引应杰所订家规二十条，其中对家族子弟的教育和培养有专门的规定："子弟年方幼稚，良心犹存，必礼请端重简默、素有教法者，俾司家塾，教之安详谦慎，务以养身之本"；"每塾不过十人，日令亲授讲肄，父母不得怜惜，纵容嬉戏，以长骄惰"。如果有子弟"聪秀可习举业者"，则进行专门教育，"更隆聘币厚廪饩，以延经明行饬之师，处以间静别室，远去浮薄辈，使得专精术业"。为保证家族教育的持续进行，还专设学田，以供所需之费。与此同时，为了提高教学质量，应氏家族不惜重金聘任名师硕儒主教学讲论。如明代著名学者黄绾、理学大家应良等先后应邀前来芝英讲学。芝英其他各姓家族也重视教育，屡兴族学。如元末，胡堰街胡琏兄弟与闻人梦吉、唐以仁、宋濂、金景辅等著名学者交游挚密，二人共建双桂轩，为诸子攻读之所。明初胡堰街胡氏家族创办环溪书堂，"虽不足以传道授业，实师儒是职，往往矩公硕士、骚人墨客亟见不辍"[①]。万历十五年（1586），胡堰街胡氏又以宗祠建学，"左右厢作书舍，群弟子向学者肄业其中"[②]。清道光（1821—1850）年间，溪岸胡氏家族的胡仁楷创办培文书院，后其子胡凤丹又出资加以重修。清同治八年（1869），游川周氏以省斋公祠建学，进门大厅三间，左右厢坊各二，中厅三间，"广阔高洁"。进入近代，面对社会环境的变化，芝英各族积极参与近代教育建设，兴办各种新式学校。如应氏家族在原培风书院的基础上开办培英高等小学堂，溪岸胡氏在培文书院的基础上开办溪岸高等小学堂，游川周氏在族学基础上开办游川高等小学校，郭山村胡氏族人在胡氏特祠开设郭山小学等。

与重教兴学的传统相联系，芝英各族十分重视地方文化建设，或力倡人文之风，或邀请学家名流交流研讨，或整理文献、总结文化。这方

① 叶恩：《环溪书堂记》，《胡堰街胡氏宗谱》，2016年重修本，第89页。

② 程正谊：《胡氏宗祠记》，《胡堰街胡氏宗谱》，2016年重修本，第81页。

面，颇具代表性的是溪岸胡氏家族。清末至民国时期，该家族胡凤丹、胡宗楙父子均系著名的藏书家、目录学和出版家，一生致力于地方文献的搜集、整理和刊刻出版，所编纂出版的《金华丛书》和《续金华丛书》，合计460册，共计4600多万字，属于我国历史上大规模地方文献整理活动之一。除了两大丛书，胡凤丹父子还编纂出版了为数众多的其他文献。1936年，现代著名藏书家和学者卢弼撰文介绍了胡氏父子文献整理和撰编情况，两人整理编纂的文献，计有四部重刻者1164卷，四部编纂刊刻者212卷，四部编纂未刻者301卷，撰述诗文刊刻者52卷（见表4-1）。

表4-1　胡凤丹父子文献整理、编纂和刊刻情况

（截至1936年初）

胡氏著书撰编书目		
家族文献		（宋）胡邦直《云谷集》；（宋）胡侁《孝经释》《论语释》《云岫集》；（宋）胡之纲《论语解》《孟子解》《易解》《易或问》；（宋）胡之纯《尚书集解》《尚书或问》《战国策》；（宋）胡岩起《平赣录》《牧庵集》；（宋）胡与权《理性指南》；（元）胡长孺《五经通志》《春秋辨》《瓦缶集》《建昌集》（《南昌集》）《酬乐斋集》《宁海缦钞》《胡汲仲集》。
四部文献	经部	（1）十三经读本 《四书集注》六卷；《周易本义》二卷；《书经集传》四卷；《诗经集传》四卷；《礼记集说》十卷；《尔雅》三卷；《孝经》一卷；《郑注周礼》十三卷；《郑注礼仪》十七卷；《公羊传》十二卷；《穀梁传》十二卷。 （2）《金华丛书》本 《古周易》一卷；《东莱书说》三十五卷；《左氏传说》二十卷；《吕氏家塾读诗记》三十二卷；《东莱博义》二十五卷；《书疑》九卷；《诗疑》二卷；《尚书集表注》二卷；《大学疏称》二卷；《论语孟子集注考证》十七卷；《读方诗书丛说》四卷；《读书丛说》六卷；《禹贡集解》四卷；《诗集传名物钞》八卷。 （3）其他 《丧服表》一卷；《诗吕周官汇序》一卷；《五经赞》一卷；《四书合讲袖珍本》六卷；《四书白文》七卷。
	史部	（1）《金华丛书》本 《大事记》十二卷；《通释》二卷；《解题》十二卷；《西汉年纪》三十卷；《青溪寇轨》一卷；《西征道里记》二卷；《涉史随笔》一卷；《洪武圣政记》二卷；《蜀碑记目》四卷；《浦阳人物记》二卷；《旌义编》二卷；《明物事遗迹》一卷；《唐鉴》二十四卷。 （2）其他 《国语》二十一卷；《国策》三十三卷；《汉书地理志》二卷；《南北史捃华》八卷；《皇朝谥法考》四卷；《学统》五十六卷；《读史论略》一卷。
	子部	（1）《金华丛书》本 《元真子》一卷；《天隐子》一卷；《少仪外传》二卷；《卧游录》一卷；《诗律武库前后集》三十卷；《萤雪丛书》二卷；《帝王经世各谱》十六卷；《泊宅编》十三卷；《日损斋日记》一卷；《枫山语录》一卷；《青岩丛录》一卷；《华川卮辞》一卷；《龙门子凝道记》二卷。

（续表）

胡氏著书撰编书目		
四部文献	子部	（2）其他 《二十四孝图说》一卷；《经余必读》二十卷；《楹联集锦》八卷；《辕轩语》七卷；《应验简便方》二卷；《小蓬莱方钞》二卷；《四书虚字讲义》一卷；《达生遂生福幼合编》三卷
	集部	（1）《金华丛书》本 《骆熙集》四卷；《福禅月集》二十五卷，《补遗》一卷；《东莱集》四十卷；《宋忠简集》八卷；《龙川集》三十卷，附词一卷；《北山集》三十卷；《香溪集》二十二卷；《古文关键》二卷；《仁山集》六卷；《濂洛风雅》六卷；《月泉吟社》一卷；《白云集》四卷；《渊颖集》十二卷，附录一卷；《黄文献集》十卷；《纯白斋娄集》一卷；《戴九灵山房集》三十七卷；《渔石集》四卷；《宋学士集》三十六卷；《王忠文集》二十四卷；《苏平仲集》十六卷；《胡仲子集》十一卷；《枫山集》四卷，附录一卷；《石洞遗芳》二卷。 （2）其他 《陶谢鲍庾六朝四家诗集》十四卷；《王孟韦卿唐四家诗集》二十一卷；《杨忠愍公集》八卷；《表忠记传奇》；《杨忠烈公集》十四卷；《熊襄愍公集》十卷；《经义斋集》十八卷；《唐人万首绝句》七卷；《依汩堂集》二卷；《湖船录》二卷；《莲子居词语》二卷；《制艺崑玉》四卷；《宣南鸿雪试帖诗》四卷；《金华诗录》五十四卷，《补遗》六卷，《外集》六卷，《别集》四卷。
退补斋编辑已刻书目		
《金华丛书书目提要》八卷；《陶渊明集考异》一卷；《高压宣城集考异》一卷；《鲍明远集考异》一卷；《庾子山集考异》一卷；《王摩洁集考异》一卷；《孟浩然集考异》一卷；《韦苏州集考异》一卷；《柳柳州集考异》一卷；《骆承集考异》二卷；《龙川集考异》二卷；《忠简简集考异》一卷；《共鹄山志》十二卷；《大别山志》十卷；《鹦鹉洲志》四卷；《桃花源志》二十四卷；《漂毋词志》四卷；《曹娥江志》四卷；《马嵬志》十六卷；《青冢志》十二卷；《刑案黉要》四卷；《河北先生遗集》三卷；《思莱录》一卷；《胡氏乡贤录》二卷；《胡氏义田录》二卷；《惠先生挽言》一卷；《施太淑人挽言》一卷；《钦旌五坊录》二卷；《识字一隅》十卷；《徐明经诗文钞》四卷；《永康十孝廉诗钞》二十卷；《皖江同声集》十卷；《听经阁同声集》二卷；《双竹斩诗钞》五卷；《鄂渚同声集》初编七卷，二编二十卷，三编八卷；《榕城同声集》三卷，二编四卷；《抱璞守贞录》四卷。		
退补斋撰述已刻书目		
《退补斋文存》十二卷，二编五卷；《感怀三百咏》三卷；《退补斋诗存》十六卷，二编十卷；《退补斋时艺》二卷；《退补斋赋存》二卷；《退补斋试帖》二卷。		
退补斋编辑未刻书目		
《金华见闻》廿二卷；《金华名宦录》八卷；《金华先贤录》八卷；《金华文徵》二十卷，续十卷；《续金华诗录》四十卷；《疑狱黉编》四卷；《诗话正轨》十六卷；《严濑志》廿四卷；《孤山志》二十卷；《巫峡志》十二卷；《露筋词志》五卷；《鄂垣浙馆先贤录》八卷；《浙官列鄂昭忠录》四卷；《续黄鹤山志》四卷；《退补斋芷书志》四十八卷；《续马嵬志》二卷；《续鄂鹉洲志》二卷；《续桃花源志》二卷；《大别山志》二卷；《续漂母河词志》二卷；《青冢志续》二卷；《保艾录》五卷；《退补斋金石录》十卷；《琼琚集》八卷；《丁丑归田送别录》二卷；《青年录》五卷；《退补斋画谱》八卷。		

芝英地区传统家族风范还有一个突出表现是义泽乡里，乐善好施。兴起于南朝刘宋时期的官里园应氏家族，不仅在很长一段时期里主导了

古芝英地区的经济开发和社会文化发展，还慷慨重义，积极开展社会援助和救济活动。其三世应昭德，“周贫恤寡，拯难扶危，乡闾称贤”[①]。与应昭德同代的应项，关注乡里民众疾苦，会饥荒，米价踊贵，“斗米千钱”，遂“鬻金运米，以济贫民。闾阎委巷，举手相祝，往反还谒，尽节假乃止”[②]。生活在唐代前期的官里园家族十五世应凝之，家富于财，却是“躬处节俭”，热衷于调解邻里关系，救助乡里民众，“每以振施为务”，被时人推誉为“高洁之士”。史载：

> 郡里有丧事不办者，凝之辄奔走赴之，随乏供济。有兄弟分财不均至相阋讼，凝之闻而出财补其少者，令与多者相埒。其后出粟数千石，以贷乡人。值年谷不登，债家无以偿，皆来致谢。凝之曰：吾家余粟本图振赡，岂求利哉。于是，悉召债家，为设酒食，对之燔契。明年大饥，多有死者。凝之罄竭家资，为之糜粥，赖以全活。收埋骸骨，所见无遗。至春，又出粮种分给贫乏。郡民德之，抚其子孙曰：此乃应高士遗惠也！[③]

被称为芝英应氏宗族明代中兴奠基人的应杰，承先祖乐善好施遗风，出资建县学明伦堂，修筑家乡地区的道路桥梁，“义举遍乡里”。生活于明代中期的应兼，为人豁达，热衷救助。其父去世时，家中积余千金，其母多借助给邻里贫困者。其母去世后，他召集乡邻，当众宣布免去邻里所欠债务，并焚毁债券。时人特撰《焚券记》以赞之。清代后期的应参申，热心公益，乐于助人。尝捐钱千余缗，救济孤苦贫困的宗亲乡邻；又仿效北宋名臣范仲淹设置义田遗意，与他人共同捐地为义田，其收入作为乡里备荒之费，至于建育婴堂、筑路修桥之类的活动，更是不胜枚举。永康县学为战火所涉，毁坏严重，应参申变卖家产，捐资重建，其规制较原来更为恢宏。时人评论说：“公之为人，不慕名，不祈报，本承志述事之道，推追养继孝之恩，读圣贤书，行仁义事。”与应参申同时

① 赵齐旦：《应厘传》，南朝陈天嘉乙酉（565）撰，收入《缙州古城资料汇编》，永康市芝英历史文化研究会编印，2021年。

② 沈巡：《应亨龄传》，南朝陈天嘉辛巳（561）撰，收入《缙州古城资料汇编》，永康市芝英历史文化研究会编印，2021年。

③ 王正容：《汝南郡高士应凝之世考》，唐开元戊辰（728）撰，收入《缙州古城资料汇编》，永康市芝英历史文化研究会编印，2021年。

代的应学圣也是热衷于各种公益活动，造桥修路，助田襄祀，解困救穷。临终时，闻北方水灾，遗命出白银千两以助赈。

球川徐氏也有热心公益、好为慈善的家族传统。明嘉靖二十四年（1545），永康发生饥荒，球川徐氏下徐店派奠基人徐满积极参与救荒活动，“出粟二三百以赈贷”。徐满子徐荣承父风范，“凡遇灾年，能慷慨开仓借济，累计万斛。其德昭然，深得八方赞佩”[①]。清康熙二十六年（1667），水灾严重，下徐店派的徐承模捐献粮食，“赈济七天”。翌年，大旱成灾，同族徐承相出粮救助，“广济饥民”。清代中期，该族又有徐绍璇者以乐善好施为乡里称颂。“与众解难，助桥建庙，率先捐助，深得邻里敬赞。”[②]

芝英胡氏诸族同样有乐善好施的传统风范。明天顺（1457—1465）初年，两淮遭灾，饥民四散，不少流落永康县境。芝英胡堰街胡氏厚三十二公胡续（字宗泉）组织族人积极救济，“收容难民三百有奇，老弱给食，青壮以工贷赈，参加修筑小海、堪井塘等水利工程，耗资二千两，得以自流灌溉农田三十顷”。事后，知县刘珂特赠“急公尚义”之匾，以示褒扬。[③]生活于明代中期的胡堰街胡氏义一百十八公胡嗣（字德承）淡泊功名利禄，“以舍己济人为首务”。凡族人有无法完纳赋税者，便出资代输；乡邻穷乏无食，就以钱粮救济；贫困之家无力举葬，则施以棺木；壮而未婚者，助其完婚成家。[④]芝英胡氏另一大宗族溪岸胡氏也是如此。特别是清代中期以降，溪岸胡氏日趋兴盛，各种公益和社会救助活动十分活跃。兹据有关谱牒和家族资料记载，摘录该族部分救助活动制成表4-2。

表4-2　清中期至民国前期溪岸胡氏部分公益和救助活动

时间	活动情况
嘉庆二年（1797）	有族人捐资，以助修葺祠宇。
嘉庆二十四年（1819）	有族人助田一百六十把，归入秋分常，每年秋分给胙。

① 下徐店村志编纂委员会编：《下徐店村志》，1995年刊印，第98页。

② 下徐店村志编纂委员会编：《下徐店村志》，1995年刊印，第99-100页。

③《胡堰街胡氏宗谱》卷一，2016年重修本，第431页

④《胡堰街胡氏宗谱》卷一，2016年重修本，第433页

（续表）

时间	活动情况
道光十五年(1835)	有族人捐田四十三余亩，以助合邑文童县府院试之费。
道光十六年(1836)	岁歉，有族人出粟赈饥，输钱二百缗以恤邻里。又助田五十八亩余，计银一千六百两有奇，以济族中贫乏者。
道光二十年(1840)	有族人捐资五十余千文，建“桃溪古里”亭，以为往来行人休息、避雨之所。
道光二十三年(1843)	有族人捐资修建溪塘。
道光二十八年(1848)	有族人倡捐兴常，每人助钱十五千文，立报功祠以祀助者；又有族人捐亩七十把，归入秋分常，以助贫户无田亩者上丁入主之费。
道光三十年(1850)	族人捐资五百金建大宗雨台，每岁冬至给胙以彰善举。
咸丰元年(1851)	有族人捐白银助育婴堂之费，官府褒以“慈周保赤”匾额。
咸丰二年(1852)	岁荒，有族人分别助赈四百金和银五十两，获官府褒扬。
咸丰四年(1854)	有族人捐助山地四亩余，为族中无力者安厝之所。
咸丰五年(1855)	有族人助田二十余亩，为文童县府院试之费。
咸丰六年(1856)	有族人助田五十把，归入秋分常，以为贫户上丁入主之费。
咸丰七年(1857)	有族人捐助浙省节孝局银百两。
咸丰十年(1860)	有族人捐资修桥，计二百六十千文。
同治元年(1862)	族中名宦胡凤丹捐银二百余两，修建邑东小市金华会馆。
同治三年(1864)	胡凤丹捐资修缮祠堂，计费二百五十千文；又助大宗元旦麻酥钱十五千文，以每年生息之钱备办麻酥，分给祠下子孙；捐田一千秧，以每年租课收入，助合邑宾兴之费。
同治四年(1865)	胡凤丹捐资购地建义冢，又另置田四十五余亩，以供义冢各时祭祀之费。
同治五年(1866)	胡凤丹助祠田五百秧。
同治七年(1868)	族人合资助建龙山胡氏总祠，凡中室始祖每主捐助钱廿四千，东西两室每主捐助钱十二千。总祠建成后续入者，始祖每主捐助钱三十千，东西两室每主捐助钱十五千。前后所捐，凡六百余主。
同治十一年(1872)	胡凤丹捐资重建“桃溪古里亭”，计费钱八十余千文。自本年起至光绪八年(1882)，胡凤丹先后五次捐助本邑乡试宾兴费，共计洋四百余元。
同治十三年(1874)	胡凤丹捐助田百二十把，计值钱二百三余千文，以为族人祭祀之费。
光绪元年(1875)	胡凤丹捐资重建培文书院，计银二千六百余两；捐资建造乡贤祠和八烈祠，共费四千余金。
光绪二年(1876)	胡凤丹资助族人入龙山祠主钱四十五千文。
光绪五年(1879)	胡凤丹捐助邻县东阳建桥，计洋一百元。
光绪六年(1880)	胡凤丹衷肠助直隶赈款库银一千两，直隶总督李傅相奏请旃表建坊。

（续表）

时间	活动情况
光绪七年（1881），	胡凤丹捐助培文书院田三十九余亩，加上族人所捐义田，共计二百二十余亩，计值银六千二百余两；又捐钱一百千文，以助府城沟渠疏浚之费。
光绪八年（1882）	胡凤丹捐助金华府学钱二百千文，组织他人捐助四百千文。
光绪九年（1883）	胡凤丹捐助府城育婴堂田三十二亩余，计值钱四百四十二千文；捐银八百余两重建永康试院，至光绪十三年（1887）最终完工，共费银一万三千三百四十五两。
光绪十三年（1887）	胡凤丹以永康试院建成，复捐银九百四十余两以助日常之费；胡凤丹胞侄胡宗衡等又出资洋数千在县城购置寓庐，以为试院考生居住之所。
光绪二十二年（1896）	有族人助丧费洋五十余元。
光绪二十八年（1902）	有族人捐资三百余金助官府建税卡房舍。
光绪二十九年（1903）	有族人捐资二百余金助建路亭。
光绪三十年（1904）	有族人捐助祠宇祭祀，累积钱田计值九百余金；又有族人捐洋百元建桥。
光绪三十三年（1907）	有族人捐资丧资洋一百九十元。
民国六年（1917）	有族人捐资修路筑亭，计费洋八十余。
民国九年（1920）	永康试院改置永康县立中学，胡凤丹家族捐助田一千四百余把，计值洋二千二百余元，以为岁修之费，获北洋政府嘉奖；另有族人分别捐助洋五十元和三十元，县府分别给“乐育英才”“敬教劝学”匾额，予以褒扬。

第三节　浙中祠都

一、祠宇大兴

祠宇包括宗祠、宗庙、祖庙、祖祠等，是我国传统家族供奉和祭祀祖先与先贤的场所，也是家族活动的中心和世代传续的枢纽。通过对祖先的举族祭祀和相关的聚会、教化和宣扬活动，明确血缘关系，强化血缘观念，巩固家族团结，提升家族合力，弘扬祖先之德，传承先贤风范。

历史上，宗祠制度的产生始于西周。在古代前期，宗族祠庙之类的设置有严格的限制和规范，主要局限于上层贵族和门阀大族。自南宋理学大家朱熹倡导广建宗祠，宗族祠庙建设才逐渐趋于平民化。到明清时期，建立各种形式的家族祠庙已成为颇为普遍的现象。古代芝英地区宗族繁多，大族纷涌，对家族祠庙建设尤为重视，先后建立了不同类型和形式的祠庙，其数量之多，空间分布之密集，历代传续之稳定，为其他地区所少见，芝英也由此成为浙中地区著名的“百祠之都”。

在芝英地区众多传统宗族中，应氏宗族的祠庙修建活动最为活跃。早在南朝时期，芝英应氏官里园家族就凭借显赫的门阀大族地位，获得建祠立庙的特权。南朝梁大同十一年（545），官里园家族的应颉修建贤母庙，以祀其太祖母。萧梁承圣三年（554），官里园应氏家族四世孙应厘率族人上书朝廷，奏请为南迁始祖应詹立祠奉祀，获得批准。“诏具太牢令，拜祠上冢，以奉常祀。”[①]于是开土奠基，修建宗祠。此后，历隋唐两宋，应氏家族建祠立庙活动持续不断。进入明清时期，芝英应氏宗族更是持续枝繁叶茂，支派繁多，其宗派支族世代相承，兴建宗祠家庙，续修祖堂祀厅。据不完全统计，仅明代至民国时期，芝英应氏宗族各支派家族先后兴建的各类祠宇和相关建筑就多达百所以上（详见表4-3）。

表4-3　芝英应氏历代所建祠宇家庙情况

名称	修建情况
祖塔	南朝齐永明五年（487）芝英应氏官里园家族修建，祀南迁始祖应詹。应詹七世孙应昭用《官里园塔碑石刻》云：“奉祖考晋灌阳侯、平南大将军应詹公为上祖，宅东建塔一所，八角棱，高六层八丈。……所赖建斯祖塔，守此福田。”
贤母庙	南朝梁大同十一年（545）芝英应氏官里园家族应颉修建。《农耕匠坊记》载：应颉“承启先灵慰藉，宅东建贤母庙，奉太祖母应妪苦心经业，育子成材，承启三百年望族，将族推至无穷。”
应詹公祠	南朝梁承圣三年（554）芝英应氏官里园家族应厘修建，祀南迁始祖应詹。南朝陈中书郎赵齐旦《应厘传》载应厘率族人奏请朝廷为上祖应詹立祠，有诏批准，遂“良匠卫改，雕文刻画，罗列成行，摅骋技巧，逶迤有章”。
义烈祠	隋开皇十三年（593）芝英应氏官里园家族奉敕修建于官里园之东，祀在平乱活动中阵亡的族人。
仕濂公祠	明成化（1465—1487）年间应氏孝友公率族人修建，位于今芝英一村。祀仕濂公及祥、良、恭、荣五世近亲，每岁春分、清明、秋分三祭。祠堂坐北朝南，分三进。仕濂公即应昙（1391—1460），被芝英应氏后人视为明代中兴奠基者，卒后入祀郡邑乡贤祠。

① 赵齐旦：《应厘传》，南朝陈天嘉乙酉（565）撰，收入《缙州古城资料汇编》，永康市芝英历史文化研究会编印，2021年。

（续表）

名称	修建情况
鹤邱公祠（懋勋坊）	明嘉靖元年（1522）建，位于今芝英七村。坐北朝南，为四合院式，由门厅、正厅和两侧厢房组成。祀主应恩，字天赐，号鹤邱，明弘治八年（1495）中举，历高安知县等职。及卒，朝廷以其生前之功，拨银于故里建懋勋坊，后世遂以坊立祠。
大宗祠	明嘉靖（1522—1566）年间芝英应氏方塘公捐资倡建，位于今芝英古麓街。坐北朝南，分前、中、后三进，祀回迁初祖和万、巽、恢、惟、庸等先祖，并置管事会，负责管理宗族事务。
大宗义会	明嘉靖（1522—1566）年间建，位于今芝英鸿羽路。类似传统义庄，负责宗族公益和救助事务。
思文公祠（天房祠堂）	明天启（1621—1627）初年创建，祀应思文公，位于今芝英七村。清顺治四年（1647）毁于乱，雍正十一年（1733）由梧州知府应远捐资重建。乾隆五十三年（1788）复毁于灾，乾隆六十年（1795）再次重建。后又两次被毁，晚清时由芝英应氏名宦应宝时倡导重修，“炜炜翼翼，壮丽如前”。
孝友厅	明中期应杰建孝友厅，后世即厅以祀之，位于今芝英八村。坐北朝南，颇具规制。应杰，字尚道，人称“孝友公”。
用大公祠（恢祠）	始建于明代，由派下三小宗合建，位于今芝英凤凰山麓。坐北朝南，分三进，各五间。祀主八府君应用大，系巽三府君应胜第四子，一生乐善好施，以孝友称。
仕清公祠（花厅）	始建于明代，位于今芝英一村。坐北朝南，共一进三间。祀主祯十九府君应昊，字仕清，生活于明代前期。
尚端公祠（敦房祠堂）	创建于明代，清道光六年（1826）重建，位于今芝英四村。祀尚端公，及荣、宗、茂、衍、敦五代近亲。坐西朝东，规制宏大。应尚端，名枌，年幼父母亡故，及长，勤俭持家，富甲一乡。卒赠兵部车驾司主事。
前厅	明代后期建，位于今芝英八村。
后宅厅	明代后期建，位于今芝英一村。坐西朝东，正厅三间，明间五架梁带前后单步四柱，前后檐雕花牛腿承托挑檐檩，梁身雕有简单龙形线条，梁下两端雕花雀替加固。次间靠墙七檩五柱。
孝友应公祠（清常祠堂）	初建于清康熙四十一年（1702），祀孝友公应杰。乾隆（1736—1796）年间，应芝瑜组织族人移址重建，位于今芝英四村。坐北朝南，规制宏大，占地约1400平方米。
亳川公祠	清乾隆元年（1736）建，位于今芝英下亳塘村。坐北朝南，分前、中、后三进，前进五间，中、后进各三间。祀主亳塘始迁祖惟六府君应德宏，生活于明代前期。
世礼公祠（忠常祠堂）	清乾隆十八年（1753）建，位于今芝英四村。坐北朝南，占地约800平方米，规制宏大。祀主恭五十八府君应光，字天泽，生活于明代中期。经营有道，家资富裕。
北溪公祠（羽常祠堂）	清乾隆二十四年（1759）建，位于今芝英三村。坐北朝南，分三进。祀主荣二百三十一府君应翊，字润之，号北溪，生活于明代中期，为人诚实，事母至孝。
大宗常平仓	清乾隆二十四年（1759）创建，以为族人救荒、救急之需，位于今芝英七村。咸丰（1851—1861）初毁于火，同治四年（1865）重建，坐南朝北，分前、后两进，每进三间。置田积储，至光绪三十二年（1906），已有田产150亩。

（续表）

名称	修建情况
绿泉公祠（鲍常祠堂）	清乾隆三十年（1765）建，位于今芝英下蔡村。坐北朝南，分前、后两进，各三间。祀主庸二十府君应祯，字宗义，为下蔡应氏始迁祖。
澹泉公祠（中常祠堂）	清道光七年（1827）建，位于今芝英八村。坐北朝南，分为三进。祀主蕃千三百府君应鼎涵，字蕴万，号澹泉，生活于清代中期，治家有道，教子有方，惇宗睦族，乐善好施。
天房褒功祠	清道光八年（1828）建正厅及享堂，道光十二年（1832）建前厅，位于今芝英七村。坐东朝西。
用明公祠（应氏宗祠）	清道光十年（1830）应氏恢六公山头下分支修建，位于今芝英山头下。坐北朝南，分三进，每进五间。咸丰十年（1860）毁于火，旋重建。祀主用明公即应贤，用明系其字。
渐逵公祠	清道光（1821—1850）年间建，位于今芝英七村。坐西朝东，分为二进。祀主学七百五十九卒君应学鸿，字周顺，生活于清代中期，
思行公祠（地房祠堂）	初建于仕濂公祠旁，后为战火所毁，道光（1821—1850）年间移址重建，位于今芝英四村。坐北朝南，规制宏大。
希范常祠堂	清咸丰元年（1851），清常忠下信孚惟谨公与与敦常华下参申公，清常忠下邦翰公等人合作倡议修建，位于今芝英一村。坐东朝西，正厅三间，置田储谷，以为日常救济族人和荒年赈灾。到同治二年（1864），已有田产八千多秧。
惟信公祠（和丰常祠堂）	清同治十年（1871）建，位于今芝英三村。坐北朝南，分前、后两进。祀主应元寺，字惟信。
大宗义庄	清同治十二年（1873）应氏名士应宝时独资创建，置田870余亩，每年以田租救济族中鳏寡孤独残等老弱无依之人。
敦房褒功祠	清同治十三年（1874）建，位于今芝英四村。坐东朝西，分前、后两进。
云龙公祠	清光绪元年（1875）年建，位于今芝英六村。坐北朝南，分前、后两进，每进三间。祀主志二千四百十二府君应志标，字声华，号云龙，生活于清代后期，以商治业，家境温裕。
庆安公祠	清光绪二年（1876）建，位于今芝英下蔡村。坐北朝南，三进三开间，规制宏大。
约斋公祠（玉常祠堂）	清光绪七年（1881）建，位于今芝英一村。坐北朝南，分前、后两进。祀主崇二百六十三府君应崇守，字国善，号约斋，生活于清代中后期。
完人公祠（椿记祠堂）	清光绪七年（1881）建，位于芝英四村。坐北朝南，分前、后两进。祀主志九百五十府君应学圣，字士贤，号完人，生活于清中后期，勤耕读，诚经营孝友治家。
聘珍公祠（合德常祠堂）	清光绪十年（1884）建，位于今芝英七村。坐北朝南，分为两进。祀主崇四百三十六府君应崇儒，字见心，号聘珍，生活于清代中后期，例贡，家境富裕，乐善好施，热心公益。
作贤公祠（宇常祠堂）	清光绪二十八年（1902）应作贤嗣孙应掌文等建，位于今芝英二村。坐北朝南，祀作贤公及志、学、崇三代子孙。

（续表）

名称	修建情况
思源公祠（外屋厅）	清代建，祀详一府君应淦，位于芝英七村。坐西朝东，正厅三间。应淦，字思源，生活于明中期。
恢六公祠	清代建，位于今芝英毛塘秋村。坐西北朝东南，正厅三间，占地面积约500平方米。祀主恢六公应贤，字用明，生活于元代。
尚德公祠（慎常祠堂）	清代建，位于今芝英七村。初坐西朝东，分二进，规制较小。民国十年（1931）改建，为坐东朝西，分三进。
尚本应公祠（勤常祠堂）	清代建，位于今芝英七村。坐西朝东，分前、后两进，各三间。祀主尚本府君应棣，生活于明中期，年幼丧父，侍母以孝，与兄友爱。
婆婆厅	清代建，位于今芝英一村。分前后两进，每进三间。祀主应氏小宗婆婆。
尚材公祠（睦常祠堂）	清代建，位于芝英南市西。坐西朝东，分三进，每进五间。祀主尚材公应枋，孝友公应杰弟，早年丧父，善于经营，乐善好施。
棋常水阁	清代建，位于今芝英四村。坐南朝北，在忠常祠堂后西北角。祀主宗二百十七府君应志臣，字子任，生活于明代中期。
梯分水阁	清代建，位于世礼公派七世祠后左。礼主恭五十八府君应光，字天泽，生活于明代中期。
月邱公祠（信房厅）	清代建，位于今芝英七村。坐北朝南，分为二进。祀主恭八十四府君应耀，字天文，号月邱，生活于明代中期，读诗书，通《易》学，为人刚正，热心公益。
天言公祠（华常祠堂）	清代建，位于今芝英一村。坐北朝南，分前、后两进。祀主恭行八十五府君应晅，字天言，生活于明代中期，家富饶，好救济，诚信闻于乡里，一生林园自乐，教子读书。
天成公祠（荣常祠堂）	清代建，位于今芝英一村。坐南朝北，分前、后两进，占地330平方米。祀主恭六十二府君应勋，字天成，生活于明代中期，勤俭治家，富甲于邑。
天舆公祠（禄常祠堂）	清代建，位于今芝英三村。坐北朝南，分三进，每进三间。祀主恭九十二府君应慧，字天舆，生活于明代中期。
天彝公祠（贵常厅）	清代建，位于今芝英三村。祀主应典，字天彝，号石门，人称“石门先生”。明正德九年（1514）登进士第，曾从学于王阳明，潜心向学，淡泊名利。及卒，入祀郡邑乡贤祠。
天刚公祠（福房厅）	清代建，位于今芝英二村。祀主应烈，字天刚，生活于明代中期。
芝田公祠（智房厅）	清代建，位于今芝英上菜园。祀主应照，字天监，号芝田，明正德五年（1510）登举，迁广西思明府同知。
龙山公祠（性常祠堂）	清代建，位于今芝英南市街。坐北南朝，祠分三进。祀主荣六十府君应台，字崇贤，号龙山，生活于明代中期。
秋房厅	清代建，位于今芝英四村。坐西朝东，分前、后两进。祀主荣八十八公应止，字得之，号知庵处士，生活于明代中期。

（续表）

名称	修建情况
西墀公祠	清代建，位于芝英六村。坐南朝北，分二进，每进三间。祀主荣百十四府君应敛，字宏之，号西墀，生活于明代中期，屡试不第，晚年奉恩例，冠带荣身。
屏山公祠	清代建，位于今芝英一村。祀主荣百七十府君应璜，字佩之，号屏山，生活于明代中期。
仰龙公祠（叔常祠堂）	清代建，位于今芝英六村。坐北朝南，分为两进，每进三间。祀主宗百二十三府君应元吉，字子顺，号仰龙，生活于明代中期，入太学，累迁直隶桃源县丞。
世质厅	清代建，位于今芝英二村。祀主应世质，字子直，生活于明代中期。
邦实公祠	清代建，位于今芝英八村。
邦允公祠	清代建，位于今芝英五村。坐西北朝南偏东，正厅三间。祀主茂百三府君应曰谕，字邦允，生活于明代中期。
伯道公祠	清代建。祀主衍九百八十四府君应胤怀，字伯道，生活于清初，为人乐善、望重乡里，教子有方，县邑赐匾“懿德维风，荣钟式谷”。
日怀厅（岐房厅）	清代建，位于今芝英二村。坐北朝南，正厅一进三间。祀主衍四百五十六应树思，字日怀，生活于明末清初。
可生公祠（谋常厅）	清代建，位于今芝英七村。坐南朝北，祠分二进，每进三间。祀主敦五百三十一府君应本际，字可生，生活于明末清初，一生急公好义，乐善好施，孝悌睦族。
孟义公祠	清代建，位于今芝英二村。坐南朝北，分为两进，每进三间。祀主敦千九十二府君应六顺，字孟义，生活于清代前期，性孝友，仗义疏财，有胆识，有能力。
端恭公祠（序常祠堂）	清代建，位于今芝英八村。坐南朝北，分为两进，每进三间。祀主敦千一百八十五府君应封，字康臣，号端恭。
师房厅	清代建，位于今芝英八村。祀主厚百六府君应如泰，字康先，生活于清代前期，尊祖敬宗，崇儒重道，名望重于一时。
鹤山公祠（柏常祠堂）	清代建，位于今芝英七村。坐东朝西，分为两进，每进三间。祀主应鼎和，字介宜，号鹤山，生活于清代前期，少好学，后入邑庠，为附贡，以孝友知名乡里。
霞城公祠（学常祠堂）	清代建，位于今芝英三村。坐南朝北，分为三进。祀主蕃六百八十六应炜，字霞友，号霞城，又号省斋，清雍正八年(1730)登进士第，历知县等职。
正斋公祠（浦常厅）	清代建，位于今芝英二村。坐北朝南，正厅三间。祀主蕃二百四十八府君应载昂，字友赵，号正斋，生活于清代中期，以文章品行闻名。
辉庭公祠（安常祠堂）	清代建，位于今芝英八村。坐北朝南，分为两进，每进三间，1934年毁于火。祀主洪千七百七十五府君应表，字文程，又字文仪，号辉庭，生活于清代中期。
翠庵公祠（敬常祠堂）	清代建，位于今芝英八村。坐南朝北，分为两进，每进三间。祀主洪百七十九府君应伯，后改名甫，字茂甫，号翠庵，生活于清代中期。

（续表）

名称	修建情况
节孝祠	清代建，位于今芝英四村。坐北朝南，一进三间。祀百千五十应錞妻童氏，蕃八十三应鼎鳌妻周氏，蕃千八十七生员妻徐氏，蕃三百五十八应汉妻朱氏，洪四百二十五应元吉妻童氏，洪七百九十二应洪金妻徐氏，洪千三百六十六应秀位妻俞氏，洪千五百五十三应洪采妻朱氏，志四百二十一应天赐芝妻林氏，学七百五十九应学鸿长子应鸣骞妻章氏、幼子应崇榜妻等。
前楼厅	清代建，位于今芝英七村。坐西朝东，分为前、后两进。祀上宅下应氏先人。
义信常厅	清代建，位于今芝英八村。楼厅三间，明次间七檩五柱。祀恢八派下上宅一支先人。
合德常庵祠	应氏合德常族人应彝堂、应彬然、应茂枝合资修建，与墓地一体，合祀三人父母。
述德厅	清代中期学二百六十一应学廷建，位于今芝英六村。
方塘公祠（文常祠堂）	位于今芝英一村。祀主应奎，字天启，号方塘，明弘治十三年（1500）中举，历湖广武昌府教授、江西广信府教授。及卒，入祀郡邑乡贤祠。
凤山公祠（行常祠堂）	晚清时建，位于今芝英一村。坐北朝南，正厅三间。祠主恭五十四府君应熡，字天祥，生活于明代中期，性刚直，重义气，有决断。
新庵公祠（教常祠堂）	晚清时建，位于今芝英四村。坐北朝南，分前、后两进。祀主荣百四十二应鼎，字崇新，生活于明代中期。
如斋公祠	晚清时建，位于今芝英八村。坐西朝东，分两进，每进三间。祀主荣百府君应登，字崇善，号如斋，生活于明代中期。
修伯公祠	晚清时建，位于今芝英三村。坐东朝西，三进三天井。
惠斋公祠（翼常厅）	晚清时应参申修建，位于今芝英三村。为三合院式，雕刻精美。
春圃公祠	清末建，位于今芝英三村。坐北朝南，分前、后两进。祀主文八百三十九府君应文楼，后改名文杏，字得先，号春圃，生活于清末，考授布政司理问，封朝议大夫，热心近代教育，捐资创办芝英进修国民学校。
蔚卿厅	清末建，位于今芝英七村。坐南朝北，正厅三间。祀主文千九十府君应文齐，字珪宾，号蔚卿，生活于清末民初，经商起家，家资巨万，然生活俭朴，热心公益。
庶高祖母厅	清末业三府君应喜元建，祀庶高祖母李氏，位于今芝英培英路。坐北朝南，正厅三间。
六份厅	清末建，位于今芝英五村。坐北朝南，一进三间。祀主志千十八府君应志经，字大纶，生活于清代中期。
大宗公堂	清末民初修建，负责调解族人纠纷，训导子弟。位于今芝英四村，坐北朝南，正厅三间。
诲爱二公祠（雅颂祠堂）	清末民初建，系雅常、颂常两派合祀祠堂，位于今芝英一村。坐东朝西，分前、后两进。
宪辅公祠（阖闢公祠）	民国初年建，位于今芝英七村。分前、后两进，每进各三间。祀主敦三百七十九应际景，字宪辅，生活于明末清初。

（续表）

名称	修建情况
慕颜公祠（新祠堂）	民国初年建，位于今芝英八村。坐北朝南，前后两进，每进三间。祀主崇二千四九十六府君应崇渊，字慕颜，生活于清末，性直爽，好接人，虽家境富饶，但生活俭朴。
修吉常祠堂（跃虞厅）	民国初德七百四十七应德韶建，位于今芝英天祥路。坐西朝东，正厅三间。
文容厅	民国前期建，位于今芝英灵溪路。坐东朝西，正厅三间。祀主应文容，事迹不详。
福之公祠	民国十三年（1924），崇二千六百三十五府君应文庆建，以祀先人，位于今芝英二村。坐南朝北，正厅三间。
惟量公祠（元常祠堂）	民国十七年（1928）筹建，民国三十六年由祖祠请本支神主入祠，位于今芝英桑元下村。坐西朝东，一进三间，祀主茂五百二十二府君应元溶，字惟量，生活于明末清初。
香亭公祠（寿常祠堂）	民国十九年（1930）建，位于今芝英七村。分前、后两进，每进三间。祀主学三百七十八府君应道种，字兰畹，号香亭，生活于清代中期，入太学，授州同，乐善好施，热心公益。
世资公祠（仁常祠堂）	民国二十七年（1948）建，位于今芝英二村。坐南朝北，分两进，每进三间。祀主荣百三十四府君应世资，字子深，生活于明代中期。
伯梁公祠	民国二十七年（1948）建，位于今芝英一村。坐东朝西，前后两进，每进三间。
天相公祠（富常祠堂）	民国二十八年（1949）建，位于今芝英一村。坐东朝西，分两进，每进三间。祀主恭百十六应焘，字天相，生活于明代中期，事父母勤谨，对兄弟恭顺。
应氏第二常平仓	民国三十一年（1942）创建，在芝英潭湖，置田九千余秧。
志双公祠（五份厅）	民国三十六年（1947）建，位于今芝英桑元下村。坐西朝东，正厅三间。
眉山公祠（正房祠堂）	民国时期建，位于今芝英二村。坐东朝西，分为三进。祀主荣一百六应可，字与之，号眉山，生活于明代中期。
东塘公祠（明常祠堂）	民国时期建，位于今芝英三村。坐西朝东，分两进，每进三间。
粹庵公祠（立常祠堂）	民国时期建，位于今芝英七村。坐西朝东，分两进，每进三间。祀主衍三百十一府君应有晖，字仲韫，号粹庵，生活于明代后期。
德生公祠（复初公祠）	民国时期建，位于今芝英一村。坐北朝南，分两进，每进三间。祀主德二百九十六应复初，字德生。生活于晚清时期。
镜人公祠	民国时期建，位于今芝英后明里。祀主崇三百八十六府君应参申，字继甫，号镜人，生活于清代中后期，器识宏达，立心方正，苦攻医术，救人无算。
锡鸿公祠	民国时期建，位于今芝英二村。坐南朝北，正厅三间。祀主文千三百六十四府君应金禧，字天锡，生活于清末民初。

（续表）

名称	修建情况
新邦厅	民国时期建，位于今芝英二村。坐北朝南，正厅三间。祀主文千七百三十七府君应新邦，字特卿，生活于清末民初。
友三厅	民国时期建，位于今芝英八村。坐西北朝东南，正厅三间。祀主德百十五府君应德益，字友三，生活于清末民初。
茂芝厅	民国时期建，位于芝英沙塘里。祀主崇九百七十七府君应崇朴，字茂芝，号竹安，生活于清中后期，试用登佐郎，赏五品顶戴。
瀚墨厅	民国时期建，位于今芝英六村。坐东朝西，正厅三间。
文灿厅	修建时间不详，位于今芝英三村。坐西朝东，正厅三间。祀主应文灿，事迹不详。
康房厅	修建时间不详，位于今芝英一村。坐西朝东，正厅三间。
小屋厅	修建时间不详，位于今芝英六村。坐北朝南，一进三间。
阿悲厅	修建时间不详，位于今芝英六村。坐西北朝东南，正厅三间。
留耕堂	清前期建，位于今芝英七村。祀主洪二七三府君应洪怡，字怿侯，号岭云。
应赠公祠	修建时间不详，位于今芝英二村。
秋房厅	修建时间不详，位于今芝英四村。

芝英地区其他宗族的祠宇修建活动虽未如应氏兴盛，但也是相当活跃。

芝英溪岸胡氏宗族对祠宇建设十分重视，兴建修缮活动历代相承，持续不断。清嘉庆二年（1797），修葺大宗祠，增设堂室匾三十余；道光三十年（1850），增建大宗祠雨台；同治三年（1864），重修大宗祠两厢台门；同治七年（1868），倡建龙山胡氏总祠；光绪元年（1875），修建先大夫乡贤祠和八烈祠。

芝英胡堰街胡氏先后兴建不少祠宇宗庙，至清咸丰（1851—1861）年间，已有胡氏宗祠、巨六公祠、宗泉公祠等各种祠宇和相关建筑20多处。其中，胡氏宗祠始建于明万历十四年（1586），在胡堰街上街头，坐西朝东，分先后七进，建筑面积1200平方米，规模宏大。巨六公祠始建于明万历四十四年（1616），位于今胡堰西路东侧，坐北朝南，建筑面积1300平方米，其规模更超宗祠，主祀巨六公胡道琰。宗泉公祠始建于清康熙（1622—1722）年间，位于胡堰街上下临池新塘边，坐北朝南，民国二十五年（1936）重建，两进两厢，建筑面积约1200平方米，主祀厚三十二公胡宗泉。兆公特祠修建于清乾隆四十六年（1781），民国十一年（1922）重建，为两进两厢四合院式结构，建筑面积约700平方米。思馨公祠修建于清道光（1821—1850）年间，位于胡堰上村，坐北朝南，三进三开间两厢，建筑面积1100平方米。[①]

芝英球川徐氏宗族修建祠宇的活动历代不断。徐氏宗祠又称敬二公祠，位于芝英上徐店村，始建于清康熙五十三年（1714），雍正四年（1726）拓建，增造门楼。光绪十年（1884）重修，五年（1889）新造后寝左右厢四间。光绪二十八年（1902），又增建中庭。听常厅屋初创于清雍正（1723—1736）年间，位于芝英下徐店洗理塘东。同治元年（1862）为战火所毁，光绪十五年（1889）重建。睦常厅屋又称继兴堂，创建于雍正（1723—1736）年间，位于芝英下徐店村洗理塘东北。坐西朝东，三间墩坤两窄间，后改为宗族书堂。岐山公祠由族人徐绍位等人于清雍正十三年（1735）创建，位于芝英下徐店村。坐南朝北，两厅一台。全山公祠即下徐店大常祖祠，位于芝英下徐店村大圳，清道光二年（1822），由徐文禹等人发起创建，至道光五年（1825）建成，规制宏大，包括后寝五间，中堂台门各三间，左右厢十六间，牌门雄伟壮观。褒功祠修建于清光绪二年（1876），位于芝英下徐店村，为三进三开间结构。奎壁公祠又称新祠堂，修建于民国十六年（1927），位于芝英下徐店村。坐南朝北，规模壮观，结构新颖。前厅、中堂各三间，左右附间厢，后进五开间，另有伙房五间。汉昭公祠修建于民国时期，位于下徐店村台门口西，坐北朝南，三间墩坤两窄间。[②]

芝英前山杨氏历代所建祠宇为数不少。其中，杨氏宗祠位于前山杨上村大塘西南，原为上、中两幢，泥墙建筑，民国九年（1920）进行大规模改建和扩建，建筑面积增至500多平方米。整个祠堂建筑为坐北朝南，共三进，青砖墙，采石柱，并设有中央戏台。三常祠堂又名盛二公祠，位于前山杨上村大塘西北，系前山杨氏天、地、人三常祠堂。整个建筑坐北朝南，为两进式结构。四房祠堂位于前山杨下村西北，系杨氏仁、礼、智、信四房祠堂，坐北朝南，共分三进，颇具规模，建筑面积570多平方米。田洋厅又名吕厅，位于前山杨下村下大塘东南，坐北朝南，三间一进，砖木结构，建筑面积约160平方米。杨姑娘殿位于前山

---

① 《胡堰街胡氏宗谱》卷一，2016年重修本，第414-415页。

② 下徐店村志编纂委员会编:《下徐店村志》，1995年刊印，第87-88页。

杨村外大荒塘，民国时所建，分前后两进，主要供奉杨姑娘及其丈夫和儿子。太余殿位于前山杨村通往芝英道旁，系两进式小殿，为杨、吕、桑三姓本保殿。①

芝英石马卢氏历代所建祠宇，较具代表性的有崇儒公祠、喜亭公祠等。崇儒公祠又称小宗宗祠，位于芝英儒堂村，创建于明代中期，清乾隆五十八年（1793）重建，规制宏大。晚清时毁于战火，光绪二十六年（1900）最终重建完成。喜亭公祠为清时所建，同治元年（1862）毁于战火，同治九年（1870）重建，光绪三十四年（1908）扩建，规制宏伟，厅堂宽敞，后即祠置儒堂小学。②

此外，还有芝英仙陵蒋氏于明代创建宗祠，同治元年（1862）毁于战火，战后很快重建，三进两厢，砖木结构，占地面积430多平方米。下柏石村陈氏于清康熙三十二年（1693）建陈大宗祠，规制恢宏，为三进五开间，占地面积近千平方米，现列入全国重点文物保护单位。练结章氏于清康熙八年（1669）建章氏宗祠，占地面积有400多平方米，是中共永康首届县委的诞生地。游川周氏于清同治八年（1869）建省斋公祠，进门大厅三间，左右厢坊各二，中厅三间，后院两天井“广阔高洁”。继绪塘村河东吕氏在清代先后建有勤公祠、尚厚公祠等，均为三厅二庙结构。诸如此类，不一而足。

芝英地区传统宗族之所以重视建祠立庙，且世代相承，长盛不衰，既是受到传统社会浓厚的敬宗尊祖观念和家族传承意识，以及历代政权大力倡导影响的结果，也与各家族自身的发展形态和传统家风有着密切的关系。一方面，芝英传统家族素有推崇孝友治家、团结和睦的传统，以孝为人伦道德基石和规范族人言行的核心，积极引导子孙树立感恩意识，光大友爱之心，遵循和睦之行。通过建祠立庙，上追祖先，下裕后昆，有助于凝聚家族力量，推动家族兴旺，传承先贤风范，促进家族和睦，从而走上子孙相继、世代相传、孝友和睦、持续发展的道路。另一方面，芝英的传统宗族多能依托本地区社会经济较为发达的有利条件，积极经营，不少家族资产充裕，富甲一乡。这既为各家族兴祠立庙提供了较为坚实的物质基础，也使得思宗追祖、敦本睦族的意识和情感更为强烈。

① 前山杨村志编纂委员会编：《前山杨村志》，1999年刊印，第74–76页。

② 参见儒堂卢氏宗谱理事会编：《儒堂卢氏宗谱》卷一，2006刊印。

二、形态功能

纵观芝英地区各传统宗族历代所建的宗祠家庙，其种类繁多，形式不一，功能多样。

就祠宇类型而言，依性质不同，大致可以分为三类：一是祭祀性祠宇，主要用以奉祀本族上祖先贤，及举行宗族的各种重大活动。这类祠宇是各族所修宗祠家庙的主体，多按照世系代次分为不同宗祠、祖庙、家祠等不同等级层次。如前文所列应氏历代所修祠宇家庙，大部分即属此类。二是褒扬性祠宇，主要用以褒扬本族历代名人、在不同方面为本族作出突出贡献的先贤和堪为后世典范的先人等。如应氏宗族的懋勋坊、天房褒功祠、地房褒功祠、敦房褒功祠、节孝祠等，均属此类。三是公益性会宇，主要是用以组织宗族内部救助和开展各项公益事业的机构。如应氏宗族的大宗义庄、常平仓、希范常祠堂等，均属此类。

就祠宇结构形态而言，其基本架构规模小者有一二进，大者有三四进，最大的有七进之多。其中，又以二三进居多。以应氏祠宇为例，按前文表中所列，单体一进的有福之公祠、文灿厅、小屋厅、思源公祠、前厅等；一进两厢的有新邦厅、眉山公祠、惠斋公祠等；两进两廊的有婆婆厅、凤山公祠、天成公祠、诲爱二公祠、约斋公祠、伯粱公祠、瀚墨厅、懋勋坊、宪辅公祠、月邱公祠、可生公祠、如斋公祠、芝田公祠等；两进两厢的有方塘公祠、屏山公祠、复初公祠、锡鸿公祠、天相公祠、大宗仓房、春圃公祠、惟信公祠、新庵公祠、完人公祠、秋房厅、仰龙公祠、尚本公祠、渐逵公祠、慕颜公祠、端恭公祠等；三进两廊的有小宗祠、修伯公祠、天與公祠、大宗祠、用大公祠、霞城公祠、思文公祠、尚德公祠、天房褒功祠、澹泉公祠等。从具体布局来看，三进祠宇每进或三间结构，或为五间结构。沿祠宇中轴依次分设前厅、中厅、后厅，其中中厅也叫正厅，为祭堂，是举行祭祀活动和宗族议事之处；后厅为寝堂，安放祖先灵位，设有神龛。前厅和中厅两侧，则有厢房、茶室、厨房等。祠宇墙体多采用陡砌法加固，梁、枋、柱之间及梁、枋、柱与墙体之间以三销一牵加固。抬梁构架采用插柱式，木构架用材硕大，材质讲究。

就祠宇建筑风格而言，因为祠宇有着不同寻常的宗族色彩和意义，所以各祠堂不仅用堂号、匾额一类展现宗族风范，也往往运用不同时期的建筑工艺，体现宗族的意识和追求。有的祠堂建筑工艺和风格颇具特色，有着丰富的人文内涵。如应氏宗族的祠堂，大多明间采用偷柱法，为四柱抬梁斗拱；次间采用边缝穿斗式。檩枋、雀替、马腿等，施高浅浮雕，雕刻精美。两侧为厢房，门楹为拼花图案或精雕人物、吉祥物、花草、鸟类、鱼虫。楼檐外部，则采用美观实用的瓦楞板。正门牌楼讲求气派，多为五至七层，采用砖雕重檐斗拱结构。表墙全用精磨青砖，并用精湛的泥作和砖雕技艺错缝砌叠。屋顶有正脊、望砖、阴阳瓦、瓦当滴水，庭院用青石板或用小卵石铺砌成各种纹饰图案。有的祠宇还建有精美的四柱抬梁斗拱的古戏台（宇台），顶部饰以藻井、彩绘，抬梁和马腿均施重浅浮雕，宇顶四翼起考翘，内外檐下各设多种斗拱，顶部屋脊覆望砖阴阳瓦，重檐瓦当滴水，光彩夺目。祠宇厅室有各种匾额、楹联、画像之类，或明族源，或显家貌，或扬风范，或申族规，或行教化。

匾额

如应氏各祠匾额数量众多，其内容包括宗族堂号、历代功名、家族风范、道德教化等不同方面。

就祠宇功能而言，首先是祭祖敬宗、敦宗睦族。祠堂为祖先神灵所在，其首要功能便是祭祖追宗，强化宗族意识，巩固血缘关系。每祠都置有一定数量的田地山房作为祠产，以供祭祀所费之需。每年的祭祖活动，以清明祭和冬至祭最为重要，仪式也最为隆重。以应氏宗族为例，其大宗祠祭祀参加对象为宗族内60岁以上老者、大宗以下各常祠管事和有一定文化层次的男丁；小宗祠祭祀参加对象进一步扩大，包括本支宗族所有16岁以上男性。祭祀时，房族子孙聚于中进，在司礼主持下，随族长恭行祭礼。清明祭祀相对于冬至祭祀参加的族人更多，礼仪更为隆重。族人先要赴祖坟扫墓，再至祠堂进行祭祀。参祭子孙还要接筹码，领份子（胙肉）。筹码一般为朱漆竹条，上书族人姓名。祭礼结束后，参祭者先领取书有自己姓名的筹码，再凭筹码换份子。一般男性子孙每人至少可以领到1份，年60以上者，每长10年，可增领1份。由于芝英应氏宗族支派繁多，各派均要在本支祠堂祭祀。为防止彼此冲突，各派互相协调，错开日期分别祭祀。如每年清明祭祀，清明前10天祭祀大宗祠太公，前8天祭祀小宗祠太公，前7天祭祀天、地、人三房太公，前6天祭祀天房下清、慎、勤三房和地房下敦、睦两房太公，前5天祭祀恭字行太公。从清明前4天起，由各房祠堂确定本房祭祀日期。清明后的3天里，则全部祭奠女性先祖，称祭外太婆。

其次是管理宗族事务，议决族中大事。祠堂一般设立管事机构，其成员由族内功名高、辈分长、年龄大、有权威的族人组成，负责处理宗族的日常事务。如应氏大宗祠建立时，正是宗族进一步走向兴盛的时期，其中恭字行有18位兄弟均颇有名望和权威，被族人雅称为“十八恭”，大宗祠便由他们充任管事。后来十八恭逐渐发展为十八房，大宗的管事会也一直由十八房选派，凡宗族的有关事务，诸如春秋两祭、修谱立规、调解纠纷、族学义田、扶贫济困、积储备荒等等，都要通过大宗祠管事会的同意或决议。祠堂也是族人聚会、议事的重要场所，凡族中遇见重大事情，如选举族长、修建祖坟、与邻族产生纠纷等，可由族长召集管事或族人，在祠堂聚会，讨论决定相关事宜。

祭祖活动

再次是规范族人，训导子孙，维护社会秩序。祠堂是宗族管理的枢纽，族长及管事会经由宗族聚会发布族规家训，并监督族人切实履行。凡有违反族规者，即在祠堂祖先神位前予以处置，或严加训诫，或施行家法，严重者逐出宗族，乃至送官府惩处；循守家族规范者，则予以褒扬和嘉奖。族人有纠纷者，可至祠堂辩论，由管事会从中调解，并在祖先神位前各思己过，释嫌言和。族中子弟定期赴祠堂追思先祖，接受道德教化和规范引导，凡传承先贤风范、立志兴族者，以表彰激励；不重宗族、自以为是者，予以训诫惩处。

最后是组织救助，推行公益。各族祠堂大多承担对族人济穷助贫、排忧解难、赈灾救荒的社会责任，也是地方公益事业的组织者和监督者。许多家族在祠堂管事会主持下，积极开展各种救助和公益活动。如应氏家族设置多处学田义庄和常平仓，以备助学、济穷、救荒之需。明嘉靖（1522—1566）年间创设大宗义会，负责对贫困族人的日常救助，每年六月和十二月向贫困族人发放救济谷。清乾隆二十四年（1759）创建大宗常平仓，以备族人救荒救急之需。至清末，其仓田已增至150亩。同治十二年（1873），又创建大宗义庄，初由族人捐助870余亩为义田，后田产不断增加。每年以义田租谷救济族中鳏寡孤独残等老弱无依之人，其中孤儿寡妇的口粮救济，大人每月谷一秤（约合今17.5公斤），小孩10岁以下减半。男孩济供至16岁，女孩济供至15岁。民国三十一年（1932），又增设第二常平仓，置仓田9000余秧，计150余亩。

应氏大宗仓房

在一些特定时期和特定环境下，芝英地区的部分祠宇还承担起特殊的功能，发挥了特殊的作用。如清兵南下江南时，遭到各地民众的强烈抵抗。永康是当时浙中抗清活动至为激烈的地区，其抗清武装一度多达数万人。顺治五年（1648），永康抗清武装曾以芝英应氏思文公祠和尚材公祠为据点，抗击清军一月有余。咸丰（1851—1961）年间，太平军进军永康，一度以芝英应氏用大公祠作为指挥所。辛亥革命时期，芝英应氏宗祠和仕濂公祠成为革命党人的重要活动据点，光复会会员、时任浙江省咨议局咨议应贻诰，与浙江光复会负责人之一魏兰和永康光复党军首领吕阿荣等人，就曾在仕濂公祠会面，商讨浙中光复事宜。1927年，永康籍中共党员叶岩襄、池长根、应毓兰等人受党组织委派，回永康组建党组织。他们以芝英应氏思文公祠为活动据点，开展革命地下活动。同年5月，在思文公祠成立中共培英小学支部，这是永康第一个中共党组织。不到一个月，永康全县党员发展到50多人，思文公祠一度成为永康党组织活动中心。在此基础上，至7月，中共永康临时县委宣告成立，叶岩襄任书记兼组织部长。全面抗战暴发后，浙江省政府移驻永康方岩，芝英一度成为重要的敌后抗战基地，兴办了酱油厂、染织生产合作社、抗建米厂、肥皂厂、染布厂、织袜厂、铸造厂、五金工厂、难民工厂等诸多企业，有几十家祠堂被用来充当厂房和企业管理机构驻地。由浙江省赈济会开办的难民染织总厂，其部分生产车间分设于13家祠堂，包括设于应氏序常祠堂的扎综工场，颂常祠堂的工务处，睦房祠堂的成纬工场，鹤山公祠和守常祠堂的第一织造工场，天房褒功祠的第三织造工场，性常祠堂的第四织造工场，修伯公祠的第七织造工场，眉山公祠的第八织造工场，华常祠堂、荣常祠堂、中常祠堂的整验工场，清房祠堂的物料间、验布间等。

第五章　千古风流代有人

芝英人杰地灵，人文荟萃，名流辈出。回望永康的人文历史，清代的本地官员与学者们都曾不约而同地将目光投向芝英。清嘉庆年间，永康知县陈鹤瑞就曾说过："芝英为永邑望族，名流硕彦，代不乏人。"①光绪年间，永康籍学者、饱学之士、被誉为"八婺书橱"的潘树棠（1808—1896）也说："芝英基始积有厚德，族望大，夙重学校，以儒书显于时，故代产伟人。"②历史上，芝英孕育了一大批名人。这其中有应詹、应宝时等重要政治人物，也包括应典、胡凤丹等文化名流，还有应飞、应爱莲等革命志士。除此之外，作为文化名区的芝英还吸引胡则、朱熹、吕祖谦、陈亮、郁达夫等名人驻足流连。

第一节　政治人物

一、历代显宦

东晋时期，"镇南大将军"应詹驻兵"官田"，开启了快速开发古芝英的历史。其五世孙、"殿中尚书"应袭开创"官里园"，奠定古芝英发展的基本格局。宋代芝英应氏人才众多，应材、应孟明等都是位至公卿的名宦。明代芝英应恩做官仅至知县，但因功勋卓著而被誉为"王国懋勋"。晚清民国时期，芝英涌现出了晚清名臣应宝时、民国首任江苏"省

① 陈鹤瑞：《书〈敬斋府君应公传〉后》，《芝英应氏宗谱特传总编》，民国十二年重修本。

② 潘树棠撰，潘美蓉辑校：《潘树棠文集》，《传类·应公士贤行略》，上海古籍出版社，2010年，第355页。

长”应德闳、民国永康首任“县长”应贻诰等名宦。

1. 东晋“镇南大将军”应詹

应詹是芝英应氏始祖。他历仕西晋、东晋两朝，是东晋初年重要的政治人物，唐代初年修撰《晋书》特为其立传。[①]

据《晋书》记载，应詹（274—326），字思远，祖籍汝南南顿（今河南省项城市南顿镇），出身士族。他的祖父应璩（190—252）是三国时期著名文学家，而且曾在曹魏齐王曹芳时期担任“侍中”一职（当时“侍中”是门下省长官，陪伴皇帝左右，手握谏诤权力，实质上分享宰相之权）。应詹幼年父母双亡，由祖母抚养成人。十几岁祖母去世时，他居丧过哀，需要拄杖才能起身，因此获得孝名。当时他继承了大量家产，把族人视为至亲，邀请他们同住共产。大家都觉得他不是一般人。成年以后，应詹心胸开阔，以学问文章闻名四方。司徒何劭（？—301）见到他后引用孔子的话惊叹道：“君子哉若人！”[②]

应詹画像

① 房玄龄等：《晋书》卷七〇《应詹传》，中华书局，1972年。

② 语出《论语·宪问》，意为：这个人真是个君子啊！

应詹原为“太子舍人”（太子宫中的小吏），先后充任赵王司马伦（？—301）、成都王司马颖（279—306）的幕僚。他还曾作为自己舅爷、镇南大将军刘弘（236—306）的幕僚，因深得其赏识，升任南平（今隶湖北省公安县）太守。王澄（269—312）出任荆州（今湖北省荆州市）刺史时，任用应詹掌地方军权。当时匈奴南下攻入都城洛阳，西晋统治摇摇欲坠，应詹辖境内政局不稳。他安抚少数民族族群，与他们的首领结为同盟，使得无数黎民得以保全。当地百姓曾这样歌颂他：“乱离既普，殆为灰朽。侥幸之运，赖兹应后。岁寒不凋，孤境独守。拯我涂炭，惠隆丘阜。润同江海，恩犹父母。”后来，镇南将军山简（253—312）又任用他掌地方军权。当时蜀中流民起义，他与龙骧将军陶侃（259—334）在长沙大破起义军，获得大批财宝，但他却只是收下图书典籍，令众人倍觉惊叹。

东晋开国皇帝、晋元帝司马睿（276—323）掌权以后，应詹先后被授予建武将军、后军将军，赐爵颍阳乡侯，掌巴东地区军权，成为镇守一方的封疆大吏。晋明帝司马绍（299—325）上台后，应詹任益州刺史，领巴东监军。不久，又出任吴国内史，因公事被免职。太兴三年（320），镇北将军刘隗（273—333）出镇淮阴时，以詹为军司，加散骑常侍，累迁光禄勋。

太宁二年（324），应詹被晋明帝任命为都督前锋军事、护军将军、假节，守卫建康城南的朱雀桥，协助粉碎了大将军王敦（266—324）的篡权阴谋。平定王敦之乱后，他以军功进封“观阳县侯”，食邑一千六百户，赐绢五千匹。当年十月，应詹出任“使持节”（代表皇帝行使地方军政权力）、都督江州（辖今江西省大部）诸军事、平南将军、江州刺史。次年，他携长子应玄抵达今永康县境，以“官田”（今永康市芝英镇）为中心，在此地屯田驻兵。咸和元年（326），应詹在“官田”去世，享年五十三岁，晋明帝追赠他为镇南大将军，仪同三司，谥号“烈”，祠以太牢（享受诸侯王祭祀之礼）。应詹去世后，初葬永康庙坛，次年移葬杭州赤水乡，祠塔名曰“六和”。应詹子二人，长子应玄受恩荫，嗣位至散骑常侍、御史大夫；次子应诞，历官六郡太守、龙骧将军，追赠冀州刺史。

应詹墓

2.南朝“殿中尚书”应袭

应袭是应詹五世孙，官至“殿中尚书”（尚书省六曹尚书之一，掌兵马、仓库），是古芝英“官里园”的开创者。他的生平事迹主要见于南朝宋元嘉二十二年（445）曾任新安太守的张镜所撰《殿中尚书应袭》。[①]

应袭的曾祖应玄是应詹长子，官至散骑常侍、御史大夫（散骑常侍，侍从皇帝左右，主管规谏皇帝过失；御史大夫，中央监察机构主管官员）。祖父应运承袭父职，任散骑常侍，官至柴桑令（柴桑当时是浔阳郡、江州治所，在今江西省九江市一带）。父亲应先，是当时闻名遐迩的大孝子。据说应运去世时，应先从建康（今江苏省南京市）赶到柴桑，将父亲葬于鹤问寨（今江西省九江市西南）附近，搭建茅舍为父守孝。那时天下大乱，群雄角逐，但应先无心为官，与陶潜（约365—427）成为关系密切的好友，隐居山林，读书著述。

应袭（387—443后），字有道，生于东晋孝武帝太元十二年（387），自幼勤奋好学，生性宽厚温和。他文武兼修，不但经学、史学知识渊博，而且精通各种武艺。东晋安帝义熙七年（411），他因“孝廉”（孝顺亲长、廉能正直）的名声被地方官员推举为官（当时称“举孝廉”），担任“太学

① 张镜：《殿中尚书应袭》，元嘉二十二年（445）撰，收入《芝英缙州古城参考资料》，永康市芝英历史文化研究会编印，2021年，第7–8页。

博士”（主要负责教授就读于最高学府太学的学生，并作为皇帝的礼仪问题顾问）。不久，他参与朝臣关于“边守征法”（边境地区征兵之法）的讨论，获得皇帝的赏识，升任散骑常侍。

南朝刘宋建立以后，他在朝中任职。宋文帝元嘉元年（424），应袭升任豫州（治所在今安徽省寿县）刺史。担任豫州刺史期间，他为官公正廉明，主持修缮辖境内的城池，谋划收复中原失地，政绩的美名冠绝一时。元嘉三年（426），他转任宁州（治所在今云南省曲靖市北）刺史，工作勤恳，一心为民，当地百姓称赞不已。当时吴郡太守徐佩之（？—426）聚集党徒，试图拉拢应袭共同谋反。应袭深明大义，将谋逆的消息报告给司徒王弘（379—432）。等到叛贼作乱时，朝中早有准备，迅速斩杀徐佩之，平定了叛乱。①

元嘉十六年（439），应袭升任殿中尚书，参与朝廷的礼仪制度、法律制度的完善工作，受到宋文帝的赏识。文帝赏赐给他东阳郡（治所在今浙江省金华市）官田五百户，定名为“官里园”。五年后（443），应袭辞官归乡，携妻子儿女（应袭娶乌衣巷士族大姓王氏，子二人，长子应慧，次子应宪）在“官里园”定居下来。此后，应氏家族在此地繁衍生息。所谓“官里园”，就在今日金华市永康县芝英镇芝英八村一带，东临灵芝路和前明堂，西临方塘，南临后井，北至盘龙山。如今该村还保留着“官里园”的一些标志性建筑或名称，如前厅、后井、下钗门、孝子牌坊等。②

3. 南朝“偏将”应厘

应厘是应袭四世孙，官至裨将，是芝英应氏家族的壮大者。他的生平事迹主要见于南朝陈文帝天嘉六年（565）中书郎赵齐旦撰写的《应厘传》。③

应厘的祖父应慧，博学多识，精于经学与诸子之学。父亲应昭光，曾任南朝齐明帝卫尉（掌宫廷守卫）。叔父应昭建，精于天文历算、水利屯田之术，曾任吴郡内史，梁武帝时曾主持钱塘江治理工作。应厘兄弟三人，他居长，二弟应匡官承务郎（掌户口、田税登记），幼弟应谌官新

---

① 此事又载于《宋书》卷四三《徐羡之传（附徐佩之传）》，中华书局，1974年。

② 应业修、应忠良：《南朝缙州古城在永康芝英考略》，《永康日报》2019年11月1日第13-14版。

③ 赵齐旦：《应厘传》，天嘉六年（565）撰，收入《芝英缙州古城参考资料》，永康市芝英历史文化研究会编印，2021年，第19-20页。

安尉。

应厘（491—565），字守育，天资颖悟，胸怀宽广，自幼研习儒学。长大以后，他博学强记，通晓天文音乐，又志存高远，品性高洁，不计财利得失，所以尤为喜好游学，广结天下豪杰。不但这样，应厘还熟谙军旅之事，擅长骑射，被选任为吴郡偏将。梁武帝大同七年（541），迁"监军事"（督察军队事务）。当时地方官吏普遍重视武备，应厘却极其推崇文士，延揽了一大批贤士。不久，他便急流勇退，辞官归里。

回到故乡以后，应厘一面培养弟子，一面悉心照料继母，率领族人壮大宗族。他当时被尊称为"桃溪先生"，每天与众弟子辛勤耕作，说经释义，研究学问。他为人谦逊，曾经对弟子说："本人学识有限，不敢随便讨论经书的主旨，同学们可以自取其长。"在应厘的带领下，应氏家境殷实，家族昌盛，成为当地有名的富家大户。家族繁荣了，应厘又筑造起新宅，设乐陈酒，邀集当地文士吟咏玩乐。据说当时应厘的新宅取名"鹤鸣"，这是因为其宅东建桥时，群鹤攀上宅内树梢，鸣叫声传遍四野。应厘家族人丁兴旺，到了他的孙辈，一门百余口，族人敦睦团结；其子孙读书，每人研习一种经书，各有所长，孝礼兼持，享誉地方。梁承圣三年（554），应厘率全体族人上书，请求祭祀始祖应詹。梁元帝不但予以批准，而且下诏采太牢之礼，仪式非常隆重，乡里百姓以此为荣。

应厘卒于天嘉六年（565），享年七十五岁。据说他下葬那天，远近送葬者达到上千人，其中身着丧服、赤脚前来的送葬者竟有百余人。陈文帝听说后，很欣赏他的才华与德行，下诏追赠"司业"（国子监官员职衔），厚赐随葬物品。应厘共有四子、七孙，分别是应颖、应颐、应顷、应颛、应季龙、应宇龙、应会龙、应辰龙、应武龙、应星龙、应少龙。他的门人也大都品学兼优，仕途显达。

4.唐代"高士"应凝之

应凝之是应袭十一世孙，他的曾祖父曾因帮助隋朝平定叛军，获封游击将军。应凝之的生平事迹主要见于开元十六年（728）婺州刺史王正容撰写的《汝南郡高士应凝之世考》。①

① 王正容：《汝南郡高士应凝之世考》，收入《芝英缙州古城参考资料》，永康市芝英历史文化研究会编印，2021年，第21-25页。

应凝之的曾祖父应智孝，智勇双全，精于兵法。隋开皇十一年（591），汪文进、蔡道人占据婺州（治所在今浙江省金华市）起兵叛乱。隋朝大将史万岁（529—600）密访官里园，应智孝联合族内兄弟响应朝廷的号召，自易“应”帜，聚集乡勇三千人保卫家园。经过一番惨烈的激战，应氏族男阵亡近五十人。当时应氏家族举办了规模盛大的葬礼，“孤儿寡母举族哀丧，泣声不绝”，观者潸然落泪。两年后（593），史万岁上书隋文帝，请求对应氏家族进行抚恤。隋文帝亲笔题写“一门忠义”相赠，并下令拨钱五万，派遣内史侍郎薛道衡（535—604）慰藉抚恤，在官里园东侧建造“义烈祠”。此外，应氏族男人获得官职，应智孝获封游击将军。应凝之的祖父应公临，博览群书，书库藏书达数千卷。父亲应守言，字季夫，早逝。

应凝之（634—698），字德文。他幼年丧父，悉心侍奉母亲，是远近闻名的孝子，被伯父应守明称为“吾家之颜子”（即孔子的弟子颜渊，为孔门七十二贤之首）。二十二岁那年，应凝之曾赴江西担任地方官，不久便因母亲去世回到芝英。守丧期间，他因过度悲伤，瘦得只剩一把骨头，仍坚持研究学问不倦怠，所以能够博览群籍，精通天文、历法、五行等多方面的知识。地方大员招揽他做官，但他无心仕宦，成为人人敬重的高士。

应凝之年少时家境殷实，所以每逢春秋社日（祭社神的日子），同族兄弟都会相聚于他的家中，纵情饮酒作乐。等到长大一些，他便懂得收敛，不敢放荡懒惰，总是一副严肃谨慎的模样。他谨遵先祖制定的家礼祖训，号召族人“强不凌弱，众不暴寡，富不傲贫，贵不骄贱，婚姻不论财，丧祭不尚虚文，子孙不从佛老，坟墓不伤薪木，闾族周之，婚姻不能举礼者助之”。

虽然家中富有，但他平日生活节俭，慷慨救济他人。每当听说没钱办丧事的人家，应凝之便赶到其家中，缺多少钱给多少钱。有一次，当地的两兄弟因为财产分配不均打官司。应凝之听说后，就拿出自己的财产，补给财产少的，使兄弟两人财产相当。他还曾经拿出数几千石粮食借贷给乡里乡亲，正赶上庄稼歉收，乡亲们无法偿还粮食，都前来道歉。他却对大家说：“这些粮食是多余的粮食，我本来就打算用来接济大家，难道是为了发财？”随后他把所有的借粮人叫来家里，摆酒设宴，当着大伙的面烧掉了所有借契。第二年又是大荒年，许多人饿死街头。应凝之拿出所有家产，施粥救人，收埋骸骨。到了春天，他又将粮种分给那些贫穷的人家。当地老百姓感念应凝之，抚摸着自己的子孙说："这是应高士给我们留下的恩惠啊！"有人对他说："您的阴德多。"他回答道："现在我所做的一切，您都知道了，哪有什么阴德？"

武周圣历元年（698），应凝之在家中去世。芝英的百姓听说后，无不痛哭着说："我们活着不死，反而让应高士离开人世！"当时参加应凝之葬礼的人达到千余人。应凝之的妻子杜氏也很贤德，她不但在丈夫去世时拒绝了所有的赙赠，而且拿出粮食五百石，用来救济穷人。杜氏对乡亲们说："我的丈夫平生乐善好施，现在他已经不在了，我仍然要继承他的遗志。"应凝之有子四人，即应季明、应季光、应季丹、应季辉，孙七人，即应时行、应时运、应时堪、应良琹、应良沂、应良材、应良栋。

5.北宋永康县令胡志宁

胡志宁系今芝英胡堰街村胡氏始迁祖，官至永康县令。传记可参见《胡堰街胡氏宗谱》。[①]

胡志宁（1076—1128），原名安民，字志宁，建州崇安（今福建省崇安县）人。胡氏为进士出身，初官教谕，后升任县丞。宋徽宗宣和二年（1120），胡志宁升任永康县令，任内政治清明，深得百姓信赖。胡氏上任永康令时，恰逢"睦寇"方腊起义，永康县城被围困。胡志宁临危不惧，率领民兵以退为进，成功守卫永康县城。宣和四年（1122），廉访使者（主管监察事务）上报朝廷，称胡志宁"贤能威武"。宋廷下令对胡志宁进行嘉奖，赏赐金帛，进阶二级，记功御屏。胡志宁捐出所有赏赐所得，用于修缮县学学宫，并多次亲临县学，为生员讲论春秋大义，勉励大家发奋成才。第二年（1123）秋，胡志宁任期届满，升任信州（今江西省上饶市）知军。据说当时永康百姓不忍胡志宁离任，恳请他留在永康，他便附籍永康，继续担任永康令。

靖康二年（1127），宋徽宗、钦宗父子为金军所俘，当时胡志宁已积劳成疾。他在听闻朝中剧变后愈加忧愤，直至宋室南迁，时局稳定，病情才略有好转。南宋建炎二年（1128），胡志宁被举荐升任考功郎中，但

① 《胡堰街胡氏宗谱》卷一，2016年重修本，第424-425页。

不久病逝，享年五十二岁。

胡志宁为官清廉，布衣素食，不乘肩舆。他遍访民情民隐，并对僚属严加约束，不许其扰民。只要是对百姓有利的事，他必定勇于去做。百姓交不出赋税，他便捐出官俸填补缺额。他审案时不用酷刑，征税不用暴力，同时秉公执法，刚正不阿，豪民滑吏被他的威严震慑。永康百姓对胡志宁感恩戴德，据说他去世时，永康城内“万家罢杵，如丧考妣，殡葬之日，士民空巷，衰绖送别”。南宋庆元年间（1195—1200），宋宁宗下诏置胡堰街，以示缅怀。

6.宋代安国公应材

应材是芝英应氏重要先祖，官至太子春坊，死后追封安国公。传记见光绪《永康县志》。[①]

应材（1136—1180），字伯良，自幼聪颖，记忆力超群，读书过目不忘。他长大后潜心于程朱理学研究，造诣极深，且文思泉涌，擅长写作文章，下笔雄劲有力。登绍兴二十七年（1157）进士，授官衢州教授。几年后，宋孝宗上台，下诏访求贤才。应材得到朝臣推荐，任兵部架阁文字，主管兵部的文书收储工作。当时朝中大臣大多主张与金人议和，应材则极力主战，主张出兵北上，收复中原失地，他本人却因此受到众人排挤。当时太子日渐长大，需要从朝臣中选拔辅导老师。老练端正的应材便被选为太子春坊，与太子侍读杨万里共同辅导太子。淳熙（1174—1189）初年，应材主动请求前往宋金边境地区，参与恢复中原失地的工作。宋孝宗便令他前往荆襄地区，担任军事参谋官员。他到达荆襄地区后部署奇兵，据险固守，殚精竭虑地研究战守之策。在他的努力之下，边境地区连年安定，金兵不敢随意进犯。淳熙七年（1180），应材在军中病逝，时人颇为惋惜。他的同乡、著名理学家吕祖谦在挽联中写道：“请缨虽拜疏，投笔未封侯。”应材死后不久，朝廷封赏卫国功臣，他被追封为安国公。应材有子二人，都是进士，应雄飞登淳熙甲辰进士，应淡登庆元丙辰科进士。[②]

① 〔清〕光绪《永康县志》卷七，黄灵庚、陶诚华主编：《重修金华丛书》第78册，上海古籍出版社，2014年。

② 〔清〕光绪《永康县志》卷七，黄灵庚、陶诚华主编：《重修金华丛书》第78册，上海古籍出版社，2014年。

7.宋代太子少师应孟明

应孟明是芝英应氏重要的先祖之一。他官至吏部侍郎，死后赠少师，《宋史》有传。[1]

应孟明(1138—1219)，字仲实，永康方岩可投应人(宋代属于古芝英地区)。历仕孝宗、光宗、宁宗三朝，死后追赠“少师”(教导太子的宫官之一)。他年少时进入帝国最高学府——太学读书，登宋孝宗隆兴元年(1163)进士第，随后通过了选拔学官的考试，调任临安府(今浙江省杭州市)教授，此后任详定一司敕令所删定官[2]、浙东安抚司干官(主管地方财政工作)、乐平(今隶江西省景德镇市)县丞、大理寺丞、福建提举常平、江东提点刑狱、广西经略安抚、浙西提点刑狱、吏部员外郎、户部侍郎、中书门下省检正诸房公事、史部侍郎等职。

应孟明被推荐为删定官时，恰逢轮值上殿陈述时弊。他对宋孝宗说：“如今我们与北方的大金国修好，边境安定无事，但也要时时注意选将练兵，就像大敌临境一样，怎么可以懈怠呢？贪官污吏不除，百姓怎么能安定生活？贤士被小吏压制，忠言不能上达，难道不是因为言路壅塞吗？皇上您与大臣们应当谨慎小心，勤奋不已，进举君子，斥退小人，把百姓的疾苦、边地的安定放在心上，那么政治自然清明，法度自然严明。”孝宗非常欣赏应孟明的意见，下令对其嘉奖。后来，宰相奏呈推荐任官人选时，孝宗特地询问：“为什么应孟明不在被推荐之列？”有了皇帝的肯定，他不久便升迁大理寺丞。

作为主掌刑狱工作的长官，应孟明担任大理寺丞期间刚正不阿，不惧怕权贵。抗金名将李显忠(1109—1177)曾经为大宋江山立下汗马功劳，但在朝中主和派占据上风以后，他被解除了兵权，郁郁而终。在李显忠死后，其后人受到迫害。有一次，李显忠儿子的家僮溺水而亡，地方官员趁机打压李氏家族。他们诬陷李显忠之子杀人，抓捕李家三百人，酿成一起大冤案。应孟明接手此案后，仔细查阅案卷，发现了其中诸多漏洞，使得李家冤情得雪，功勋家族得到了应有的尊重。

应孟明正直忠诚的做派深得孝宗的赞许。他出任福建提举常平时，

---

① 脱脱等：《宋史》卷四二二《应孟明传》，中华书局，1972年。

② 详定一司敕令所删定官，简称“删定官”，删定前朝或本朝的敕、令、格、式，以汇编成册，便于检阅。参见龚延明：《中国历代职官别名大辞典》，上海辞书出版社，2006年，第369页。

上殿与孝宗辞别。孝宗满怀期待地对他说：“朕知道你关爱百姓，憎恶贪官。等你到了福建，只要听到困扰百姓的事，都可以把详情告诉我。”后来每次回到朝中，孝宗都会接见他，仔细打听地方上的情况。后来在一次经筵讲读的场合，孝宗与讲读官论及监察官员，对大家说：“朕近来发现了几个人才，其中应孟明是最有才华的。”没过多久，应孟明便升任江东提点刑狱。当时广西经略安抚使职位空缺，孝宗对朝臣们说：“朕经过深思熟虑，恐怕没有比应孟明更能胜任这个职位的人选了。”于是，他下令由应孟明出任广西经略安抚，并亲笔写下一封书信，告诉应孟明说：“朕听说广西的盐法利害相半，你到任以后要仔细查明真相。”经过六年的清查，应孟明将他发现的盐法弊病奏明朝廷。孝宗下诏按照应孟明的整顿意见推行，弊病最终革除，不但朝廷利益得到保障，而且受到当地老百姓的欢迎。

应孟明的升迁之路，靠的是自己的勤奋与正直，而不是邀宠侥幸。宋光宗即位以后，宰相韩侂胄（1152—1207）当权，曾多次派人笼络时任吏部侍郎的应孟明等朝臣，想要借机打击右丞相赵汝愚（1140—1196）。不过，应孟明多次严词拒绝韩氏的拉拢，在当时的文士群体中赢得了绝好名声。

应孟明画像（明代文徵明画）[①]

① 永康政协文史委员会，永康市文物管理委员会：《文史资料》第8辑《永康文物图录》，1993年，第89页。

8.宋代兵部侍郎应纯之

应纯之是应孟明第五子，官至兵部侍郎。明代钱塘人徐象梅（万历中期前后在世）所撰《两浙名贤录》、光绪《永康县志》均有传。①

应纯之（1175—1224），字纯甫，与兄弟应谦之、懋之共同研习朱熹理学。登宋嘉泰三年（1203）进士。后任楚州（今江苏省淮安市）知州兼京东经略安抚使。当时江淮地区是宋金交界地带，金军经常南下侵扰，盗贼活动频繁，社会秩序混乱。为此，应纯之致力于地方教化与战争守备，一方面，兴办学校，培养人才；另一方面，修缮城墙，在城郊开凿管家湖（今又名西湖），建筑水教亭，训练舟师，并督饬府属长吏，训练地方兵团，所有将士枕戈待旦，随时准备抵御金军的袭击。待到金军南下时，朝廷令应纯之等率部将御敌。金军探知应纯之守备森严，不敢轻举妄动，百姓得以安宁。

嘉定十年（1217），应纯之调任京东经略宣抚使，兼节制淮东河北军马。当时大盗贼李全经常作乱，应纯之时时出兵镇压。后来应纯之成功说服李全归降，并密奏朝廷，请求乘势率师北上收复中原。不过当时宰相史弥远无意北伐，只是将李全部编入“忠义军”，令应纯之统领。不久应纯之升任兵部侍郎。嘉定十七年（1224）八月，金军进犯，应纯之率兵迎战，力战至死，头颅被金兵割去。在他死后，朝廷派出使节，为他举办了隆重的葬礼，并铸造金首一颗陪葬。②

9.明代“王国懋勋”应恩

应恩是明代中期的政治人物，官至知县，曾被王阳明誉为“王国懋勋”，光绪《永康县志》有传③，应廷育曾撰有《鹤邱先生传》。

应恩（1458—1520），字天锡，号鹤邱，明弘治八年（1495）举人，历任江西永新（今隶江西省吉安市）知县、高安（今隶江西省宜春市）知县。任高安知县期间，应恩为官清廉，在当地实行轻徭薄赋的政策，兴

①〔清〕光绪《永康县志》卷七，黄灵庚、陶诚华主编：《重修金华丛书》第78册，上海古籍出版社，2014年。

②〔清〕光绪《永康县志》卷七，黄灵庚、陶诚华主编：《重修金华丛书》第78册，上海古籍出版社，2014年；金华市地方志编纂委员会编：《金华市志》第1册，方志出版社，2017年，第462-463页。

③〔清〕光绪《永康县志》卷八，黄灵庚、陶诚华主编：《重修金华丛书》第78册，上海古籍出版社，2014年。

复各项公共事务，及时处理积压的案件，并兴建筠阳书院，发展地方教育事业。

正德十四年（1519），宁王朱宸濠叛乱，新任高安知县被叛军囚禁。任期刚刚结束、正在归乡探亲路上的应恩听说后匆匆折回高安，带领地方官员守御城池，斩杀了宁王姻亲李藩所率领的围城叛军大部。高安县民十分感激应恩，说如果他晚来五天，高安城就失守了。不久，应恩跟随王阳明围攻宁王的老巢南昌城。他与宁都知县王天与负责带领一路人马，夹攻进贤门。攻入城内以后，他向王阳明请令不得滥杀无辜，数万南昌百姓得以幸免于难。此时，本打算攻打南京城的宁王回到南昌附近的樵舍镇（今属江西省南昌市新建区），王阳明率应恩等迎战，合力擒获宁王。

宁王之乱平定以后，王阳明上奏朝廷，应恩功高劳苦，理应受到嘉奖。不久，应恩被委派变卖叛军田产。他认为，这些田产大多是宁王等人侵占百姓得来，应该估价低一些，听凭原主赎回去。这使得他赢得了当地百姓的爱戴。第二年（1520），他处理好善后工作，打算前往京城等候升迁，却因积劳成疾，只得回到芝英休养，不料竟一病不起。又过了一年，嘉靖皇帝上台，兵部论功行赏，给予应恩恤典，不但免除了应氏家族的赋役，还特为他建立“懋勋坊”，王阳明也赠以“王国懋勋”匾额。

在芝英，应恩被尊称为“斯文鼻祖”。他的科举成就、诗文造诣很高，受到本地士人的尊崇。清代应氏族人应正禄曾云：“文教之兴也，必有一人开其先焉。由是源源而来，至数百年未已也。鹤邱先生为吾应氏鼻祖。后之踵先生而起者，指不胜屈矣。其修业之勤，文艺之精，声望之著，与夫师生之知遇皆有渊源。”[①]应恩不但是明代芝英科甲的开创者，而且培养了“贰守芝田、司丞石门、司训芝石三叔父，暨贰守胡魁峰、监郡赵石川、教授周岘峰、俊士李侯度”等一大批本地名士。[②]

10.晚清名臣应宝时

应宝时是中国近代史上重要政治人物，官至江苏按察使兼布政使，光绪《永康县志》、民国《杭州府志》、民国《上海县志》有传。[③]对芝英

① 应正禄编：《应氏先型录》卷四，黄灵庚主编：《重修金华丛书》第95册，上海古籍出版社，2014年，第771页。

② 应廷育：《鹤邱先生传》，《芝英应氏宗谱特传总编》，民国十二年重修本。

③〔清〕光绪《永康县志》卷八，黄灵庚、陶诚华主编：《重修金华丛书》第78册，上海古籍出版社，2014年。

人来说，应宝时是家喻户晓的大人物，被尊称为“宝时公”。芝英四村的义庄就是他于清同治年间创立的。

应宝时（1821—1891），字敏斋，芝英人。他的父亲应寿椿曾经入籍大兴（今属北京），成为在国子监读书的贡生，后赴河南担任幕僚，回到浙江后担任云和县教谕。应宝时幼年好学，跟随父亲从河南回到杭州，就读于杭州敷文书院，得到山长（书院的主管）、著名学者陈钟麟（1763—1840）的赏识。返回永康后，应宝时在永康县学读书，并在二十四岁那年（1844）考中举人。咸丰三年（1853），先后担任国子监学正、学录。

那时候太平军占领南京，西方列强侵扰中国东南沿海。应宝时便离开北京，来到江苏，作为候补官员等待官缺，希望为国效命，一展才能。咸丰八年（1858），应宝时来到上海，成为上海道、钱塘（今杭州）人吴煦（1809—1872）的幕僚，留心于与洋人的通商事务。他机敏多智，不久便因为协助办理海运有功，奉旨加知州衔。当时太平军以南京为基地，在江浙地区攻城略地。应宝时在上海协助团练大臣庞钟璐、上海知县刘郇膏等官员办理团练，镇压太平军，论功提拔为直隶州知州。

同治三年（1864），应宝时又因总办英法会防事务有功，升任上海通商大臣衙门随员，帮同上海道筹办洋务。此后，他又先后代理、实授苏

宝时公园

松太道。在上海任职期间，应宝时参与创办了中国近代最大的工业企业上海机器制造局，推动陪审员制度的发展，创办龙门书院与普育堂，改良社会风气，为上海的近代社会转型做出了贡献。同治八年（1869），应宝时任江苏按察使，后被李鸿章推荐前往天津，帮办中日修约事务。光绪六年（1880），应宝时致仕归乡。光绪十七年（1891），应宝时去世。李鸿章奏请上海建立专祠“应公祠”，列入祀典，不久浙江巡抚又奏请加赠内阁学士衔。

应宝时不但工于诗文，而且擅长花卉绘画。他著有《顺止斋文集》七卷、《直省释奠礼乐记》六卷、《射雕词》四卷、《补遗》一卷。

11.民国江苏首任“省长”应德闳

应德闳是应宝时第四子，1912年至1913年间任江苏省“省长”（时称“民政长”）。其生平事迹可参阅应跃鱼《民国初年的首任江苏省长应德闳》、陈可畏《民初江苏首任民政长应德闳》等。[①]

应德闳（1876—1919），字季中，号伊泉，芝英人。光绪二十三年（1897）中举，后出任知县。1902年，因在江苏办赈出力，被保举为江苏候补道员，仍留原省补用。1908年，出任淮安知府。1910年，程德全调任江苏省巡抚后，应德闳得到赏识，成为程德全的幕友。辛亥革命后江苏独立，应德闳先后出任都督府财政部长、都督府机要员。当时江苏已逐渐实行军政、民政大权分开的模式，程德全任江苏都督，而应德闳于1912年11月19日出任江苏省首任民政长，综理全省行政事务。

应德闳出任民政长后，完成了几件大事：第一，选定民政府驻地，建立江苏行政秩序。当时江苏都督府已由苏州移驻南京，应德闳与多方讨论后，决定将民政府驻署南京。同时，制定《江苏民政府组织条例》与《江苏民政府办事规则》，使民政府各部门的日常工作步入正轨。第二，改革税收方式。为走出财政困境，应德闳决定减成发放民政府总务处各司薪俸，同时进行税收整顿工作。整顿税收的一项重要举措，即对上海米商的征税方式由“认税”（由都督指定确数与上海米业公所所长协定征

① 应跃鱼：《民国初年的首任江苏省长应德闳》，金华市政协文史资料委员会编：《金华文史资料》第7辑，1991年，第71–75页。另可参阅陈可畏：《民初江苏首任民政长应德闳》，《历史教学问题》2007年第5期；胡鹏、陈雨来：《江苏省民政长应德闳》，永康市政协学习与文史委员会编：《永康历代名人》，中国文史出版社，2013年，第164–170页。

税税额）改为“散收”（由货物税公所根据米谷的实际销售额征税），遭到了上海米商的激烈反对，但在应德闳的坚持下得以推行，有效缓解了财政问题。第三，组建江苏银行。当时，著名银行家、江苏省财政司副司长陈光甫（1881—1976）向应德闳提议，改组裕苏官钱局，兴办江苏官办银行，开拓财政渠道。江苏银行由此诞生，应德闳任正监督。第四，合股经营《申报》。应德闳与张謇、史量才等集资合股经营《申报》，使得《申报》发展成为近代中国最具影响力的报纸之一。另外，应德闳长子应朱鹏还曾担任《申报》的总编，是总经理史量才的得力助手。第五，竭力处置“宋教仁案”。1913年3月20日，上海发生了震惊国民的大案，国民党代理理事长宋教仁被刺杀。历经两个多月的奔波，应德闳竭力缉拿到真凶，并将案件证据公之于众，揭穿了袁世凯派凶刺杀宋教仁的真相。第六，参与“二次革命”。“宋教仁案”发生以后，南北矛盾加深，国民党人决定发动起义，武力讨伐袁世凯。应德闳参与了江苏独立运动，但在运动失败后主动辞职，结束了不足10个月的民政长生涯，隐居上海，直到1919年去世。

12.民国永康首任“县长”应贻诰

应贻诰是民国时期永康县首任“县长”（时称“民事长”），生平事迹参见应跃鱼《“做官做倒灶”的应贻诰》一文。[①]

应贻诰（1869—1950），字锡之，芝英人。他出生于书香门第，光绪末年毕业于浙江法政学堂。清宣统元年（1909），应贻诰被选任为浙江省咨议局常驻议员，曾与褚辅成、沈钧儒等社会名流共事。不久后，他加入同盟会，成为革命党人。辛亥革命爆发，杭州光复后，革命党人吕逢樵（1876—1913）在处州组织军政分府，令将领朱琛率军北上，加入围攻南京的革命军。不料朱琛部在抵达永康县城休整时，与本县防营发生冲突，九名首要被斩杀。事后，时任永康知县得知省军政府和军政分府追查此事，劫掠县库潜逃。应贻诰临危受命，成为永康县政府民事长。应贻诰接管县政府时，县库公款已被洗劫一空，他便决定回到芝英老家变卖家产，筹措大量钱款维持县政府的运作。因此，芝英至今流传

---

① 应跃鱼：《“做官做倒灶”的应贻诰》，永康市政协学习与文史委员会编：《永康历代名人》，中国文史出版社，2013年，第174-177页。

着“芝英应贻诰，做官做倒灶”的美谈（“倒灶”是地方俗语，意为“倒霉”“不顺”）。

民国四年（1915），应贻诰出任遂昌县知事，立志成为明代遂昌知县、戏曲家汤显祖那样的清官，在任期间十分清廉。但应贻诰不谙为官之道，无心混迹官场。所以，遂昌任期一满，应贻诰便辞职返回芝英，悠然自得，靠翻阅、圈点古籍打发时光。民国十九年（1930），永康县境内红军势力壮大，县长王超凡亲自来到芝英，邀请应贻诰出面筹办保卫团，剿灭县内红军，应贻诰断然拒绝。王县长怀恨在心，便无中生有，呈报省政府说“永康红军如此猖獗，实由应贻诰从中操纵唆使”。应贻诰竟因此被捕入狱，关押了一年多的时间。后因查无实据，民情汹涌，应贻诰得以开释。自此之后，他不问政事，直至1950年去世。

二、红色志士

芝英是革命圣地，1927年7月中共永康临时县委建立时，芝英便被作为机关驻地。芝英所属的下徐店村更是永康著名的革命老根据地村。徐英湖、胡斗南、徐阿宝、徐岩福等著名的早期共产党人，“革命妈妈”应爱莲、浙东人民解放军第六支队支队长应飞、第七大队大队长李文华等彪炳史册的红色志士都诞生于芝英。

1. 中共永康中心县委常委徐英湖

徐英湖是永康地区最早的共产党人之一，其生平事迹可参阅《永康市志》《下徐店村志》的介绍。[①]

徐英湖（1902—1930），出生于芝英下徐店村的一个农民家庭，自幼思想进步，化名“落鹰”参加革命活动。他于1927年经中共党员李立卓介绍入党，不久后担任村支部书记，带领下徐店农民协会会员展开减租斗争，组织周边村庄贫苦农民建立农民协会，打击土豪劣绅，并积极参加县委发动的两次农民进城请愿运动。1928年夏，徐英湖遭到国民党当局悬赏通缉，多次在群众掩护下化险为夷。该年秋，他参加永康、武义联合暴动，任永康农民革命军溪岸中队中队长。暴动失败后，徐英湖前

① 永康市地方志编纂委员会编:《永康市志》第5册，上海人民出版社，2017年，第2210页；永康市下徐店村志编纂委员会:《下徐店村志》，1995年编印，第101–102页。

往永康、缙云边界的三十四坑、四十四坑一带活动。此后他不但发展了王振康、楼其团等多名党员，协助组建了新楼、舟山等地党支部，而且成功筹建红军游击队，开辟了四十四坑游击根据地。

1929年1月，在下徐店后力坑召开的永康县委会议上，徐英湖当选县委委员。9月，他担任永康中心县委特派员、常委，负责指导东阳、义乌工作。在东阳南马地区，徐英湖发展了张小苟等党员，创建了一大批基层党组织。11月，他随中央巡视员卓兰芳回到永康组织农民暴动。次年1月，在卓兰芳、徐英湖的领导下，武平、游仙两区四百余名农民协会会员发动年关斗争，张贴革命标语，烧毁土地陈报，打开常会和地主的粮仓救济贫民。这次斗争遭到当局的血腥镇压，徐英湖逃脱追捕，随卓兰芳赴上海参加党中央组织的训练班。

1930年5月，徐英湖回到永康，参与永康中心县委在四十四坑组织的永康苏维埃政权，担任苏维埃主席，此后致力于红军十三军团第三团（“红三团”）的建设工作。6月，徐英湖因叛徒出卖被捕。他在入狱后坚贞不屈，于8月7日慷慨就义。新中国成立以后，徐英湖被追认为革命烈士。

2. 中共永康县委书记胡斗南

胡斗南的生平事迹，可参阅《永康市志》的介绍。①

胡斗南（1892—1930），原名胡祖怀，芝英溪岸村人。他出生于芝英一个书香家庭。1912年在北京农科大学求学时，胡斗南就受到中国共产党共产主义思想的影响。毕业后，他谢绝广东省一家糖厂的高薪聘请，回到永康参加革命工作。1928年，他由徐英湖介绍加入中国共产党，以派溪吕氏小学教员身份为掩护，从事革命活动。1929年1月，胡斗南任中共永康县委书记。8月，改任永康中心县委督察员，不久任特派员。9月，兼任长安区委书记，致力于加强与金华、武义、宣平党组织的联系。10月，他被派往吕思堂领导的永康工农军任党代表。

1930年1月，胡斗南在桐琴岳父家养伤时被省防军逮捕，同年被杀害。

3. 中共东阳中心县委副书记徐阿宝

徐阿宝是永康地区最早的共产党人之一，其生平事迹可参阅《永康

---

① 永康市地方志编纂委员会编：《永康市志》第5册，上海人民出版社，2017年，第2210页。

市志》《下徐店村志》的介绍。[①]

徐阿宝（1902—1935），又名徐金宝、徐珍宝，化名徐同江，出生于芝英下徐店村贫苦农民家庭，早年靠做篾为生，为农民协会活动积极分子。1928年，经徐英湖介绍，他加入中国共产党。他在林坑陈发展东阳漆匠黄文玉入党，派回东阳发展组织，又到汤溪伍家圩等地以做篾为掩护，秘密发展党组织。1929年底至1930年上半年，徐阿宝担任中共永康县委常委，其间曾参与卓兰芳、徐英湖领导的年关斗争。1930年夏，他参与“红三团”的活动。9月，“红三团”壶镇战斗失败后，徐阿宝赴上海，入党中央举办的训练班受训。

1931年，徐阿宝返回永康，恢复党组织，整顿红军。8月，中共永康县工委成立后，他担任工委书记。次年，他与黄文玉、朱金则等分别到金华、汤溪、东阳等县发展党组织。该年年底，徐阿宝在执行任务时负伤，经应爱莲掩护至金华治疗。此后，徐阿宝遭遇国民党当局两次发布通缉令悬赏缉拿，但他不惧艰险，于1933年8月参加东阳中心县委会议，参与组建东阳、永康、缙云、汤溪四县工委，担任东阳中心县委副书记兼永康县委书记。1933年10月，徐阿宝联络永康、缙云边境山区的红三团余部，组成一支几十人的游击队展开游击斗争。12月，徐阿宝在与国民党军队遭遇战中被捕入狱。1934年7月，他趁监狱附近失火越狱成功，至金城坑一带坚持革命活动，后曾击毙国民党浙东肃反委员会派出的两名特务，打垮柿后保卫团，在后塘弄、桥头周等地镇压反动地主。

1935年8月，因叛徒出卖，徐阿宝再次被捕，9月英勇就义。新中国成立以后，徐阿宝被追认为革命烈士。

4.中共永康中心县委书记应焕贤

应焕贤的革命事迹，可参阅《永康市志》的介绍。[②]

应焕贤（1904—1972），原名炳烈，字妙威，芝英亳塘村人。1927年北伐军至永康时，他曾参加中共领导的农民进城请愿运动。1928年2月，他加入中国共产党，以小学教师身份为掩护展开革命活动。1929年10月，中共中央巡视员卓兰芳主持召开会议，改选他为永康中心县委书

① 永康市地方志编纂委员会编:《永康市志》第5册，上海人民出版社，2017年，第2211页；永康市下徐店村志编纂委员会:《下徐店村志》，1995年编印，第102页。

② 永康市地方志编纂委员会编:《永康市志》第5册，上海人民出版社，2017年，第2193–2194页。

记兼组织部长。两个月后，他受卓兰芳指派，至上海参加党中央举办的训练班学习，为时一个多月。1930年春节前夕，他返回永康，带回党中央下达的一系列重要任务，随后举办党员骨干培训班，恢复党支部十四个。同年四五月间，应焕贤等在永康、缙云边界组织两支红军游击队，并在四十四坑建立苏维埃政权。6月，浙南党代表会议在温州永嘉召开，他代表永康中心县委参会，并当选为浙南特委委员，负责农运工作。会后，他返回永康，将永康、缙云、仙居和义乌的部分红军游击队改编为红十三军第三团。不久，他又返回温州参加浙南特委工作，后因特委组织遭破坏而与党组织失去联系。1931年至1933年，他至南京职业学校自动车系学习。毕业回到永康后，应焕贤被捕，但因病重保外就医，趁机远赴西南，从事汽车驾驶与修理工作。1950年，应焕贤在贵州省交通厅运输局与航运局工作。1972年，在贵阳病逝。

5. 浙东人民解放军第六支队第七大队大队长李文华

李文华的生平事迹，可参阅卢俊英《虎胆英雄李文华》一文以及《永康市志》的介绍。[①]

李文华（1906—1948），芝英雅庄村人，少年学做篾，后学裁缝。他于1939年加入中国共产党，参加抗日救亡活动。1945年，任永武工委交通员。1946年初，应飞回永康筹建革命武装。4月，李文华镇压了西卢村匪霸，并缴获了武器。次年9月26日，又在芝英抓到镇长应永昌，击毙其弟永韶，缴获长、短枪20多支。1948年1月，县长郑惠卿纠集反革命武装“围剿”四十四坑游击根据地。在雅庄一带活动的李文华、胡一元闻讯立即率队袭击县城，烧毁汽车多辆，迫使郑惠卿退回县城。

1948年7月下旬，浙东人民解放军第六支队第七大队成立，李文华任大队长。10月15日，部队在大塘下宿营，次晨被浙江第四专区保安副司令东昴林部及永康自卫中队包围，李文华突围时腿部中弹，为掩护同志，他边回击边撤离，在群众帮助下，隐蔽在山西村胡宝松家楼上。敌人循着血迹搜索包围胡家，欲纵火烧屋。李文华为使群众免遭损失，纵身跳楼，英勇牺牲。

---

① 卢俊英：《虎胆英雄李文华》，永康市政协学习与文史委员会编：《永康历代名人》，中国文史出版社，2013年，第280–283页；永康市地方志编纂委员会编：《永康市志》第5册，上海人民出版社，2017年，第2212页。

6.江苏省金坛县委书记徐岩福

徐岩福的生平事迹，可参阅《永康市志》《下徐店村志》的介绍。[①]

徐岩福（1910—1946），原名徐积福，曾化名徐步云、余慎，芝英下徐店村人。徐岩福少时在共产党员李立卓的帮助下入溪岸培文小学读书，后加入中国共产主义青年团。1930年秋，他又经李立卓介绍加入中国共产党，同年在永康县党代会上当选为团委书记。1931年8月，中共永康县工委成立，徐岩福任组织委员。次年，徐岩福为掩护工委书记徐阿宝被国民党当局以杀人罪名抓捕，先是被关押于永康监狱，又关押于杭州陆军监狱。他在狱中受尽酷刑而不屈，最终因证据缺乏判处五年徒刑。1936年出狱后，徐岩福积极参加永康县抗敌后援会的工作。

1938年5月，永康县委重建，徐岩福担任县委委员，兼任抗日政工队党支部书记。他利用县政工队的合法地位宣传共产党抗日救国主张，发展党组织。1939年下半年，徐岩福任手车运输队分队长，往返于丽水、永康、安徽岩寺新四军兵站之间，传递中共中央东南局与浙江省委的情报，组织联系军需物资的运输。1940年下半年，徐岩福被调往安徽丁家山的中央东南局党训班学习，后被派往敌后抗日根据地工作。1941年，他担任中共武南县委书记。1942年4月，他任中共金坛县委书记。1945年8月，他配合新四军主力部队夺回金坛县城。抗日战争胜利后，新四军北撤，徐岩福留守江南，任茅山工委委员、代理书记兼金坛县留守工作，带领工作组和武工队开展游击战。

1946年12月25日，武工队因奸细告密被敌人包围。徐岩福在烧毁文件，掩护其他同志突围时不幸中弹牺牲。

7.芝英下徐店党支部书记徐老驮

徐老驮曾任芝英下徐店党支部书记、浙东游击总队武工队队长，其事迹可参阅《永康市志》《下徐店村志》的介绍。[②]

徐老驮（1904—1948），又名徐志均，芝英下徐店村人。他于1928年加入中国共产党，1930年参加红三团壶镇战斗。1931年8月，中共永

① 永康市地方志编纂委员会编:《永康市志》第5册，上海人民出版社，2017年，第2211页；永康市下徐店村志编纂委员会:《下徐店村志》，1995年编印，第102—103页。

② 永康市地方志编纂委员会编:《永康市志》第5册，上海人民出版社，2017年，第2224页；永康市下徐店村志编纂委员会:《下徐店村志》，1995年编印，第103—104页。

康县工委成立，徐老驮任工委委员、宣传部长。1932年，徐老驮与徐岩福为掩护徐阿宝被当局以杀人罪名抓捕入狱，直到抗日战争爆发后获释。抗战开始后，徐老驮任中共芝英区委委员兼下徐店村党支部书记，后曾随应爱莲受训于金衢特委举办的学习班。返回永康后，徐老驮于1942年6月组织二十多名青年组成下徐店抗日巡逻队，在村边设置岗哨，多次挫败日军散兵的骚扰。1943年8月，一小股日军从世雅沿永东公路向永康县城方向窜犯。下徐店抗日巡逻队一面组织村民疏散，一面派队员活捉一名掉队日本兵。解放战争时期，徐老驮任浙东游击总队六支队八大队武工队长，负责传递情报、筹粮夺枪、安置伤员、掩护组织等工作。

1948年9月22日早晨，徐老驮不幸被国民党便衣抓捕。他被捕后英勇不屈，不幸于10月惨遭杀害。新中国成立后，徐老驮被追认为革命烈士。

8. “革命妈妈”应爱莲

应爱莲是金华地区较早加入中国共产党的妇女干部，为我党革命工作做出了杰出的贡献。在永康，应爱莲被亲切地称为“革命妈妈”“莲子”。其生平事迹可参阅项瑞英《“革命妈妈”应爱莲》一文。①

应爱莲（1888—1980），女，1888年出生于芝英一个贫苦农家。十六岁时，父母为应爱莲包办婚姻，但她顽强反抗，终于在二十岁时至芝英应氏大宗祠解除婚约，后勇于与胡耜耘自由婚恋，成为永康自由恋爱的“奇女子”。此后，应爱莲进入永康女子师范读书，逐渐接受新文化运动、“五四运动”的洗礼，后又受到中共地下党员、女教师黄锦章的鼓舞，成为具有革命进步思想的妇女。

民国十五年（1926），国民革命军北伐经过永康，应爱莲与同学组织妇女协会，开办妇女夜校，呼吁妇女解放、男女平等，发动工农群众支持北伐部队，并加入国民党。次年（1927）春，应爱莲加入中国共产党，成为永康地区最早的女性党员之一。当时她已经四十岁，党内同志都亲切称她为“妈妈”。“四·一二”反革命政变发生后，革命局势恶化，永康地下党工作由城镇转向农村。应爱莲担任农民运动指导员，组织农民协会，开展农民运动。不久后，为保护党组织，她考入浙江法政学堂读

---

① 项瑞英:《“革命妈妈”应爱莲》，永康市政协学习与文史委员会编:《永康历代名人》，中国文史出版社，2013年，第236–239页。

书，继续开展地下工作。1928年5月7日凌晨，应爱莲在浙江法政学堂被国民党抓捕。不过，她巧妙地利用了自己的国民党身份，在被关押两个月后释放。出狱后，应爱莲重新联系上党组织，前往永康象珠王氏小学任教，建立党支部，秘密发展了数十名党员。1929年春，应爱莲到东阳县城宏道小学执教，后因发动“打城隍”反封建运动被辞退。回到永康后，她把自己家建成党的地下联络站，接待党内同志，传递情报。1932年，应爱莲成为中共永康县委委员，担任妇女部长。当年年底，她返回芝英，接应党的革命武装缴获芝英警察所的全部枪支弹药。不久，由于交通员叛变，应爱莲第二次被捕，被关入牢狱近五年的时间，受尽各种折磨。1936年，她从苏州反省院保释出狱，再次回永康找到党组织。1938年，在金衢特委林一心的指示下，应爱莲参加芝英保长竞选，成功当选为永康第一位女保长。借助保长身份的掩护，她在芝英开办夜校，发展了三十余名青年入党。1941年冬，永康党组织遭破坏，应爱莲化名“金如贻”，至义乌佛堂镇与党内同志组建假家庭，掩护党组织。1942年秋，应爱莲在义乌加入了新四军浙东游击纵队金萧支队八大队，并新建党的地下联络站，党内同志亲切称她为“金妈妈”。

1950年1月，应爱莲回到家乡，接任新华书店永康支店经理。在她的带领下，永康新华书店曾成功解决永康中小学课本供应难题，多次评选为省市先进单位。当时应爱莲已经年逾六十，而且裹过小脚，但她乐于参加体育运动，曾在1953年永康县职工运动会上获得女子百米短跑第三名。1955年，国家大量进口苏联花布，应爱莲响应号召，身穿花衬衫，轰动一时。

9.永康解放后首任县长应飞

应飞是解放后永康人民政府首任县长。他的岳母为革命英雄应爱莲。其生平事迹，可参阅卢俊英《永康解放后首任县长应飞》一文。[①]

应飞（1922—2012），芝英人。他幼年家境贫困，小学毕业后成为木工学徒，通过地下党接受了共产主义思想。民国二十八年（1939）3月加入中国共产党，随即奔赴金义浦（金华、义乌、浦江）一带从事革命活动。

① 卢俊英:《永康解放后首任县长应飞》，永康市政协学习与文史委员会编:《永康历代名人》，中国文史出版社，2013年，第299-304页。

加入新四军后，应飞赴皖南新四军军部教导队学习，亲历“皖南事变”。民国三十一年（1942）8月，他加入金义浦敌后抗日部队，担任金萧支队第八大队组织股股长、中共金义浦县委委员、金义浦农民抗敌总会会长等职务。

抗战胜利以后，金萧党政军奉命北撤，应飞则根据浙东区党委的指示，返回金义浦地区坚持与国民党部队的斗争。此后近三年的时间里（1945年10月至1948年6月），应飞领导队伍展开了艰苦卓绝的革命斗争。民国三十五年（1946）3月，应飞组织召开党员骨干会议，成立中共金华地区临时工作委员会。这次会议决定由应飞出任临工委书记，并确立继续联络失散党员骨干和武装力量的主要任务。到了年底，新建立的金华地区武工队已由最初的两支枪、几个人发展为四十余人。1947年8月，应飞率武工队抵达永康、缙云、武义三县交界处的雪峰村，与处州武装部队胜利会师，共同建立“浙江壮丁抗暴自救军第三总队”。应飞任大队长，领导由金华地区武工队改编的第三大队回到永康、武义一带，发动了声势浩大的“三抗”（抗丁、抗粮、抗税）斗争，连续发动缴枪战斗，摧毁了一批乡镇反动政权。1948年6月4日，浙东人民解放军第六支队以第三大队为主力宣告成立，应飞任支队长。六支队发展迅速，至1949年5月，兵员已达2000多人，成功开辟了路南游击根据地（以永康为中心，包括永康、武义两县及宣平、金华、义乌、东阳、汤溪、磐安、缙云、丽水等县部分地区）。根据地面积约4200平方公里，人口60万，设中共县工委8个，县级办事处和民主政府5个，下辖区署10个。另特设立路南军分区、干部学校，应飞兼任军分区司令员、干校校长。

1949年5月8日，中国人民解放军在六支队的配合下解放了永康，应飞任永康县军管会副主任、警备司令部司令。23日，中共永康县委、县人民政府成立，应飞任县委副书记、县长，次年改任县委书记。1951年9月，应飞调任中共金华地委委员、金华专员公署第一副专员。1952年9月，应飞作为支援干部调任上海工作。历任上海北四川路区、新成区、静安区区长、上海市粮食局党委副书记、副局长、局长、党委书记等职，第六届、第七届上海市政协常委。2012年9月，应飞在上海逝世。

应飞与岳母应爱莲、夫人王一萍（胡小莲）同为革命志士。王一萍曾与生母应爱莲、异母弟李文华共同为中共地下党联络站工作，于1943年加入中国共产党，1947年担任浙东临委联络员、交通员，1948年至宁波四明山，参与游击纵队的后勤工作，解放后调往上海静安区工作。

第二节　文化名流

纵观历代，就文化名流而言，明代是芝英最为辉煌的时代。清雍正年间，时任永康知县的刘起禧称："芝英为永邑首族，伟人杰士踵武相接，而尚端公后裔尤磊落英多。在明则司丞石门公（即应典）、学博古麓公（即应兼），大阐良知之学于五峰，为姚江之嗣；今复有进士省斋先生（即应炜，清代芝英第一位进士），策名清时，大抒经济而衿佩黉监。"[①]明代芝英的应奎、应典、应兼、卢可久、周桐等推动阳明学在浙中地区的传播，使五峰书院成为当时的儒学重镇。清代芝英首位进士应炜出仕广西，应正禄革新丽水士习文风，胡凤丹、胡宗楙父子保存乡邦文献，应祖锡翻译大量西人著作，皆为金华地区乃至全国享誉至今的文化名人。

一、芝英名士

芝英地区素以人文昌盛、文化发达著称，在漫长的历史发展过程中，涌现出众多文化人物，或著书立说，或教书育人，或倡扬人文。有的以名著世，有的传业后代。

1.造福一方的"三八公"应昙

应昙是芝英人耳熟能详的乡贤。他曾为家乡发展呕心沥血，被后人尊称为"三八公"。其生平可参阅其曾孙应典撰《仕濂府君传》、光绪《永康县志》等。[②]

应昙（1391—1460），字仕濂，行三八。应昙少年入县学读书，后厌恶科举，致力于宗族与乡邦的建设。应昙生性孝友。父母过世时，应昙花费大量家产葬亲，旁人怂恿其兄长劝他节省家产，他泣而不应。丧事

---

① 刘起禧：《重修大成殿记》，《芝英应氏宗谱特传总编》，民国十二年重修本。

② 应典：《仕濂府君传》，《芝英应氏宗谱特传总编》，民国十二年重修本；〔清〕光绪《永康县志》卷八，黄灵庚、陶诚华主编：《重修金华丛书》第78册，上海古籍出版社，2014年。

处理完毕，应昙便与兄长分家，将最好的田产分给兄长，并当面焚毁地契。他生平勇于赴义，喜欢结交四方贤达，视金钱如粪土。据说他至温州、杭州等地经商时，多次散财救人，在东南地区拥有较高的声望。

在家乡，应昙更是名闻乡里，“郡邑有大政事、大建置，多从访逮，罔不称任”，得到地方官员的敬重。他曾独力建造梁风桥、洞灵桥，移建普利寺，赎买寺产，赡养寺僧，并在灾荒年份开仓救民，设置公田应付官府的差役。正统十四年（1449），永康文庙被毁，知县孙礼召集士绅讨论重建事宜，应昙当即表示愿独自承担此事。他招募工匠，储备材料，先后修建了大成殿、明伦堂，用仅仅一年的时间就完成了这项大工程。

清雍正二年（1724），应昙入祀永康乡贤祠。据说，自明代中期以后，芝英市每逢三、八开市，正是芝英百姓为纪念“三八公”应昙而来。

2.“两广文衡”应奎

应奎是明代中期著名学者，历任多地学官，大学士费宏曾赠“两广文衡”匾额。他还是芝英应氏家族整合的关键人物，曾“建始祖祠以合族”[①]，生平事迹主要见于湖广按察司副使黄显撰《方塘先生传》、族侄应廷育作《方塘先生行状》、南京刑部尚书蔡云程《教授方塘应公墓表》等文。[②]

应奎（1466—1545），字天启，别号方塘。据说因为他居所临近方口塘，曾建“方塘书阁”藏书，所以自号为“方塘居士”。应奎天性果敢，为人正直不阿。长大成人后，他进入县学读书，文采飞扬，下笔数千言

① 应廷育：《天成翁传》，《芝英应氏宗谱特传总编》，民国十二年重修本。

② 黄显：《方塘先生传》，应廷育：《方塘先生行状》，蔡云程：《教授方塘应公墓表》，均收入《芝英应氏宗谱特传总编》，民国十二年重修本。

可立就。弘治十四年（1501），应奎中举，次年任和州（今属安徽省马鞍山市）儒学学正。应奎到任后，以身作则，重新树立师道尊严，得到诸生的信服。八年后，他升任湖广武昌府儒学教授，声望很高。湖广巡抚、巡按、督学诸大吏对应奎敬重有加，认为让他仅担任教职乃屈才，极力推荐朝廷重用。不料当时应奎遭逢母亲去世，归乡办理丧事。在芝英丁忧期间，他感念父亲因未能完成家谱抱憾而逝，发凡起例，亲自修成应氏家谱，并根据父亲的墓图底稿，重修家族墓地，匾曰“应氏孝墓”。

服丧结束，应奎出任江西广信府儒学教授，教法一如和州、武昌时期，受到江西巡抚、督学的肯定与褒奖。任期结束后，工部尚书杨麒赠文称：“君之来也，可君者常十三，而不可者常十七。谓其易疏而难亲，易睽而难合，多可畏而鲜可爱也。余始亦惑之，久则见其识见渊明，趣舍审焉；矩度森严，师范端焉；藻鉴精辨，品评公焉；爵禄轻而廉耻重，好恶当而朋比消，交游以慎，取与以明，不妄悦，不辞费，终不渝于其始。由是，昔之不可于君者，亦翕然随以定，于此不亦可知其人矣乎。”内阁大学士费宏也对他大加赞赏，称他是“魏文靖公（南宋理学名臣魏了翁）以来一人而已”。

应奎曾主持广西、广东乡试，费宏特赠“两广文衡”匾额。他看重士子的名节，为朝廷选拔了一大批优秀人才。他尊崇先贤，建立了大量的乡贤祠。在和州，他毁梓潼神祠，以祀名宦；在武昌，他又毁汉阳龟山真武庙，在学宫创立名宦乡贤祠；在广信，他重修民族英雄谢枋得的墓地，立祠祭祀谢氏死节的一家人，还曾请求官府将没官房改为奉祀名宦乡贤的场所。应氏家谱所载《乡贤崇祀诗·方塘应先生》云：“川岳钟灵迥不侔，文章治化擅儒修。生徒两广程朱派，父母三州召杜俦。俎豆自能风百世，仪型尤足炳千秋。只今乡国群争诵，忠孝传家第一流。”[①]

3.永康阳明心学盟主应典

应典是应恩的从弟，与明代理学大家黄绾、王阳明等交往密切，为阳明心学在金华地区的传播贡献巨大，万历《金华府志》有传[②]，与卢可

① 《乡贤崇祀诗·方塘应先生》，《芝英应氏宗谱特传总编》，民国十二年重修本。

② 〔明〕万历《金华府志》卷一七，明万历刻本。

久同入《明史·儒林传》与黄宗羲《明儒学案·附案》①，族侄应廷育撰有《石门先生行状》，应典的好友、理学名家黄绾撰《尚宝司丞石门应公墓表》，明代永康知县梁睿、理学家程文德分别撰写《祭石门应先生文》。②

应典（1481—1547），字天彝，号石门，学者尊称“石门先生”。他生性沉稳笃定，一心向学。应典十九岁才开始研习科举之业，他奉父亲应枌之命，赶赴南京国子监跟随已经中举的从兄应恩读书，并与四方名士结交，眼界逐渐开阔。三年后，应典学成归来，成功考入县学读书。父亲过世以后，应典继承父亲的志向，整日忙于与本地学子研究学问，终于在正德八年（1513）考中举人，次年考中进士，出任兵部职方司主事。

任官以后，应典越发向往圣贤学问，四处购买书籍，废寝忘食地加以研读。一年后，应典因病返乡，路过兰溪时经故交引荐，拜访大儒章懋。章氏告诉应典，仙居应良是位值得问学的贤人。应典回到芝英探望过母亲后，便动身前往仙居拜访应良，完全不忌惮路途艰险。随后，他又在应良的引荐下，前往黄岩拜访理学大家黄绾。要知道，应良、黄绾分别是理学泰斗湛若水、王阳明的入室高弟。应典跟随这两位大儒问学数月，回到家乡芝英后，专心实践所闻所学，不再有仕宦的志向。但两位大儒认为，如果应典出仕，以他的才德足以成就一番功业，况且其父母尚未获得封赠。

正德十二年（1517），应典再次入京城，出任兵部车驾司主事。他深得兵部尚书王琼的赏识，掌管四司奏事，处理各项机密大事。正德十四年（1519），朝廷派王阳明前往福建平定军人进贵之乱。王琼找来应典，告诉他说，进贵之乱是小事，江西将有大乱，非王阳明出马不能平定。应典马上拟定奏疏，句句言中要害，王琼非常满意。随后正德皇帝令王阳明前往江西侦查宁王朱宸濠叛乱的迹象，王氏最终擒获朱宸濠，平定了这场叛乱。

在兵部任职到期后，应典念及母亲年事已高且失明多年，便辞官回芝英侍奉母亲去了。在这期间，经过黄绾的引介，应典前往余姚拜访王

① 《明史》卷二八三《应典传》，中华书局，1977年；黄宗羲：《明儒学案·附案》，中华书局，2008年，第1602—1603页。

② 应廷育：《石门先生行状》，黄绾：《尚宝司丞石门应公墓表》，程文德：《祭石门应先生文》，均收入《芝英应氏宗谱特传总编》，民国十二年（1933）重修本。

阳明。两人一见如故，相处数月时光，而应典逐渐领悟了阳明的致良知学说。应典把发扬道学作为一生的责任。章懋曾经对他说："吾金华有三大担，弃道旁无人担。自何、王、金、许后，道学无人担；自潘、宗后，功业无人担；自黄、柳、吴、宋后，文章无人担。"他听了这番话后，志向高远，挺身而出，毅然挑起道学的重担。访阳明回到芝英后，应典特在寿山桃岩之下建立丽泽祠，祭拜吕祖谦、朱熹、陆九渊诸大儒，意欲将道学发扬光大。

嘉靖六年（1527），应典被朝臣推荐升任尚宝司丞，但他因母亲去世推辞未赴任。次年，王阳明去世，灵柩运回浙江，应典曾前去迎接。从此他无意仕宦，与周桐、程文德、周晋明、周德纯、李侯璧、程梓、周灵、卢可久等召集诸生在丽泽精舍讲习阳明学，远近从游者常达百余人之多。程兆选《重修五峰书院记》曾云："追明嘉靖间，应石门、卢一松，与吾祖松溪、方峰二公，俱以斯道自任，绍王阳明良知之传，即五峰故址而为书院，倡明正学。时郡人如杜见山、陈春洲、陈诚源、吕渊潜诸儒负笈来游，更相授受。其师友渊源，详载《明史》。婺之文献，至是为一再盛，而良知一脉，又五峰之所独盛，非他邑所敢拟也。"五峰书院是当时浙中地区传扬阳明良知学的中心，应典则是当时发扬阳明学的思想领袖。嘉靖二十六年（1547），应典病重，临终前仍念念不忘向学生传授良知之学。

4.阳明学传人应兼

应兼是应典的侄子，是明代浙中地区阳明学的重要传人之一。其生平事迹详见光绪《永康县志》①，同邑、四川布政使程正谊曾撰《应古麓公传》，族弟应廷育撰《庆古麓翁八十寿序》《兄古麓焚券记》②，今人王石周所撰《芝英应氏和王阳明》③。

应兼（1492—1577），字抑之，别号古麓。他的父亲应勋是本地有名的乡贤，叔父应典是理学名家。他天生敏慧，十岁出外拜师读书，后

①〔清〕光绪《永康县志》卷七，黄灵庚、陶诚华主编：《重修金华丛书》第78册，上海古籍出版社，2014年。

②〔明〕程正谊：《应古麓公传》，〔明〕应廷育：《庆古麓翁八十寿序》，《兄古麓焚券记》，均收入《芝英应氏宗谱特传总编》，民国十二年重修本。

③ 王石周：《芝英应氏和王阳明》，《永康日报》2017年7月29日第4版。

跟随叔父应典问学，与从叔父应恩、应熙、应钟、弟应廷育等一起读书。不久后，应兼进入县学学习，他意气凝定，不与时髦者竞艳争荣，被师长誉为“任道之器”。

父亲应勋对应兼期望甚高。应兼《和勉学》提道：“忆昔吾先子，志在我读书。命之台越间，期以圣贤徒。”当时王阳明在绍兴倡明良知学说，应兼便与同邑程梓、周岘峰、周五峰等志同道合的名士前往绍兴，追随王阳明，学做圣贤。他学成以后回到芝英，与叔父应典等创立五峰书院，整日切磨讲习。光绪《永康县志·儒林传》称，应兼追随应典在五峰讲学二十年，在应典去世以后，他“继典主盟于五峰精舍，与同门卢可久、程梓丽泽讲学，四方来会者翕然趋之余三十年，学者称古麓先生”。经过应典的引荐，应兼结识了阳明学大儒应良、黄绾。自此之后，他长期游走于仙居、天台之间，与两位大儒探讨良知学说、圣贤学问。

应兼早年便立志研究圣贤学问，大部分时间用于与应典、应良、黄绾等学者往复问学。兵部侍郎王崇曾用“闻道砥行，俨古师儒”评价他。[①]他志向宏远，不屑于钻研科举之业，屡试不第。后来朝臣推荐应兼出任教职，但应兼并未接受，“高尚不赴”。除了五峰书院，他还与叔父应典、弟应璜等建善林书屋，邀集本地学者探究学问。在应兼等人的共同努力下，五峰书院和善林书屋逐渐成为传播阳明学说的圣地。程正谊《应古麓公传》赞曰：“公（即应兼）尤深契圣贤之学，以仰止司丞公（即应典），故能倡众子姓多兴起，蒸蒸向往……”

应兼天性孝顺，潇洒豁达，乐善好施，善恶分明。对母亲朱安人，应兼每日晨昏定省，七十年如一日。朱氏九十六岁去世时，应兼悲痛欲绝，“悲哀无异孺子”，为母守墓三年。父亲应勋擅长经营家财，富甲一方，享誉金华地区，去世时曾留给朱氏大量银两。朱氏去世时，这批银两大多已被应兼的兄弟姐妹借走未还。朱氏丧事一结束，应兼便叫来弟侄，当众焚毁了券帐。这在芝英当地传为美谈，族弟应廷育特地为他撰写《兄古麓焚券记》一文。

5.明代法律专家应廷育

应廷育是明代芝英著名乡贤，精于法律研究与实践，历任刑部官员、

① 王崇著，李世扬辑：《王麓泉集》卷三《芝英应氏重修家谱序》，还读斋刊行，2005年，页69a。

知州，官至福建按察司佥事，光绪《永康县志》有传。[①]

应廷育（1497—1578），字仁卿，人称“晋庵先生”，明万历年间崇祀乡贤。嘉靖二年（1523），年仅二十七岁的应廷育登进士第。有人劝他虚报年龄，争取当年京师的科道官（侍从皇帝的言官）遴选，他笑着说：“想要侍奉皇上，却先欺君吗？”最终，他未参加科道官遴选，而是出任刑部河南司主事。当时发生大礼议事件，由于嘉靖皇帝是以地方藩王入主皇位的，朝臣们围绕嘉靖帝是否应该改换父母的问题争论不休，应廷育因参与这场论战而得罪了众朝臣，索性借口“便养”（便于赡养父母），请求调任地方官。此后，他先后出任南京刑部福建司员外郎、南京刑部河南司主事、江西司员外郎。

应廷育长期担任刑部官员，非常熟悉当时的法律。他在审理案件时总能心怀悲悯，为囚犯谋活路；空暇时间则研读法律，撰成《读律管窥》一书。当时有个按律当斩的大盗滕泰受到刑部主管官的袒护，但应廷育不留情面，坚持处死了这名大盗。应廷育因此遭到上司的报复，被安排主持《南京刑部志》的修撰工作。该志修成以后，应廷育又上呈“推明律例十事”，获得了朝廷的嘉奖。这使他进一步被同僚排挤，贬职出任荆门（今湖北省荆门市）同知，署理谷城县（今隶湖北省襄阳市）。他到任以后，以德惠民，政治清明；毁淫祠，建书院，教化一方。十个月后，应廷育回到了荆门同知任上。此后，他经常到当地著名的象山书院讲学，吸引了大批生徒前来听讲。

荆门同知任期届满，应廷育升任道州（今湖南省永州市）知州。道州百姓屡屡遭到苗民的侵扰，忍气吞声，不敢反抗。应廷育抓住一次苗民侵扰永明（今湖南省江永县）的机会，率领官兵与归顺的苗民出击，一举击溃了苗民的攻击。从此以后，苗民不再肆意进犯，与汉民相安无事。不久，应廷育升任福建按察司佥事。到了福建，应廷育因病请辞返乡，当时他只有四十二岁。

回到芝英以后的四十年间，应廷育闭门读书，多次谢绝朝臣的荐举，专心研究学问，醉心于名理之学。他不迷信古人成说，曾多次赶赴南京、杭州等地，与著名学者胡九峰、吴鼎等讨论《周易》，与朱方、陈良谟、

①〔清〕光绪《永康县志》卷七，黄灵庚、陶诚华主编：《重修金华丛书》第78册，上海古籍出版社，2014年。

叶良佩等讲论《周礼》。在家乡，他与程文德、周桐等本地儒学名士在五峰书院聚徒讲学。应廷育酷爱读书，八十多岁仍手不释卷，平生毫不追求名利，把所有精力用于著书立说。论者称赞他能够成一家之言。应廷育著作等身，为官时期撰成《读律管窥》《南京刑部志》，回到芝英后撰写了《中庸本义》《周礼辑释》《周易经解》《四书说约》《郊祀考义》《金华先民传》（是书载《四库全书总目》）《永康县志》（是书曾梓于县尹吴安国）《经济要略》《礼记类编》《史监纂要》《明诗正声》《字类释义》《巵言录》《训俭编》《自叙编》，共有著作十七种。他晚年开始撰写《皇明文武名臣录》，可惜没有完成就去世了。

6. 阳明学传人卢可久

卢可久也是明代浙中地区阳明学重要传人之一。他与应典、程文德等常年在永康五峰书院讲学，同为金华地区阳明后学核心人物，后世称他们为"五峰诸子"①，黄宗羲《明儒学案·附案》与光绪《永康县志》有传②。今人李世扬所撰《五峰讲学五十年的卢可久》一文，详述了卢可久的生平。③

卢可久（1503—1579），字德卿，号一松，芝英儒堂村人。他自年轻时便潜心研究理学，二十一岁时与同乡程梓一起赶赴余姚，拜王阳明为师。嘉靖二年（1523），卢可久在稽山书院追随王阳明读书三个月，苦心孤诣，最终掌握了良知学说的精髓。他深得王阳明器重，在他学成辞别的时候，王阳明曾欣喜地说："吾道东矣！"回到永康后，卢可久长时间在"一松山房"静坐，达到"恍觉浮翳尽扫，皎月中天之象"的境界。等他再见到王阳明、同门王畿、钱德洪诸大儒，验证其所学，颇被认可。

王阳明去世后，卢可久在五峰书院聚集生徒讲学，继应典之后主持五峰书院近五十年，其门下涌现了东阳杜惟熙、金万选等一批地方名儒。明儒黄宗羲称，卢可久"负荷斯道，笃实精进，汲引提撕，至老不倦"，终生致力于提携后学。同邑、吏部左侍郎程文德曾称赞他说："一夔足

① 戴殿江：《金华理学粹编序》，《金华理学粹编》卷首，清光绪刻本。

② 黄宗羲：《明儒学案·附案》，中华书局，2008年，第1604页；〔清〕光绪《永康县志》卷七，黄灵庚、陶诚华主编：《重修金华丛书》第78册，上海古籍出版社，2014年。

③ 李世扬：《五峰讲学五十年的卢可久》，永康市政协学习与文史委员会编：《永康历代名人》，中国文史出版社，2013年，第116-119页。

矣！”意思是“传授学问，只要卢可久一人就足够了”。东阳名儒、南京兵部尚书许弘纲也认为他“直接何、王、金、许之传”。何基、王柏、金履祥、许谦是宋元时期金华学派四位代表性学者，后世称“北山四先生”或“金华四先生”。理学名家黄绾称：“任重道远，有光师门。”

卢可久是当时永康有名的孝子。他在父母活着的时候竭尽孝诚，父母去世时居丧尽礼。他年轻便遭遇丧妻之痛，鳏居四十年，胸怀坦荡。平生著述丰富，著有《光余或问》《望洋日录》《草窗巷语》《就正目录》《承志录》《文录》等作品。在他死后，学生们将他与应典等同祀于五峰书院，配享王阳明。清雍正二年（1724），他入祀府县乡贤祠。

7. 五峰书院名士周桐、周莹、周佑德

周桐、周莹、周佑德都是明代曾在五峰书院讲学的芝英名士。三人的传记均见于光绪《永康县志》。①

周桐（生卒年不详），字凤鸣，芝英岘口村人，母亲出身于芝英应氏。周桐自幼酷爱学问，十七岁时赴南京国子监，追随舅父应恩问学。后来他从南京返回浙江，至余姚拜王阳明为师。正德年间，他以明经授南京武学训导，任满后升任江西抚州教授。江西学官任上，周桐古貌古心，一副古贤人的风范，天天讲经论道，颇得府学生员们的尊重。母亲生病后，周桐弃官返回芝英，在五峰书院讲学。在应典之后，他与卢可久等主持五峰书院多年，被学者尊称为“岘峰先生”。抚州人士在周桐去世后，将他奉祀于名宦祠。

周莹（1485—1566），字德纯，号宝峰，芝英游溪塘村人。周莹年少便不屑于攻读科举之业，立志研究圣贤之学。长大以后，他赴台州拜于理学家应良、黄绾门下，习得心学的部分精髓。此后他又赴绍兴，追随王阳明游学，结识了一大批名士。周莹学成归乡时，王阳明特为他撰写《赠周莹归省序》一文称，“子之志，欲至于吾门也，则遂至于吾门，无假于人。子而志于圣贤之学，有不至于圣贤者乎？而假于人乎”②，以此激励他不改学习圣贤的志向。回到芝英后，周莹在五峰书院讲学，带动了浙中地区学习阳明学说的热潮。清代编修的《五峰书院志》称：“一时

---

①〔清〕光绪《永康县志》卷七，黄灵庚、陶诚华主编：《重修金华丛书》第78册，上海古籍出版社，2014年。

② 王阳明：《王阳明全集》，《知行录之一·悟真录之一·文录四》，上海古籍出版社，2011年。

学者翕然向往阳明，皆闻先生之风而兴者也。《孟子》曰：豪杰之士，虽无文王犹兴。先生（即周莹）生吾婺绝学之后，而崛起于吾乡之中，谓非豪杰而何？”[①]

周佑德（1574—1629），字以明，号复初，芝英游川村人。周佑德天性至孝，居丧三年，不露笑容，下葬之前不去丧服。他长期在五峰书院为县学生员讲学，并在书院右侧创立“学易斋”，奉祀何基、王柏、金履祥、许谦、章枫山五位乡贤。为了救济乡里百姓，周佑德还曾在芝英设义仓。在他死后，学者将他奉祀于“学易斋”，尊称他为“复初先生”。他的弟弟周有章，也因“孝友”入祀乡约社。同邑都察院右副都御史周凤岐、广东左布政使王世德为他作传。

8.清代芝英第一位进士应炜

应炜是清代芝英第一位进士，生平事迹可参阅光绪《永康县志》[②]，通政使司副使陈兆山所撰《文林郎广西怀集县知县霞城应公传》等[③]。

应炜（1697—1748），字霞友，号省斋，又号霞城。应炜从小读书用功，被父祖寄予厚望。祖父应清对他疼爱有加，称：“继先人之芳躅者，非此（即应炜）而谁？”父亲应椿对他要求严格，勤加管教，不辍寒暑。应炜于雍正四年（1726）中举，时年三十岁。雍正八年（1730），应炜中进士，后历官福建上杭、将乐知县。

乾隆四年（1739），应炜出任广西怀集知县。他任职期间尽职尽责，受到当地百姓的敬仰。据说有两件事使应炜在当地被传颂为神明。第一件事是他秉公执法。当地一男子与父亲僻居山村，其父被强盗杀害，官府追查下来，该男子竟称天黑无法辨认凶手，请求不了了之。应炜怒声呵斥说：“贼杀若父，若顾不思伸冤耶？且国法安在也？”坚决追查到底，最终抓获两名凶手。第二件事是他爱民如子。怀集城南门外设有税厂，按照惯例，空船往来也要征税。有一年，年景不好，应炜召募各处商人运米平粜，并拿出俸禄填补税收缺额，免去空船的税收。他说：“方今百姓嗷嗷待哺，得食则生，若征其税，是病商也。病商即病民，吾何

① 程尚斐纂辑，程朱昌、程育全编著：《五峰书院志》增订本，中国文史出版社，2010年，第1页。

②〔清〕光绪《永康县志》卷八，黄灵庚、陶诚华主编：《重修金华丛书》第78册，上海古籍出版社，2014年。

③ 陈兆山：《文林郎广西怀集县知县霞城应公传》，《芝英应氏宗谱特传总编》，民国十二年重修本。

忍焉？”于是，商人们踊跃运米，怀集百姓得以度过荒年。

乾隆七年（1742），应炜辞官归家。他入仕之初曾对好友陈兆山说过：“某虽徼幸一第，得从诸君子后，观政榕城（指考中进士，任官福建）。顾吾乡自陈同甫、林和叔诸人凛然见节概，不衿利禄，即吾宗石门、晋庵诸从祖，当正德、嘉靖朝，皆服官未久，旋归林下。某之谫劣，于乡先达无能为役，诚得暂邀升斗，归奉二亲，于愿足矣，他非所望。”这并非空言。在回到芝英后，应炜专心奉养父母，岸然自异，优游林下，实现了早年的愿望。令人惋惜的是，乾隆十三年（1748），应炜归家养亲仅六年便溘然长逝，享年五十二岁。

9.丽水教谕应正禄

应正禄曾担任丽水学官十二年，极大地推动了丽水地区士子风习的革新。丽水县学生员曾多次呈请将其奉祀乡贤祠。[①]其生平事迹主要见于光绪《永康县志》、道光《丽水县志》、侄子应曙霞《恒斋先生传》、处州府知府王绩著撰《恭送学博恒斋应老先生归里序》等。[②]

应正禄（1733—1805），字遒之，别号恒斋。他天赋异禀，七岁从师读小学时便写下“做人定当如是”的豪言壮语，老先生认为他长大绝非凡人。应正禄天性孝友，父亲去世，他三年不食酒肉，变卖家产葬父；后来母亲去世，他悲痛万分，几天之内须发尽白。弟弟应正全经商归家，应正禄见他一身单衣，赶紧脱下自己的麻布袍子给他穿上；妹妹年轻丧夫，应正禄不仅接济她，还帮忙抚养她的儿子、孙子。应正禄家境十分贫寒，从年轻起以教授童蒙为业，但他酷爱读书，家中藏书数千卷，昼夜研诵，仍担忧自己浅薄，四处借阅书籍。他读书精记默识，所以学问博洽，无所不通。

乾隆三十六年（1771），应正禄考中举人。乾隆五十四年（1789）至嘉庆六年（1801），应正禄任丽水教谕。任职十二年里，应正禄注重改善士子风习。在培养士子时，应正禄先德行而后文艺，特别重视提高士子

① 吕东铭等：《请祀应恒斋先生乡贤公呈》，何云鳌等：《请祀应恒斋学师名宦公呈》，均收入《芝英应氏宗谱特传总编》，民国十二年重修本。

② 〔清〕光绪《永康县志》卷八，黄灵庚、陶诚华主编：《重修金华丛书》第78册，上海古籍出版社，2014年；〔清〕道光《丽水县志》卷八，清道光二十六年（1846）刻本；〔清〕应曙霞：《恒斋先生传》、王绩著：《恭送学博恒斋应老先生归里序》，均收入《芝英应氏宗谱特传总编》，民国十二年重修本。

的德行修养。他综合《朱子全书》的成法，立规条、明法戒，士子人手一帙，时时观省；解经论文，悉心为诸生讲解，诲人不倦。[①]应正禄的学问享誉一方，他公开讲学的消息一出，“虽盛暑必冠带一时，学者响风景慕，横舍至不能容”[②]。为此，应正禄在学舍东西两侧扩建“崇德”“广业”两斋，作为求学者的居留学习场所，丽水地区的士习文风为之一变。

嘉庆三年（1798），应正禄见本县学宫年久失修，与诸生磋商修葺。耗时三年完工，学宫大成殿、两庑、庙堂、名宦祠、乡贤祠、忠孝祠、节孝祠、文星阁全部焕然一新。与此同时，他还在学宫东侧发现了宋代丽水著名孝子、人称“周孝童”的周智（1104—1146后）的墓地，亲自率工匠加以修葺。凡是能够激励人心、移风易俗的公益事业，应正禄莫不用心主持，并著文以记录。十二年任期已满，应正禄因病归养，处州府知府王绩著率领县学生员再三挽留。

应正禄学主朱子，十六岁时便立志做圣贤，曾对人说：“人不可以虚生，宜自立以期不朽。”学者给予应正禄极高的评价。东阳名士卢衍仁称他为“担金华大担者”；刑部右侍郎秦瀛则称，“自朱子倡道浙东，经其指授者皆有渊源，而婺郡为尤盛，应子嗣响于风流歇绝之余，可为吾道之幸说者”；缙云儒士丁国华称，“今先生奋起于千载之下，一以斯道为己任。立德、立言，承先启后，假令吕（即吕祖谦）、朱（即朱熹）而在，其相契为何如也”；他的侄子应芝晖评价他“人师经师，两无遗憾”[③]。他著作等身，著有《大学中庸章句或问》《薛胡粹语》《卢子精语》《群书汇序》《养正编》《先型录》《课余录》等。

10.道光《永康县志》的修撰者应曙霞

应曙霞官至秦州直隶知州，致仕后主持编纂道光《永康县志》，其生平事迹可参阅光绪《永康县志》等。[④]

应曙霞（1761—1845），字蔚之，又字东一，号梧垞。应曙霞少年丧

① 程凤山：《恒斋制义序》，《芝英应氏宗谱特传总编》，民国十二年重修本。

② 应曙霞：《恒斋先生传》，《芝英应氏宗谱特传总编》，民国十二年重修本。

③ 丁国华：《应先生课余录跋》，应芝晖：《恒斋先生六秩寿言》，均收入《芝英应氏宗谱特传总编》，民国十二年重修本。

④〔清〕光绪《永康县志》卷八，黄灵庚、陶诚华主编：《重修金华丛书》第78册，上海古籍出版社，2014年。

父，受母亲教诲，生性宽仁，才力勤敏。他于嘉庆三年（1798）中举，此后多次会试不中。十年后（1808），他出任江西永宁、玉山二县知县，以廉洁干练闻名。不久，他又出任甘肃大通县知县，妥善处置边地事务，升任固原州知州。道光四年（1824），朝廷特旨他升任秦州直隶州知州。当时甘肃遭遇大饥荒，应曙霞未上任便去拜访甘肃巡抚，建议推行平粜法，得到首肯。上任之后，他不等省府下发檄文，下令出粟二万石，平抑粮价。不少官员因担心遭受牵连而表示反对，应曙霞则称“救饥如救焚溺”，坚持擅自发卖粮食。第二年，甘肃大丰收，百姓争相输纳还粮。应曙霞又趁机向巡抚建议设义仓，并捐银千两作为表率。当地士绅百姓闻风响应，几十天便捐粮一万五千余石。

应曙霞对读书人爱护有加。他任秦州知州时，经常亲临州学为士子讲课授艺，亲自评定其课业等级，传授读书作文的要诀。在他的影响之下，秦州士风逐渐兴盛起来，一时之间传为美谈。晚年回到芝英以后，他与本地名士潘国诏等共同修撰道光《永康县志》，颇受本地士绅推崇。应曙霞一生致力于著述，著有《勤学记》《孝传》《女史》《女小学》《蔚思堂集》《蔚思堂稿》《蔚思堂骈语》《蔚思堂诗钞》等。

11.晚清藏书家、出版家胡凤丹

胡凤丹（1823—1890）是晚清著名藏书家、出版家、学者，家藏书籍号称十万卷，辑刻乡邦文献《金华丛书》，对金华地区的文化事业贡献巨大。其生平事迹，可参阅光绪《永康县志》，谢婉贞《胡凤丹生平及其著述考》、张涌泉《出版家胡凤丹传略》等。

胡凤丹画像

胡凤丹，初字枫江，后字月樵，一字齐飞，别号桃溪渔隐，芝英溪岸村人。胡凤丹出身于书香殷富之家，自小卓尔不群，年幼阅读《孝经》便有所感悟，立志“务为远大，以显亲而扬名”。长大以后，胡凤丹进入县学读书，但其科考之路并不顺利。在母亲的建议下，他前往京城，通过捐纳援例任光禄寺署正。胡凤丹为人豁达高远，在京城任职期间，广结天下俊才。他不吝惜钱财，经常对人倾囊相助，在京城获得了极高的声望。有同乡京官劝他，打通关节，争取升任光禄寺丞。但他却说："是区区者，何足以显吾亲，必祖父交膺龙章乃可。"后来朝中重臣听闻了胡丹凤的名声，推荐他出任兵部员外郎。胡丹凤虽然并非正途入仕，但他熟谙时务，受到主事官的重用。咸丰十年（1860），英法联军攻入北京城。整个京城人情汹汹，胡丹凤不为所动，尽忠职守，受到朝臣们的荐举，擢简用道，加盐运使衔。

同治二年（1863），母亲去世，胡凤丹回乡办理丧事，不忘显亲之志。他呈请地方官将亡父胡仁楷（1794—1854）从祀乡贤祠，并建立"父子尚义坊"。胡氏多名族人在抵抗太平军的过程中"殉烈"，胡凤丹也呈请地方官准建"八烈坊""八烈专祠""一门双贞坊"等坊祠。

同治五年（1866），胡凤丹来到湖北江夏（今湖北省武汉市武昌区），以道员候补，综理厘局。次年，在湖广总督兼湖北巡抚李鸿章的推荐下，胡凤丹以补用道负责湖北崇文书局。他出任崇文书局的编校兼主管，搜求秘藏遗书，悉心校订，十年间刊刻书籍两百余种。光绪元年（1875），胡凤丹出任湖北督粮道。这一年，胡凤丹请求朝廷给予父祖三代一品封典。两年后，他请假归乡扫墓，实现了少时"显亲而扬名"的梦想。

胡凤丹在辞官后杜门谢客，以著述自娱。他的父亲胡仁楷乐善好施，曾于道光十五年（1835）捐田一百四十余亩，作为资助永康士子参加童试的教育基金。胡凤丹受到父亲的影响，一生热心于地方文化公益事业，辞官后曾捐银千两重建县城西街试院，并拨田助建培文书院，不时恤老赈贫。在芝英，官府为其竖起"乐善好施""急公好义"等坊表，与五峰山对峙而立，成为胡氏家族的荣耀。

胡凤丹最重要的学术成就是辑刻《金华丛书》，使得金华地区的历史文献得以大量保存和流传。胡凤丹晚年多方搜求金华府县古今散佚遗书，精心校订，撰成《金华文萃书目提要》八卷三册。他辞官后又在杭州开设退补斋书局，临终前汇集《金华丛书》，按经、史、子、集分类，共六十七种，线装成三百四十册，分二百二十九函布装。《金华丛书》的问世带动了江浙地区编纂地方文献的学术风气。原故宫博物院图书馆馆长、民国著名藏书家傅增湘曾说过，《金华丛书》一出，杭州、嘉兴、湖州、绍兴、温州、江宁、常州随即涌现出《武林往哲遗著》《掌故丛编》《槜李遗书》《陆氏丛书》《先正遗书》《永嘉遗书》《金陵丛刻》《先哲遗书》等一大批地方文献汇纂。

除了辑刻《金华丛书》，胡凤丹还著有《退补斋诗存》《退补斋文存》，纂辑《六朝四家全集》《唐四家诗集》《马嵬志》《永康十孝廉诗钞》《先泽汇编》《殉鄂浙宦录》《金华乡贤录》《诗话正轨汇编》《楹联集锦》《识字一隅》《青冢志》《航海图说》等，编修《黄鹄山志》《鹦鹉洲小志》《大别山志》等。

12. 承父志保存乡邦文献的胡宗楙

胡宗楙是胡凤丹的儿子，清末民初实业家、藏书家、目录学家，曾承父志，辑刻《续金华丛书》，生平事迹可参阅施新《〈金华丛书〉刊刻者胡凤丹、胡宗楙父子》与《胡宗楙辑刻金华乡邦文献考述》等。①

胡宗楙（1867—1939），字砚山，号季樵，胡凤丹第四子。少承父教，热衷搜罗乡邦文献，光绪二十八年（1902）中举。他曾在奉化县担任教职，用业余时间整理父亲所辑刻的书籍，于光绪二十一年（1895）将《金华丛书》结集出版。后来，胡宗楙调任扬州保甲总巡江甘团练管带，结识了后来的浙江都督、浙江全省铁路公司总理汤寿潜。汤氏积极说服胡宗楙于光绪二十九年（1903）再次参加科举考试，成功考中举人。随后，胡宗楙得以知县分发江苏，后又转官直隶，升任直隶州知州。这时他结识了著名实业家、上海阜丰公司创办人孙多森兄弟。孙氏兄弟的祖父孙家鼐为咸丰年间状元、光绪帝师，曾创办京师大学堂（今北京大学的前身），外祖父两广总督李瀚章是洋务重臣李鸿章的兄长，与胡凤丹为好友。胡宗楙与孙多森一见如故，便在其引导下走上了实业救国的道路，先后担任上海阜丰公司、北洋滦州官矿公司经理、直隶劝业导署总务科科长兼矿务、中国银行总行秘书长、中国银行副行长、河南中国银行行长等职，并曾因业绩突出受到北洋政府嘉奖。

民国八年（1919），知己孙多森去世，胡宗楙辞去公职，在天津定居，一心为完成父亲搜集金华地方文献的遗命而奔波。他少承父教，喜

① 施新：《〈金华丛书〉刊刻者胡凤丹、胡宗楙父子》，永康市政协学习与文史委员会编：《永康历代名人》，中国文史出版社，2013年，第158—163页；施新：《胡宗楙辑刻金华乡邦文献考述》，《浙江社会科学》2010年第12期。

好搜罗乡邦文献，曾协助父亲刊刻《金华丛书》，后致力于编纂《金华文征续编》，惜未完成离世。民国十三年（1924），胡宗楙将博访秘抄所得古刻五十九种成一百二十册刊刻，名《续金华丛书》。该丛书的刊刻，曾得到民国著名藏书家傅增湘的帮助。傅氏曾为《续金华丛书》作序，给予了非常高的评价。他说："比岁，公子季樵（即胡宗楙）客于京师，朴学惇谨，孜孜不倦，续刻金华丛书，得六十种。凡前辑之缺卷逸文，咸加斠补，或博访秘抄古刻，重付雕镌。搜畬之富，校雠之精，匪特继承先世，而于文事凋敝之余，补缀缺遗，网罗邦献，其诣力殆百倍前人。"[①]民国二十二年（1933），胡宗楙将《续金华丛书》板片捐给了浙江图书馆。此后，胡宗楙继续搜罗文献，总数达十六万余卷。此外，他还著有《金华经籍志》《梦选楼诗钞》《东莱吕太师文集考异》《倪石陵书考异》《鲁斋王文宪公文集考异》《渊颖吴先生集考异》等。

胡凤丹、胡宗楙都是清代著名藏书家。杨立诚等《中国藏书家考略》、范凤书《中国私家藏书史》、顾志兴《浙江藏书史》等对胡氏父子详加介绍。

13.清季翻译家、外交官应祖锡

应祖锡是清末民初著名的翻译家、外交官。他翻译的著作启发了当时的学者，为中国人开眼认识世界做出了大贡献。其生平事迹可参阅章竟成《清末外交家应祖锡》等。[②]

应祖锡（1854—1927），字韩卿，芝英人。清光绪十四年（1888）举人。曾任江苏试用州同，在上海机器局供差，随后入官办广方言馆（原名同文馆）攻读外文。上海广方言馆是中国近代第二所洋务学堂，创办时间略晚于京师同文馆，是一所以学习西文、西艺为主的学堂，培养了一大批外语人才。应祖锡经过三年学习，以优异成绩毕业后，跟随清朝大使出使西班牙，任使馆二等参赞。西班牙国王阿方索十三世（Alfonso XIII）曾赠予他宝星勋章。

回国后，应祖锡加四品衔，由慈禧太后赐银酒杯，先后出任江苏省南通、高邮知州。进入民国，他又出任溧阳县、高淳县、句容县知事，

① 傅增湘：《藏园群书题记》附录《胡氏〈续金华丛书〉序》，上海古籍出版社，1989年。

② 章竟成：《清末外交家应祖锡》，永康市政协学习与文史委员会编：《永康历代名人》，中国文史出版社，2013年，第171–173页。

并获得嘉禾勋章一枚。卸任回到芝英后，应祖锡在自宅创办毓秀女校，提倡女子接受教育。他的女儿应品仙，自幼研习文章书画，从浙江省立女子师范学校毕业后，襄助毓秀女校教务，兼任该校教员，后任永康县立女子师范讲习所所长、芝英培英小学校长。①

应祖锡一生著作数种，结合个人的出使经历与感悟，对世界各国的政治、法律、社会、经济问题介绍尤多。他的主要著作有《增广尚友录统编》二十二卷、《洋务经济通考》十六卷、《西班牙日记》三卷。另与英国圣公会传教士、时任江南制造局翻译馆译员的傅兰雅（John Fryer）合著《银矿指南》《佐治刍言》等，这些著作由傅兰雅口译，应祖锡笔述，江南制造局刊行，受到当时学者的高度评价。复旦大学历史系邹振环教授在《影响中国近代社会的一百种译作》中提到：《佐治刍言》出版后，梁启超赞誉该书为“言政治最佳之书”，他说，“《佐治刍言》言立国之理及人所当为之事，凡国与国相处、人与人相处之道悉备焉，皆用几何公论探本穷源，论政治最通之书”；章太炎称自己初读该书便如醉如痴，“魂精泄横，热然似非人”；康有为展现维新派大同社会主义空想的《大同书》则深受《佐治刍言》的影响。②

二、外来风流

人文荟萃的芝英吸引了历代名宦名士的到访。特别是在宋代，一代名宦胡则曾寓居芝英紫霄观；朱熹、吕祖谦、陈亮等著名理学家曾前往应氏居所讲学，在芝英历史上留下了浓墨重彩的一笔。

1. 北宋名臣胡则

胡则是北宋著名官员。胡则的母亲应氏为芝英人，父亲胡承师信奉道教，不时造访现今芝英的省级文保单位紫霄观，胡则因而与紫霄观结下不解之缘。紫霄观不但是胡则幼时经常游玩的地方，而且是他成年后读书应考的居所。正因如此，胡则特撰写诗作《紫霄观》，表达自己对紫霄观的歌咏之情。胡则的生平事迹可参阅《宋史·胡则传》，今人胡

---

① 永康县志编纂委员会：《永康县志》，浙江人民出版社，1991年，第735页。

② 邹振环：《影响中国近代社会的一百种译作》，中国对外翻译出版公司，1996年，第91–94页。

国钧撰《胡则：第一个正史立传的永康人》[①]，徐吉军主编《大宋清官胡则》[②]等。

胡则（963—1039），字子正，永康古山镇胡库村人。他少年果敢，聪颖有才气。宋端拱二年（989）中进士，是宋代婺州（今浙江省金华市）第一位进士。胡则为官四十余年，历仕太宗、真宗、仁宗三朝，先后知浔州、睦州、温州、福州、杭州、陈州，历任尚书户部员外郎、礼部郎中、工部侍郎及兵部侍郎等职。他为官推行仁政，平反冤狱，减免赋税，革除弊端。明道元年（1032）江淮大旱，饿死者众，胡则上疏求免江南各地身丁钱，诏许永免衢、婺两州身丁钱。两州之民感其德，多立祠祭祀胡则。宝元二年（1039），胡则病逝，享年七十七岁。次年，宋仁宗下诏将胡则葬于杭州狮峰南麓的龙井源。范仲淹曾为胡则撰写墓志铭，赞曰："进以功，退以寿，义可书，石不朽，百年之为兮千载后！"1959年，毛泽东主席在视察浙江金华时曾这样评价胡则："为官一任，造福一方。"

胡则死后，曾受到宋元帝王的追封，先后被封为"佑顺侯""嘉应侯""福泽侯""灵显侯"，是中国历史上绝无仅有的"佑顺嘉应福泽灵显"八字侯。明太祖朱元璋时，他又被封为"显应正惠忠佑福德齐天大帝"。今永康方岩镇有胡公祠，义乌当地著名的德胜岩（古称稠岩，义乌古称稠州即得名于此）亦有胡公祠。芝英紫霄观旁建有胡公殿，供奉胡则，民间尊其为"胡公大帝"。

2.南宋理学宗师朱熹

朱熹是南宋著名思想家，后世尊称"朱子"。北宋末年，应氏先祖应文臣随宋室南渡，回迁芝英，卜居于将川（今方岩镇长坑村，宋代属芝英），朱熹曾为应文臣题赠《卜居诗》一首。朱熹还曾与吕祖谦、陈亮等著名理学家前往芝英应文臣居所讲学。朱熹的生平事迹可参阅《宋史·朱熹传》，已故美籍华人学者陈荣捷撰《朱熹》[③]、今人张立文著《朱熹评

---

① 胡国钧：《胡则：第一个正史立传的永康人》，永康市政协学习与文史委员会编：《永康历代名人》，中国文史出版社，2013年，第1—11页。

② 翁卫军主编：《大宋清官胡则》，杭州出版社，2016年。

③ 陈荣捷：《朱熹》，北京生活·读书·新知三联书店，2012年。

传》[①]、束景南著《朱熹年谱长编》[②]、陈来著《朱子哲学研究》等[③]。

朱熹（1130—1200），字元晦，又字仲晦，号晦庵，别号紫阳，晚号云谷老人、沧州病叟，祖籍徽州婺源（今江西省婺源县）人，生于南剑州尤溪（今属福建省尤溪县）。朱熹自幼聪慧过人。据说其父亲在他刚学会说话时指着天说“这就是天”，他问道“天的上面是什么”，让人感到非常惊奇。拜师读书后老师教授《孝经》，年仅五岁的朱熹便在书上写了一句：“不若是，非人也。”有一次，一群小孩在沙地上玩耍，六岁的朱熹独自端坐一旁乱画，旁人走近一看，他画的居然是八卦图。南宋绍兴十七年（1147），朱熹在建州（今属福建省南平市）考取贡生，次年中进士。

绍兴二十一年（1151），朱熹出任泉州同安县主簿。自此历仕高宗、孝宗、光宗、宁宗四朝，曾被授以知江西南康军、提举浙东常平茶盐公事、知漳州、知湖南潭州等职。在地方为官期间，朱熹关心百姓疾苦，致力于赈济灾荒、创立社仓法，重视水利兴修、农业生产；留心吏治整顿，打击奸吏豪民，反对土地兼并，革除为害百姓的丁钱、役法政策；奏请朝廷修缮白鹿洞书院遗址，制订《白鹿洞书院学规》，并为辖境内学校生徒讲授学问道理；加强社会教化，召集米商运粮救荒，限制女子出家；政治上力主整顿朝纲，恢复中原。朱熹的政绩曾得到宋孝宗的认可，当时有人毁谤他，孝宗却对宰相王淮说：“朱熹政事却有可观。”朱熹晚年遭遇庆元党禁，因监察御史沈继祖的诬告，他本人与其弟子受到政治迫害，不久后退出官场。庆元六年（1200），朱熹因病逝世，享年七十一岁。宋理宗宝庆三年（1227），朝廷追赠朱熹为太子太师，并追封信国公，后改封徽国公。

朱熹一生最主要的活动是讲学活动和理学研究。他先后在白鹿洞书院、岳麓书院、紫阳书院讲学，晚年居于建阳考亭，其学派被称为“考亭学派”。朱熹是宋代理学的集大成者，其思想体系以二程学说为中心，改造了周敦颐的宇宙图式，吸收了张载的气化思想，融合了邵雍的象数易学。他整理《伊洛渊源录》《近思录》，系统梳理了北宋以来的道学；他搜集二程语录，注释周敦颐的《太极图说》《通书》、张载的《西铭》，撰写《周易本义》《易学启

① 张立文：《朱熹评传》，南京大学出版社，2011年。

② 束景南：《朱熹年谱长编》，华东师范大学出版社，2001年。

③ 陈来：《朱子哲学研究》，北京生活·读书·新知三联书店，2010年。

蒙》，发展了程颐、邵雍等人的易学思想。此外，他一生致力于“四书”研究，撰成《四书集注》《四书或问》，赋予四书新的理学形态；撰写《通鉴纲目》，创立史学新体裁“纲目体”；对《诗经》与《楚辞》的研究，发展了中国古代美学思想；其《菩萨蛮》《水调歌头》《南乡子》《忆秦娥》等词作成为宋词的重要组成部分。总之，他对古典文化的整理与发展做出了巨大的贡献。

3. 南宋状元、思想家陈亮

陈亮是南宋永康状元、著名思想家、文学家，曾与著名理学家吕祖谦、朱熹等讲学于永康寿山（后来五峰书院所在地），曾在现今芝英省级文保单位紫霄观读书，撰有《紫霄观重建记》以及词作《青玉案》。其生平事迹可参阅《宋史·陈亮传》、明儒李贽《藏书·陈亮传》[①]、今人卢敦基撰《人龙文虎：陈亮传》[②]、束景南撰《陈亮研究：永康学派与浙江精神》[③]、李世扬撰《永康状元陈亮》[④]等。

陈亮（1143—1194），原名陈汝能，字同甫，一作同父，号龙川，学者尊称“龙川先生”。永康前黄村（今属永康古山镇）人。陈亮的曾祖父死于抗金斗争，陈亮自幼受其影响，“为人才气超迈，喜谈兵”。十八岁时，他撰成《酌古论》，考证古人用兵事迹，得到婺州郡守周葵的赏识，称他为“他日国士”。乾道四年（1168），陈亮更名为“亮”，中解元。次年，他上呈《中兴五论》，力主推行革新，收复中原，可惜并未被朝廷采纳。淳熙五年（1178），陈亮连上孝宗三书，痛斥朝廷的苟安国策。此后，他遭当道者的嫉恨入狱，但仍不改恢复中原之志。淳熙十五年（1188），陈亮游历金陵（今南京）、京口（今镇江），第三次上书，建议由太子监军，驻节建康，向天下百姓展现恢复中原的决心。这次上疏不但未被采纳，而且其中指陈时弊的言论触怒了朝臣。宋光宗绍熙元年（1190），陈亮被人诬告，第三次下狱，次年出狱。绍熙四年（1193）春，五十一岁的陈亮中状元，授签书建康府判官公事，但他当时已身患重疾，于一年后病逝于赴任途中，享年五十二岁。宋理宗端平、嘉熙年间，朝廷追谥陈亮曰

① 李贽：《藏书》卷十六《陈亮传》，商务印书馆，2020年。

② 卢敦基：《人龙文虎：陈亮传》，浙江人民出版社，2006年。

③ 束景南：《陈亮研究：永康学派与浙江精神》，上海古籍出版社，2005年。

④ 李世扬：《永康状元陈亮》，永康市政协学习与文史委员会编：《永康历代名人》，中国文史出版社，2013年，第35—47页。

"文毅"(一说"文达")。

陈亮是南宋著名的思想家、政论家、教育家和文学家。他生前坚定主张收复中原故土；提倡经世济民的"事功之学"，多次与朱熹展开"王霸义利之辩"，创立永康学派；笔锋犀利，气势纵横，歌行汪洋恣肆，词作激越豪放，是"豪放派"的代表人物之一。陈亮的著作有《龙川文集》《龙川词》等，收入邓广铭点校的《陈亮集》。

4."婺学"的开创者、思想家吕祖谦

吕祖谦是南宋著名思想家、历史学家，"婺学"的开创人。吕祖谦曾与朱熹、陈亮等著名学者至芝英应氏先祖应文臣的居所讲学，其生平事迹可参阅《宋史·吕祖谦传》、今人潘富恩等著《吕祖谦评传》①。

吕祖谦(1137—1181)，字伯恭，世称"东莱先生"，因其伯祖吕本中人称"大东莱先生"，故又称"小东莱"。吕氏祖籍山西，至北宋灭亡吕好问随宋室南迁，定居于婺州(今浙江省金华市)。吕氏家族自五代以来久盛不衰，涌现了多位重要的政治人物。如后唐时期的吕梦奇官至御史中丞，宋太宗、真宗时期的吕蒙三次为相，真宗朝的吕夷简官至太尉，神宗朝的吕公弼官至枢密使、吕公著官至司空，钦宗朝的吕好问官至尚书右丞。进入南宋时期，吕祖谦的伯祖吕本中官至中书舍人，祖父吕弸中曾官右朝请郎，父亲吕大器官右朝散郎。吕氏先祖不但名宦辈出，而且许多人学识宏富。自吕公著起，吕氏家族选登《宋元学案》的名儒多达十七人。正因为出身于这样的名门望族，吕祖谦自幼受到深厚家学的熏陶。

吕祖谦幼年跟随父亲吕大器居于福州任所，师从名宦林之奇开蒙读书，后迁居临安，又拜名儒汪应辰、胡宪为师。二十二岁时，吕祖谦以恩荫补将仕郎，两年后升任右迪功郎，开始走向仕途。隆兴元年(1163)，二十七岁的吕祖谦中进士。此后历任南外宗学教授(衙门设泉州)、太学博士兼国史院编修官、实录院检讨官等职。乾道七年(1171)，吕祖谦改任左宣教郎召试馆职，次年任秘书省正字，负责点检试卷，参与礼部的科举考试工作。担任上述官职期间，吕祖谦与张栻、陆九渊等名儒有所交往。淳熙元年(1174)，吕祖谦主管台州(今浙江省临海市)

---

① 潘富恩、徐余庆:《吕祖谦评传》，南京大学出版社，1992年。

崇道观，陆九渊专程来访。次年，他至福建访朱熹，两人共同研读北宋理学大家的著作，编辑理学入门教材《近思录》。此后，两人至江西上饶鹅湖寺参加了哲学史上著名的辩论会，即鹅湖之会，作为会议主持者的吕祖谦试图调和朱熹理学与陆九渊心学之间的分歧。淳熙三年（1176）四月，吕祖谦任秘书郎、国史院编修官、实录院检讨官，奉命重修《徽宗实录》。淳熙五年（1178），他又奉诏编修《皇朝文鉴》，受到宋孝宗的嘉许。不久，他出任直秘阁主管建宁府武夷山冲佑观。淳熙八年（1181）八月，吕祖谦因病辞世，终年四十四岁。

吕祖谦生前体弱多病但热衷于学术活动，晚年与胞弟吕祖俭等人共同创建丽泽书院，培养了一大批名学者。他学问广博，撰著宏富，完成了大量古代典籍考证著作、史学著作以及学术专著。他是中国思想史上著名的思想家，思想上综兼朱、陆二家，共摄理学、心学两义，实践上和会永嘉、永康二学，兼采其长。吕祖谦与朱熹、张栻齐名，三人学识并重且交往密切，号为“东南三贤”，深刻影响当时的思想界和学术界。

5.永嘉学派的集大成者、思想家叶适

叶适是南宋时期的著名思想家。他曾与朱熹、吕祖谦、陈亮等著名学者至芝英应文臣的居所讲学。其生平事迹可参阅《宋史·叶适传》、今人张义德著《叶适评传》、周梦江等著《叶适研究》、朱迎平著《永嘉巨子——叶适传》等。①

叶适（1150—1223），字正则，号水心，温州永嘉人。他出生于一个贫穷的儒士家庭，自幼受到永嘉地区与家族的诵读传统影响。年少时，叶适曾向陈傅良、郑伯熊等永嘉学派的代表学者求教。弱冠以后，他至婺州（今浙江省金华市）等地游学，结识了陈亮、吕祖谦等著名学者。乾道九年（1173），二十四岁的叶适至临安（今浙江省杭州市）太学读书。淳熙五年（1178），叶适参加科考，中进士榜眼，授平江（今江苏省苏州市）观察推官。此后历仕孝宗、光宗、宁宗三朝，历官武昌军节度推官、浙西提刑司干办公事、太学正、蕲州（今湖北省蕲春县）知州、尚书左选郎、国子司业、湖南转运判官、泉州知州、权兵部侍郎、建康府知府、

① 张义德：《叶适评传》，南京大学出版社，1994年；周梦江、陈凡男：《叶适研究》，人民出版社，2008年；朱迎平：《永嘉巨子——叶适传》，浙江人民出版社，2006年。

江淮制置使等职，曾参与南宋重大政治事件“绍熙内禅”。嘉定十六年（1223），叶适在永嘉去世，享年七十四岁，赠光禄大夫，赐谥“文定”。

叶适的政治主张与陈亮等人类似，极力主张抗金，反对秦桧以来的投降主义，同时反对官府过度搜刮的政策，在经济上主张“农商一事”“扶持商贾”。在学术上，叶适著有《水心先生文集》《水心别集》《习学记言序目》等，他宣扬功利主义思想，强调学术理论的实用，以功利作为衡量一切事物的重要标准。他所代表的“永嘉学派”与以陈亮为代表的“永康学派”合称“浙东学派”“功利之学”或“事功学派”。浙东学派“左袒非朱，右袒非陆”（清代学者全祖望语），不同于朱熹、陆九渊等“皆谈性命而避功利”的道学思想。在中国哲学史上，永嘉之学与朱熹代表的“闽学”（福建之学）、陆九渊代表的“心学”（江西之学）在南宋思想界构成三足鼎立之势。

6.理学名家、阳明高足黄绾

黄绾是王阳明的高足，明代著名的理学家。他曾多次至芝英，与应典等本地名士过从甚密。他在《尚宝司丞石门应公墓表》中称，正德十六年（1521），黄绾至绍兴探望王阳明，随后到永康访应典，“居数月，讲究益深，日有所得”[①]。其生平事迹可参阅《明史·黄绾传》、明儒黄宗羲《明儒学案·浙中王门学案三》、已故思想史家容肇祖撰《王守仁的门人黄绾·黄绾传》等。[②]

黄绾（1477—1551），字宗贤（《明儒学案》作“叔贤”），号久庵，又号石龙，台州黄岩人。黄绾祖上世代仕宦，所以他自幼受父祖教诲，发奋克己明道，立志研究圣贤学问。他承袭祖荫，最初任后军都事，嘉靖初年出任南京都察院经历，后因参与“大礼议”得到嘉靖皇帝赏识，升任南京刑部员外郎。嘉靖六年（1527），黄绾升任光禄寺少卿，预修《明伦大典》。此后，他历任大理寺左少卿、少詹事兼侍讲学士、詹事兼侍讲学士、南京礼部右侍郎、南京礼部左侍郎、礼部尚书等职。晚年迁居黄岩翠屏山中，不论寒暑，手不释卷。享年七十五岁。

黄绾早年宗程朱之学，后服膺阳明心学。他原本以王阳明为友，但

---

① 黄绾:《尚宝司丞石门应公墓表》,《芝英应氏宗谱特传总编》, 民国十二年重修本。

② 《明史》卷一九七《黄绾传》, 中华书局, 1977年; 黄宗羲:《明儒学案·浙中王门学案三》, 中华书局, 2008年, 第280-281页; 容肇祖:《容肇祖集》, 齐鲁书社, 1989年, 第247-280页。

在了解其良知学说后，称“简易直截，圣学无疑。先生（指王阳明）真吾师也，尚可自处于友乎”，遂自称王门弟子。在王阳明过世后，黄绾抚养王阳明的遗孤正亿，并将女儿嫁给他。但在晚年，黄绾转而批判理学，称宋儒援佛，心学空虚，主张回归“《大学》之道”，推崇实学实行。黄绾一生著述丰富，有《明道编》《石龙集》等著作传世。

7.现代著名作家郁达夫

郁达夫是中国现代作家，他曾于20世纪30年代游览方岩时路经芝英，并在游记中留下了相关记述。他在《方岩纪静》中说：“我们去的那天，因为天阴欲雨，所以在永康下公共汽车后就都坐了轿子，向东前进。十五里过金山村，又十五里到芝英是一大镇，居民约有千户，多应姓者；停轿少息，雨愈下愈大了，就买了些油纸之类，作防雨具。”

郁达夫（1896—1945），原名郁文，字达夫，幼名阿凤，浙江富阳人，中国现代作家、革命烈士。1912年，郁达夫考入之江大学预科。次年他前往日本留学，先入东京第一高等学校预科，后入名古屋第八高等学校（今名古屋大学），习医科、文科。1919年，他又考入东京帝国大学（今东京大学）经济学部，三年后毕业获经济学学士学位。1922年，郁达夫回到国内，任安徽法政专门学校英文科主任，次年任国立北京大学统计学讲师。1925年，任国立武昌师范大学文科教授，讲授小说、戏剧、文学理论等课程。1926年，任国立中山大学英文系主任、教授，兼法科教授。1928年，任上海艺术大学教务长。1929年，任省立安徽大学文科教授。1930年，郁达夫参与发起中国自由运动大同盟、中国左翼作家联盟。曾主编《创造季刊》《创造月刊》《洪水》《新消息》《大众文艺》等杂志。1936年，任福建省政府参议兼公报室主任。1938年，赴南洋宣传抗日救亡，任新加坡抗敌动员委员会执行委员兼文化界抗日联合会主席。

郁达夫是新文学团体“创造社”的发起人之一，是一位为抗日救国而牺牲的爱国主义作家。他的文学代表作有《沉沦》《故都的秋》《春风沉醉的晚上》《过去》《迟桂花》《怀鲁迅》等。在进行文学创作的同时，郁达夫还积极参加各种抗日组织，先后在国内外从事抗日救国宣传活动。民国三十四年（1945），郁达夫在苏门答腊岛被日军残忍杀害。1952年，中华人民共和国中央人民政府追认他为革命烈士。

第六章　古风遗韵习俗传

芝英是永康开发最早的区域之一，其社会发展一直走在永康各地前列，并在很大程度上凝聚了地方文化生活的历史传统。特别是基于漫长历史演进而逐渐积淀形成的生活方式和社会风俗，既古朴自然，又丰富多样，是芝英地区人文传统的重要体现，也是永康乃至整个浙中地区传统生活文化的地域范本。

第一节　生活方式

一、建筑形态

作为著名的千年古城镇，芝英汇聚了为数众多的历史建筑，其形态多样，风格不一。从建筑的性质和功能来看，主要可分为生活建筑、公共建筑、商业建筑和宗教建筑。

宗教建筑以紫霄观为代表。该观位于今芝英八村，南朝萧梁大同二年（536）始创，迄今已有1480多年的历史，是永康地区有确切纪年的最早的宗教建筑之一。其主体建筑坐北朝南，呈长方形规制。沿主殿中轴线依次有山门、三间厅、三清殿和大雄宝殿，两侧建有厢房。紫霄观并非单纯的道教的活动场所，而是多教并存，儒、道、佛和民间宗教合为一体。首进三间厅立有南宋浙东事功学代表性学陈亮所撰的《紫霄观重建记》和明代应氏宗族先贤应镡撰写的《紫霄观楼宇重建记》石碑；二进三清殿供奉道教始祖和相关天尊塑像；三进大雄宝殿供奉的除了玉皇，还有如来、观音等佛教神灵；附属建筑又有关公殿、文昌星殿、胡公殿、慈善屋等。[1]这种多教结合的宗教文化，是芝英地区人文传统的一个特色。

商业建筑主要是各种街市和店铺。芝英素为浙中著名的商贸重镇，街道纵横，市场林立，商铺毗连。沿街分布和环市场而立的各式店铺，依其建筑结构和经营方式，又可分为两种类型：一种是“前店后宅”，即面向街市部分为开展商业活动的店面，建筑后部为住宅。如位于前市北侧的“水阁廊街”，各种店铺密集而布，其面向市场开设的店面，采用挑高的檐廊结构，彼此相连为一体，形成可遮避风雨的商业廊道。店面多采用可拆卸的木板门，以便于经营时开放商业空间。另一种是“下店上宅”，即采用两层结构，下层为商贸经营店面，上层为居住和生活空间。如今芝英高端塘和望月街一带，便分布了不少此类商业建筑。这种商业建筑形制既有助于扩大店面经营空间，又较好地隔离了经营和生活空间，保护了经营者生活的私密性。

公共建筑包括各种街市配套建筑、行政性建筑、宗族活动建筑等，最具代表性的是各式祠宇。芝英素为宗族汇聚之地，历代大族纷起，宗族组织发达，修祠立庙之风长盛不衰，其祠宇数量之多，分布之密集、传续之久远，即便在全国来看也颇为少见。按本书前文所述，芝英地区历代宗族所建的各种祠宇数以百计。另据有关研究者的不完全统计，仅芝英古城镇核心区（即芝英一村至八村）迄今遗存相对较为完整的应氏宗族祠堂和相关建筑就有60多所。[2]这为数众多的祠宇或临水而建，或沿街而布，或依市而立，其基本形制主要有单体式和院庭式两种形态。单体式祠宇是局限于单进开间的建筑形制，规模相对较小，结构简单。如应氏思源公祠和仕清公祠主体建筑均为单进三开间，正厅明间为五架梁单步四柱，厅前为二柱单层牌楼式大门。院庭式祠宇是以庭院为中心伸展布局的建筑形制，其中单一庭院式以“回字形”为基本形制特征，包括三合院式、四合院式等多种具体形式，一般整体规模较为有限。如应氏希范公祠、孟义公祠、新邦厅、文容厅、崇朴厅等为三合院式，应氏方塘公祠、月邱公祠、渐逵公祠等为四合院式。组合庭院式是多个庭院的结合体，沿主体建筑中轴线分布的厅堂与两厢廊庑构成多个庭院，一

---

① 参见应业修：《千年紫霄观》，中国文史出版社，2014年，第1–3页。

② 宿也：《芝英古镇应氏祠堂建筑遗存的形态特征研究》，浙江大学硕士学位论文，2014年，第16–17页。

般规模较大。其庭院组合有的是串联型，即沿中轴线前后多个庭院相联，如应氏天與公祠、端恭公祠、思常厅等皆属此类；有的是并联型，即多个庭院依中轴线两侧横向排列和组合，如应氏天成公祠、惟信公祠等均属此类；有的是混合型，即以核心庭院为中心，沿中轴线纵横组合多个庭院，实际上是在单一庭院式基础上串联型和并联型的结合。如应氏完人公祠、修伯公祠等为混合三院，即将三个单一庭院沿中轴线纵横分布组合，整体呈现“品”字空间形态；应氏澹泉公祠、思文公祠、尚德公祠等则为混合四院，即将四个单一庭院依中轴线左右两侧前后分布，组合为方形的空间形态。

就祠宇的内部结构而言，其纵向为“进”，即相对独立的庭院；横向为“开间”，即构成主体庭院的厅堂。中国古代历朝对不同社会等级的建筑有着严格的规定，无论是府第民居，还是祠堂庙宇，都有着相应的规范。如先秦《礼记》规定：天子之堂九尺，诸侯七尺，大夫五尺，士三尺。唐朝《天圣营缮令》规定：三品以上堂舍不得过五间九架，五品以上堂舍不得过五间七架。《明史·舆服志》记载，明太祖洪武二十六年（1392）定制，规定凡民间庐舍，“不过三间五架，不许用斗拱，饰彩色”。不过，到明清时期，官方的礼制规范渐流于虚文，民间建房筑舍不合礼制规范的现象十分普遍。芝英各宗族修建祠宇时，大多并不受相关礼制的约束，而是根据自己的实际情况进行建筑，其进的设置少者一进，多者三四进；每进开间少者三四间，多者八九间。以应氏宗族祠宇为例：其一进祠堂三开间的有福之公祠等，四开间的有希范公祠等，五开间的有聘珍公祠等，大宗义会等更是多达九开间；二进祠堂三开间的有春圃公祠、端恭公祠、伯梁公祠、尚本公祠、作贤公祠、正济公祠、如斋公祠、屏山公祠、慕颜公祠、月邱公祠、渐逵公祠等，四开间的有方塘公祠等，五开间的有大宗公祠、惟信公祠、天成公祠、约斋公祠等；三进祠堂三开间的有天與公祠、庆安公祠等，五开间的有思文公祠、尚材公祠、修伯公祠、仕濂公祠、完人公祠等，七开间的有澹泉公祠、仰龙公祠等。祠宇建筑一般沿中轴线纵向排列，由大门而入，依次为门屋（门厅）、天井、享堂（正厅）、天井、后堂（后厅）等。门屋为族人进入祠堂内部做遮蔽与引导，其建制和规模反映出祠堂的宗族等级和层次。享堂为家族议事和举行仪式的场所，寝堂则是供奉先祖与居住的场所。

祠宇是传统家族的日常运作枢纽和活动中心，其建筑形制和结构规模，从一个侧面反映出芝英传统社会人们的家族生活、人文风范和文化特色。

生活建筑主要是各种民居，其中既有规模宏大的豪宅府第，也有狭小卑隘的茅屋陋室。有关学者将芝英的传统民居院落划分单一型和多重型两大类。单一型具体又表现为一字型、U字型院落、回字型院落和L型等多种形式。一字型院落为单体建筑，其开间少者一二间，多者在五六间，有的达到八九间。如应氏家族的述德厅，即有九开间。U字型院落入口即为庭院，建筑依庭院三面而布。如位于今芝英方塘路37号的古民居、升平巷十一间头、升平巷50号廿间头等，皆属此类。回字型是芝英传统单一型院落的主要形式，即整个院落依中心庭院（天井）四周分布，以廊道贯通，连为一体。如福泉巷廿间头、新杏里廿间头等皆属此类。L型作为独立的院落形式比较少见，主要是院落组合体中部分单元建筑之间的排列等式。多重型院落是多个单一型院落互相结合的建筑形制，根据其组合结构的不同，具体又可分为纵向串联、横向并联、混合并置等不同形式。串联式院落是单一型建筑的纵向组合体，两侧以廊道贯通和串联。如留耕堂为回字型与双一字型建筑前后串联的两进院落，思常厅是回字型与U字型建筑前后串联的两进院落，十三间头是双回字型与U字型串联的三进院落。并联式院落是单一型建筑的平行叠加，构成相联的院落组。如毛车园十七间头是双U字型方向扭转并联的两进院落，芝英八村新屋里廿间头是U字型与回字型并联的两进院落。混合式院落单一型建筑的多样组合，有的是双回字型并联院落与回字型院落串联，有的是双回字型并联院落与回字型院落串联，有的是U型、回字型与双回字型并联院落串联，也有四个U字型院落两两串联再并联。这类院落组合一般规模较大，如位于芝英四村的大夫第，系应氏家族应曙霞于清道光年间创建，建筑主体由七幢单体院落构成。从大门进入，首先是封诰楼，楼下是过堂，因坐轿者在此上落轿，故俗称落轿厅。落轿厅左右两边是轿夫房和贮藏室，楼上珍藏诰书。过落轿厅往里，中间有卵石路，路东侧为池塘，西侧为花园。由卵石路进去，有前厅和后堂。前厅面向池塘，后堂主体一排五间，另有左右厢房各三间。花园围墙把封诰楼与前厅、后堂连接起来，形成独家大院。整个大夫第规模宏大，结构复杂，共有54个房间，总占地面积超过2800平方米。位于今芝英四村的应祖锡故居创建于光绪三十二年（1906），整个建筑由主楼、副楼、配房、花园、池塘等组合而成。主楼为三进院落，一进坐南朝北，二进坐北朝南，均为形制规格严谨而对称的五开间二层楼。两进之间是石板明堂，明堂东西两侧为厢楼，由此围成前院。三进坐北朝南，与二进后檐墙圈成后院。两院里有门厅、大厅、过厅、后厅等。副楼是钟楼，俗称钟楼阁，坐东朝西，三开间三层。池塘在前院前，分东西两部分，中间有石拱桥，直通前院门厅。花园有两处，分设于池塘边和后院。整个宅院总面积1600多平方米，其建筑做工精细，反映出较高的文化品味。①

建房修屋历来是民间家庭的重大活动，其修建过程的不同环节，都有一定的规范，形成相应的习俗。在古代芝英地区，凡欲修建宅院屋舍者，必先要请卜师观阴阳之气，探风水利弊，确定宅基，规划院落朝向，再选定开工日期。及开工建设，先要在上屋地基四周敷上石灰线，挖几锄土，定角打木桩，四角放利市红包，然后竖立门槛。给工匠包利市，选定做工日子。及上梁，亲朋好友和乡里邻居纷纷给主人送礼道喜，并帮助捧屋柱，搬砖瓦。上梁活动必须在事先选定的时辰进行，时辰一到，齐放鞭炮，抬梁安置。梁上张贴“天开黄道”“紫微拱照”之类的横幅，主人分发糖果、糕点。上好梁后，在梁上悬挂灯笼、米筛、手剪、镜尺、响子、鸡笼（内装染成红白的一只公鸡）、茶叶和米袋，以示招吉避邪、驱除白蚁之意。上梁当日，设二副猪头和鹅、一格米糕、一格果品、一坛酒，供于墨斗、角尺、斧头之前，谓“祭鲁班”。祭时敲锣打鼓，鞭炮齐放。祭礼完毕，主人在新屋设宴请客，感谢前来参加仪式的亲友和修建房屋的工匠。宴席入座有序，首席就座的是石、泥、木工匠，因为石匠负责打石立基，泥匠负责和土灰垫基，木匠负责制梁竖柱，均为修建房屋的基础性重要工序。宴席必须有麻糍，以示甜蜜喜庆之意。宴后将猪头和鹅分给工匠，响子分发给亲友和宾客。上梁当晚，要将梁上灯笼点燃，挂在长竹竿上，需三天后才能收灯。梁上取下的公鸡则要长期供养，称“千年鸡”，取“千年基”之意。房屋建成后，入住新屋时要举行“归屋”仪式。点上两盏灯笼，主人从老屋取出杆秤和扫帚、畚箕，前往新屋，先手持杆秤进屋，以示其为持家之人；再将扫帚、畚箕放入屋内，以

① 参见吕妍：《芝英古镇空间形态构成要素及其特征研究》，浙江大学硕士学位论文，2014年，第70—74页。

示要勤俭持家。进新屋当天，开筵设席，宴请匠人和前来道贺的亲朋好友与邻里。①

二、饮食习俗

芝英地区的传统饮食方式，既有着与江南各地基本相同的饮食结构，也有着基于自身历史文化传统和民俗风情的地方特色。

与江南其他地区一样，芝英民众的基本主食是米饭，常年一般是一日三餐，夏秋农忙时会增至四餐，即在中晚餐之间增加一餐点心，通常不用米饭，而以面食、米粥、糕饼之类为主。副食种类繁多，品种不一，且在不同的季节又有所差异。如在春节前，家家户户都要炒米胖、炒米粉等。芝英地区较具特色的副食，油炸类食品有豇头酥、番薯片等；糖类食品有米胖糖、米糯糖、粉干糖、芝麻糖等；冷饮类食品有山粉羹、藕粉羹、番薯羹、绿豆汤、豆腐羹等。

一年四季不同的节日，都有着一些特定的饮食习俗。如春节过年时，每家都要吃鸡子索面、年糕、羹、米粽等；清明节时，要吃金团、清明粿；端午节时，要吃米粽、小麦饼、豆芽、蒜等；七月半时，要吃麻糍、小麦饼、汤团等；重阳节时，要吃年糕、麦饼、粽子等；冬至时，要吃金团、小麦饼；在除夕夜，要吃单麦饼、团圆饭等。亲朋好友日常往来和节日聚餐，也有相应的饮食习俗。如女儿出嫁后，每年春节要送父母炒米粉，父母则向外孙送米胖糖。

在长期的历史发展过程中，芝英地区形成了不少地方特色饮食和传统小吃。如跃能小馄饨，面皮薄如蝉翼，以精选猪肉为馅。先以铁锅煮水，水开后，放入小馄饨，用木盖置沸水上，木盖随着沸水转动，以便馄饨能均匀煮熟。煮一两分钟，即起锅，将馄饨放入已有各种调料的碗里，轻柔拌和，便可食用。灵霄烤包子以萝卜丝为馅，做好后用平底锅，以油和水慢火煎烤。待包子煎色金黄，再以水蒸，数分钟即可起锅，其包子皮脆香软，汁多味美。小爱豆腐丸以盐卤豆腐为原料，先将豆腐捣碎搅拌，放入小碗中，加一颗小萸肉，揉制成圆形小丸。再放入些许面粉，快速转动小碗，使面粉迅速均匀地黏附于豆腐丸表层。随后放入用

① 参见《后杜志》编写委员会编:《后杜志》上卷，1998年编印，第168–170页。

整块猪肉熬煮而成的高汤中，煮数分钟即可起锅，和着调料香汤食用，其丸软糯，其味鲜美。①

小麦饼是永康一大传统小吃，也是芝英颇有名的特色小吃，其起源可以追溯到宋代。相传北宋前期，永康人胡则（也就是备受当地后世民众尊崇和供奉的胡公）在西北前线担任督粮官。当时驻守前线的宋朝军队多以吃窝窝头、烙饼等干粮为主，士兵多有怨言。一天，胡则视察正在赶制烙饼的伙房，不慎将放在面板上的盐罐碰翻，部分盐撒入面粉中。伙夫们和好面团，发现变得特别柔韧耐擀，将面团擀得薄如纸片，也不见开裂。下锅烙好后，又香又软，味道远胜于原来的烙饼。后来胡则回乡丁忧，在母亲墓旁搭建草棚，守墓尽孝。每天生火做饭不方便，想起当年西北军中所吃的薄饼，便让家人如法制作，以薄饼卷裹萝卜丝、豆芽之类蔬菜食用。乡里人们见这种饼制作方便，又香软好吃，便争相仿效，逐渐传播开来。后世代代相传，其工艺也越来越成熟。一般每斤面粉加二两食盐，制作20多个饼。用慢火烘烤，不断翻转，使之受热均匀。芝英地区所制的小麦饼尤为著名，品质颇佳。其饼圆如满月，直径约30厘米左右，薄如织锦，软如柔纱，饼面布满焦黄的芝麻点。小麦饼制成后，用菜叶、毛巾裹实，半个月都不会发脆变质。食用时，因人而异，以白切肉、煮鸡蛋、烤豆腐、千张、豆芽、萝卜丝等为馅，卷裹成筒状，故当地人们流传有“小麦饼，肉筒筒”之说。②

与小麦饼相似的还有肉麦饼，即用盐掺面揉擀，以豆腐、土豆丝、豆角、九头芥菜、萝卜丝和肉为馅，制成面饼，再用平底锅和油水煎烤。在芝英老街，历史上曾有多家世代相承的肉麦饼店铺。2006年，在永康首届乡土美食大奖赛上，芝英报送的肉麦饼荣获金奖。③

三、岁时节庆

岁时习俗是传统社会文化的重要组成部分，也是人们日常生活的具体反映。芝英地区的传统岁时习俗，主要围绕一年中重要的节日、节气、

① 参见应斌：《藏在这条百年老街上的芝英老味道》，《芝英古镇》第7期，2018年。

② 陈昌余：《永康百工》，社会科学文献出版社，2009年，第211—212页。

③ 陈昌余：《永康百工》，社会科学文献出版社，2009年，第208—210页。

时节逐渐形成。

春　节　春节为农历一年之始，正月初一称正旦，初一至初三日俗称“过大年”。正月初一早上，全家人都要吃鸡蛋面。早餐后全族会聚祠堂，参加正旦祭祖活动，俗称“拜太公”。祭拜礼仪完毕，聆听族长训导，族人互相拜年问好，下辈人向长辈拱手行礼祝福，然后由每家户主向祠堂申报上一年家人的有关情况，包括新生子孙的姓名、性别、生日时辰，亡故人的忌日时辰，嫁女娶妻，科第仕进等，由掌书登录在册，以为日后修谱时载录其中。祠堂聚会结束后，向参祭子孙分发麻酥、馒头等祭品，有时也会向参祭族人分发铜钱，以鼓励族人参拜聚会。中午家中聚餐，要吃米糕、粽子，意谓“耕种犁头实，子嗣频频高中鳌头”。下午，各家由家长带领赴墓地祭拜本家祖先。初一这天，妇女不叠被，不上灶头，不扫地，不拿针剪。人们相遇，互相道喜祝贺，不讲不吉利的话。晚上早睡，不点灯，俗谓“老鼠扛内家(亲)”。初二日起，人们互相串门，走亲访友，谓之“拜年”。先向亲族中最长辈者拜起，依次拜到平辈为止。到娘舅、娘姨、姑母、表兄弟姐妹家拜年，要担肉麦饼和果品，称为“双分”。主人家则以鸡蛋索面、粉干之类回礼，意谓“礼尚往来，有吃有余”。新婚女婿赴岳父母家拜年，需要留宿。大人带小孩拜年，对方要给小孩红包，称“利市”。各种拜年活动会持续十多天，直到正月二十日前才告结束。

元　宵　正月十三日至十七日为元宵节，俗称“灯节”。节日期间，家家户户都要张挂灯笼，在祖宗牌位、祠庙神像前设案祭供，焚香膜拜，至十七日收灯才撤供，谓“收供”。人们除了参加盛大的迎龙灯、摆龙灯、舞龙灯和赏灯活动外，还有所谓的“偷龙竹”“扎龙头”风俗。有人事先观察好适合扎龙灯的毛竹，然后一起敲锣打鼓去偷，将选中的毛竹贴上红纸，竹根上放置红包。竹子砍下来后，一路吹打扛回。被“偷”毛竹的主人以红包为吉利，不计价值如何。“偷”来的毛竹扎成龙头，以纸糊龙头，缚上灯，再用两方小红纸遮住龙目，等迎灯之日，举行龙头出位仪式。

立　春　立春为一年二十四节气之首，象征春天开始，万象更新，因而被人们视为重要的节日，俗称“上春日”。这一天，家家户户门口、窗口都要手插翠柏、竹枝、万年青等，以示一年常青。人们不干农活、不挑肥、不扫地，家长教育子女要不骂人、不打人、不做坏事。若有事意外发生，则视为流年不利。

春　分　春分是农历二十四节气的第四节气，有“春色平分”之意，标志着开始全面进入春耕大忙季节。各家族要进行“春分大祭”，祭拜宗族祖先和五谷神（即神农氏），祈求风调雨顺、国泰民安、五谷丰登、六畜兴旺、健康长寿、四季平安。祭祀仪式隆重，由族长或乡里长者主持，人人燃香秉烛，行三跪四拜大礼。祭祀活动结束后，全体子孙要聆听族长训导，对参祭人进行“劝耕”。

清　明　清明节又称“寒食节”，是人们上坟祭拜祖先的节日。由族长率族人祭拜祖墓，子孙在墓上标挂素纸，为祖墓添土，烧纸钱，放火炮，焚香礼拜。礼毕，给子孙分发利市铜钱，以及祭奉用过的各式供品，谓之“过份子”。扫墓祭拜活动按大宗、小宗、各房分支依次进行，最后为各家自己的祭拜，故一般要持续数天，至清明节后四天为止。这里摘录芝英胡堰街胡氏《茔祭仪注》的部分规范。[①]

执事者视参祭子孙陆续进入墓园后，引主祭人等，先检点牲礼、酒馔、礼器、香案、乐队以及香烛、礼炮、祝文是否齐备，打扫墓园，清理祭坛，引众裔孙上坟标挂素纸，添土。

执事者引主祭人，燃烛焚香，先在上位拜祭山神、土地，行三拜礼，焚冥纸，酹酒，拜兴。

茔祭开始，鸣大锣，奏哀乐，敲击铜锣金鼓（代奏编钟）。执事者引主祭人在案侧，进巾盥洗后，就位序立。鸣大锣凡九响，执事者点香交给主祭人，点燃烛台，斟酒。主祭人分香，率众参拜。跪，兴，一上香，二上香，三上香。拜跪凡三。平身，复斟酒跪拜；满斟酒，再拜兴。进饭，架箸，进茶肴食，拜兴。引诣读祭文（祝文），停止奏乐。读毕，复鸣锣奏哀乐，焚冥纸祭文，酹酒。熄烟火，鸣炮送神，撤下礼器牲醴，检查遗火遗物，别去。

立　夏　立夏为农历二十四节气中的第七个节气，标志着夏季的开始。由于夏耕伊始，需要增补体力，故各家要吃红枣煮鸡蛋、桂圆煮鸡

---

① 《胡堰街胡氏宗谱》卷一，2016年重修本，第218−219页。

蛋之类的滋养食品，谓之“接脚骨”。小孩则分吃麻糍、金团和咸鸡蛋或鸭蛋。有的人家还设宴请客，答谢耕田手、插秧手。

端　午　端午节又称端阳节，象征阳气始旺。节前每户人家都要为小孩赶制虎头鞋、虎头帽，做香包，穿大蒜项链，包粽子，烤麦饼，买雄黄、菖蒲、艾蒿。节日早晨，将菖蒲、艾蒿插于门口，张贴钟馗像，以示驱鬼避邪。小孩们戴上虎头帽，挂上大蒜项链和香包。中午全家围坐一起，吃粽子、麦饼、大蒜、豆芽、苋菜，喝雄黄酒，并用雄黄酒在小孩额头写“王”字，意使蚊蝇蛇蝎之类不敢叮咬。

六月六　农历六月初六为晒衣节，标志着梅雨潮湿天气结束，即将进入晴热伏天。这一天前后，家家户户都将衣服和有关器物拿出来在太阳下曝晒，以防霉烂虫蛀。大人带小孩下水沐浴，以示清洁。

七　夕　农历七月初七为七夕节，为民间传说牛郎织女鹊桥相会之日。各家为少女打耳孔、戴耳环，祈求保佑其一生平安幸福。晚间组织妇女在月光下穿针引线，比赛绣花技艺，故七夕又称“七巧”。

七月半　农历七月十五日为中元节，是民间所称的“鬼节”。每家农户都要宰杀牲口，准备荤素食品，举行家祭，祭拜祖先，超度亡灵野鬼，祈求消灾降福，平安吉庆。家祭俗称“做羹饭”，祀礼隆重，祭品丰富。家祭结束后，还要去桥头、水边和岔路口等地祭拜野鬼小神，俗称“做路头羹饭”。也有人敲锣提粥，一勺一勺撒在路上，意为给死去的童婴鬼魂吃。祭拜活动完毕后，全家聚餐。这一天，已出嫁的女儿要送娘家食品，称“担七月半”。

中　秋　农历八月十五日为中秋节。是日，后辈要给长辈送礼，已出嫁的女儿要给父母送月饼，父母亦以月饼回赠外孙们，称“担八月十五”。除了互赠月饼，每家还要包粽子、烤麦饼，置办酒菜，阖家聚餐；入夜，在庭院设桌案，焚香拜月，祈求全家团圆美满，幸福平安。中秋节前后，各村还会唱戏歌咏，举行各种文化娱乐活动。

重　阳　农历九月初九为重阳节，人们或外出游赏，或登山观景。也有人进香拜佛，求神问卜，祈求安康。

冬　至　冬至俗称“鬼节”，是人们祭祀祖先的日子。各家族都要举行祠祭，称“祭冬”。每户人家则做“羹饭”，祭祀本家祖先和亡灵。羹饭要较其他节日祭祀更丰盛，谓“下世人过年”。祭祀时，祭品除酒肉之类外，还有方而大的烤豆腐块，意谓子孙生有大耳朵，长寿有福相。烧大蒜不捣碎，炒葱要整根，意为下世人转世，聪明能干，智勇双全。祭后聚餐，称“喝冬至酒”。有聚会至深夜凌晨者，谓“过冬至夜”，迎接“一阳生”。

除　夕　除夕是农历年最后一天，四季之末，新年前夕。此日前，家家户户都要清洗扫除，整理庭院，称“掸尘”。宰杀牲口，置办各种年货，置办新衣服，准备鞭炮爆竹、年画春联。及除夕之日，要张贴年画春联，先由家中年长尊者贴第一张，而后其他人才可帮忙张贴。张贴位置也有顺序，先贴大门联，再贴楹联，接着依次贴灶君、菜橱、栏头、行担、谷柜等。家中女孩糊窗棂，贴剪纸窗花。然后，举行隆重的“谢年”仪式。将庭院打扫干净，设置桌凳香案，在事先确定的时辰，将竭尽全力准备的牲醴和供品按规定顺序列于“天地君亲师”牌位前，全家大小身着新衣，随家长焚香祭拜。先三叩首，宣读：“伏维天地神灵，供奉三牲辞旧岁，弟子祝来年风调雨顺、国泰民安、诸事大吉、万事如意。”再三叩首，滴醴蘸曰：“一杯净酒落地，买田置地；二杯净酒落地，一年高一年；三杯净酒落地，保佑全家老小身体康健。”拜天地完毕，调换增补部分牲醴，再焚香祭拜五谷神、财神、观音、关公、土地神、灶神、门神等，祈求人寿年丰、六畜平安、五谷丰登、财源广进。随后，再祭拜祖先。谢年所用祀醴供品很有讲究，几乎包含了寄托美好愿望的全部内容。如用猪羊祭，“猪”与“珠”谐音，“羊”与“祥”谐音，寓意珠玉盈门，吉祥如意。用猪头和鹅祭，猪头象征龙，鹅象征凤，寓意龙凤呈祥。鹅又与“和”谐音，寓意家和万事兴。用鸡祭，“鸡”与“吉”谐音，寓意吉庆平安。用猪肉祭，寓意珠玉满堂。配以鱼祭，“鱼”与“余”谐音，寓意富足有余。用鲤鱼配祭，寄寓子孙能跳龙门，登科第，入仕宦。祭品中必有豆腐、糕、粽、酒之类，“腐”与“富”谐音，寓意富足有余；“糕”与“高”谐音，寓意一年更比一年高；“粽”与“中”谐音，寓意子孙有读书业儒者能“功名高中”，农耕为业者能“耕种犁头实”，五谷丰登；“酒”与“有”谐音，寓意富足有余；以葫芦盛酒，“葫芦”与“福禄”谐音，寓意福禄寿全。参拜谢年祭拜之人，要讲吉祥如意之类的好话，不能出口伤人。祭拜时放燃烟花爆竹，遇到哑炮，要喊“平平安安”；遇到双响炮只响一炮，要喊“一点高升”；再遇一响，则喊“二榜进士”；

第三次遇哑炮，喊“连中三元”；若四次遇哑炮，喊“四季发财”。谢年祭拜活动结束后，全家老少一起聚餐，其饮食为一年中最为丰盛，称“年夜饭”，又称“更岁饭”。年夜饭必须有剩余，以示有吃有余。吃完年夜饭，全家聚在一起喝茶水、吃糖果、拉家常。长辈要给后辈分发红包为“利市”，称“压岁钱”。除小孩外，家人都不早睡，称“守岁”，意谓“送旧岁，迎新年”。子夜时分，要举行“请兵头”仪式。元代后期，浙中反元风潮聿盛，芝英一带战事尤为激烈。民间传说死于战火的兵头皆成厉鬼，常为恶作祟，使地方民众不得安宁。为安慰亡灵，遂逐渐形成“请兵头”习俗。“请兵头”仪式结束后，已是次日凌晨，各家开门放鞭炮，迎接新一年的到来。①

除了春节至除夕的各种节日、节气活动，在日常喜事庆贺方面，芝英地区也流传有不少传统习俗。

贺出生　如小孩从出生至周岁，有一系列的庆贺活动。小孩出生，有“贺生”活动。女婿要立即赴岳父母处“报生”，岳父母要送娘家米酒、红糖、鸡蛋、肚秋、肚搭、毛衫等，给女婿带回。亲朋好友也要赠送鸡蛋和肚秋、面料之类，称“担鸡子篮”。小孩出生第三天，要举行“贺三朝”仪式。备牲礼祭祖宗，敬天地，开筵席，宴请宾客，向亲友、邻居分发杨梅糕果和发丁、糖果、花生之类。满月时，用糯米粉做成甜馅的“本月饼”，又称“本月果”，分送出生时“担鸡子篮”的亲朋好友和邻里。满周岁时，又要举行“贺对周”活动。设宴款待前来祝贺的亲朋好友和邻里，并制作“对周粽”，粽子以糯米为原料，其形状一头大如三角形，一头尖似圆锥形，以红枣、红秋豇头为馅，分送担过鸡子篮的亲邻。收受对周粽者，又要回赠鸡蛋。有时，对周粽由外婆家筹办。

贺寿诞　每逢家人生日，全家老小都要吃鸡蛋索面，民间流传有“吃过生日面，越来越康健”之说。鸡蛋两个煮熟剥壳，面条每根长尺余，寓圆满长寿之意。每逢十诞辰，要举行庆贺活动。十岁诞辰日，亲朋好友均来庆贺，外祖父母要送长衫、棉袍、鞋袜，娘舅要送大公鸡，各亲友则送衣料。主人家设宴款待亲友宾客，并以生日粽、生日糕、熟猪肉和鹅肉等作为回礼。二十岁、三十岁诞辰日皆如此。四十岁诞辰不

① 以上据《胡堰街胡氏宗谱》（2016年重修本）、《后杜志》（1998年编印）、《下徐店村志》（1995年编印）等有关内容整理。

祝寿，五十岁后祝寿礼仪更为隆重。杀猪宰羊，下帖请客。富裕人家，还会请戏班演戏。前来祝贺的亲友宾客送寿酒、衣料、寿轴等，主人请来客吃鸡蛋索面，分发寿馒头。

第二节　婚丧礼俗

一、婚姻风俗

在传统社会，婚姻不仅是男女成家立业的人生节点，也是事关家族血脉传承、世代相继的大事，因而备受各家族的重视。芝英地区宗族发达，家族组织长盛不衰，对族人婚姻有着相当系统和完整的礼仪规范。同时，围绕嫁娶活动的不同环节，又形成了颇具地方特色和乡土风情的传统习俗。

1.婚前活动

婚前活动是婚姻的前期准备，其中主要有相亲、定亲、拎日子等重要环节。

相　亲　又称望亲。一般先由男方媒人了解女方的情况，包括女方的年龄、生辰、家境、社会地位，看是否与男方相配，或通过撮合男女生辰八字看是否相合。如果男女相配相合，再由媒人拿着红包、糕点等礼品，带男方去女方家相亲。女方家一见礼品，便知来意，让女儿送茶。媒人介绍男方的情况，男女则在旁互相观察对方的言行举止。如女方表示认可，即请媒人上酒席，以示感谢。若女方不同意，就不请酒席，媒人带男方告辞离去。

定　亲　即确定婚姻关系。相亲成功后，男方要向女方行定亲礼，俗称“拜求”。男女方两家约定日期，由男方选择夫妻双全、儿孙满堂的两位“利市人”，携带装有聘金、男方庚帖和衣料、首饰、果品等礼品的凉笼篮或烤担前往女家，称“担聘”。凉笼篮或烤担饰有长青柏枝、万年青之类，以示盛年长青。女方收下男方庚帖，其他礼品只收一半，并回礼女方庚帖，赠送男方帽一顶、鞋袜各一双。由是礼成，双方婚姻关系正式确定。

拎日子　即选定婚礼日期。男方确定举行婚礼的具体日期后，请先生写“龙凤书帖”，委托“利市人”送往女方。婚期一定，女方即开始准备嫁妆，做上贺鞋、绣鸳鸯枕、制百花被，用浸过洗米水的白色生布裁制新娘穿的衬衣衬裤，以示洁白无瑕。

2.婚礼活动

迎娶婚礼过程复杂，程序繁多，礼节讲究，其活动环节包括送礼、发厢、上轿、落轿、拜堂、婚宴、闹新房等诸多环节，各有相应礼俗。

送　礼　指婚礼前夕男方向女方赠送彩礼。在迎娶前一两天，男方向女方家送大小馒头若干、猪肉一爿、猪头猪尾一副、鹅一只、酒一坛、糕一格，并附厨、灶、撙、吹、唱、盘、梳、妆、送、迎十个红包，其中厨、灶、撙、盘红包给灶房有关人员，梳、妆红包给为新娘梳妆打粉者，吹、唱红包给鼓吹乐唱者，迎、送红包给抬花轿的人员。家境富裕的还会送全猪全羊，红包多达数十个乃至上百个。

发　厢　又称发嫁妆。在婚礼前一两天，女方家会将嫁妆先行送到男方家，有时也可由男方送礼时带回。嫁妆多少视男方彩礼和女方家境状况而定，一般包括各种木制、竹制器具和五金器皿等。木制器具有箱、桶、橱、凳，其中箱分红漆箱和素箱，前者内装四季衣服，后者内装孝服；桶分马桶（方便用）、浴桶（洗澡用）、脚桶（洗脚用）、饭桶（装饭用）等，马桶又称子孙桶；橱分衣橱、书橱等；凳分方凳、四尺凳、小凳、椅等。竹制器具有红漆大小烤络、凉笼、小饭篮、尖坤篮、花盒、火笼等；五金器皿有锡烛台、锡茶壶、铜火炉、铜鞋拔、手剪、小铁锤等。此外，还有白底青花棉被，枕头（内装五谷）、布帐、梳妆台、镜箱、首饰盒、灯具等。每件嫁妆内均放有瓜子和染成红色的花生，被、帐、马桶内还有红包，其中被、帐中的红包由负责新房铺床挂帐者取之，马桶内的红包由第一个开桶放尿的儿童取之。

上　轿　新娘先行沐浴，穿上大红婚服，脚着红色绣花鞋，由德高望重、子孙满堂的女性“利市人”帮助梳妆打扮，称“扮上轿”。利市人一边为新娘梳头，一边吟唱：

一梳梳到头，富贵不用愁；
二梳梳到头，无病又无忧；

三梳梳到头，多子又多寿；
四梳梳到尾，举案又齐眉；
五梳梳到尾，比翼共双飞；
六梳梳到尾，永结同心佩。
有头有尾，富富贵贵。

新娘梳妆时，桌上点燃大红蜡烛，端上轿饭，结好果子袋（肚兜袋），内装花生、瓜子、白果、橘子、石榴之类五色果子，以及一对红鸡蛋，寓含百子之意。梳妆完成，新娘口含上轿饭，头盖红巾，脚不接触地面，踩地毯步出，行至大门，将轿饭吐于门槛内，意谓将财富留给娘家兄弟。上轿前，新娘要先跪谢父母养育之恩，再拜谢长辈亲友帮扶之情。礼毕，点上全堂彩灯，鸣炮奏乐，新娘由长兄抱入轿中，二兄揭开轿帘，其母亲则在楼梯上“哭上轿”，并用一个团匾在楼梯上滚，意谓“喜事圆满完成”。母亲边滚圆匾，边“哭”道：

囡啊囡，花轿点灯两头红。尊重大人天样大，敬重丈夫海样深。脚脚踏生地，眼眼望生侬。对待大家娘一样，口答应，脚行程。脚踏丈夫门槛里，侬家年年蒸蒸起；脚踏丈夫床面前，侬家年年好买田。招来贵夫有贵子，高中状元伴君前。

囡啊囡，脚踏楼梯步步高。脚踏楼梯尖，外甥生来一大牵；脚踏铜火卣，外甥带来望外公；脚踏铜面盆，外甥带来望外婆。

新娘上轿后，其母亲继续哭唱，谓之“哭嫁”：

囡啊囡，今日出嫁坐花轿，脚踏楼梯步步高。
囡啊囡，今日出嫁做新妇，婆家日子日日富。
囡啊囡，今日出嫁去拜堂，夫妻和睦像鸳鸯。
囡啊囡，今日出嫁去洞房，子孙满堂福寿长。
囡啊囡，下轿踏布袋，传宗又接代。

请来的喜歌手，也在一旁唱起《讨彩虹》：

上轿托个上轿红，新娘上轿喜心中。大小男女都来送，手持双喜红灯笼。

轿外托个轿外红，轿外亲朋喜冲冲。轿衣两面花似锦，绣上八仙真威风。
轿里托个轿里红，轿里新娘坐当中。头戴凤冠珠宝亮，蟒袍玉带美娇容。
轿顶托个轿顶红，轿顶荷花红彤彤。四角龙头含珠翠，四盏珠灯四角通。
起轿托个起轿红，花轿前后迎灯笼。媒人轿前来把酒，天地人和酒三盅。
过路托个过路红，花轿过门是乡风。笙箫鼓乐轿前行，大舅媒人轿后送。
落轿托个落轿红，新妇脚踏米筛中。媒人双手捧红灯，利市妈妈来搀送。
拜堂托个拜堂红，新郎新妇立堂中。拜过天地拜父母，夫妻对拜喜冲冲。
洞房托个洞房红，新郎牵引领袖送。新娘脚踏布袋走，传宗接代乐融融。
凤冠托个凤冠红，新妇凤冠翘双凤。丛丛珠翠抖抖动，一朵绒花嵌玉中。
蟒袍托个蟒袍红，蟒袍玉带衬妍容。龙飞凤舞喜成双，喜结良缘龙配凤。
台桌托个台桌红，台桌上摆妆匣红。两支红烛成对照，菱花玉镜照花容。
花床托个花床红，花床上面雕龙凤。兰花帐里桃花被，一对鸳鸯喜相逢。
八卦托个八卦红，八卦压邪又镇凶。圆圆明镜正中挂，八仙过海显神通。
花篮托个花篮红，花篮里面百花丛。百花开后结百子，麒麟送子报祖宗。
满堂托个满堂红，满堂贵宾乐融融。公婆爹娘多欢喜，满堂喜庆满堂红。

吹奏鞭炮歌唱声中，轿夫抬起花轿，先进一步，再退三步，以示新娘留恋娘家，不忍离开。如是者三，才正式启程。

落　轿　花轿到门口，男方所有亲戚朋友都出来迎接新娘入门，称“归门”。入门要选时辰，时辰未到，新娘不出轿。归门时燃放鞭炮，鼓乐齐鸣，新娘由利市人搀扶下轿，先吃鸡子茶，象征“结子”，然后踩着麻袋进门。麻袋从轿前转垫至新房床前，谓之“传代”。等新娘在床上坐落，由利市人为其梳落轿头，边梳边唱：“一梳子孙兴旺；二梳夫妻双合；三梳状元及第；四梳福寿安康。”

拜　堂　厅堂正中悬挂横幅，上书“天官赐福”或“福禄寿喜”。设置香案桌，地铺红毯。新郎和新娘在领袖的陪同下，行三跪九叩之礼。先拜天地，后拜祖宗，再拜父母长辈，最后夫妻对拜。

入洞房　拜堂礼毕，即送新人入洞房，请来的喜歌手唱《送洞房》：

一对鸳鸯送归房，两只金鸡配凤凰；
三元及第魁星点，四第传胪奉君皇；
五子登科连科中，六合万事保安康；

七子团圆中央坐，八仙过海大吉昌；
九子登科多贵子，十全十美状元郎。

一对红烛喜洋洋，新郎新妇入洞房。
沿房里外好风光，房里摆满好嫁妆。
红漆桌椅雕花床，红绫被上绣鸳鸯。
今日洞房花烛夜，早生贵子状元郎。
大儿当朝官一品，二儿一品显朝堂。
大囡诰命夫人做，二囡夫人称娘娘。
夫妻白头同到老，子孙满堂寿福长。

撒　帐　新郎新娘进入洞房后，新娘坐于花床，新郎用秤杆挑下新娘头盖红巾，俗称“挑盖头红”。喜歌手一边向床帐四边撒果，一边唱《撒帐歌》：

一撒洞房花烛夜，二撒金榜题名时；
三撒五男并两女，四撒七子保团圆；
五撒玉帝赐玉女，六撒贤淑配俊男；
七撒夫妻百年好，八撒孝子报母恩。
九撒儿女满堂在，十撒个个是人才。
撒帐天来撒帐天，玉帝有心赐美仙，君子喜配贤淑女，洞房共结百年缘。
撒帐地来撒帐地，新郎新娘结连理，连理枝头花结子，早生贵子全家喜。
撒帐东来撒帐东，新郎好比采花蜂，新娘好比牡丹花，蜂采花蕊一点红。
撒帐南来撒帐南，交杯饮酒两心和，今宵喜饮交杯酒，百年姻缘多美满。
撒帐西来撒帐西，夫妻恩爱许投机，夜来多少知心话，忽听报晓鸡啼时。
撒帐前来撒帐前，富贵荣华万万年，诸位客官喜饮酒，五百年前定姻缘。
撒帐后来撒帐后，凤冠霞帔相配就，玉镯金戒手上戴，金玉满堂福贵楼。
撒帐左来撒帐左，新娘身上黄金锁，新郎开锁破三天，阳台相会云雨合。
撒帐右来撒帐右，恩爱天长又地久，一点甘露洒花蕊，来年必定子孙茂。

拜宾客　新娘由男方长者引领，一一拜见男方前来贺喜的亲友宾客，分别送上礼品，亲友宾客则回赠贺礼，送鞋袜、绣花香袋等。

婚　宴　男女双方都要举行婚宴，招待前来贺喜的亲朋好友，乡里邻居。女方家在送新娘上轿后举行，男方家则比较复杂，仪式也更为隆重，少者宴客一天，多者宴客三天。宴客一天者，上午行“拜堂礼”和“拜见礼”，下午宴请宾客，晚上宴请大舅；宴客两天者，第一天行“拜堂礼”，第二天上午行“拜见礼”，下午举行客宴，晚上宴请大舅；宴客三天者，前两天分别行“拜堂礼”“拜见礼”和宴请宾客，第三天新娘兄弟来行问候礼，晚上设宴请大舅。举行婚宴时，新娘由女宾陪同在新房入席，称“新妇桌”。桌上放一碗半生不熟的大块猪肉，以博“会生”的口彩。席间，喜歌手唱《敬酒歌》：

一杯喜酒敬爹娘，乾坤六合配鸳鸯；孝顺父母福寿多，敬重公婆喜满堂。
两杯喜酒敬新娘，新娘新郎配成双；夫妻同饮合欢酒，早生贵子状元郎。
三杯喜酒敬新娘，贵子三元登金榜；连中三元步步高，状元及第上朝堂。
四杯喜酒敬新娘，四时八节敬尊长；上敬公婆添福寿，尊敬爹娘福寿长。
五杯喜酒敬新娘，五子登科多才郎；荣宗耀祖振国威，太白醉酒天下扬。
六杯喜酒敬新娘，苏秦六国为宰相；天官赐福挂堂前，六部朝臣坐两厢。
七杯喜酒敬新娘，曹植七岁成诗章；麒麟连送七贵子，能文能武辅朝纲。
八杯喜酒敬新娘，八仙过海进洞房；神仙贵客同贺喜，天长地久好鸳鸯。
九杯喜酒敬新娘，九天玄女赐吉祥；风调雨顺民康乐，五谷丰登六畜旺。
十杯喜酒敬新娘，十全十美福满堂；百岁姻缘今夜合，白头偕老子孙昌。

闹洞房　婚礼当夜要闹洞房，俗称“吵新妇”，有越吵越兴旺、越吵越发丁之说，有的会闹到半夜乃至凌晨。宾客来闹洞房，喜歌手先要唱闹洞房引子：

上边挂起天官赐福，下面摆着喜果满桌。
今日洞房花烛夜，闹闹洞房喜又乐。

唱毕，众宾客围观新郎新娘饮交杯酒，并轮流看新娘子，喜歌手又唱《望新娘》：

一望新妇望在头，头发齐整乌油油；朵朵珠花亮晶晶，窈窕淑女君子逑。
两望新妇望眉毛，眉毛弯弯柳叶飘；柳叶眉衬丹凤眼，扮作观音不用描。

三望新妇望眼睛，乌滴滴来望郎君；新郎新娘两相望，两厢越望越称心。
四望新妇鼻头梁，正正直直通天堂；春闻兰花秋闻菊，呼出气息散清香。
五望新妇望口嘴，唇红齿白好口才；勤读诗书肚才好，才貌好跟新郎配。
六望新妇望耳朵，两耳银香又肩拖；听来语言知高低，夫妻耳顺心更和。
七望新妇望下巴，双层下巴瓜子脸；亨好新妇难得有，地角方圆福寿全。
八望新妇望胸口，胸前一对白玉球；初生儿囡靠它养，儿吃娘奶度春秋。
九望新妇望双手，十指尖尖出衫袖；描龙绣凤真灵巧，粗细生活是广手。
十望新妇望身材，身材跟郎正相配；男恩女爱千秋合，子孙昌盛传万代。

众宾客纷纷向新娘讨要喜糖果子，喜歌手又唱《讨喜果》：

红枣送来红枣香，早生贵子赛张良；生女胜过花木兰，儿男保国又安邦。
花生送来花生香，花生结子结成双；来年生下两胞胎，双喜临门人财旺。
桂圆送来桂圆香，生下贵子读书郎；从小学文又习武，日后定能伴君皇。
瓜子送来瓜子香，加子加孙福寿长；寿比南山青松柏，福如东海深海洋。
莲子送来莲子香，并蒂莲花衬鸳鸯；莲花并蒂多结子，连生贵子上金榜。
荔枝送来荔枝香，连理枝下伴夫郎；伴郎读书做文章，先中高官后拜相。
核桃送来核桃香，合家和睦多贤良；妻贤夫良有美德，敬重公婆敬爹娘。
鸡子送来鸡子香，圆圆蛋白包蛋黄；今夜洞房得贵子，贵子高中状元郎。

喜歌手再唱《讨喜糕》：

云片送来白如云，天上无云雨不成；人若无媒难婚嫁，五百年前婚姻定。
麻酥送来甜又香，家中生有美娇娘；百家娇娘百家逑，逑得娇娘配才郎。
蛋糕送来甜又黄，先做女儿后做娘；生下儿子中状元，步步高升伴君皇。
连环送来又连环，产下双胎胖娃娃；七子八孙多福贵，世世代代享荣华。
回回送来甜又红，生儿长大成英雄；生囡长大当夫人，儿囡双双受皇封。
芙蓉送来甜又脆，丈夫荣华妻子贵；子孙安邦又治国，光宗耀祖传万代。

新娘泡茶招待宾客，喜歌手又唱《十杯香茶》：

一杯香茶一枝花，茶杯里开玳玳花；玳玳花开结玳玳，一代贵人到你家。
二杯香茶二枝花，茶杯盖开并蒂花；并蒂花开双连果，双生贵子出你家。

三杯香茶三枝花，茶杯左边开桃花；桃树开花结桃子，桃园结义来你家。
四杯香茶四枝花，茶杯右边开柿花；柿树开花结柿子，四季发财兴你家。
五杯香茶五枝花，茶杯前开石榴花；石榴花开结石榴，五子登科在你家。
六杯香茶六枝花，茶杯后面开荷花；荷花开过结莲子，六部朝臣出你家。
七杯香茶七枝花，茶杯下面开菱花；菱花开过结菱角，七步成诗出你家。
八杯香茶八枝花，茶杯里面开桂花；桂花开过生桂子，八仙贺喜到你家。
九杯香茶九枝花，茶杯里面开菊花；菊花泡制菊花酒，九代子孙不分家。
十杯香茶十枝花，茶杯四周开百花；百花开后结果子，十全十美富贵家。

闹洞房活动又有“文闹”和“武闹”之分。武闹较为粗鲁，有的钻床底或桌底偷藏新娘的鞋，有的偷藏手帕、枕巾之类，要新娘以果子、花生、喜糖之类换取。有的将新娘的凤冠、霞帔之类偷出新房外，鸣放鞭炮，要娘舅用喜糖、果子换取。文闹则颇为文雅，有“望恭喜”“团果子谜”“送洞房”“迎灯”“拍七”等活动。

望恭喜是闹洞房宾客与新娘和领袖姑娘的对接和唱。闹洞房者先手持花烛，在门外挑开新房门帘，唱起“望恭喜”：

手开门帘笑呵呵，新妇房里客已多。小弟借学望恭喜，新娘领袖意如何？梅兰竹菊开好花，心想进门又犯难。我弟思想望恭喜，新妇喜欢不喜欢？

新房里的领袖姑娘随即回唱：

梅兰竹菊多多开，有请诸位都走归。千思万想肚里盼，眼睛望驮望你来。

门外闹洞房者再唱：

蜡台点灯蜡烛插，讨果子侬为快活。新妇领袖真客气，主家快活勿快活。

领袖姑娘再和唱：

喜鹊登梅喜台台，槛外尊兄好口才。站在阶沿对勿住，请进新妇房中来。

如此你来我往，彼此和唱七八回合。新娘和领袖姑娘请和唱宾客进入新房，散糖果，奉香茶。饮茶数巡，和唱宾客又要新娘站起来抬头让大家看，并唱起《请新妇》：

吃茶两字我知情，吾弟双手来捧灯。一对红灯高高照，一盏捧到床横拼。来请新妇是个真，新妇领袖有名人。小弟有心望恭喜，新妇领袖请起身。

领袖姑娘随即和唱道：

一对红灯红又红，难得尊兄肚里通。小妹事先有建议，里外场来要心同。

新妇也开始和唱：

眼见尊兄喜灵灵，既有本事又聪明。有心来此望恭喜，我妹不做生意经。

随即，新娘和领袖姑娘在床边站起。宾客继续和唱，一首接一首，品评新娘和领袖姑娘的面貌身材。每唱一首，新娘由床边向外移动一步，直到新房中央。众宾客恭贺新婚，向新娘行鞠躬礼，新娘和领袖姑娘作万福回礼。最后，宾客再唱：

我望新妇算全堂，新妇出身驮地方。吾弟初次借学记，便是闹闹新妇房。我望恭喜望全堂，大宅侬家有名望。今夜时间已长久，还要果子讨来尝。

在宾客们的一片欢呼声中，望恭喜活动宣告结束。

团果子谜是猜谜和唱活动。常以陪伴新娘的领袖姑娘为一方，闹洞房宾客为另一方，双方对歌、对课，投猜各种果子谜。和唱宾客要先向领袖姑娘讨出烫折了一百多折的方巾，经双方商议，由一方投出果子谜，另一方竞猜。每猜中一次，便从方巾中抖出一折，领袖姑娘分发喜果。若猜不中，则不分喜果。出谜方往往会投出一两百条谜语让对方猜，猜中一百条，方巾才能抖平。团果子谜开始，宾客一方唱起：

彩蝶双双绕春舞，领袖姑娘真王伍（漂亮）；
天女撒花分果子，新娘新郎长和睦。

领袖姑娘回应唱道：

蜡烛开花笑呵呵，讨果子侬实在多；
正本实事没一点，只能学点油口歌。

于是，出谜一方陆续投出果子谜。例如：

甘蔗——正月果子节节长，叶片长长像刀枪；身着青装游天下，外面红袍正德皇。

青果——二月果子青又青，游山打猎小将军；坐堂清官包文正，刘知县官做不清。

樱桃——三月果子树上飘，绣起绣球得侬俏；果子好食三月熟，状元高中戴珠帽。

枇杷——四月果子树上黄，身出青衣赵三娘；人人讲我主家出，领袖姑娘要商量。

杨梅——五月果子赶端阳，一张麻脸不好望；白面书生童子气，红面小姐出街坊。

莲子——六月果子水上生，七子团圆共一台；领袖姑娘分来出，赛比仙女下凡来。

红枣——七月果子满树梢，青衣脱下换红袍；湖州城里坐一坐，穿上红袍去上朝。

菱角——八月果子水里白，小弟出门去做客；果子不是树上生，领袖姑娘发上白。

大栗——九月果子外皮青，谁敢动它戳手心；剖开外皮香喷喷，问你姑娘分不分。

白果——十月果子白蒙蒙，新妇花插满身红；领袖姑娘真手段，分出果子不相同。

荔枝——十一月果子出广东，外面紫来里面红；别看相貌生来丑，喷水甜汁美又补。

桂圆——十二月果子黄又圆，讨完果子好团圆；桃园结义三兄弟，我托果子已周全。

送洞房是闹洞房者让新郎新娘同饮交杯酒。用红绳系两只杯，新郎和新娘各执一杯，闹洞房者手执中间红线，一边祝词劝酒，一边拉紧红线，直到新郎新娘面额相碰。宾客在旁哄堂喝彩，数次斟酒，饮完方为尽兴。

迎灯分内外两场，新娘和领袖姑娘为里场，闹洞房宾客为外场。由外场取一炷香，去掉香末，弯曲成龙状或花灯状。插在萝卜块上点燃，依次来回推送于内外场各人面前，香火熄于谁的面前，就罚谁饮酒一杯。

拍七有明七和暗七两种。明七是七、十七、二十七等带七字明数，暗七是十四、二十一等七的倍数。新娘和领袖姑娘与宾客接替报数，当数到明七或暗七时，就拍一下手掌代替。若报出明七或暗七数字，就算输了，要罚酒一杯。

3.*婚后活动*

婚礼结束后，后续有一系列活动和礼节，主要有拜见、送上货、请大舅、回门、大归等。

拜　见　婚礼次日，在厅堂再设香案，新郎新娘穿上礼服，先做羹饭，然后在案前摆两张椅子，请族长、亲族长辈、父母等依次上座，接受新郎新娘跪拜。受拜者事先已准备好红包，受拜时将红包送给新娘。

送上货　新娘收受男方族中长辈红包后，要一一赴长辈家回送贺礼，一般每人送鞋袜各一双，以及绣花香袋等。

请大舅　女儿出嫁两三天，女方将准备好的肉麦饼担往男方家探望问候。肉麦饼数量多少，依男方亲属数量而定，新娘亦有一份。大舅带肉饼到男方家，男方要宴请，让大舅坐首席，男方亲属长辈作陪。

回　门　新娘过门后第四或第五天，由女方家接女婿女儿回娘家。女婿进门，要与岳父行见面礼。女方家邀请本族族长和宗亲长辈与女婿见面，女婿一一送礼，受送者则以红包回礼。

大　归　婚后一两个月，新娘要择吉日良辰回娘家探望父母，并在娘家暂住一个月。期满回夫家，要带大量粽子，称“大归粽”，馈赠送过礼的亲友邻居。此后一段时期内，每逢春节、清明、端午、中秋等重要节日，女方家都要送来各种俗定礼物，分送男方亲属。①

二、丧葬祭祀

芝英地区的传统丧葬习俗，是在漫长的历史发展过程中逐渐积淀形

---

① 以上据《胡堰街胡氏宗谱》（2016年重修本）、《后杜志》（1998年编印）、应建设《寻找逝去的古镇风情——婚嫁趣事》《永康婚嫁趣事》（《古镇芝英》第七、八期，2018年）、《下徐店村志》（1995年编印）等有关内容整理。

成的。围绕送终、发丧、出殡、下葬、祭七等不同环节，都有相应的礼仪规范和乡土风俗。凡未成年亡故的，不举行丧礼，不设灵堂。三十六岁亡故者，其灵柩不能坐厅堂；亡故于村外的，遗体不能进村。若寿高者亡故，则称为“喜丧”，意谓“寿终正寝”。

送　终　斯人临终弥留时，即为其沐浴或擦身，换上干净的内衣，穿好事先准备的寿衣，一般为男衫女裙。家人和亲友围立一旁，为其送行。一旦确认其去世，即将遗体移置厅堂。随后，全家人反穿衣服，腰束草绳，颈戴白色棉线条，点燃白蜡灯笼，手执香火，卷起死者用过的席子，再加纸雨伞一把、草鞋一双、纸质插袋一只，上写死者的姓名和乡里籍贯，袋内装上锡箔、银锭之类，一起送到村口路旁焚烧，谓之“送终”，又称“送活无常”。亲友邻里前来相帮，将死者用过的床、桌之类搬到室外，或浸入池塘中，或放在庭院日晒一段时间。

设灵床　灵堂一般设于正厅门堂，中置灵床。灵床上遗体口含铜钱一枚，用粗纸覆面，谓之“阴阳一纸隔”。双手握拳，放置在胸口，意谓“心满意足”而去。家人撑着伞，手提灯笼，边走边哭，前往溪河或水井，先投一枚铜钱于水中，然后取一些水，谓之“买水”。取回来的水，用以拭擦遗体手脸，谓之“洗浴”。家中女眷又要撑伞提灯，一路哭喊着到村口，裹灰粽七个，挂在竹竿上带回灵堂，置于遗体手中，意谓给死者在冥路上吃的“点心”。在灵床上首置“材头灯”，即用碗盘盛菜油，放灯草一根点燃，并上香供奉，昼夜不熄，直至入殓和出殡。

报　丧　灵床安置完毕，即请阴阳先生择定入殓和出殡日期与时辰，察看墓穴方位朝向，谓之“看风水”。随后，派人四出向各宗亲好友通报丧事情况。报丧人反穿衣服，手执雨伞，亲友一看便知。每家要为报丧人提供点心茶水，若报丧人无暇吃点心，则必须喝口茶水，意谓“报死不空口”。报丧人走时，该家女眷要哭着相送，谓之“哭丧”，然后着手开展参加丧礼的各项准备。死者至亲要准备豆腐一灶、香烛一副、锡箔一盒(用五彩纸裹)、彩被一条(用一尺半宽、四尺长的小纺和纱布制成)，以为丧礼之用。死者女婿还要加送鸡、猪头、鹅之类。一般亲属接丧报后，只需送香纸包之类。

置　棺　棺材俗称“大屋”，有的是死者生前已准备好的，称“寿材”；有的是死后临时赶制或购置的，称“忙材”。棺材的形制有“大和头”和“小和头”之分。大和头雕刻有“福禄寿”的合体字，或只刻“福”字（男性死者用）和“寿”字（女性死者用）；小和头则只刻寿桃或阴阳图，寓含祝福之意。棺材外层颜色有红、黑两种，但棺头部分必漆朱红色，俗称“朱漆棺材两头红”，寓含世上、泉下两边都发达兴旺。

入　殓　俗称“落棺”，又叫“归大屋”。按事先选定的日期时辰，先从遗体上取下三个灰粽丢于地上，同时家人在旁同死者说“不用怕，遇狗吠，以粽投之”“望往白路走”等语。将遗体口中铜钱取出，喂鸡子茶，塞入一小颗鸡肉丁，并在遗体上放一些鸡蛋白，嘱咐死者道：“要吃自己鸡子茶，莫吃路上外婆汤。”民间以为死者亡魂赴泉下，过桥，吃外婆汤，便完全忘记了自己的前世。叮嘱亡魂莫喝外婆汤，这样就不会忘记回家的路了。仪式完毕，由子女长者捧头，次捧腰，幼捧脚，将遗体放入棺中。棺内事先已撒上石灰、木炭，垫以粗纸，铺上垫褥，放上枕头和脚跺。脚跺由纱布裹切碎的稻草制成，饰以纸花图案。枕旁放“五谷香袋”一只，内装豆、麦、谷、玉米之类。棺材不覆盖，置于灵堂中央，家人亲友在旁日夜轮流守护，称“守灵”。

出　殡　俗称“出丧”，分为多个环节，礼仪复杂。

首先是排祭，即盖棺祭奠。做丧羹饭，在供桌摆放双套碗具，其中一套是为所谓的“解差哥”（押送亡魂的小鬼）专设的，只放一根筷子，意谓不能使“解差哥”吃得太快和抢食。供完羹饭，在遗体上覆盖被褥，先盖主家的，再依次覆盖亲友所送的，每条被褥均用烛灯烧去一小角，谓之“打烛记”。每盖一条被，说一声是谁送的。全部被褥盖完，再合上棺盖。所有家人和亲友齐集于灵前，按辈分和地位依次排列，举行隆重的祭奠仪式，俗称“排祭”。祭品有猪头、全鹅、全鸡、酒等，轮批换上。这是送亲人赴泉下路，故祭奠时不能哭泣，要敲锣打鼓，奏乐鸣炮。孝男孝女跪于灵柩两旁，面向祭客致谢。

然后是起殡，即起运灵柩。抬灵柩的一般有四人，讲究之家用八人或十六人，抬杠饰以木雕龙头尾，称“独龙”。抬棺时大头向前，若亡者年轻则小头向前。灵柩一经抬起，便不能再着地，直至墓地。起棺后，先由阴阳先生在灵柩背上放一只盛满水的碗，绕灵柩洒鸡血，口中唱念“阴阳分界，千水断流”之类词语。然后再以斧击水碗，谓之“敲水碗”。按民间之说，死者亡故之初，其魂朦胧如梦，一听水碗击碎声，方知自己已离世。

起殡之后是送葬，即护送灵柩抬至墓地。家人和亲友手执点燃香束，护送灵柩赴墓地。最前面由一人或两人手持火把引路，紧随其后的是提着香碗的子孙，边走边哭，不能回头相望。子孙之后依次是提香纸火炮者和敲锣打鼓之人，讲究之家还有执长旗白幡者，旗幡上书写死者姓名和头衔。灵柩在送葬队伍中间，两旁由儿子、女婿扶柩。灵柩之后，则是亲属好友和宾客。送葬行至百步外，丧家要邀请两人，一人手执桃枝桑条，一人手持装有茶叶、米、碎石、石灰、黄沙等物的篮子，从死者的住室循行灵之路快步赶向村外，边跑边敲锣击鼓，抛撒茶叶、米等物，谓之“赶舍”，意思是不让鬼魂留舍。灵柩经过村中各家门前，每家都要点燃稻草火堆，谓之“防阴气”。送葬行进途中，每遇坑和桥，均要放火炮，撒纸钱，谓之“买路引渡”，意思是替亡者买路，标示路标，避免亡魂回家时受阻或迷途。

下　葬　灵柩抬抵墓地，随即放入墓穴。送葬者每人撮一把土撒在灵柩上，称“添土”。阴阳先生站在灵柩上进行所谓的“喝山”（又称“唱山”），又抛撒五谷，问众人：要富要贵否？齐跪在墓前的亲属以衣襟接五谷，齐声答：富贵双全。又问：要财要丁？亲属齐答：财丁两旺。仪式结束，封穴合墓。送丧者均脱去丧服，戴上红帔或红线绳，点燃“柱子灯”，纷纷抢先回家，俗称“领灯抢红”。

喝山口诀

伏兮！伏兮！真灵真灵。身有甲兵，左照南斗，右照七星。起首观天，天神伏我；回首看地，地道通神。周公大圣，制造锣经。针分南北，左阳右阴。先天后天，并行北背；先圣后圣，一脉相承。下喝二十四煞山水，上喝二十八宿天星。山脉神龙，迎祥兆言。老师在我前，幼师在我后；列位祖师，居吾左右。一喝天井，二喝地辟，三喝人生，四喝鬼逸。喝山山来灵，喝水水来潮。九天明阴阳法，自古流传如今。今日打开天龙口，轻轻引进大府君。此地我安任我断，龙神土地听分明。朱雀在前不许开口，玄武在后不许吐舌；青龙在左不许摆脚，白龙在右不许仰头。前面朱雀报喜讯，后面玄武守金箱；左边青龙护财宝，右边白龙守庄田。

撒五谷口诀

五谷撒向东，金银财宝自丰盛；千子万孙多俊秀，代代为官在朝中。
五谷撒向南，山环水绕财气团；子为公卿孙为相，世代勋名万古传。
五谷撒向西，六畜成群个个肥；房房夫妻齐眉老，子子孙孙入礼仪。
五谷撒向北，生成旺气过龙脉；少年及第早登科，代代为官执朝笏。
五谷撒向中，东南西北财气浓；安厝亡魂千载后，子子孙孙永兴隆。

散斋饭　下葬活动结束，丧家开筵，宴请前来参加葬礼的亲朋好友和宾客，谓之“散斋饭”。饭后，丧家送回礼，主妇哭送宾客。每位亲友宾客收到的回礼，包括“利市豆”一份，小灯笼一盏，小火炮一串，各自点燃灯笼散去。回到自己家门口，燃放火炮，然后进门，以示平安兴旺之意。

送火神　葬后三天内，丧家每天都要派人手持稻草火把，携带火笼或瓦片、铁钉（象征火刀火石），进行送火神活动。第一天送到墓前，第二天送到半路，第三天送到村口百步外。

祭　七　又称“做七”，葬后逢七日举行的祭奠活动。按照民间说法，人死之后，其魂魄在冥界每过七天就要过一关，七七四十九天共过七关。故在葬后四十九天内，每七日要做一次羹饭进行祭奠，以帮助其过关。其中，“头七”“二七”“四七”“五七”较简单，“三七”最为隆重，民间有“上世贺八十，下世贺三七”之说。“三七”傍晚，首先去墓地“接灵”，即将亡故人灵魂接回家，设灵位，摆羹饭，供猪头、鹅等物，开酒席，另有纸糊的“金山银山”、房屋等，焚香点烛，进行祭奠。至深夜子时，送灵回墓地，焚化纸山纸钱纸屋，然后从不同于前赴墓地的路回家。“六七”由女儿家负责设奠，担猪头、鹅及各种菜肴和供品至墓前祭奠，前往墓地的路上不能停歇，祭奠后再将祭品挑回娘家请客。丧家要给女儿回敬厚礼，如奁契、银钱、红包等。若无女儿者，由亡故人外公家或亲戚代做。“七七”也叫“满七”，要做“满筵羹饭”，祭品和酒席丰盛。摆放盘碟八副，祭奉祖宗四代，意谓新增本房阴灵，拜托冥间旧亲阴灵指点帮助。

解　结　主要是帮助亡魂解去怨忿之气，救赎生前错事恶行。民间以为，新亡人不甘心离开人世，阴魂不散，又因生前所做错事而在冥间受到惩处，故要请道士祷念劝解，替亡魂救赎。解结仪式有的举丧期间在遗体灵前举行，称“尸前解”，又称“材头解”；有的在“三七”时设灵位举行，称“灵前解”。解结时，道士设案祭斋，诵读“十殿阎王”“十英雄”“十骷髅”“十二个手结”等解结词。亲友邻居会聚，围观聆听。

上家堂　又称“归主”，即将亡者神牌（俗称“木主”）安置于祭祀之所。满七后，葬后祭奠活动告一段落，丧家将神牌送坐香火间或本族祠堂的神橱，以享受时节香火供奉。至此，所有丧葬活动宣告结束。①

茔　祭　每年逢清明、冬至等节日，各家族都要进行祭祖活动，称为“茔祭”，其仪式隆重，礼俗繁杂。兹摘录胡堰街胡氏宗族《茔祭仪注》，以窥芝英地区传统家族茔祭仪式的具体情况。②

通赞：东起鼓，右鸣金，纠仪，序业。主祭者就位，分献者就位。参神者鞠躬，拜兴凡四，平身。瘗毛血，以毛血涂于猪羊者，即反置香案下。降神，启龛。引诣盥洗所，执事者酌水进中，给主祭者等。司诣香案前跪，上香，酹酒，拜兴凡二，平身。复位，行初献礼。引诣神位前跪，执事者酌酒凡二，祭酒凡二，奠酒凡二，拜兴，分注，俯伏，兴，平身。诣读祝文位，通众皆跪，读祝文。读毕，俯伏，兴。拜兴凡二，平身。引复位，通行亚献礼。引诣礼遇位前跪，酹酒奠酒，分注，俯伏，兴，平身。复位，通进饭侑食。引神位前跪，满注酒，架箸，俯伏，兴拜凡二，平身。复位，主人以下皆出通阖门，告祝噫歆。执事者应：噫歆！噫歆！通启门，主人以下各复位，行饮福礼。引诣饮福位，跪饮福酒，受胙，通唱嘏辞。司祝者歌：祖考命工祝承致多福无疆于汝孝孙，赉汝孝孙，使汝受禄于天，宜稼于田，眉寿永年弗替。引之，通告，礼成。引俯伏，兴拜凡二，平身。复位，通进茶，辞神，鞠躬拜凡四。焚祝文。撤馔。礼毕。

---

① 以上参见《后杜志》上卷，1998年编印，第152—160页；《胡堰街胡氏宗谱》卷一，2016年重修本，第241—247页。

② 《胡堰街胡氏宗谱》卷一，2016年重修本，第251—252页。

第三节　文化遗俗

一、舞龙灯

舞龙灯是芝英地区传统元宵灯节最重要的一项文化娱乐活动，其规模宏大，参与者众，且极富地方特色。

芝英传统灯节所舞的龙灯有多种形式，其中最著名的是“三冠龙”。相传在古代，芝英人依本地地理形势和山水走向，认为公婆岩为落龙处，由公婆岩沿太祖山、公山顶小祖山一线为龙脉所在，是芝英的守护神。龙脉中有块岩石，其形状似一个三冠的龙头。遂仿这块岩石的形状制作龙头，用来灯节舞龙灯。自明清以来，舞三冠龙一直是芝英灯节的传统风俗。

三冠龙的龙头、龙身、龙尾全部用厚枫树木板连接成桥。木板上先用竹篾结扎为龙头、龙身、龙尾骨架，然后糊上透明的棉纸，描画龙体的不同图案花纹和颜色，并涂抹羊脂以增强其透明度和光亮度。龙架内插上若干支蜡烛，舞龙时点燃。每一板桥都拴上臂粗的硬木棍，称“灯桥柱”，可举可放，转动自如。龙灯装饰豪华，龙头张牙舞爪，口御龙口珠灯，龙角插上两面三角旗，上写“庆赏元宵”四个大字。龙角和龙头两侧悬挂多个龙珠灯笼，龙头后部扎有四面光彩绚丽的龙纹彩旗。连接龙头的板桥灯有的扎成一桥一节的龙身灯，有的扎上两盏红灯以代替龙身。在板桥灯的最后，再接龙尾灯。

每年春节前，人们就开始筹备舞龙灯活动。元宵节前几天，着手接龙灯。先将往年用过的龙头从堂屋架上取下，叫“落架”。然后敲锣打鼓将龙头抬到溪边或水塘边，任由人们泼水，称“洗浴”。龙头绕村一周，再抬回堂屋安放，称“游龙”，表示舞龙灯活动即将开始，人们要抓紧时间做好准备。龙头用新毛竹重新结扎骨架，糊纸描画，使之焕然一新。新做好的龙头供奉在堂屋里，受善男信女膜拜。舞龙灯活动开始前，要举行“祭龙”仪式，俗称“赞龙”，祈求风调雨顺，四季平安，五谷丰登。

整个舞龙灯活动，从正月十三日夜开始，一直要延续到十七日晚才告结束。事先各村各家族商量协调，互相将舞龙灯活动错开日子，并确定各次舞龙灯的巡游路线。

正月十三日夜，舞龙灯活动正式开始。首先是龙头出位，连接板桥灯。所接板桥灯少者数十，多者数百。整条龙灯通常有几百米长，最短的也有一百多米。走在游龙灯队伍最前面的是有经验的老人，他们手执香篮，在前头引路，称为“执香者”。其后依次是火炮担和蜡烛担、鼓乐手、虎头牌、龙珠灯，接下来便是龙头和龙身。待龙灯拉成直线，就要把龙头灯高高抬起或放低，举行“跑街”活动。分别由龙头和龙尾交互领跑，互相比拼，直到人人精疲力尽，才停下来稍事休息，换上新的蜡烛，重新开始平稳游龙。龙灯所到之处，家家户户都要迎灯，焚香点烛，燃放烟花爆竹。有的还要“扎龙头”，给舞龙人利市红包，讨个兴旺平安的好兆头。龙灯行至开阔场地，又要进行“团灯”表演。龙灯舞动，龙头渐渐被龙尾圈在中间，且越圈越紧。随即龙头突然调头，在龙身板桥灯的推动下，很快就突出重围。龙尾引领龙身板桥灯再次围圈龙头，龙头再次突围。龙头、龙尾互相追逐，斗智斗勇，反复较量。如经多次反复，龙头无法突出包围圈，便请德高望重的长者出面调和，让龙尾网开一面，给龙头退让一条路。团灯活动结束后，在仪仗队、鼓乐队引导下，又要在村落或街坊环线巡游一周，称为“看麦”或“巡街”，祈求人寿年丰，平安吉庆。途中又有“跳灯”活动，即正当长龙徐徐行进时，龙尾突然燃放火炮，转身拉起龙身等往回跑。龙头见状，又拼力往前拉。一时间，但见火龙徘徊，往返移动，红潮起伏，灯珠闪耀。经数次较量，才重新恢复向前巡游。及龙灯巡回至原出发处，游灯活动告一段落，往往已是深夜。人们拆桥归灯，龙头归位，又要举行“送龙珠”仪式，送龙神回天。在鼓乐鞭炮声中，先熄灭龙头灯，再取下龙珠，送给事先约定好的新婚人家，以讨个生子的好兆头。接受龙珠的人家要回赠喜糖和利市红包，以表感谢。龙身的各家板桥灯回家时，要燃放烟花爆竹迎接，重新换上新蜡烛，以示财丁兴旺，健康长寿。

一般的舞龙灯和迎龙灯称为“三常龙”，此外还有“迎寿龙”。迎寿龙的家庭必须是应氏宗族，且其长者年龄在七十以上，并要事先商定。迎龙灯前，迎灯人家要向亲朋好友发送迎龙酒请帖，每张请帖邀请一人，以为助灯；同时，雇请有经验的舞龙人抬龙头。应氏宗族各支派轮番迎灯，十四日晚是地房龙迎灯，十五日晚是天房龙迎灯。

除了迎三冠龙，芝英传统舞龙灯活动还有摆布龙。一般每条布龙由十八人操持，号称“十八罗汉舞龙”。舞龙时，色彩各异的两条布龙分左右并行排列，由仪仗队、鼓乐队开路，在舞龙珠人的引导下，两条布龙腾空翻滚起舞，前后左右配合默契，进行螺旋式滚动，如同腾云驾雾一般。龙在飞天，张牙舞爪，互相争夺龙珠。舞龙人动作之敏捷整齐，舞姿之柔和优美，往往让旁观者惊叹不已，赞不绝口。

与舞龙灯活动相结合的，还有迎朱相公和迎文长星活动。朱相公就是宋代理学大家朱熹，其活动在正月十六日晚进行。巡游队伍由锣鼓手鸣锣击鼓开道，香案桌紧随其后，绕芝英街区一周后，停在市基中央，观戏娱乐。迎文长星活动在正月十七日夜进行，巡游途中，读书少儿虔诚跪拜，希望读书有成，能考个功名，以光宗耀祖。①

二、打罗汉

打罗汉又称“叠罗汉”，是一种集传统武术、杂技、舞蹈和表演艺术于一体的民间娱乐活动，也是颇具乡村风情和地方特色的传统文化。

永康打罗汉习俗源自北宋初年永康人胡则。胡则（963—1039），初名厕，登第后宋太宗御笔改名，字子正，永康胡库人。端拱二年（989）登进士第，先后出知浔州、睦州、温州、信州、福州、杭州、池州、陈州等十个州郡，按察江淮、京西、广西、陕西等六路使节，以兵部侍郎致仕。胡则历仕宋太宗、真宗、仁宗三朝，为官四十七载，勤政廉洁，处事正直，关心民众疾苦，注重革弊兴利，深得百姓爱戴。其去世后，家乡百姓在方岩山立庙以示纪念，进而逐渐将他神化，成为广受地方民众信仰的“胡公大帝”。相传胡则生前倡导“蓄兵于民”，主张闲时把农民集中起来，组织团练，习武强身，以便抵抗外敌入侵。为此，其家乡民众自编“打罗汉”活动，以纪念胡公的功绩，同时祈求风调雨顺，五谷丰登。最初，打罗汉只是祭祀胡公而衍生出来的一种敬神活动。后来随着方岩庙会的兴起，打罗汉作为庙会表演活动的重要组成部分，逐渐发

① 参见《后杜志》上卷，1998年编印，第138-139页；《胡堰街胡氏宗谱》卷一，2016年重修本，第210-213页。

展为地方性的民间文化娱乐活动。南宋时，方岩庙会已相当兴盛，打罗汉习俗也趋于成熟。明代中期，当时东南沿海倭患严重，波及位于内地的浙中一带。永康民众纷纷组织起来，进行抗击，不少人还参加了抗倭名将戚继光招募组织的“戚家军”。由此，永康民间习武之风聿盛，有着传统武术表演特色的打罗汉习俗空前兴盛，世代相承，延续不衰。每年八九月份方岩庙会时，来自周边乡村的罗汉班会聚一起，竞相显示各自的武艺技巧。最盛时，同一天表演的罗汉班超过了七十个。[①]

打罗汉是民众广泛参与的习俗活动，每年农历七月人们便着手准备，八月初正式开始，至九月中旬结束，具体包括多个环节，每个环节都有相应的活动和习俗。其中，主要有以下环节和活动。

“食拢头酒”　又称“盘拢头酒”。每年七月初，各村代表聚集一起，商讨本年度参加庙会打罗汉活动的有关事宜，包括游案（即打罗汉表演）的时间、规模、顺序、活动路线、费用安排等。

“习武”　食拢头酒后，各村开始积极各项准备工作，最主要的是组织罗汉班，进行武技培训和活动队形、表演方式的操练。武技培训一般采用老手带新手的方式，请村中有经验的老罗汉为教练，向新罗汉们传授技艺。习武内容以南方民间拳系为主，包括小黑虎（也叫小腿虎）、九计俸、小红拳、桥手、黑虎拳、吊马等。习武活动在村落空旷场地进行，习武时敲锣打鼓，老罗汉带领新罗汉舞枪弄棒，村里民众一旁围观，嬉笑欢乐，如同过节一般。

“开殿门”　七月底或八月初，各村民众随罗汉班赴胡公庙（或胡爷殿、胡公殿），由长者主持举行祭拜仪式。祭拜前，先要对庙（殿）进行清扫整理，更换老旧破败的神器物品，对胡公神龛进行洗火俗。祭拜仪式开始，放铁铳三响，开庙（殿）门，置三牲供品于胡公神龛或画像前，焚香躬拜，宣读祭文。

“祭叉”　又称“接叉”，一般与开殿门结合举行。先在胡公神龛或画像前供奉活公鸡一只，猪头和鹅各一副，另有糕点、果品、豆腐等。仪式开始，全体人员在主持人引领下焚香参拜胡公，宣读祭文，咬破公鸡的鸡冠，用鸡冠血涂沫刀枪棍棒，以图吉利。罗汉班成员手持蜈蚣旗围

① 参见林克成：《方岩庙会》，西泠印社出版社，2011年。

成圆圈，圈中竖响铃叉和大刀各四把，其他棍棒之类靠在叉刀上，在里层响铃叉围成的圈内焚烧黄表纸。鼓声大作，罗汉班成员举蜈蚣旗围着叉刀跑圈，左三圈，右三圈，边跑圈边呼喊。及仪式结束，罗汉班又要到操场进行团队操练，称“胡老爷出位”。

“迎神龛” 先从胡公庙（殿）请神龛，神龛一般由香樟木雕刻制作，多为三层，中间层为胡公像。选择有名望且身体强壮者扛着神龛，在鼓乐奏鸣声中，由众人拥护在村里巡游。

“上岩” 农历八月上旬，各村罗汉班要上方岩祭拜胡公。由于罗汉班数量很多，各班按事先商定的时间和顺序，依次上山祭拜。

“换香火” 各村罗汉班按事先商定的时间和顺序，上方岩山举行换香火活动。迎案队伍抵达山顶胡公庙后，放铳三响，将胡公神龛置于庙殿前，然后在前殿和后殿之间和反向各跑三圈，称“跳罗汉”。队中“巫公”跳上庙前大香炉，掏一把香灰装入自带的小香炉。仪式完成，迎案队伍沿原路下山返回。

“游案” 农历八月初至九月中旬方岩庙会期间，各村罗汉班按事先商定时间，上方岩山进行表演，并在村落之间巡游。这是打罗汉习俗的主体活动，有着一系列的活动规范和俗制。游案前一天晚上人们必须焚香洗浴，半夜敲锣做饭，凌晨穿衣打扮，五更鸣炮齐集，鸣锣奏乐，绕村子一周，随后开始巡游。

“打回头案” 各罗汉班在方岩山顶表演后，下山返村，随即四散回家。有部分罗汉班下山后，然后继续在各村落游案表演，俗称“打回头案”。一般罗汉班都会与有关村落事先商量好巡游的具体时间，由当地民众准备好点心、茶水、火炮、桌子等。罗汉班每到一村，吃点心，喝茶水，稍事休息，便开始巡游和表演活动。

“演戏” 在打罗汉活动期间，各村还要举行各种民间戏剧表演活动，邀请民间戏班子，表演各种胡公戏。演戏活动少则持续两日三夜，多则持续七日八夜。表演剧目也有讲究，一般头夜戏表演《天宫赐福》《排八仙》《魁星点状元》等吉庆戏；第二夜则表演真正的胡公戏，如《三请梨花》《火烧子都》等。最后一夜是“还愿戏”，凡是向胡公许过愿的，都要在夜戏开锣前将事先备好的祭品供奉在戏台前，或到胡公庙殿神龛前供祭还愿。①

打罗汉的表演内容丰富，形式多样，其活动主要有三部分：第一部分是“走阵”，又称“参阵”“团阵”，进行队列转换表演。由所有罗汉人员组成队列，依次为头旗、大刀、响铃叉、滚叉、盾牌、棍、棒、刀、枪、攀师、其他技巧者和罗汉孙。团阵开始，列队转换多种阵式，有长蛇阵、三角阵、八卦阵、梅花阵、蜈蚣阵、龙门阵等。第二部分是民间武术表演，包括舞刀棍，滚响叉，耍盾牌，行罗汉拳，演四尺凳花等。第三部分是叠罗汉阵，形式多样，有竖牌坊、彩塔叠、叠香亭、荷花翻叶、游城、拜观音、十八洞、过仙桥等。一般由三十人左右叠成人体牌坊，最少要叠两座，多则不限。每个牌坊合围成圈，四周用头旗围着，看似一座精美的彩塔。彩塔叠成后，在地动山摇的呐喊声中，罗汉们从上到下，由里往外徐徐外翻，似一朵出水芙蓉徐徐绽放，最后中间显露出三个荷花神。

芝英地区是胡则母亲的家乡，又毗邻方岩胡公庙，民间打罗汉活动十分活跃，并积极参加庙会表演活动。如下徐店等村落素有习武传统，每年八月十三日和九月重阳为演武节，都要开展打罗汉活动。其中八月十三日助案“游仙三保”，十一日祭叉，十二日游案，十三日上方岩山表演。其巡游路线，从下徐店出发，经前陈、上胡、白麻塘、下柏石、八口塘、柳前塘、郭山、溪岸、柿后、溪头，然后再回到下徐店，几乎贯穿了芝英地区一周。九月重阳助案“横洋三保”，初六日祭叉，初七日游案，初九日上方岩表演。其巡游路线，从下徐店出发，经黄岗、前渡金、下杜曹、大后、观音塘、上考、横洋、叶宅、唐上、凤山寺口、泽塘头、象珠、山西，最后再回到下徐店。在一般年份，参与打罗汉的有一两个罗汉班和小唱班；活跃的年份，还有三十六行、敕字莲花、讨饭莲车、彩车等。巡游每到一地，都要表演各种活动，包括摆阵、舞大刀、滚叉、打拳、使棒、矛盾对打、翻空斗、扑脯、倒走、滚灯、旋盘、叠罗汉等。民国十九年（1930），下徐店村组建了五个罗汉班，参加人员多达200多人。该村罗汉班的拳路和棍棒技巧为永康各地罗汉班所推崇，所使用的白绫八卦蜈蚣旗，也成为该村罗汉班的传统标志。②

① 以上参见陈元晓编著:《永康打罗汉》，西泠印社出版社，2014年，第8-30页。

② 下徐店村志编纂委员会编:《下徐店村志》，1995年刊印，第85页。

三、醒感戏

醒感戏又称省感戏，是基于道教活动形成和发展起来的永康地方剧种。其在文化价值取向上以“劝人反省，导人归正”为特色，故以“醒感”（劝人醒悟）、“省感”（使人反省）称之；因源于宗教活动，有着民间祭祀的部分形式和内容，故有人又称之为“亚傩戏”。传统醒感戏有九个主要剧目，即《毛头花姐》（又称《毛头殇》）《断缘殇》《撼城殇》《精忠殇》《逝女殇》《孝子殇》（又称《忤逆殇》）《狐狸殇》《草集殇》《溺水殇》，合称“醒感九殇”，其中尤以《毛头花姐》最具代表性，因而醒感戏又称“毛头花姐戏”。2011年，醒感戏正式列入国家级非物质文化遗产名录。

永康素为道教活跃区域。早在东汉道教产生阶段，就有以赵抦、徐登等为代表的早期道教人士在永康一带活动。此后，永康地区道教名士迭出。如生活于南朝宋齐时期的永康人孙游岳，师从南天师道创立者陆修静，在山静心修习47年，遂为道教上清派一代宗师，其弟子陶弘景更是南朝中期南方最著名的道教学者之一，所创茅山宗成为后世上清派的主流。宋代的方坤也是当时在浙中一带较具影响的著名道士，主要传承天台张伯端创立的金丹派南宗。与之相联系，永康民间形成了与道教活动相结合的诸多生活习俗，醒感戏便是在此基础上逐渐形成和流行的。按当地传统习俗，凡有人故世或遇难，要请道士行水陆道场，以超度亡灵，驱邪镇恶，消弭灾患，其间配以演戏活动。清康熙《永康县志》在谈到本地民间风俗时说：“师巫有同戏剧，谓之洪楼胜会，又谓之翻九楼，鄙亵诞妄，莫知其所从出，而愚民多信之，男女聚观，恬不为怪。”①这里提到的“洪楼胜会”，就是与水陆道场相结合的醒感戏表演活动。一般情况下，水陆道场要连续做三年，每年洪楼胜会的法事和表演活动有所不同。第一年行道一昼夜，演《毛头殇》一场戏即告结束，当地人谓之“起九楼”。第二年行道三昼夜，共演五场戏，仍以《毛头殇》作为压轴表演，当地人谓之“温九楼”。第三年行道五昼夜，共演九场戏，即所谓的“翻九楼”。其中，首日设坛，行“净除斋戒礼”“化文书”，演《逝

① 〔清〕康熙《永康县志》卷六《风俗》，黄灵庚、陶诚华主编：《重修金华丛书》第77册，上海古籍出版社，2014年。

女殇》；次日行“供灶”，演《狐狸殇》和《撼城殇》；第三日行“大请神”“翻三界”，演《溺水殇》和《断缘殇》；第四日行“小请神”“翻五台”“捣五谷”，演《孝子殇》和《毛头殇》；第五日行“竖九楼”“祭九楼”“翻九楼”，演《草集殇》和《精忠殇》。

醒感戏产生于何时，现已无从考证。从有关历史文献的记载来看，至少在明代，醒感戏表演已流行于永康各地，进而向周边地区传播。从表演体系和艺术形式来看，醒感戏融合戏剧、音乐、舞蹈、杂技于一体，并与民间道教法事活动相结合，具有表演手法的综合性、表演内容的生活性和表演形式的地方性等特点。其表演活动中既有传统戏剧的唱、做、念、打等，又有传统舞蹈的大头舞、高跷舞、十八蝴蝶等，还包括传统杂技的舞叉、耍棍、拼刀、十八吊等；其唱腔在永康民歌、民间小调和道士腔的基础上，吸收了侯阳高腔、松阳高腔、昆腔的部分腔调和音乐；其故事情节源于生活，与世俗社会紧密结合；其语言表述以永康方言为主，结合各种土语、谚语、歇后语等。从表演团队来看，在发展早期主要由道士承担，他们既做法事，又进行表演。后来逐渐转为专门性的戏班承担，称“醒感班”。醒感班主要由擅长作法的师教人员组成，当地人称之为“师教道士”，以有别于长于经忏的道教道士。每个醒感班除了领头的堂中先生外，一般由24人组成，其中包括包头（旦堂）5人，即作旦、花旦、正旦、武旦、老旦；花脸（花面堂）4人，即大花脸、小花脸、二花脸、三花脸；白脸（白面堂）4人，即小生、正生、老生、副末；后场（乐队）5人，即正吹、副吹、鼓板、三件、小锣；箱房3人，即头箱、盔箱、三箱；杂务3人，即火头、内杂、外杂。历史上，永康各地醒感班数量众多，其中较著名的有池芦章班、俞岩法班、郑重庭班、姚大宝班、陈金雄班等。[①]

芝英的民间演戏风气一直颇为兴盛，醒感戏的表演也相当活跃。特别是进入近代，芝英地区醒感戏的表演活动达到鼎盛，一度成为醒感戏的活动中心之一。当地居民不仅在行水陆道场时要请醒感班表演，而且在岁时节日也会请多个醒感班与其他戏班一起共同表演。20世纪20年代，芝英举行大规模的洪楼胜会和翻九楼活动，同时邀请了36个醒感班

① 以上参见魏敏：《内坛法事外台戏——永康道教仪式剧“省感戏”探微》，《学术论坛》2014年第4期；徐宏图：《永康醒感戏考略》，《浙江职业技术学院学报》2015年第1期。

和其他戏班进行表演。由于戏班太多，表演舞台有限，遂安排醒感班昼夜连演，而其他徽班、婺剧三合班等则只能轮流各演一台戏。各戏班同时共演，彼此争胜，吸引了大批民众前来观赏，娱乐氛围之浓，为时人赞叹。有好事者赋诗云："三十六班斗胜来，唯有做殇压诸台。黄昏观剧到天明，九楼坛前忘家归。"[①]

醒感戏表演

① 黄绍良:《省感戏盛衰考略》,《艺术研究》1986年第6期。

四、社戏

芝英传统民俗文化和娱乐活动丰富多彩，每逢重要的节日和祭祖、庙会等活动，各村落和大的家族都会请民间戏班子，唱戏娱乐。如正月元宵有“灯节戏”，三月十六日演“财神生日戏”，五月廿五日演“五谷神生日戏”，六月六日演“朱相公[①]生日戏”，八月十三日演“胡公戏”，等等。这些演戏活动多是为了酬神祈福，民间俗称“社戏”。

表演社戏的是从周边地区请来的各种民间戏班，有的还有一定名声和影响。如历史上先后来芝英地区进行徽戏表演的“大荣春班”“施银台班”“吕凤台班”“李庆福班”“新金台班”“缙朱舞台”“新新舞台”“超然舞台”“宏广舞台”“应凤翔舞台”，以及东阳的“老紫云”“王新喜”“大联升”，衢州的“大荣春舞台”，浦江的“新春班”，处州的“吉昌班”，金华的“包品玉班”，龙游的“周春聚班”，都是有一定知名度的戏班和表演团体。从戏剧类型来看，则有高腔班、昆腔班、乱弹班、徽戏班、滩簧班、时调班等多种。

节日社戏表演，一般都会持续数天。如元宵节时期的“灯节戏”，从正月十三日开演，一直持续至十八日结束，前后有六日七夜。多数情况下，持续两日三夜。每天的社戏表演分为日场和夜场，日场在下午表演，夜场表演往往到半夜子时才告结束。最后一天的夜场表演，甚至会到凌晨拂晓才结束，俗称“天亮戏”。每场戏开演之前，都要闹台场，最后是走一个吉庆圆场，叫“庆八仙”。庆八仙又有“小八仙”与“大八仙”之分，其中“小八仙”源于杂剧“八仙庆寿”，先后有黎山老母、张果老、汉钟离、吕洞宾、铁拐李、曹国舅、韩湘子、何仙姑、蓝采和等九个人出场，在台上转一圈，唱几句吉庆的台词即告完成。“大八仙”先有四天王和福禄寿喜四星出场，接着天兵天将和诸路神仙脚踏祥云而降，孙悟空手舞金箍棒翻上来，继而是玉皇在金童玉女伴随下出场登上宝座，众人同声合唱吉庆台词。紧接着，天官、财神、魁星三人登场，分别象征“天官赐福”“财神进宝”“魁星点状元”。三人并不演唱，只是进行舞蹈

---

① “朱相公”，即指南宋理学大家朱熹。芝英民间对朱熹一直十分推崇，并将其神化。除了农历六月六日要祭祀朱相公生日，举行演戏活动，在元宵节灯会还有“迎朱相公”巡游活动。

表演。演戏过程中，演员会表演各种技巧性动作，称“台劲”，又叫“英松”，往往颇显功力，令人拍案叫绝。如在一张桌子上垒两条方凳，表演者面朝观众立于凳上，然后倒翻而下。有的身挟多个鸡蛋，从空中倒翻而下，鸡蛋完好无损。有的身挟多只花碗，从高台上翻下，落地无声。有所谓“两头跳”表演，又叫“鼓鼎小翻”，即在大鼓上连续翻数十个跟斗。又有所谓“僵尸跌”表演，演员被绑在高架上，有箭射来，便从高架上笔直跌下，在旁四人在其身跌落台板瞬间同时出手接住。还有所谓“壁虎功”表演，即背贴着柱子爬上高台。凡此各种，不一而举。

在重要节日举行的社戏活动，往往规模很大，十分热闹。元宵“灯节戏”与舞龙灯、观花灯等活动相结合，戏台内外张灯结彩，人们涌上街市，迎龙灯，看社戏，通宵达旦。六月六日是会市戏，人山人海。八月十三日芝英保罗汉上方岩山，要在下市基“拼会场”。重阳节演戏，会聚全县上方岩山的诸多罗汉班，又有不少来自金华、兰溪等地上方岩山的各式小唱班，一时各种表演相接不断，诸多唱调同时登场。

票戏是由戏曲爱好者组织参与的表演活动。芝英地区传统票戏表演多在设于街区中心市基的“雨台”举行，每次晚上演出，雨台两侧悬挂大灯，邻近街市和周边村落的民众纷纷前来观看，或站于台前广场，或坐于沿市廊凳，也有的席地而坐。市基周边会聚不少商摊小贩，或做小吃，或卖糕点果品，或兜售日常用品。还有用“稻桶席”围起来的赌摊，或押宝，或押花会。事实上，不少人并不是真正来看戏，而是借此来聚会聊天，互相交流，休闲娱乐，故当地民间有“演戏人是疯子，看戏人是呆头，生意人是活佬”之说。市基广场人头攒动，欢声笑语不断，很是热闹。①

五、斗牛

斗牛也是芝英地区较具地方特色的传统文化习俗。在芝英上徐店、下徐店、前余、前店等村落，人们每十年都要在殿后山头的四保庙进行“开光”仪式，其间除了请戏班唱戏，还要举行精彩而隆重的斗牛活动。参加斗牛的人家往往事先选购牛种，用糯米粥、芝麻、白糖、酒等精料

---

① 参见应加登:《芝英社戏》,《浙江日报》2010年6月9日，第10版《文化周刊》。

细心喂养，使牛粗犷彪悍，强壮勇猛。吉日来临前几个月，每十天与其他牛进行会斗，以训练其技能。至吉日前夕，斗牛户主彼此商量，确定各自斗牛对象。斗牛活动开幕时，再通过抓阄的方式安排次序。

每次斗牛活动场地并不固定，一般选在较广阔的田地进行，场地两端搭建壮观的“龙门”，作为户主牵牛入场通道。活动当日，人们从四面八方前来观看，斗牛场四周人山人海。户主对牛进行精心打扮，牛头戴凤冠，牛肩插彩旗，牛背披鞍挂，牛角绕麻鞭。斗牛时辰一到，户主牵牛经龙门进入场地，放开缰绳，两牛相向而行，很快顶角起来。经过数番较量，逐渐分出胜负。强胜的牛用前身骑驾弱方牛的头颈，将其紧紧扣压在泥地里不能动弹。此时，站在一旁的斗牛勇士立即上前将两牛拉开，以免弱方牛受伤。将两牛牵出场外，接着进行下一对牛的争斗。每次争斗时，围观的人们振臂高呼，掌声雷动，不断为两斗牛加油鼓劲。在斗牛中获胜一方的户主神采飞扬，沾沾自喜，而牛的身价也因此大涨。[①]

① 参见下徐店村志编纂委员会编:《下徐店村志》，1995年刊印，第86页。

第七章 丰厚遗传述沧桑

经历近1700年的持续发展和积淀，芝英不仅形成了有着鲜明地方特色的人文体系与异常厚实的文化传统，也保留了为数众多的历史遗迹和遗存。这丰富的历史遗迹和遗存为我们展示了芝英独特的文化底蕴，也无声地叙述着盛衰兴替的历史沧桑。其中，较重要的有历史建筑和人文遗迹两部分。

第一节 历史建筑

一、祠宇建筑

作为百祠之都，芝英历史上各宗族建祠立庙之风长盛不衰，所建各式祠宇数以百计。特别是应氏宗族，自东晋初南下迁居芝英地区，肇启古芝英发展兴盛之基，历唐宋明清，直至民国时期，历代祠宇修建活动不断，留下了为数众多的传统祠宇建筑（见表7-1）。

表7-1 芝英部分祠宇建筑名录

祠宇名称	所在位置	相关说明
陈大宗祠	芝英下柏石村	陈氏祠宇，清康熙三十二年（1693）建。全国重点文物保护单位。
应氏小宗祠堂（仕濂公祠）	芝英一村正街	应氏祠宇，明代建筑。省级文物保护单位。
后宅厅	芝英一村后宅厅	应氏祠宇，明代后期建筑。市级文物保护点。
思文公祠（天房祠堂）	芝英七村育才路	应氏祠宇，明代建筑。市级文物保护点。

（续表）

祠宇名称	所在位置	相关说明
用大公祠（恢祠）	芝英二村大坑塘古楼里	应氏祠宇，明代建筑。
大宗祠	芝英二村迴灵桥北	应氏祠宇，始建于明。
鹤邱公祠（懋勋坊）	芝英七村懋勋巷	应氏祠宇，建于明代。市级文物保护点。
前厅	芝英八村灵芝路	应氏祠宇，明代建筑。
胡氏宗祠	芝英胡堰街上街头	胡堰街胡氏祠宇，建于明代，晚清有时部分重建。
巨六公祠	芝英胡堰西路	胡堰街胡氏祠宇，明代建筑。
天成公祠	芝英一村后宅厅	应氏祠宇，清代建筑。市级文物保护单位。
婆婆厅	芝英一村正街	应氏祠宇，清代建筑。市级文物保护点。
凤山公祠（行常祠堂）	芝英一村新杏里	应氏祠宇，清代建筑。市级文物保护点。
方塘公祠（文常祠堂）	芝英一村正街	应氏祠宇，清代建筑，市级文物保护点。
屏山公祠（治常祠堂）	芝英一村正街	应氏祠宇，清代建筑。市级文物保护点。
约斋公祠	芝英一村正街	应氏祠宇，清代建筑。市级文物保护点。
惠斋公祠（惇本堂）	芝英三村望杏巷	应氏祠宇，清代建筑。市级文物保护点。
修伯公祠（发常祠堂）	芝英三村鸿羽路	应氏祠宇，清代建筑。市级文物保护点。
完人公祠（椿常祠堂）	芝英四村南北市场	应氏祠宇，清代建筑。市级文物保护点。
天舆公祠（禄常祠堂）	芝英三村鸿羽路	应氏祠宇，清代建筑。市级文物保护点。
龙山公祠	芝英六村南市街	应氏祠宇，清代建筑。市级文物保护点。
思源公祠（外屋厅）	芝英七村升平巷	应氏祠宇，清代建筑。市级文物保护点。
尚本公祠（勤房祠堂）	芝英七村灵芝路	应氏祠宇，清代建筑。市级文物保护点。
月邱公祠（信房祠堂）	芝英七村方塘路	应氏祠宇，清代建筑。市级文物保护点。
天房褒功祠	芝英七村方塘路	应氏祠宇，清代建筑。市级文物保护点。
渐逵公祠	芝英七村懋勋巷	应氏祠宇，清代建筑。市级文物保护点。
澹泉公祠	芝英八村灵溪路	应氏祠宇，清代建筑。市级文物保护点。
端恭公祠（序常祠堂）	芝英八村紫霄路	应氏祠宇，清代建筑。市级文物保护点。
如斋公祠	芝英八村福泉巷	应氏祠堂，清代建筑。市级文物保护点。
仕清公祠（花厅）	芝英一村德邻里	应氏祠宇，清代建筑。
复初公祠	芝英一村后宅厅	应氏祠宇，清代建筑。市级文物保护点。
作贤公祠	芝英二村小济桥里	应氏祠宇，清代建筑。
惟信公祠	芝英三村鸿羽路	应氏祠宇，清代建筑。
霞城公祠（学常祠堂）	芝英三村灵溪路	应氏祠宇，清代建筑。

（续表）

祠宇名称	所在位置	相关说明
新庵公祠（教常祠堂）	芝英四村义庄街	应氏祠宇，清代建筑。
节孝祠	芝英四村望月街	应氏祠宇，清代建筑。
西墀公祠	芝英六村正街	应氏祠宇，清代建筑。
可生公祠（谋常祠堂）	芝英七村天祥路	应氏祠宇，清代建筑。
邦实公祠	芝英八村灵芝路	应氏祠宇，清代建筑。
孝友公祠	芝英四村正街	应氏祠宇，清代建筑。
天言公祠	芝英一村米市基北	应氏祠宇，清代建筑。
尚端公祠（赠兵部主事应公祠）	芝英四村沙塘角	应氏祠宇，清代建筑。
仰龙公祠（叔常祠堂）	芝英六村南市街	应氏祠宇，清代建筑。
天彝公祠	芝英二村正房里	应氏祠宇，清代建筑。
世资公祠	芝英二村正房里	应氏祠宇，清代建筑。
鹤山公祠	芝英七村杨塘滩东南	应氏祠宇，清代建筑。
作贤公祠	芝英二村古麓街	应氏祠宇，清代建筑。市级文物保护点。
辉庭公祠	芝英八村	应氏祠宇，清代建筑。
春圃公祠	芝英三村后姑塘路	应氏祠宇，清代建筑。
前楼厅	芝英七村杨塘滩南	应氏祠宇，清代建筑。
秋房厅	芝英三村秋池里	应氏祠宇，清代建筑。
小屋厅	芝英六村书院里	应氏祠宇，清代建筑。
文灿厅	芝英一村望杏巷	应氏祠宇，清代建筑。
义信厅	芝英七村天祥路	应氏祠宇，清代建筑。
定斋厅	芝英三村灵溪路	应氏祠宇，清代建筑。
崇朴厅	芝英三村	应氏祠宇，清代建筑。
述德厅	芝英六村	应氏祠宇，清代建筑。
后褒功祠	芝英三村	应氏祠宇，清代建筑。
思行公祠	芝英四村	应氏祠宇，清代建筑。
思常厅	芝英八村	应氏祠宇，清代建筑。
智房厅	芝英八村上菜园	应氏祠宇，清代建筑。市级文物保护点。
友三厅	芝英八村龙漩井巷	应氏祠宇，清代建筑。
留耕堂	芝英七村懋勋巷	应氏祠宇，清前期建筑。市级文物保护点。

（续表）

祠宇名称	所在位置	相关说明
庆安公祠	芝英下蔡村	应氏祠宇，清光绪二年（1876）建。市级文物保护点。
章氏宗祠	芝英练结村	章氏宗祠，清康熙八年（1669）建。
思馨公祠	芝英胡堰上村胡祖村	胡堰街胡氏祠宇，清代建筑。
兆公特祠	芝英田畈胡村	胡堰街胡氏祠宇，清代建筑。
听堂厅屋	芝英下徐店村洗理堂东	球川徐氏祠宇，清代建筑。
端恭公祠	芝英八村	应氏祠宇，清代建筑。市级文物保护点。
芝田公祠	芝英八村	应氏祠宇，清代建筑。市级文物保护点。
周氏宗祠	芝英游溪塘村	周氏祠宇，清代建筑。市级文物保护点。
新邦厅	芝英二村小济桥	应氏祠宇，清代建筑。
勤公祠	芝英继绪塘村	吕氏祠宇，清代建筑。
尚厚公祠	芝英继绪塘村	吕氏祠宇，清代建筑。
盛二公祠	芝英前山杨上村	杨氏祠宇，清代建筑。
杨氏四房祠堂	芝英前山杨下村	杨氏祠宇，清代建筑。
田洋厅（吕厅）	芝英前山杨下村	杨氏祠宇，清代建筑。
聘珍公祠	芝英七村金家塘	应氏祠宇，晚清建筑。
声远公祠	芝英一村	应氏祠宇，晚清建筑。
云龙公祠	芝英六村毛车园	应氏祠宇，晚清建筑。
褒功祠	芝英下徐店村	球川徐氏祠宇，晚清建筑。
西卢伯祥公祠	芝英西卢村	石马卢氏祠宇，晚清建筑。 市级文物保护单位。
喜亭公祠	芝英儒堂村	卢氏祠宇，晚清建筑。市级文物保护单位。
蒋氏宗祠	芝英仙陵村	蒋氏宗祠，清同治八年（1869）建。
慕颜公祠	芝英八村紫霄路	应氏祠宇，民国时期建筑。市级文物保护点。
诲爱二公祠 （雅常颂常祠堂）	芝英一村望杏巷	应氏祠宇，民国时期建筑。市级文物保护点。
伯梁公祠	芝英一村望杏巷	应氏祠宇，民国时期建筑。
锡鸿公祠	芝英二村灵溪路	应氏祠宇，民国时期建筑。市级文物保护点。
福之公祠	芝英二村灵溪路	应氏祠宇，民国时期建筑。市级文物保护点。
天相公祠（富常祠堂）	芝英二村古麓街	应氏祠宇，民国时期建筑。市级文物保护点。
宪辅公祠	芝英七村方塘路	应氏祠宇，民国时期建筑。市级文物保护点。

（续表）

祠宇名称	所在位置	相关说明
尚德公祠	芝英七村方塘路	应氏祠宇，民国时期建筑。市级文物保护点。
眉山公祠	芝英后沿正兴桥侧	应氏祠宇，民国时期建筑。
粹庵公祠	芝英七村方塘路	应氏祠宇，民国时期建筑。
福齐公祠	芝英一村	应氏祠宇，民国时期建筑。
孟义公祠	芝英二村	应氏祠宇，民国时期建筑。
瀚墨厅	芝英七村	应氏祠宇，民国时期建筑。市级文物保护点。
日怀厅	芝英一村德邻里	应氏祠宇，民国时期建筑。
宗泉公祠	芝英胡堰街上临池北	胡堰街胡氏祠宇，民国时期建筑。
汉昭公祠	芝英下徐店村台门口	球川徐氏祠宇，民国时期建筑。
杨氏宗祠	芝英前山杨上村	杨氏祠宇，民国时期建筑。
杨姑娘殿	芝英前山杨村外大荒塘	杨氏祠宇，民国二十七年（1948）建。

在前列留存至今的传统祠宇建筑中，位于芝英下柏石村的陈大宗祠，创建于清康熙三十二年（1693），规制宏大，占地面积近千平方米。其建筑坐东朝西，分为前、中、后三进，每进五开间。前二厅明次间全为五架梁抬梁式，梢间边缘穿斗式；前厅前沿柱上有斗，板壁有精美壁画。三进后厅梁架穿斗式，为供奉祖宗牌位之处。前进和中井之间有戏台、厢房和钟鼓亭；中进和后井之间有厢房、水池、太子台，太子台前梁特以多木镶接。建筑整体布局巧妙合理，雕梁画栋，风格独特，雀替、马腿均施高浅浮雕，工艺精湛，当地人有“花花祠堂直头梁，建筑构造仿皇宫”之说，被誉为传统祠宇建筑的珍贵遗产。该宗祠于2003年列为市级文物保护单位，2005年升为省级文物保护单位，2019年被国务院公布为全国重点文物保护单位。

作为省级文物保护单位的应氏小宗祠堂（仕濂公祠）是明成化年间（1465—1487）应杰（孝友公）率族人兴建的，至今保存完好。其建筑坐南朝北，面对三宝峰，占地面积640余平方米。砖木结构，硬山顶，单层建筑。整体分为三进，沿中轴线依次为前厅、过廊、正厅、寝堂，两侧各有廊道。前厅、正厅、寝堂均为五开间，正厅明堂梁结构为五架梁带前后单步、牛腿、花拱，雕刻精细。

应氏天成公祠（荣常祠堂）建于清代中期，整体坐南朝北，占地面积

330平方米。大门是四柱三层牌楼精美砖雕结构，四柱间磨砖错缝砌筑，三层两端都饰鱼龙，顶层中间宝葫芦上有方天戟。大门前两旁有旗杆。前进五间，明次间五架梁带前后单步四柱，后沿雕花牛腿承托挑檐檩，梢间七檩五柱。明间上方有堂号“征德堂”匾。明间与后进中间是茶亭，茶亭上方三角形中有“崇祀乡贤”竖匾。茶亭东西是天井。前进东西两边至后进是单坡走廊，左边走廊上挂“名登天阙”匾，右边走廊上挂“绩著蜀西”匾。走廊与天井间有台阶三步登上后进。后进五间，明次间五架梁带前后单步四柱，前沿有雕花牛腿承托挑檐檩，梢间七檩五柱。明间后上方有“如在”匾，下方神龛祀天成府君，左次间匾“进士”（应炜，号霞城，雍正丙午领乡荐，登庚戌周树榜进士），右次间匾“榜元”（科举中会试第一名）。前后进五架梁、三架梁、单步梁都雕有龙形线条，梁下方两端雕花雀替加固。前进的后沿檩、后进的前沿檩，都雕刻有花卉图案。右边走廊有小门，通祠外伙房。

应氏惠斋公祠建于清代中期，坐北朝南，占地面积约210平方米。三合院式，砖木结构，硬山顶。大门为二柱二层牌楼结构，大门与二柱中间是磨砖错缝砌筑。正屋面宽三间，明间梁架结构为五架梁带前后单步用四柱；次间山面梁架结构为分心前后双步梁带前后单步用五柱，前檐用牛腿承托挑檐檩，二层外檐施披雨板，底层前檐设为通廊，内置方形雕花梁，两端施雀替。两侧厢房均一开间，前檐牛腿挑檐，前檐柱之间施格扇门。牛腿、门窗等构件雕刻有回纹、马字拐等图案，雕刻精美。

应氏天房褒功祠正厅及享堂建于清道光八年（1828），前厅建于道光十二年（1832）。堂号为惇宗堂。建筑坐东朝西，占地面积706平方米。砖木结构，硬山顶。中轴线上自西依次建有前厅、正厅、过廊、寝堂，两侧为厢房。前厅为三开间，明间梁架结构为五架梁带前后单步用四柱，次间山面梁架结构为分心前后双步梁前后单步用五柱（明、次间后檐均用牛腿承托挑檐檩）。正厅为三开间，明、次间梁架结构同前厅，前檐用牛腿承托挑檐檩。寝堂为五开间。左右两边为厢房，前檐也用牛腿承托。牛腿、门窗等雕刻精细，雕有狮子、鹿、万字、如意、回纹等。[①]

胡堰街胡氏宗祠整体坐西朝东，占地面积约1000平方米，规模宏

① 参见应业修：《千年应氏望族地》，中国文史出版社，2014年，第121—135页。

大。其后进七间为明万历十四年（1586）所建，选用防火木料，与厢房间建有防火山墙，为典型明代法式建筑。中前两厅、两厢和戏台系清光绪十五年（1889）重建，均为梁、弓梁结构，马腿斗拱檀枋，柱头蝴蝶木，雀替均施精美浮雕。门楼三座，多层砖雕牌坊，六角起翘，水磨青砖精雕而墙。

胡堰街胡氏巨六公祠和思馨公祠也颇具规模。巨六公祠建于明万历（1572—1620）末年，为典型明代法式建筑。通面宽二十九米，为三进三开间两厢结构。四柱抬梁，梭梁、斗拱、马腿及梁下蝴蝶木、柱头、雀替均施浮雕。二侧布厢房，空间宽敞。思馨公祠建于清道光年间（1821—1850），坐北朝南，占地面积约850平方米，建筑面积约1100平方米。整体结构为三进三开间两厢，抬梁、弓梁、斗拱、马腿、檀枋均施以精美浮雕。①

芝英下徐店村徐氏听堂厅屋原建于清雍正年间（1723—1736），太平天国时毁于战火。光绪十五年（1889）重建，仍沿用旧名“留耕堂”。其规模颇大，有厅堂、厢房、轩间数十间，至今整体保存较好。②

芝英仙陵村蒋氏宗祠始建于明代，清同治元年（1862）为战火所毁。同治八年（1869），蒋氏家族全力重建。其建筑坐北朝南，三进两厢，砖木结构，占地面积432平方米。上进供奉牌位，中进、下进为议事和娱乐场所，大门口内有戏台，两厢楼上可站人看戏。2017年，依原制重新修复。

二、其他建筑

除了传统祠宇建筑，芝英还留存有为数不少的其他历史建筑，包括宗教建筑、民居建筑、公共建筑、商业建筑、文化建筑等（见表7-2）。

表7-2　芝英部分其他建筑名录

建筑名称	建筑位置	说明
紫霄观	芝英八村紫霄路	宗教建筑，始建于南朝梁，后历代重修。省级文物保护单位。
灵溪桥	芝英八村	交通建筑，始建于南朝。市级文物保护单位。

① 《胡堰街胡氏宗谱》卷一，2016年重修本，第414-415页。

② 下徐店村志编纂委员会编：《下徐店村志》，1995年刊印，第88页。

（续表）

建筑名称	建筑位置	说明
柿后大厅	芝英柿后村老街	民居建筑，明代建。市级文物保护单位。
望杏巷六间头	芝英一村望杏巷	民居建筑，明代建。
小济桥七间头（一）	芝英二村小济桥	民居建筑，明代建。
小济桥七间头（三）	芝英二村小济桥	民居建筑，明代建。
正方里	芝英二村正方里	民居建筑，明代建。
书院里	芝英六村书院里	文化建筑，明代建。
方塘里壁	芝英七村	民居建筑，明代建。
应尚道故居	芝英八村方塘里壁	民在建筑，明代建。
天常伙屋	芝英七村育材路	宗族公共建筑，明代建。
上坟路九间头	芝英八村	民居建筑，明末建。
新杏里十六间	芝英一村新杏里	民居建筑，清代建。
一村十三间	芝英一村后宅厅	民居建筑，清代建。
一村九间头	芝英一村后宅厅	民居建筑，清代建。
德邻里九间头	芝英一村德邻里	民居建筑，清代建。
德邻里十四间	芝英一村德邻里	民居建筑，清代建。
正方里堂屋	芝英二村正方里	民居建筑，清代建。
后明里九间头	芝英三村后明里	民居建筑，清代建。
后明里十二间头	芝英三村后明里	民居建筑，清代建。
应祖锡故居	芝英四村秋池里	民居建筑，清代建。
大宗仓房	芝英二村古麓里	宗族公共建筑，清代建。
大宗义会	芝英三村鸿羽路	宗族公共建筑，清代建。
义庄	芝英四村望月街	宗族公共建筑，清代建。市级文物保护点。
常平仓	芝英七村正街	宗族公共建筑，清代建。
大夫第	芝英四村望月街	民居建筑，清代建。
南市街十一间头	芝英六村南市街	民居建筑，清代建。
升平巷十三间头（一）	芝英六村升平巷	民居建筑，清代建。
升平巷十三间头（二）	芝英六村升平巷	民居建筑，清代建。
升平巷廿间头（一）	芝英六村升平巷	民居建筑，清代建。
升平巷廿间头（二）	芝英六村升平巷	民居建筑，清代建。
升平巷四间头	芝英六村升平巷	民居建筑，清代建。
升平巷十一间头	芝英六村升平巷	民居建筑，清代建。

（续表）

建筑名称	建筑位置	说明
升平巷十八间	芝英七升平巷	民居建筑，清代建。
升平巷二十三间头	芝英六村升平巷	民居建筑，清代建。
升平巷十七间头（一）	芝英六村升平巷	民居建筑，清代建。
升平巷十七间头（二）	芝英六村升平巷	民居建筑，清代建。
升平巷九间头	芝英六村升平巷	民居建筑，清代建。
懋勋巷十八间	芝英七村懋勋巷	民居建筑，清代建。
懋勋巷七间头	芝英七村懋勋巷	民居建筑，清代建。
方塘八间头	芝英七村方塘路	民居建筑，清代建。
方塘九间头	芝英七村方塘路	民居建筑，清代建。
前明堂廿间头	芝英八村龙漩井巷	民居建筑，清代建。市级文物保护点。
福泉巷廿间头	芝英八村福泉巷	民居建筑，清代建。
新屋里廿间头	芝英八村新屋里	民居建筑，清代建。
新屋里十七间头	芝英八村新屋里	民居建筑，清代建。
德邻里十二间头	芝英一村德邻里	民居建筑，清代建。
德邻里十七间头	芝英一村德邻里	民居建筑，清代建。
古麓街十三间头	芝英一村古麓里	民居建筑，清代建。
后宅厅十一间	芝英一村后宅厅	民居建筑，清代建。
望杏巷十二间头	芝英一村望杏巷	民居建筑，清代建。
东宅里十三间头	芝英二村东宅里	民居建筑，清代建。
济生堂	芝英二村古麓里	商业建筑，清代建。
灵溪路十一间头	芝英二村灵溪路	民居建筑，清代建。
洞灵书院	芝英二村小济桥里	文化建筑，清代建。
小济桥七间头（二）	芝英二村小济桥里	民居建筑，清代建。
德邻里十三间（二）	芝英三村德邻里	民居建筑，清代建。
鸿羽路十间头	芝英三村德邻里	民居建筑，清代建。
鸿羽路十一间头	芝英三村鸿羽路	民居建筑，清代前期建。
沙塘里壁十三间	芝英三村沙塘里壁	民居建筑，清代建。
沙塘里壁十三间头	芝英三村沙塘里壁	民居建筑，清代建。
沙塘里壁十七间头（一）	芝英三村沙塘里壁	民居建筑，清代建。
沙塘里壁十七间头（二）	芝英三村沙塘里壁	民居建筑，清代建。
沙塘里壁九间头	芝英三村沙塘里壁	民居建筑，清代建。

（续表）

建筑名称	建筑位置	说明
前塘沿十八间头	芝英四村前塘沿	民居建筑，清代建。
秋池里十三间头	芝英四村秋池里	民居建筑，清代建。
市场北弄十三间头	芝英四村市场北弄	民居建筑，清代建。
毛车园七间头	芝英六村毛车园	民居建筑，清代建。
毛车园十七间头（一）	芝英六村毛车园	民居建筑，清代建。
毛车园十七间头（二）	芝英六村毛车园	民居建筑，清代建。
毛车园十七间（三）	芝英六村毛车巷	民居建筑，清代建。
毛车园十四间头	芝英六村毛车园	民居建筑，清代建。
毛车园十一间头	芝英六村毛车园	民居建筑，清代建。
毛车园十三间头	芝英六村毛车园	民居建筑，清代建。
方塘八间头	芝英七村方塘路	民居建筑，清代前期建。
方塘十一间头	芝英七村方塘路	民居建筑，清代建。
培风书院（康先厅）	芝英七村灵芝路	文化建筑，清代建。
应康先故居	芝英八村方塘里壁	民居建筑，清代建。
方塘里壁十三间	芝英八村方塘里壁	民居建筑，清代建。
灵芝路七间头	芝英八村	民居建筑，清代建。
应永丰故居	芝英一村后宅厅	民居建筑，清代建。
普济禅寺	芝英西卢村	宗教建筑，清代建。市级文物保护点。
龙漩井	芝英八村	生活设施，东晋建。市级文物保护点。
应文楼兄弟故居	芝英一村望杏巷	民居建筑，清末建。
应贻诰旧居	芝英一村新杏里	民居建筑，民国时期建。市级文物保护点。
望杏巷十四间	芝英一村望杏巷	民居建筑，民国时期建。市级文物保护点。
应景珍住宅	芝英一村德邻里	民居建筑，民国时期建。
升平巷七间头	芝英六村升平巷	民居建筑，民国时期建。
三星明堂里	芝英六村升平巷	民居建筑，民国时期建。
德邻里十三间	芝英一村德邻里	民居建筑，民国时期建。
新杏里六间头	芝英一村新杏里	民居建筑，民国时期建。
正方里小五间	芝英二村正方里	民居建筑，民国时期建。
竹怀里宅	芝英三村鸿羽路	民居建筑，民国时期建。
应征旧居	芝英四村尚宝巷	民居建筑，民国时期建。市级文物保护点。
下地塔十间	芝英五村下地塔	民居建筑，民国时期建。

（续表）

建筑名称	建筑位置	说明
天祥路九间头	芝英七村天祥路	民居建筑，民国时期建。
望杏巷六间头	芝英一村望杏巷	民居建筑，民国时期建。
应寿纪故居	芝英一村望杏巷	民居建筑，民国时期建。
正街十二间头	芝英一村正街	民居建筑，民国时期建。
灵溪路九间头	芝英二村灵溪路	民居建筑，民国时期建。
培英小学	芝英四村培英路	文化建筑，民国时期建。
上菜园九间头	芝英八村	民居建筑，民国时期建。
惟园	芝英七村方塘路	民居建筑，民国时期建。
李文华旧居	芝英雅庄村	民居建筑，民国时期建。

在上列历史遗存的各类建筑中，作为省级文物保护单位的紫霄观建于南朝梁大同二年（536），迄今已有1480余年历史。原名招仙观，北宋大中祥符元年（1008）改名。南宋时重建，后世历代修葺不断。该观建筑坐南朝北，砖木结构，规模宏大，占地面积2000多平方米。沿建筑中轴线尚存山门、三间厅、三清殿、大雄宝殿，两边为东西厢。建筑西侧附有关公殿、文昌殿、胡公殿等。

作为市级文物保护单位的应祖锡故居（蓬瀛居），系晚清建筑。坐北朝南，砖木结构，硬山顶，占地面积1600多平方米。整个建筑由主楼、副楼、配房和景区四部分构成。主楼为三进三明堂结构，各五开间。前进明堂正立面墙面用砖砌四柱三间，中辟石库式大门，外墙中心一圈叠涩出檐将墙面分隔为上下两层。明间架梁结构为分心前后双步梁带前后单步用五柱。中进架梁结构为分心前后双步梁带前后单步用五柱，与前进围成形制对称的五开间二层楼。两进之间是石板明堂，明堂两侧为厢楼。后进与中进后檐墙相接，围成后院。副楼为三层赏景楼，又称钟楼。其建筑坐东朝西，三开间，攒尖顶。配房分东西两部分，东配房有厨房、餐厅、轿厅、门房等，西配房有佣人房、贮藏室等。景区由池塘和花园构成。该建筑至今保存完好。

应祖锡老屋建于清代中期。整个建筑坐东北朝西南，为大型三合院宅院，占地面积580平方米。砖木结构，上下两层，硬山顶。正屋三开间，明间架梁结构穿斗式，分心前后双步梁带前后单步用五柱，二层外檐施披雨板，下层前檐设通廊，内置月梁，两端施雕花雀替，骑门梁两端以花拱承托。两侧厢房均为五开间，进深五檩。该建筑至今保存完好。

应永丰故居为清代建筑，坐西朝东，由堂屋七间、厢房六间构成。楼上栏板外层加遮雨板，每间走廊梁托四面精工浮雕，门窗也施花槛浮雕。中厅为祭祀和家塾读书场所，装饰讲究，门窗浮雕尤为精细。东墙特镶四条外伸木雕花脚，南北两墙脚有玉饰。该建筑迄今保存较好。

应文楼、应文棣兄弟故居建于清末，为中西式混建宽廊二层四合院，由朝向一东一西的两座七间二层楼组合而成。两大门各有走廊延伸而出，互相连通。天井既有间隔标记，又互相连接共用。楼层密方横结构，十分坚固，门窗雕花考究。

芝英一村德邻里十三间民居建于民国时期，为坐北朝南的四合院式宅院，规模颇大，占地面积460平方米。砖木结构，分上下两层，硬山顶。前厅三开间，明间立正中辟大门，两侧磨砖砌筑，檐口花牙子叠涩出檐。明间梁架结构穿斗式，分心前后双步梁带前后单步用五柱，前檐金柱间施格扇门。两侧厢房均三开间，两层结构，进深七檩。底层前檐设通廊，内置方形梁，两端施雀替。

芝英八村前明堂廿间头系应德益故居，建于晚清时期。建筑坐西北朝东南，为四合院式民居，占地面积近750平方米。砖木结构，分上下两层，硬山顶。台门为三间，明间和次间架梁结构均为分心前后双步梁带前后单步用五柱，左右厢房各七间。门窗雕刻以马字拐为主，配以回纹、卷草等。①

第二节　人文遗迹

一、古城遗迹

自东晋初观阳侯应詹封于永康，携子应玄和部曲在古芝英地区屯兵垦田，应詹及其后代多次构建田庄，先建上园，后建里园，里园又赐封为官里园，由是聚落大兴。南朝梁、陈之际，东阳郡雄豪留异遂以官里

① 参见应业修:《千年应氏望族地》，中国文史出版社，2014年，第121-135页。

园田庄为基础，兴筑缙州城，开启芝英古城一段不寻常历史。芝英古城虽早已不复存在，但有不少遗迹留存至今。

城墙遗迹，主要有四处：

一是城头，位于今芝英八村紫霄观附近。城墙遗址厚约3~6米，高约3~5米。城墙外还有护城沟渠遗迹。

二是金井栏，位于今芝英三村鸿羽门。井栏，即箭楼，其墙基外形尚可较清晰地辨认。据生活于当地老人介绍，该城墙遗迹在20世纪60年代尚较为清晰。城墙起于鸿羽门脚，由北向南延伸30多米，城墙遗迹宽近1米，高2米多至70厘米不等，平均高约1.6米，大都用当地武陵溪原始的大卵石和大油石筑。后因当地居民建屋及其他需要，大部被拆。现尚存小段，另有部分墙基大石。从地基、地形和墙体情况来看，这段城墙应是原鸿羽门的城楼。因地处“金井栏”地块，当地人也称之为“金井栏城楼”，其功能应是为守城人轮值、瞭望、休息和储藏器械之用。

三是金家城头，仅存一段墙基和部分附属设施遗迹。

四是城头暗道。芝英应氏官里园家族资料《农耕匠坊记》有对缙州城修筑情况的描述，其中提到，其城头“上起观望台高楼，以射道内通暗道，安屈胜梯，人上便卷收，中设幕，置弩手，以增壮贯”。这里所说的暗道，就在紫霄观周边城北城墙城头下面，20世纪60年代当地在开凿太平水库引水渠时被发现。暗道用砖砌筑，高近2米，人可直立行走。东面通向暗道的出入口是一口井，井壁用雌雄缝弧形青砖砌筑。当地还曾发现一些散落的暗道砖，上面“冠以年纪钱纹为记”，较符合古城修筑时代的特点。

城门遗迹，主要有四处：

芝英三村鸿羽桥头的鸿羽门；芝英八村慕颜公祠东侧的老八十田头；芝英二村迴灵桥头的迴灵门；芝英三村原盘龙庙旁的盘龙门。

古城相关遗迹，主要有四处：

一是东晋驸马庄园遗迹。芝英应氏南迁始祖应詹之子应玄为晋室驸马，以功获赐“食邑五百户”，遂以此为基础构建庄园。位于芝英八村应友三廿间头旁龙漩巷的三口龙漩井应是应玄驸马庄院的遗迹。三井呈品字分布，井底如锅，泉水从井壁和井底石缝处喷涌而出，有如龙掀之漩，故名龙漩井。现其中两口井已被填，尚存一口井，仍是泉清如旧。

二是上园宅院遗迹。在上菜园巷一带，是应詹、应玄、应运、应先四代居住地。东晋武陵王妃应氏系应玄之女，也曾居于此。后来官里园应氏裔孙修建上钗门，以祭祀王妃。上钗门在宅门，位于今上菜园巷南巷口。

三是官里园旧宅遗迹。在芝英八村下钗门一带，东临灵芝路，西傍方口塘，南依屯泉井（俗称后井），北接紫霄路盘龙山。

四是报铺驿道和驿站遗址。报铺驿道和驿站创建于东晋时，所谓报铺，是古代官方使用的驿道上供报信人马歇饮或换马备料的地方。古芝英报铺驿站的布局有一定讲究，以水为例，有序分布着溪塘渠堰，从东向西有武陵溪（灵溪）、派溪、报铺沟三流而下。派溪从武陵溪岘口坝入口，渠口段宽约3米，从北向南延伸，至泉塘附近转而向西，将泉塘、地皇塘、清水塘连通一起。水流既可继续向西流，也可转而向北流，经仙子塘、深塘、道士塘，至武陵溪下梅潭旁。由此，上下报铺就被四水包围。在武陵溪与派溪中间，有一条报铺沟从派溪渠口分出，从东向西沿桃花山北麓流经报铺，再入深塘、士塘、锣塘、方口塘等，辗转汇入华溪。古驿道也留有多处遗迹。如泉塘水库和冷塘水库的库底有卵石驿道遗存；沿驿道各地留有相应的历史地名等。

二、文化遗存

芝英的历史文化遗存很多，较具重要意义的有唐代孝德牌坊、南宋陈亮《紫霄观重建记》碑刻、明嘉靖年间《紫霄观楼宇重建记》碑刻、清应氏宗族捐修碑刻等。

唐代孝德牌坊在芝英八村前明堂，系唐玄宗天宝年间（742—756）奉敕建造，现有部分遗存。

南宋陈亮《紫霄观重建记》碑刻现立于紫霄观大门内，碑刻文字清晰，整体保存完好。

明嘉靖年间《紫霄观楼宇重建记》碑刻现立于紫霄观大门口。明代芝英应氏先祖尚才公独力重建紫霄观三门，嘉靖十三年（1534）春仲月，里人应镗撰文记之，勒于石。但碑刻受到损坏，大部分字迹已难以辨认。

清代应氏宗族捐修碑刻有多具，其中较具代表性的是清同治八年

（1869）应氏清常族孙应宝时捐修宗祠碑记，由清常家长携宗祠董事于是年仲冬刻立。该碑现保存完好，碑文清晰。兹录其碑文如下：①

咸丰辛酉，匪盘踞县城，蔓延通邑，吾族迭遭蹂躏。本祠堂宇虽幸全，而神龛、门扇、器具等项残毁不备。兼之延长山墓旁两庵被毁，且我前所承造县学之明伦堂亦嗟禾黍。同治癸亥，寇退，佥以重建为急，于本冬权将千秧及他处腴田易卖，以谋创始。继以四房粮派，终形竭蹶。甲子夏，嗣孙宝时代理苏松太道，知之，助钱壹百贯，又于他处代债三百贯，合能集事。乙丑冬，宝时特授苏松太道，慨然捐廉。族内常务到处东输，而本常更源源接济。修寝门，赎常田，造庵屋，完前债，又赎田千秧，积储生息。此为永远修理明伦堂之费，总计输钱壹千五百千文。窃念人情斗米尺布，动形德色。当此万难措办之时，出此巨资以济时艰，其功讵浅鲜哉！而且尝数言于所亲曰："凡宝时所有之物，皆祖宗之泽。"美哉！其尊祖也，其疏财而忘己也！然在彼之雅量固然，倘竟置焉不详，夫岂人情！爰集众议，于春秋每祭，给胙六觔。岂曰报之云乎，亦聊志不忘焉尔。因勒之石，以为后来者劝，将以此作发祥之券云。

同治八年岁在己巳仲冬月　清常家长董事同立

① 参见应业修：《千年应氏望族地》，中国文史出版社，2014年，第140—141页。

结　语

千年古城更辉煌

自东晋初镇南大将军应詹率部曲创业肇基，芝英经历了漫长的发展过程。从南朝时期官里田庄的兴盛和缙州之城的修筑，到唐宋以降的人文昌达和商贸活跃，芝英虽迭遭世代更替之变，数罹战火兵燹之灾，却总能挫而复起，奋然前行，从中表现出百折不挠的地域性格和积极进取的人文精神。这种性格和精神不仅促成了芝英长盛不衰的历史，也推动芝英在当代走向新的辉煌。

芝英的当代发展，既是其长盛历史的延续，更是在新的时代环境下的全面飞跃。改革开放以来，特别是进入新世纪以来，古老的芝英秉承务实致用、勇于进取的人文传统，紧随时代潮流，抓住发展契机，掀起了现代化进程中的创业热潮。在经济领域，充分发挥五金产业优势，积极升级商贸市场体系，优化产业结构，推进产业创新，形成了以有色金属加工、五金制品、电动工具、衡器、防盗门、休闲车、电器制造为主导的现代产业集群和汇聚地方、辐射全国、联通世界的市场网络与贸易体系。在社会领域，以高水平小康社会为目标，围绕“千年古镇·和美芝英”建设，不断提升民众生活水平和质量，构建协调的城乡关系与和谐的社会体系，健全社会保障体系和治理体系。优化生态环境，加强美丽乡村建设。成功创建省AAA级景区镇，全镇有一半以上的行政村建成美丽乡村示范村、精品村或秀美村，有10多个村列入省AA级景区村和A级景区村。创建美丽乡村十无村24个，美丽乡村十有村8个，新时代省级美丽乡村特色精品村1个。在文化领域，以千年古城镇为依托，深入挖掘和系统整理传统文化，全面保护和积极传承优秀的古城镇文化，大力宣传和弘扬求真务实、开放包容、积极进取、开拓创新的文化意识和人文精神，建设古今结合、充满活力、特色鲜明的地方文化体系。作为国家级历史文化名镇，芝英文化积淀深厚，历史遗产丰富。全镇有全国重点文物保护单位1处、省级文物保护单位4处、市级文物保护单位和文保点37处。先后修缮历史遗存和遗迹数十处，出版古城古镇历史文化丛书几十种。在此基础上，按照“古镇保护与开发并重，新城建设与管理并举”的原则，全面开展集镇村省历史文化保护村落重点建设，先后有5个村列入国家级历史文化古村落和省级历史文化重点村，完成前期建设并通过省级验收。“芝英古城”荣列《浙江省打造大花园耀眼明珠实施方案》古城名镇名村耀眼明珠培育对象名单；芝英镇“百年百镇百梦”主题梦想作为首批珍品被省档案馆永久珍藏。

千年古城古镇是文明发展的结晶，也是传统文化的重要载体，不仅浓缩了社会历史演进的基本轨迹，更反映出不同的人文特质和多样的文化内涵。浙江有着深厚的文明底蕴和发达的人文体系，在漫长的历史发展过程中，涌现了众多有着鲜明地域人文特色的千年古城，成为浙江文化传承的重点节点和推进当代经济社会与文化建设的重要基础。为此，浙江省启动了“千年古城复兴计划”，基于优秀传统文化要坚持“创造性转化，创新性发展”的原则要求，着力从历史文化、经济发展和社会民生三大领域入手，推进古城古镇的活态化传承、特色化复兴和创新性发展。芝英作为浙江千年古城古镇的典型代表，列入千年古城复兴行动第一批试点城镇，由此迎来了新一轮的发展机遇。根据《永康市关于支持芝英千年古城建设实施意见》，在今后一个时期里，芝英的建设和发展着重围绕四个方面展开：一是以古城复兴为战略契机，全面开启乡村振兴征程。大力实施规划设计引领、历史遗存保护、古城风光带改造、优秀文化传承、乡贤助力共建、基础设施提升、特色产业提升、资源要素保障、数字赋能强化、古城品牌宣传等十大专项行动，将芝英打造成为弘扬中华优秀传统文化、守牢永康人民“历史之根”与“文化之魂”的“文化名城”。二是以经济建设为主攻方向，全力打造充满活力的工业强镇。牢固树立“没有项目或有项目不落地就没有投资，没有投资就没有发展”的发展理念，全力推动重大项目建设。实施创新驱动，加快促进数字经济和实体经济的深度融合。三是以村镇建设为工作重心，加快构筑安居乐业的美丽家园。进一步推动美丽乡村高质量发展，优化交通网络体系，完善基层治理体系，完成法治示范乡镇创建。四是以民生福祉为根本依归，积极争当共同富裕的先行样本。全力实施民生工程，加快建设和美乡镇；大力发展民生事业，努力实现群众的现实需求。

古老的芝英书写了引以为豪的历史，今天的芝英必将迎来更加辉煌的未来！

后　记

本书是受永康市芝英镇人民政府的委托撰写的，系浙江省文化工程重大项目“浙江千年古城古镇系列研究”的阶段性成果，也是浙江师范大学自主设立项目和浙江省社科重点研究基地江南文化研究中心重点项目的研究成果。

本书是几位作者合作研究和共同撰写完成的。其中，陈国灿负责全书框架的设计和统稿、定稿，并撰写第四章、第六章、第七章和绪言、结语；金晓刚撰写第一章、第二章；孙杰撰写第三章、第五章；应业修撰写第四章初稿和其他各章部分内容初稿，并承担相关文献资料的搜集和整理。书中部分照片由肖婉琴拍摄。

本书研究和撰写，得到永康市芝英镇人民政府、芝英历史文化研究会的全力支持，从研究经费到实地考察、资料征集，给予我们全方位的帮助，在此表示衷心感谢。芝英镇常务副镇长陈文蔚先生全程联系和协助我们的研究与撰写工作，周跃忠先生、项瑞英先生、章竟成先生等多位芝英地方文化专家在百忙之中抽出时间仔细审阅书稿，提出许多宝贵意见，在此深致谢忱。

本书吸收和借鉴了有关学者的部分研究成果，并在文中作了说明，对此一并深致谢意。若文中注释有遗漏或引用不当之处，敬请谅解。

由于本书研究和撰写时间较紧，其中存在不足之处，恳请方家批评指正。

著　者

2022年11月于浙江师范大学

图书在版编目(CIP)数据

南朝古城 浙中名镇：芝英的历史与文化 / 陈国灿等著 .— 北京：北京燕山出版社，2023. 7

ISBN 978-7-5402-6898-5

Ⅰ. ①南… Ⅱ. ①陈… Ⅲ. ①乡镇—介绍—永康 Ⅳ. ① K925.55

中国国家版本馆 CIP 数据核字（2023）第 065128 号

南朝古城 浙中名镇——芝英的历史与文化

责任编辑 满 懿
装帧设计 三版文化
著 者 陈国灿 应业修 金晓刚 孙 杰
出版发行 北京燕山出版社有限公司
社 址 北京市西城区琉璃厂西街 20 号
电 话 010—65240430
邮政编码 100050
经 销 全国新华书店
印 刷 浙江全能工艺美术印刷有限公司
开 本 710mm × 1000mm 1/16
字 数 315 千字
印 张 20. 5
版 次 2023 年 7 月第 1 版
印 次 2023 年 7 月第 1 次印刷
定 价 88. 00 元

出版统筹：杭州科达书社